Oskar Brenner

Altnordisches Handbuch

Literaturübersicht, Grammatik, Texte und Glossar

Oskar Brenner

Altnordisches Handbuch
Literaturübersicht, Grammatik, Texte und Glossar

ISBN/EAN: 9783337226541

Printed in Europe, USA, Canada, Australia, Japan

Cover: Foto ©Thomas Meinert / pixelio.de

More available books at **www.hansebooks.com**

ALTNORDISCHES HANDBUCH.

LITTERATURÜBERSICHT, GRAMMATIK, TEXTE, GLOSSAR

VON

DR. OSCAR BRENNER,
DOCENT DER UNIVERSITÄT MÜNCHEN.

LEIPZIG
T. O. WEIGEL
1882.

Vorwort.

Das vorliegende Buch will eine Einleitung in das Studium des Altnordischen sein. Dem entsprechend macht die Grammatik nicht den Anspruch auf stoffliche Vollständigkeit, sondern beschränkt sich darauf alles vorzuführen, was zum Verständnis der an. Schriftwerke nötig und für die Entwickelung der Sprache selbst charakteristisch erschien. Das Bild dieser Entwickelung möglichst lebendig und anschaulich zu machen sind auch die zahlreichen Detailangaben, zumal in der Lautlehre, bestimmt. Trotz der historischen Darstellung ist der praktische Zweck des Buches nirgends ausser Augen gelassen. Kenntnis des Gotischen glaubte der Verfasser bei den deutschen Lesern der Grammatik voraussetzen zu dürfen. Die Angaben über die an. Litteratur dürften zur ersten Orientierung über die grosse Masse des Vorhandenen genügen und hinreichende Fingerzeige für weitere Belehrung gewähren. In den normalisierten Texten habe ich successive die handschriftliche Überlieferung zu ihrem Rechte kommen lassen. Das erste Stück (Njála) bietet eine aller Eigentümlichkeiten entblösste Durchschnittsform, das zweite (Sverrissaga) schliesst sich an die Flateyjarbók an, doch sind alle nur der späten Zeit angehörigen Formen durch ältere ersetzt. Man vergleiche den derselben Handschrift entnommenen Grænlendinga þáttr. In der Mágússaga endlich war es mir nur um Herstellung einer gewissen Gleichmässigkeit zu thun, und sind daher alle konsequent durchgeführten Abweichungen der Handschrift von der jetzt angenommenen Normalform beibehalten worden. Durchgängige logische Anordnung und Entwickelung der Bedeutungen im Glossar hätte dessen Umfang wesentlich erweitert, so musste vielfach darauf verzichtet werden.

Der Fertigstellung des Buches war ein vertragsmässiger Termin gesteckt; leider war es mir nicht möglich innerhalb der gegebenen Zeit, die vielfach von Berufsgeschäften in Anspruch genommen war, demselben die Rundung und Sauberkeit in Disposition und Ausführung zu geben, die ich selbst für wünschenswert halte. Auch ist es dem Buche nicht zu Gute gekommen, dass ich die Korrektur fern von einer Bibliothek auf dem Lande lesen musste.

Von Hilfsmitteln glaube ich kein beachtenswertes unbenutzt gelassen zu haben. Viel habe ich vor Allem L. Wimmers Grammatik zu danken, zumal für die Flexionslehre, sodann den Abhandlungen von Paul, Sievers u. A. in Paul-Braunes Beiträgen, endlich den bibliographischen Arbeiten von Th. Möbius. Meine eigenen bibliographischen Angaben sind den praktischen Bedürfnissen des deutschen Studierenden angepasst und darum sehr ungleich verteilt.

Die gute Ausstattung des Werkes durch die geehrte Verlagsbuchhandlung wird dankbare Anerkennung finden.

Verbesserungen und Berichtigungen von Druckfehlern finden sich auf Seite VII und VIII.

Staltach in Oberbaiern, September 1882.

Oscar Brenner.

Inhalt.

Berichtigungen und Nachträge.

Seite

5 Vom XI. Bande des Diplomat. Norveg. ist die erste Hälfte erschienen.

10^{22} l. die jüngste stammt.

11^{19} l. Friðþjófssaga.

11^{70} l. Kraka.

16 in No. 6) Z. 5 l. † 1361.

25 Von L. Wimmers dänisch geschriebener kleiner an. Grammatik ist eine neue Auflage 1882 erschienen.

26 unter »Lesebücher«: L. Wimmer, Oldn. Læsebog. 3. Aufl. 1882.

29 f. Das Altnorw. hat, abgesehen von dem früheren Eintritt abgeschliffnerer Formen, einige Eigentümlichkeiten, die es von dem sonst ganz gleichen Altisl. unterscheiden, so den Abfall des h im Anlaut vor l und r, die Beibehaltung des œ (isl. später æ), ferner einige Wortformen und Endungen; alle diese Eigentümlichkeiten dringen seit Islands Unterwerfung unter Norwegen häufig (aber nicht regelmässig) in isländ. Handschriften ein, verschwinden aber dann wieder fast ganz.

33_3 zu *tiu*, *niu* vgl. die mir wahrscheinliche Erklärung in § 94, Bemerk. 2.

34^{10} in *higgilegr* (auch in *þikkir*) liegt wohl Assimilation vor, s. § 16, S. 56.

43 Anm. 2, Z. 2 l. Mittelvokale.

44 No. 5 l. l m n ĝ r.

45^{9} s. das zu S. 33 Bemerkte.

49 η) i und u fielen wohl schon in gemeingerm. Zeit.

50 ϑ) über Einschiebung von u vor r im späteren Isl. s. § 6, S. 36.

53 Anm. 2, l. I-Umlaut von a.

55 3) Z. 3, l. — zusammen, aber nach v einige Dezennien später als sonst.

58 Anm. Z. 3, l. *scétir* st. *scetir*.

61 § 21 man schiebe als No. 3) ein: *vá* > *vó* ein sicheres Zeichen junger isländischer Handschriften, s. § 15, Anm. 2. Es wird also **varu* > *vǫru* > *váru* > *vóru*.

62 zwischen 8) und 9) ist einzuschalten *vá* > *vó*.

64 i. d. Mitte statt »Zu 9–11« l. »Zu 10 und 11«, denn sr wird immer > ss; darnach ist auch das Folgende zu korrigieren.

65 § 24, 1) Z. 3 l. noch st. nach.

Seite

69^{3} (*und*) gehört vor *lit* der folgenden Zeile.

72 § 28. Der Übergang von þ > h erfolgte wohl zunächst in synkopierten Formen wie **hraþrē* nom. pl. Zu 3) vgl. eð statt er.

73 6) Z. 2 l. Geltung dieses z.

74 § 31. 3) b) schalte man ein vá > vó, r > ur.

77 Unter Ó: junges vó oft < vá.

81 § 37. 2) l. *Kodrán.*

97_{11} l. fǫður.

108^{7} l. *litt.*

116^{15} ist »wie auch« zu tilgen.

117_{11} l. später allgemein erhalten, *þeima* (und *þema*) hauptsächlich in norwegischen Handschriften.

122 No. 7 *hvárrgi* heisst keiner (von zweien).

123 bei den Ordinalia sollte als Endung der Gleichmässigkeit wegen überall e. nicht auch i. stehen. — ebd. unter 20 l. **trøtjogo* < **trōtego.*

124 unter 3) l. *tri.*

127^{9} l. (< za).

131_{1} neben gǫfu ist gáfu einzuschalten; in Anm. 1) l. nach n und l.

136^{17} l. skina.

144_{1} l. nach s, p, k, und zwar nach langer Silbe früher als nach kurzer.

176_{13} l. lifrarnar.

Die altnordische Litteratur.

Die ältesten nordischen Sprachdenkmäler sind die **Runeninschriften**. Sie gehen bis in das dritte Jahrhundert n. Chr. zurück; nach der Gestalt und Zahl (24—16) der Runenzeichen lassen sich zwei Perioden unterscheiden, eine ältere von ca. 250 bis ca. 650, eine jüngere von 800 ab; zwischen 650 und 800 fallen nur sehr wenige Inschriften, welche ein Übergangsstadium darstellen. Die Sprache der ältesten Runensteine übertrifft an Altertümlichkeit alle übrigen germanischen Sprachdenkmäler: sie zeigt noch keine Spaltung des Nordischen in Dänisch, Schwedisch, Norwegisch, wie sie später vorliegt; während Schweden besonders reich an Runensteinen der jüngeren Art ist, finden sich die älteren vorzugsweise in Dänemark und Norwegen; Island besitzt natürlich keine Inschriften mit den älteren Zeichen; aber auch solche mit den jüngeren finden sich hier wenige, die vorhandenen stammen meist aus den letzten Jahrhunderten. Die Aufzeichnungen in Runen beginnen mit einzelnen Buchstaben, es folgen Wörter (Namen), Sätze. Die Runensteine sind meist zum Andenken Verstorbener errichtet, und es enthalten daher die Inschriften den Namen des (oder der) Toten, des (oder der) Errichter des Denkmales, bisweilen die Schicksale (Todesart) und Verdienste des Geehrten; ab und zu zeigen sich Ansätze zu metrischer Gestaltung des Textes.

Wichtigere Inschriften: Auf dem goldenen Horn von Gallehuus (Tondern) um 250, auf den Steinen von Istaby (Blekingen) um 650, Tune (Norwegen), Varnum (Schweden) um dieselbe Zeit; in die Übergangszeit fallen die Inschriften von Sölvesborg und Räfsal (Schweden) um 750; aus der jüngeren Gruppe sind hervorzuheben die dänischen Steine von Kallerup, Snoldelev, Helnæs, Flemlöse (um 800), von Glavendrup, Tryggevälde, Læborg (um 900), Rygbjærg (um 950), die Königssteine, die *Gorm* (✝ 941), *Harald* (✝ 991), *Svein* (✝ 1014) setzen liessen; von schwedischen Inschriften sind die des Steines von Rök und des Forsaringes (11. Jh.?), von den norwegischen kaum eine hervorzuheben. Die Steine aus den beiden folgenden Jahrhunderten zählen nach Tausenden.[1])

Die Runeninschriften können nicht zur eigentlichen Litteratur gezählt werden, diese beginnt nach Einführung des Christentumes und der romanischen Schrift. In Dänemark und Schweden behielt das Latein als Schriftsprache lange Zeit die Oberhand. Gesetzaufzeichnungen sind hier (vom 13. Jhd. ab) die ersten und über ein Jahrhundert lang einzigen nationalen Werke in einheimischer Sprache; später folgen Übersetzungen geistlicher Schriften (meist aus dem Lateinischen) und romantischer Gedichte.[2])

Nur Norwegen und zumal Island entfalten eine reiche und originale Litteratur. Sie beginnt in den ersten Jahrzehnten des 12. Jahrhunderts und erlischt im 15. Jahrhundert; sie allein wird gewöhnlich unter altnordischer Litteratur verstanden. Geistiges Leben regte sich natürlich, auch bevor es seinen Ausdruck in Büchern fand, hier ebenso, wie es in Schweden und Dänemark in späterer Zeit in denjenigen Kreisen sich erhielt, welchen die (lateinische) Litteratur verschlossen blieb. Ein grosser Teil der poetischen Denkmäler der isländischen Litteratur ist lange vor Einführung der Schrift entstanden.

Norwegen und Island standen wohl in litterarischem Verkehr mit einander, doch war derselbe nicht so enge und sein Einfluss nicht so bedeutend, dass die isländischen und norwegischen Werke hier nicht gesondert behandelt werden könnten.

Die Anregung zu schriftstellerischer Thätigkeit ging vom Süden aus. Die ersten Versuche waren wohl lateinisch, es folgten Übersetzungen der wichtigsten gottesdienstlichen Formeln und anderer geistlicher Stücke. Die ersten selbständigen Aufzeichnungen hatten wahrscheinlich praktischen Zwecken zu dienen; es waren Privaturkunden, Rechtssätze. Von einer Glossenlitteratur ist im Norden keine Rede; ein einziges kleines Glossenbruchstück ist uns erhalten[3]). Man begann sogleich mit zusammenhängenden Textesübertragungen; wie es scheint, in Norwegen unabhängig von Island, denn man wählte die Schriftzeichen hier und dort nicht ganz übereinstimmend aus den südländi-

1) Sammelwerk: *G. Stephens* The old-northern runic monuments... 2 Vol. Fol. Die Deutungen sind meist verfehlt, die Abbildungen nicht immer genau. Vgl. bes. *Wimmer*: Runeskriftens oprindelse og udvikling i Norden in den Aarbøger f. nord. Oldkynd. 1874, und *Bugge* in Tidskrift f. Philol. og Pædag., VII, VIII. *Thorsen*: De danske Runemindesmærker, I. II. 1864 und 1879. Über isländische Inschriften K[illegible] Aarb. 1882.

2) S. *Fr. Winkel-Horn* Geschichte der Litteratur des skandinavischen Nordens. Leipzig 1880. *N. M. Petersen* Bidrag til d. danske Literaturs historie, 5 voll.

3) Herausg. von *H. Gering* Zeitschr. f. d. Phil. IX.

schen (irisch-englischen) aus, vor allem besass Island neben þ anfänglich ð nicht, welches schon in den ältesten norwegischen Handschriften allenthalben mit þ wechselt. Später tritt Ausgleichung ein und verschwindet fast aller Unterschied.

A. Norwegische Litteratur.

Sie beginnt kaum vor dem 12. Jahrhundert[1]), und zwar mit Übersetzungen von Homilien, Heiligenleben und anderen, zur Erbauung oder zum Kirchen- und Klosterdienst dienenden lateinischen Schriften. Diese Art Litteratur wird später fortgesetzt, ohne an Umfang und Originalität erheblich zuzunehmen. Ihr folgt sofort die Aufzeichnung von einzelnen Gesetzesvorschriften und Gesetzsammlungen; wir können die juristische Litteratur bis in das 12. Jahrhundert zurückverfolgen; sie nimmt im 13., zumal unter König *Magnús Hákonarson lagabœtir* (Gesetzbesserer), 1263—1280, grosse Dimensionen an und wird bis tief in das 14. Jahrhundert eifrig gepflegt (unter *Hákon Magnússon*); von da an schrumpft dieselbe mehr und mehr zusammen. Abschriften der älteren Werke werden jedoch bis in das 16. Jahrhundert gemacht und gebraucht, bis dänisches Recht und dänische Sprache zur Herrschaft kommen.

Im letzten Drittel des 12. Jahrhunderts beginnt auch die Geschichtsschreibung in Norwegen zu einem kurzen Leben zu erwachen; zunächst giebt auch für sie die südländische Litteratur Anregung und Muster. Man begann in lateinischer Sprache, vertauschte sie aber sehr bald mit der norwegischen. Bloss ein einziges Werk (Ágrip) kann mit Wahrscheinlichkeit als ganz und echt norwegisch bezeichnet werden. Im 13. Jahrhundert las man wohl mit Interesse die isländischen Geschichtsbücher, produzierte aber selbst, wie es scheint, gar nichts mehr auf diesem Gebiet. Selbst die Abschriften, die im Lande umliefen[2]), waren mit wenigen Ausnahmen (Óláfssaga helga, Fagrskinna) von Isländern gefertigt. König *Sverrir* (1177—1202) beauftragte einen Isländer mit der Abfassung seiner Biographie. König *Magnús Hákonarson* (1263 bis 1280) liess durch einen Isländer die Geschichte seines Vaters schreiben.

Nur mehr zum praktischen Gebrauch und zu romantischen Werken bedienten jetzt Norweger sich der Feder. Urkunden, früher lateinisch, wurden nun in einheimischer Sprache abgefasst. Praktischen Zweck hatten auch die beiden um 1200 verfassten originellsten norwe-

1) Über die alten norwegischen Dichtungen, die erst auf Island aufgezeichnet wurden, s. unten bei der isl. Litteratur, S. 8 u. 11.

2) Einige von ihnen sind uns nur in Norwegen erhalten worden, in Island aber verloren gegangen; so Heimskringla-Bearbeitungen, s. u.

gischen Schriften: Anecdoton Sverreri, eine politische Streitschrift, und Speculum regale, ein lehrhafter Dialog.

Reicher als alle anderen Litteraturgattungen entwickelte sich die romantische Litteratur; freilich fehlt ihr fast alle Selbständigkeit. Sie war recht eigentlich ein Schosskind des Hofes. Das Speculum regale (verfasst von König *Sverrir?)* zeigt schon Spuren des romantischen Interesses sowohl, als der Kenntnis ausländischer romantischer Werke, jedenfalls Kenntnis der französischen Sprache. König *Hákon Sverrisson* (1202–1204) übersetzte angeblich selbst die romantische Legende von Barlaam und Josafat aus dem Lateinischen, wahrscheinlich ist er mit *Hákon Hákonarson d. J.* († 1257) verwechselt. *Hákon der Alte Hákonarson* (1217–1263) liess eine grössere Anzahl von Riddara sǫgur (Rittersagaen) aus dem Französischen übersetzen, z. B. Tristramssaga, Íventssaga, Elissaga ok Rósamundu, Mǫttulssaga, eine Sammlung kleiner Erzählungen, genannt Strengleikar (Lieder zum Saitenspiel) oder Ljóðabók (Liederbuch); wohl auch die Karlamagnussaga, Þiðrekssaga und andere mögen ohne sein Zuthun in seiner Zeit übersetzt worden sein. (Sein allgemeines Interesse an Litteratur beweist uns sein Gefallen an den isländischen Königssagaen, sein lebhafter Verkehr mit isländischen Dichtern und Geschichtschreibern.) Sein Sohn *Hákon Hákonarson* († 1257) ist als mutmasslicher Übersetzer der Barlaamssaga oben genannt. *Magnús Hákonarson* (1263–1280) fand neben seiner gesetzgeberischen Thätigkeit auch Zeit und Interesse für geistliche und romantische Litteratur. Er liess (von einem Isländer) eine Bearbeitung der biblischen Geschichte alten Testamentes (Stjórn, oder richtiger Gyðinga sǫgur) und eine Übersetzung der romanhaften Geschichte Alexanders des Grossen fertigen. Unter *Eiríkr Magnússon* (1280–1299) wird weiter übersetzt, unter seinem Bruder und Nachfolger *Hákon Magnússon* (1299–1319) mehr als zuvor, obwohl nur eine (verlorene) Sammlung von Heiligenleben (Heilagra manna blómstr) und der Anfang der Stjórn ausdrücklich mit ihm in Verbindung gebracht wird. Von seiner gesetzgeberischen Wirksamkeit ist oben die Rede gewesen. Nach *Hákon* ist von norwegischer Litteratur nicht mehr viel zu sagen. Abschriften älterer Werke werden noch genommen und sorgsam bewahrt (die aus Norwegen stammenden sind durchaus besser erhalten, als die in Island gebliebenen) und die fremden romantischen Sagenstoffe dringen in weitere Kreise und werden in Liedern und Märchen umgebildet, mit einheimischen vermengt, aber die Aufzeichnung des eigenen geistigen Besitzes, die Aneignung neuen fremden Stoffes gerät in das Stocken. Der Lagmann *Haukr Erlendsson* (s. u.), die bedeutendste litterarische Persönlichkeit des 14. Jahrhunderts († 1334), schlägt noch einmal eine Brücke zwischen Island und Norwegen, aber diese fällt mit seinem Tode zusammen und seine Thätigkeit kommt nur Island zu gute.

Übersicht über die erhaltenen altnorwegischen Schriftwerke.

I. Geistliche Werke.

1) Eine Sammlung von Homilien cod. 619, 4°, der Arnamagnæanischen Bibliothek in Kopenhagen (AM) aus dem 12. Jahrhundert; ein Abschnitt in ihr, das Leben des heiligen *Olaf* (S. 146—168 der Ausgabe) ist nach einem in Norwegen entstandenen lateinischen Originale[1]) bearbeitet; alles übrige nach ursprünglich südländischen Vorlagen, wohl durch Vermittlung einer isländischen Bearbeitung. Ausgabe von *K. Unger:* Christiania 1864.

2) Eine Sammlung von Heiligenleben aus derselben Zeit; davon sind nur Blätter erhalten (cod. AM. 655, 4°, Fasc. IX). Herausgegeben von *K. Unger* in den Heilagra manna sǫgur und Postula sǫgur.

3) Die Benediktinerregel. Kurze Bruchstücke davon sind im Reichsarchiv in Christiania bewahrt; ungedruckt.

4) Stjórn, ein Bruchstück einer norwegischen Abschrift ist im Reichsarchiv in Kopenhagen bewahrt, herausgegeben in Tidskrift f. Philolog. og Pædag. [1], VII.

5) Die Thomassaga Erkibyskups (Geschichte des *Thomas Becket*), aus einer lateinischen Quelle übertragen; erhalten in einer norwegischen Handschrift (Stockh. No. 17, 4°) aus dem Schluss des 13. Jahrhunderts. Herausgegeben mit zwei isländischen Thomassǫgur von *Unger* 1869.

II. Juristische Werke.

Sammlungen von Provinzialgesetzen und Landrechten in zahlreichen Handschriften, deren älteste Fragmente in das 12. Jahrhundert zurückreichen. Herausgegeben in drei Bänden in Norges gamle love (ein vierter Band in Vorbereitung). Die norwegischen Urkunden gesammelt im Diplomatarium Norvegicum, bis jetzt X voll.

III. Historische Werke.

Lateinische: Theodoricus Monachus, Historia de antiquitate regum Norvagiensium um 1175; Historia Norvegiae um 1180 (schon beeinflusst vom Isländer *Ari*, siehe unten). Beide in *G. Storms* Monumenta h. Norv.

Norwegische (s. auch S. 17):

1) Ágrip af Noregs konunga sǫgum (Abriss von Geschichten norwegischer Könige). Diesen Titel erhielt in neuerer Zeit eine am Anfang und Schluss verstümmelte Handschrift, welche die norwegische Geschichte von *Haraldr hárfagri* bis ca. 1155 enthält; sie ist im Anfange des 13. Jahrhunderts auf Island höchst wahrscheinlich nach einem norwegischen Originale in eigentümlicher Orthographie geschrieben; das Original muss noch

1) Erhalten und von *G. Storm:* Monumenta historiae Norvegiae 1880, S. 125 bis 145 veröffentlicht; es stammt aus der Hand des Erzbischofs *Eysteinn* († 1188).

im letzten Viertel des 12. Jahrhunderts verfasst worden sein. Herausgegeben zuletzt von V. *Dahlerup*, Kopenhagen 1880.

2) **Óláfssaga helga** (Geschichte *Óláfs des Heiligen*), norwegische (die einzige vollständig erhaltene) Bearbeitung eines isländischen Werkes[1]), welches auf derselben Quelle beruht, wie die vita des heiligen Olaf im Homilienbuche. Diese Handschrift ist ca. 1250 geschrieben (cod. Upsal. Delagard. No. 8, fol.). Herausgegeben von *R. Keyser* und *K. Unger*, Christ. 1849.

3) **Fagrskinna.** Von einem umfassenderen isländischen[2]) Geschichtswerke über Norwegen waren bis 1728 zwei norwegische Pergamenthandschriften erhalten, die eine, Fagrskinna, d. i. Schönes Pergament, genannt, aus dem 14., die andere aus dem 13. Jahrhundert. Sie sind verloren und nur (genaue) Papierabschriften und geringe Fragmente der älteren Membrane sind erhalten. Näheres siehe unter der isländischen Litteratur. Ausgabe in isländischer Sprache von *Munch* und *Unger* 1847.

IV. **Die angeblichen Werke König *Sverris*.**

1) **Speculum regale**; ein umfangreicher Dialog zwischen Vater und Sohn, in dem allerlei für einen Kaufmann oder König wissenswerte Dinge in ungemein geschickter Weise erörtert werden. Das Werk ist erhalten in einer norwegischen Handschrift und in Fragmenten aus dem 13. Jahrhundert und in zahlreichen isländischen Handschriften der folgenden Jahrhunderte bis gegen 1700. Herausgegeben nach verschiedenen Handschriften in isländischer Sprache von *Keyser*, *Munch* und *Unger*, Christiania 1848, nach der ältesten Überlieferung und in norwegischer Sprache von *O. Brenner*, München 1881.

2) **Anecdoton Sverreri**, eine Streitschrift, hervorgerufen durch den Kampf zwischen Staat und Kirche; um 1200 entstanden, ist es nur in einer Handschrift des 14. Jahrhunderts (in der ursprünglich auch juristische Stücke standen) erhalten. Herausgegeben mit dem Königsspiegel 1848.

V. **Romantische Litteratur** (Riddarasogur, Fornsogur Suðrlanda). Nicht alle in Norwegen übersetzten Werke sind von Norwegern übersetzt; die allermeisten sind wenigstens nicht in norwegischer Sprache, sondern in isländischen Abschriften und Bearbeitungen erhalten.

Die norwegisch erhaltenen sind:

1) Die **Barlaamssaga** (Sage von *Barlaam* und *Josafat*), übersetzt von König *Hákon* (*Sverrisson* oder *Hákonarson*?); die älteste Handschrift (Bibl. Stockholm. No. 6, fol.) stammt aus der Mitte des 13. Jahrhunderts. Herausgegeben von *Unger* 1851.

2) **Strengleikar.** Prosaische Paraphrase von 19 französischen Liedern, auf Veranlassung König *Hákons* († 1263) angefertigt. Der Inhalt der Lieder ist den bekannten französischen Sagenkreisen entnommen. Das Werk ist in einer Handschrift von ca. 1250 (cod. Upsal. Delagard. No. 7, fol.) zusammen mit einem Bruchstücke eines Dialoges zwischen **Pamphilus** und **Galatea** (ed. *Kölbing* in d. Germania XXIII), einer Óláfs Tryggvasonar (s. S. 17) und der

3) **Elissaga** erhalten, die ebenfalls unter König *Hákon* übersetzt wurde.

Strengleikar herausgegeben von *Unger*, Christiania 1850; die Elissaga von *Kölbing*, Heilbronn 1881.

1) Die [illegible], s. unten.
2) Die isländische Herkunft wird von Munchen in Zweifel gezogen.

4) Þiðrokssaga (Wilkinasaga). Die Sage von Dietrich von Bern und seinen Genossen, beruhend auf niederdeutschen Erzählungen, die wieder in Zusammenhang mit den mittelhochdeutschen Dichtungen von Dietrich und den Nibelungen stehen. Erhalten in einer norwegischen Pergamentschrift aus dem Schlusse des 13. Jahrhunderts (cod. 4, fol. Stockh.) und mehreren Papierhandschriften; herausgegeben von *Unger*, Christiania 1853.

5) Die Karlamagnussaga ok kappa hans (von Karl dem Grossen und seinen Kämpen); eine Zusammenarbeitung verschiedener lateinischer und französischer Romane aus dem Sagenkreise Karls. Nur ein paar Blätter einer norwegischen Handschrift aus dem 13. Jahrhundert (Ende) sind uns erhalten (im norwegischen Reichsarchive), die ganze Sammlung nur in zwei verschiedenen isländischen[1]) Überarbeitungen vollständig bewahrt (ein Pergamentcodex AM. 180 c fol. aus dem 14., ein zweiter 180 a aus dem 15., sonst Papierabschriften aus dem 17. Jahrhundert). Herausgegeben von *Unger* 1859.

B. Isländische Litteratur.

Die Isländer brachten aus ihrer Heimat Norwegen und von den britischen Inseln, auf denen sie, aus der skandinavischen Heimat ausgewandert, teilweise vorübergehenden Aufenthalt nahmen, reichen geistigen Besitz auf ihre Insel mit. Die Wikingerperiode hatte eine neue Poesie im Norden gezeitigt und dem geistigen Leben, wie dem künstlerischen Schaffen neue Richtungen und neue Formen zugeführt. Während aber die Schöpfungen gewerbsmässiger Kunst ziemlich gleichmässig in Dänemark, Schweden und Norwegen verteilt sind, während uns Inschriften mit den um das Jahr 800 völlig umgestalteten (jüngeren) Runen in allen drei Ländern (doch zumeist in Schweden) erhalten sind, ist uns die nationale Dichtung der Schweden ganz, die der Dänen wenigstens in der ursprünglichen Form verloren gegangen, und die norwegischen Lieder haben uns nur isländische Männer vor dem Untergange bewahrt und mit ihren eigenen Schöpfungen vereinigt in zahlreichen Aufzeichnungen späterer Jahrhunderte hinterlassen.

Im neunten Jahrhundert etwa gestaltete sich die altgermanische Dichtungsform im Norden unter dem Einfluss keltischer Formen um. Es blieb die auch den Kelten bekannte Allitteration bestehen und trat als Neues die Zählung und Wägung der Silben (ein feineres Gefühl für Rhythmus) und später meist der Silbenreim hinzu, der lange Zeit nur mit Allitteration verbunden vorkommt. Künstlicher Bau der Verse, gekünstelte Bilder für die einfachsten Begriffe werden wenigstens in Norwegen und Island erste Bedingung für alle jene Gedichte, die nicht nur

1) und einer dänischen.

erzählen wollen (Skaldenpoesie). Die Bilder sind grossenteils Anspielungen an mythische Vorgänge; so heisst die Erde Óðins brúð, das Gold Fáfnis ból u. s. w. Die Bildung umfänglicher epischen Erzählungen mit mythischem Inhalt fällt natürlich vor die Ausnutzung derselben zu poetischem Bilderschmucke, aber nicht lange vor sie. Ein Teil ihrer Stoffe stammt nachweisbar aus Niederdeutschland (z. B. der Nibelungenkreis, d. i. die Vǫlsungen-Geschichten). Andere sind bei germanischen Völkern sonst nicht zu finden (z. B. der Baldrmythus); man hat in neuester Zeit die Heimat derselben bei den keltischen und angelsächsischen Bewohnern Englands nachzuweisen gesucht: altklassische und christliche Erzählungen hätten dort die Nordleute vernommen und zu neuen nordischen Erzählungen umgeschaffen.[1] Sei dem, wie ihm wolle, wir wissen, dass in (Dänemark und) Norwegen vom 9. Jahrhundert ab eine grosse Zahl von Dichtern jene Stoffe voraussetzen und benutzen und andererseits ebendenselben in Liedern neue und bestimmte Formen geben. Als Island bevölkert wurde (von 874 ab), wanderten Lieder, Liederstoffe und poetische Technik mit herüber, und erfolgreich wetteifern die Isländer mit den norwegischen Skalden, längst schon schwieg im Mutterlande die epische und skaldische Dichtung, als immer noch drüben auf den Inseln (auch Shetland war eine Pflegerin der Skaldenkunst), oft im Dienst des Christentumes, fortgesungen wurde; die späteren norwegischen Könige mussten Isländer an ihren Hof ziehen, wenn sie in Liedern gefeiert werden wollten.

Die altdänischen Lieder hat uns *Saxo Grammaticus* zum Teil in lateinischer Übertragung erhalten.[2] Die norwegischen und isländischen Götter- und Heldenlieder aus verschiedenen Zeiten sind im 13. Jahrhundert auf Island gesammelt worden (Lieder-Edda); einzelne wenige wurden auch besonders aufgezeichnet. Die Skaldenlieder dagegen sind den Sagen einverleibt oder in der Edda als Belege und Muster beigezogen und so erhalten worden, sehr wenige wurden allein für sich niedergeschrieben. Über andere Dichtungen s. unten.

Von jeher hat man die Schicksale und Thaten der Vorfahren in Island hochgehalten und der Vergessenheit zu entziehen gesucht. So erzählte man sich in den Familien der Insel nicht nur die Geschicke des Geschlechtes seit der Besiedelung Islands, sondern man erinnerte sich an diese selbst und an die Vorgeschichte im Mutterlande Norwegen, sei es nun, dass man seine Erinnerungen an einen hervor-

1) S. *Bugge*, Studien über die Entstehung der nordischen Götter- und Heldensagen, I. II., München, 1881 f.

2) Auch Saxo hat [illegible] antike Versmasse umgesetzt, s. z. B. Möbius [illegible] S. XXI f.

ragenden Vertreter des Hauses anschloss, von ihm aus rück- und vorwärts ausblickte, sei es, dass man die ganze Familie von Generation zu Generation verfolgte. Diese Familiengeschichten, Íslendinga sǫgur, nahmen bald (unter irisch-keltischem Einflusse) eine typische Gestalt an und wurden in dieser Gemeingut der Insel, lange ehe man an die Aufzeichnung dachte. Sie sind fortgeführt bis ca. 1030, also bis in die erste Generation nach Einführung des Christentumes (i. J. 1000), hier brechen alle diese Berichte ab. Von hier an wendet sich alles Interesse der politischen und der kirchlichen Geschichte zu. Am Schlusse der glänzendsten Periode der isländischen Prosalitteratur (Ende des 13. Jahrhunderts) erscheint freilich noch einmal eine Familiengeschichte, es ist aber die politischeste Familie der Insel, die hier behandelt wird, und ihre Geschichte wird von ihrem ersten ihr gleichzeitigen Erzähler gleich niedergeschrieben, jene alten sǫgur sind aber Jahrhunderte lang ungeschrieben geblieben. Denn **nicht** mit **ihrer** Aufzeichnung beginnt die isländische **Litteratur** (s. unten).

Nachdem im Jahre 1000 das Christentum an einem Tage für die ganze Insel angenommen war, zogen südländische Priester mit der lateinischen Schrift und Sprache in das Land; doch bald kamen einheimische Bischöfe und Priester, wurden Klöster gegründet und Schulen eröffnet. Geistliche wie Laien hatten hier in gleicher Weise das nationale Interesse, sich von der lateinischen Kirchensprache zu emanzipieren. Man suchte dem niederen Klerus nicht die lateinischen Werke durch Glossen und Interlinearübersetzungen verständlich zu machen, sondern übertrug sie geradezu in fliessendes Isländisch. Damit begann die isländische Litteratur vielleicht noch gegen Ende des 11. Jahrhunderts; später setzte man diese Übersetzungsthätigkeit fort und schrieb ältere Übersetzungen bis in das 16. Jahrhundert herab fleissig ab.

Der Grammatiker *Þóroddr* schreibt kurz nach 1130, dass zu seiner Zeit ausser den Schriften des sofort zu erwähnenden *Ari Þorgilsson* nur heilige Übersetzungen, Gesetze und genealogische Aufzeichnungen in isländischer Sprache existierten. Die Gesetzlitteratur (aber zunächst nicht Gesetzbücher in unserem Sinne, sondern zur Unterstützung des Gedächtnisses angelegte Sammlungen) beginnt also gleichfalls frühzeitig. Sie nimmt im 13. Jahrhundert zu und wird beschlossen durch die Gesetzbücher, die der norwegische König (seit 1264 Herr der Insel) für Island abfassen lässt und durch hierzu erlassene Novellen. Urkunden in isländischer Sprache gehen bis in das 12. Jahrhundert zurück.

Der erste isländische Schriftsteller[1]) ist *Ari Þorgilsson hinn gamli*

1) *Sæmundr h. fróði Sigfússon* schrieb vielleicht in lateinischer Sprache.

(der Ältere) oder *hinn fróði* (der Gelehrte), geb. 1068, gest. 1148. Er begründete die isländische Historiographie durch eine Geschichte Islands (Íslendinga bók), die auch die norwegische Königsgeschichte berücksichtigte und wichtige Ereignisse im Auslande (England u. a.) zumal zu chronologischer Fixierung nordischer Begebenheiten beizog und so ein chronologisches System für den Norden schuf. Zwischen *Ari* und die Blütezeit der isländischen Historiographie fallen juristische Aufzeichnungen, Übersetzungen geistlicher Werke (Homilien, Heiligenleben) und ein grammatisches Werk, die Abhandlung des oben genannten *Þóroddr Gamlason*, der kurz nach *Ari* seine Anweisung zur isländischen Orthographie verfasst zu haben scheint.

In das 12. Jahrhundert fallen wohl noch die ältesten Aufzeichnungen von Íslendinga sǫgur: am eifrigsten war man hiermit aber erst später, um die Mitte des folgenden Jahrhunderts, beschäftigt; einige der Íslendinga sǫgur sind in verschiedenen Gestalten in mehreren Bearbeitungen überliefert, in späterer Zeit werden sie durch einzelne Episoden, Verse, Genealogien, anachronistische Erweiterungen von Abschreibern interpoliert.

Im letzten Viertel des 12. Jahrhunderts beginnt auch die eigentliche Historiographie da weiter zu bauen, wo *Ari* aufgehört hat: zuerst in lateinischer Sprache, bald in isländischer. Einerseits entstehen Biographien der Bischöfe der Insel; die letzte stammt vom Abt *Árngrímr* von Þingeyrar († 1361): sie betonen teils mehr die geistliche Stellung der Bischöfe, teils mehr die politische, und sind wichtige Quellen für die Geschichte der Insel zwischen 1060 und 1360. Die eine umfassende Darstellung der isländischen Geschichte im 13. Jahrhundert, die aber auch in das 12. zurückgreift, die grosse Íslendinga saga (Sturlunga) des *Sturla Þórðarson* steht als rein weltliche Fortsetzung der alten Íslendinga sǫgur und der isländischen Geschichte *Aris* isoliert da.

Andererseits wird die norwegische (dänische, færøische u. s. w.) Geschichte behandelt, teils in umfassenden Werken (Fagrskinna, Hryggjarstykki, Morkinskinna u. s. w.), teils in Einzelbiographien (Sverrissaga, Hákonarsaga, Óláfssaga helga, Óláfssaga Tryggvasonar u. s. w.). Als Verfasser historischer Werke, die sich auf norwegische (dänische u. s. w.) Geschichte beziehen, sind zu nennen: Abt *Karl Jónsson* († 1213), die Mönche *Gunnlaugr* (er verfasste auch eine Biskupssaga, † 1218), *Oddr* (um 1200), sämtlich im Kloster Þingeyrar, *Eiríkr Oddsson* (um 1170), *Snorri Sturluson* (1179–1241), *Styrmir Kárason* († 1245), *Sturla Þórðarson* († 1284). Noch im 13. Jahrhundert beginnt die Überarbeitung älterer Werke, die Verschmelzung verschiedener Berichte, die Einschiebung einzelner Episoden, die Vereinigung mehrerer Sǫgur in

Sammlungen, wobei neue Übergänge eine ursprünglich fehlende Verbindung herstellen (Heimskringla-Handschriften). In vielen Fällen sind über den jüngeren ausführlichen Bearbeitungen die älteren ursprünglicheren vergessen und verloren worden. Die umfänglichste Sammlung ist die Handschrift von *Flatey* (Flateyjarbók), geschrieben 1370—1380.

Gelehrte Arbeiten (Fortsetzungen der Grammatik, Geographie, Naturwissenschaft, Komputistik) beginnen wohl gleichfalls noch vor Anfang des 13. Jahrhunderts. Hervorzuheben sind die grammatischen Traktate eines Ungenannten und des *Óláfr Heitaskáld* († 1259) und die dem *Snorri Sturluson* zugeschriebenen Abhandlungen über den poetischen Ausdruck und die Darstellung der ihm zu Grunde liegenden mythischen Erzählungen (Skáldskaparmál, Gylfaginning und Bragarœdur), über skaldische Metrik (Háttatal samt Kommentar); der Geschmack an solchen Arbeiten erhielt sich im 13. und 14. Jahrhundert.

Mythische Erzählungen finden sich auch ausser Gylfaginning im 13. und 14. Jahrhundert nicht wenige. Ihre Stoffe sind von verschiedenem Ursprunge (deutsch, dänisch, norwegisch u. s. w.). So die Vǫlsungasaga[1]), Nornagestssaga (beide aus dem letzten Drittel des Jahrhunderts), Heiðrekssaga ok Hervarar, Ǫrvaroddssaga, Friðjófssaga, Hrólfssaga Kráka u. s. w.; erdichtete Sǫgur, die sich teils an die norwegische Geschichte, teils an die isländische anschliessen, werden bis in das 15. Jahrhundert verfasst: Bárðar saga Snæfells áss, Finnboga saga, Hemingssaga u. s. w.

Epische Stoffe des Südens scheinen zuerst über Norwegen eingedrungen zu sein; die älteste romantische Saga, die in Island gelesen wurde, ist wohl die Alexandersaga (übersetzt vor 1264 von Bischof *Brandr Jónsson*, s. S. 4); um 1320 ist es Bischof *Jón Halldórsson*, der diese Litteratur auf Island pflegt und in Ansehen bringt; in der folgenden Zeit werden die meisten in Norwegen entstandenen Übersetzungen nach Island gebracht und hier oft abgeschrieben.

Im Anschlusse an die Bearbeitung der romantischen Litteratur des Südens und aus demselben Interesse erfolgte auch jene Paraphrase der erzählenden Stücke des alten Testamentes (s. oben Stjórn) durch Bischof *Brandr* († 1264) und einen ungenannten Isländer (um 1310 in Norwegen), sowie die Übertragung des Sallust (Jugurtha) unter dem Titel Romverja sǫgur u. a.

Charakteristisch für die Zeit des Verfalles der nationalen Litteratur ist die Anlegung von Sammlungen, die Kompilation kleinerer Werke zu einem, oft schlecht zusammenhängenden Ganzen. So werden (s. oben) um

1) In Norwegen geschrieben?

1240 an 30 Götter- und Heldenlieder in eine Sammlung vereinigt (Liederedda, nicht von *Sæmundr,* † 1133); etwas später entsteht durch Zusammenstellung von verschiedenen Werken aus den verschiedensten Zeiten die Edda (Snorraedda, eigentliche Edda, prosaische E.); von den Sammlungen und Kompilierungen historischer Sǫgur war oben die Rede; auch Islendingasǫgur werden in grösserer Zahl zusammengestellt (cod. 132 fol. AM. z. B., um 1300 geschrieben, enthält 11 derselben), ebenso romantische Sagen (z. B. cod. AM. 533, 4°), Heiligenlegenden (cod. Holm. 2 fol., AM. 235 fol. u. aa.). Oft sind ganz ungleichartige Stücke vereinigt, so in der wertvollen Hauksbók (von *Haukr Erlendsson,* † 1334, grossenteils eigenhändig geschrieben), welche geistliche Stücke, ein Eddalied, Geographisches, romantische und mythische Sǫgur, Bearbeitungen der Íslendingabók des *Ari* enthält.

Die jüngste isländische Litteraturgattung sind die rímur, Lieder in gereimten (und dabei allitterierenden) Kurzzeilen, die zumeist romantische, seltener mythologische oder historische Stoffe behandeln. Ihre Zahl ist ebenso gross, als ihr dichterischer Wert gering ist. Erwähnung verdient die parodisch gehaltene Skíðaríma.

Vollständiges Aufhören litterarischer Thätigkeit ist auf Island wohl nie eingetreten; doch darf man die altisländische Litteratur als mit dem 15. Jahrhundert erloschen bezeichnen. Ein grosser Teil der älteren Werke gerät von da ab in Vergessenheit und wird erst wieder durch die Gelehrten des 16. und vor allem des 17. Jahrhunderts an das Tageslicht gezogen, gesammelt und in Papierabschriften oder allmählich durch den Druck vervielfältigt.

Die wichtigsten Handschriftensammlungen sind 1) die Arnamagnæanische, mit der Kopenhagener Universitätsbibliothek verbunden, gegründet von dem gelehrten und unermüdlich thätigen Isländer *Árni Magnússon,* † 1730; 2) die isländische Handschriftensammlung der alten (und neuen) königlichen Bibliothek in Kopenhagen, begründet durch *Torfaeus (Þormóðr Torfason),* † 1719, und Bischof *Brynjólfr Sveinsson,* † 1674; 3) die Sammlung des Grafen *Magnus de la Gardie* (von ihm 1651 erworben), seit 1686 mit der Universitätsbibliothek in Upsala verbunden; 4) die Stockholmer Sammlung, begründet durch die Isländer *Jón Rugmann* (1662) und *Jón Eggertson* (1682). Vereinzelte Handschriften finden sich an anderen Orten. Die erhaltenen Membranen und ein Teil der Papiercodices stammen aus Island, einige aus Norwegen. Der Sammeleifer des 17. Jahrhunderts beraubte beide Länder ihrer Handschriftenschätze so gut wie vollständig. Eine nicht geringe Zahl von wichtigen Codices ist im Jahre 1728 mit der Kopenhagener Bibliothek verbrannt.

Über Ausgaben vergleiche das Nähere bei *Möbius:* Catalogus librorum islandic. et norveg. aetatis med. Lips. 1856, und: Verzeichnis der auf dem Gebiete der Altnordischen Sprache und Litteratur von 1855 bis 1879 erschienenen Schriften. Leipzig 1880.

Übersicht über die wichtigsten isländischen Schriftwerke.

I. Geistliche Werke:

1) Eine Sammlung von Homilien, cod. holm. 4°, aus dem 12. Jahrhundert, vielfach verwandt mit dem norwegischen Homilienbuche; vortrefflich herausgegeben von *Wisén.* Lund. 1872.

2) Homilien und Dialoge Gregors des Grossen. AM. 677, 4°, aus dem Anfange des 13. Jahrhunderts. Herausgegeben in *Ungers* Heilagra manna sögur I, in *Bjarnarsons* Leifar 1878. Bruchstücke der Dialoge auch in anderen jüngeren Handschriften.

3) Bruchstücke von Homilien in verschiedenen alten Membranen (AM. 237 A fol., 655, 4° XXVI u. s. w.) bei *Bjarnarson.*

4) Heiligenleben (Heilagra manna sögur); einzeln oder in Sammlungen erhalten; umfangreich sind cod. holm. 2 fol. (14 sec. exit.), AM. 235 fol. (um 1380). besonders alt sind die Bruchstücke von AM. 645, 4° (bald nach 1200). 623. 4°, Teile von 655 u. s. w. Herausgegeben von *Unger:* Heilagra manna sögur. 2 voll. Einzeln ediert die Thomassaga *(Beckel)* von *Unger* 1869, von *E. Magnusson* 1875, Theophilus in *Ungers* Mariu-Saga, von *Dasent* 1845. Barlaamssaga, Osvaldssaga, Jatvarðarsaga siehe unten.

5) Physiologus; nur geringe Bruchstücke sind in AM. 673 A. 4° (kurz nach 1200 geschrieben) erhalten. Herausgegeben in *Möbius'* Analecta Norrœna².

6) Elucidarius, älteste Handschrift AM. 674 A. 4° (um 1200); photolithographisch herausgegeben 1869 in Kopenhagen (auch 1858 in den Annaler f. nord. Oldkynd).

7) Gespräch zwischen Leib und Seele, zwischen Mut und Furcht in der Hauksbok (s. oben S. 12). AM. 544, 4°; ersteres herausgegeben in *Möbius'* Analecta und in den Heilagra manna sögur.

8) Postula sǫgur, Apostelleben, meist in jungen Handschriften; ältere Fragmente sind z. B. in AM. 645, 4° (s. oben), geschrieben um 1200, 655, 4° XIII. Ausgabe sämtlicher Apostelleben von *Unger:* Postola sögur. 1874.

9) Mariusǫgur, Mariensagen. Die vollständigen Handschriften sind jung (im 14. Jahrhundert und später geschrieben), alt sind die Bruchstücke in AM. 655, 4° II (kurz nach 1200); herausgegeben von *Unger:* Mariu-Saga. 1871.

Hierher gehören auch:

10) Gyðinga sǫgur und Stjórn; Bearbeitung des alten Testamentes von verschiedenen Verfassern (Bischof *Brandr.* † 1264, und einem späteren Ungenannten). Handschriften aus dem 14. und 15. Jahrhundert. Fragmente aus derselben Zeit. Ausgabe der Stjórn von *Unger* 1862, der Gyðinga sǫgur von *Þorkiksson* 1882 (Kopenhagen).

Eine Reihe kleinerer geistlicher Stücke sind zerstreut oder gar nicht herausgegeben.

II. Juristische Aufzeichnungen.

1) Die sogenannte Grágás, Graugans (der Name ist sowenig berechtigt und alt als der Name Sæmundaredda), die Gesetze des Freistaates. Verschiedene Redaktionen aus der zweiten Hälfte des 13. Jahrhunderts sind in nicht viel jüngeren Handschriften erhalten. Fragmente reichen bis gegen 1200 zurück (Landbrigðaþáttr in AM. 315 fol. D); herausgegeben von *V. Finsen:* Grágás nach der Konungsbók (cod. Reg. 1157) 1852, nach der Staðarhólsbók (cod. AM. 334 fol.) 1879.

2) Aus der Zeit der norwegischen Herrschaft: Járnsíða (entstanden 1271–1273, in einer nicht viel jüngeren Handschrift der oben genannten Staðarhólsbók erhalten), herausgegeben in Norges gamle love I. 1846, und in Kopenhagen 1847; Jónsbók (von 1280), Ausg. von *Sv. Skulason* 1858; Kristinréttr (Kirchenrecht) des Bischofs *Árni* (1273—1274). Ausg. von *Thorkelin* 1777.

3) Urkunden; die ältesten Reste gehen bis um 1200 zurück (Reykjaholts Máldagi bis gegen 1185, herausgegeben u. a. in *Möbius'* Analecta[?]), gesammelt im Diplomat. Islandicum I.

III. Grammatische Litteratur.

1) Der Traktat des *Þóroddr Gamli* über die Buchstaben, verfasst um 1150, herausgegeben in der Snorraedda von 1818, 1848, 1852, in den Analecta von *Möbius*; erhalten in cod. Worm. (um 1330 geschrieben) der Snorraedda.

2) Der Traktat eines Ungenannten; verfasst um 1180, erhalten im cod. Worm. (um 1330) und cod. Ups. (um 1290) der Snorraedda, herausgegeben in den Edda-Ausgaben.

3) Traktat des *Ólafr Hvítaskáld* (um 1250), erhalten in cod. Worm. der Snorraedda und mehreren anderen Handschriften (darunter AM. 748, 4° älter als cod. Worm.); herausgegeben mit 2).

4) Ergänzungen zu 3) mit 3) erhalten und herausgegeben.

5) Skáldskaparmál. Abhandlung über den poetischen Ausdruck; als zweiter Hauptteil der »Snorraedda« in den Eddahandschriften erhalten, angeblich von *Snorri Sturluson*. Eddaausgaben: von *Rask* 1818, von *Sv. Egilsson* 1848, ed. *Arnamagnaeana*, III voll., 1848—1881 (unvoll.), *F. Jónsson* 1875, auszugsweise von *E. Wilken*, Paderborn 1878.

6) Háttatal, Altnordische Metrik. Teil der Snorraedda, wahrscheinlich von *Snorri Sturluson*. Die metrischen Vorschriften sind als Kommentar zu *Snorris* Lied auf König *Hákon* und Jarl *Skúli* geschrieben. Separat herausgegeben von *Möbius* 1879–1881.

Als metrische Anleitung haben auch die Háttalukl ar (sg. Háttalykill) des Jarles *Rognvaldr* von den Orkneys (um 1150) und des *Loptr Guðormsson* (um 1420) u. aa. zu gelten (poetische Beispielsammlungen).

IV. Geschichtliche Werke.

a) Isländische Familiengeschichten. Ausser den grossen Sammelhandschriften, wie cod. AM. 132 fol., sec. XIII exit., sind eine grosse Zahl Einzelhandschriften und Bruchstücke erhalten. Die wichtigeren Islendinga sogur sind:

1) Njálssaga oder Njála: Mittelpunkt ist *Njáll* mit seinen Söhnen. Die gegenwärtige Gestalt erhielt die Saga um 1250. Ausgabe von *K. Gíslason* 1875.

2) **Eyrbyggja** behandelt vorzugsweise das Leben des *Snorri goði* und seiner Vorfahren; die letzte Redaktion erfolgte um 1250. Ausgabe von *Vigfússon*, Leipzig 1864.
3) **Laxdælasaga**: Hauptpersonen *Ólafr pái* und sein Sohn *Kjartan*; letzte Redaktion um 1230. Ausgabe 1826 (in 4°), darnach 1867 (8° in Akureyri).
4) **Egilssaga Skallagrímssonar.** Geschichte des Skalden *Egill* und seiner (isländischen und norwegischen) Vorfahren. Ausgabe 1809 (in 4°), darnach 1856 (8° Reykjav.). Die vorliegende Redaktion scheint älter als Laxd.
5) **Grettissaga**, Grettla. Teilweise mythische Geschichte *Grettis des Starken;* redigiert um 1300. Ausg. 1853.

Dazu die kleineren, meist in Sammlungen (Oldskrifter, Íslendinga sǫgur, Fornsögur [Leipzig 1860]) veröffentlicht, z. B. Hænsaþórissaga, Bjarnarsaga Hitdælakappa, Gunnlaugssaga Ormstungu (in *Möbius'* Anal.), Gullþórissaga (Ausg. Leipzig 1857), Gíslasaga Súrssonar, Hallfreðarsaga vandræðaskálds (Fornsög.), Víga-Glúmssaga, Vatnsdælasaga (Fornsög.), Flóamannasaga (ebend.), Bandamannasaga, Heiðarvígasaga, Kórmakssaga, Svarfdælasaga, Ljósvetningasaga, Droplaugarsonasaga, Eiríkssaga rauða u. s. w.

Erdichtete Íslendingasǫgur: Finnbogasaga (Halle 1879), Víglundarsaga, Bárðarsaga Snæfellsáss. u. a. Moderne Nachahmungen alter Sǫgur sind z. B. eine Ármannssaga, Droplaugarsaga u. s. w.

Aus etwas späterer Zeit, als die eigentlichen Íslendinga sögur stammen, und von Zeitgenossen aufgezeichnet sind:

1) Die Hrafnssaga Sveinbjarnarsonar (1190—1213), herausgegeben in den Biskupasögur I und in Vigfússons Sturlunga II, 275 ff.
2) Aronssaga Hjǫrleifssonar (1200—1255), herausgegeben in den BS. I und in den Sturlunga-Ausgaben.
3) Svinfellinga saga (1248—1252) ebend.
4) Die **Sturlunga** im engeren Sinne oder die grosse Íslendingabók, welcher 1)—3) und einige andere Stücke einverleibt wurden: die Geschichte der Sturlungenfamilie (und damit die politische Geschichte Islands 1196—1262) von *Sturla Þórðarson* (1214—1284), erhalten in vielen Handschriften, die wichtigsten cod. AM. 122 a. 4° (um 1350), und 122 b, 4° (um 1320), sind unvollständig. Herausgegeben 1817—1820 (4°) und von *Vigfússon* 1878 in 2 Bdn. mit vielen Beigaben. Die handschriftliche Anordnung ist hier vollständig ungeändert.

Gleichfalls eine jüngere Zeit als die Íslendinga sögur behandeln und von Zeitgenossen aufgezeichnet sind

b) Die Biographien von Bischöfen:

1) **Ísleifsþáttr.** Die Geschichte des ersten Bischofs der Insel. Erhalten in der Flateyjarbók, aber viel früher entstanden. Herausgegeben von *G. Vigfússon* in Biskupasǫgur I.
2) **Hungrvaka** (Hungerweckerin). Die Geschichte der Bischöfe *Ísleifr, Gizurr, Þorlákr, Magnús, Klengr* (bis 1176); verfasst um 1210 in Skálholt; die Chronologie der Saga weicht von der gewöhnlichen ab (1169 statt 1176). Erhalten ist Hungrvaka nur in jüngeren Handschriften, herausgegeben in den Biskupasögur I.

3) **Þorlákssaga biskups**, verfasst ungefähr gleichzeitig mit Hungrvaka, in Skálholt, mit derselben Chronologie, vielleicht von demselben Verfasser, bildet die Fortsetzung der Hungrvaka; erhalten in einer Pergamenthandschrift von ca. 1360. Herausgegeben in den Biskupasögur I. Jüngere Biographie desselben Bischofs († 1193) ebend. Dazu Wunderverzeichnisse aus sehr alter Zeit (z. B. aus cod. 645, 4°, AM., um 1200 geschrieben).

4) **Pálssaga biskups**. Geschichte des Bischofs *Paul* († 1211), Fortsetzung der vorigen, wie sie in Skálholt, kurz nach 1211 verfasst. Herausgegeben in den BS. I, nur in jungen Papierhandschriften erhalten.

5) **Jónssaga** Ǫgmundarsonar. Geschichte des Bischofs *Jón* von Holar († 1121) in 3 Bearbeitungen: a) von unbekanntem Autor, um 1200 entstanden, in verschiedenen Handschriften, die bis in das 13. Jahrhundert zurückgehen, erhalten; b) von Mönch *Gunnlaugr* im Kloster Þingeyrar (Nordland) lateinisch verfasst zwischen 1203 und 1208[1], ziemlich lange darnach in das Isländische übersetzt, erhalten im cod. holm. 5 fol., geschrieben um 1360; c) von einem Unbekannten mit Benutzung von b) verfasst im 14. Jahrhundert, nur in jungen Papierhandschriften erhalten. Herausgegeben sind die Jónssǫgur in BS. I.

6) **Guðmundarsaga** biskups Arasonar. Geschichte des Bischofs *Guðmundr* von Holar († 1237), verfasst z. T. wohl noch zu *G.'s* Lebzeiten; erhalten in cod. AM 399, 4° (um 1280), u. a.; eine Bearbeitung der GS. ist in die Sturlunga aufgenommen (s. oben); eine spätere stammt vom Abt *Arngrímr* von Þingeyrar († 1360). Herausgegeben in den BS. I und in der Sturlunga.

7) **Árnasaga** biskups. Geschichte des Bischofs *Árni Þorláksson* († 1298), um 1300 verfasst, erhalten in mehreren jungen Handschriften. Herausgegeben in den BS. I.

8) **Laurentiussaga**. Geschichte des *Laurentius*, Bischofs in Holar († 1331), die letzte Bischofsbiographie, verfasst vielleicht von *Einarr Hafliðason* († 1393), erhalten in jungen Handschriften. Herausgegeben in den BS. I.

Hier ist noch ein Priesterverzeichnis zu erwähnen, das in einer sehr alten Handschrift erhalten ist (cod. Reg. 1812, um 1220), veröffentlicht im Diplom. Island. I. S. 180, und in *Vigfússons* Sturlunga II, 502, ferner Genealogien von Bischöfen aus dem 14. Jahrhundert (cod. AM. 162, fol.). Herausgegeben in den Islend. Sögur 1843, I, 356 ff., u. ä.

c) **Politische Geschichte der Insel und des Auslandes:**

1) *Ari Þorgilssons* Werke. Erhalten ist

a) ein kleines Isländerbuch, **Libellus Islandorum**, eine kurze Geschichte Islands bis 1120, in zwei Papierabschriften einer sehr alten (verlorenen) Pergamenthandschrift. Herausgegeben u. a. von *Möbius*, Leipzig 1869. Sein grosses Werk über Island und Norwegen ist verloren, dessen Inhalt aber, vielfach verarbeitet, in jüngeren Werken erhalten. Solche Werke sind die Konunga sǫgur, die Kristni saga, die Landnáma; der Libellus Islandorum ist ein von

1) *Gunnlaugs* Chronologie ist die der Hungrvaka.

Ari selbst gefertigter Auszug aus dem Liber Islandorum (Íslendingabók);

b. die **Landnáma**, die Geschichte der Besiedlung Islands; erhalten in mehrfachen Bearbeitungen, an denen sich *Kolskeggr Ásbjarnarson* (um 1130), *Styrmir Kárason* († 1245), *Sturla Þórðarson* († 1284), *Haukr Erlendsson* († 1334), ein unbekannter Abkömmling der Sturlungen (um 1320), endlich *Björn* von Skarðsá († 1656) beteiligten. Erhalten sind folgende Rezensionen: B, die eigentliche Landnáma (von *Sturla*) in einer Papierabschrift; C, (von *Haukr*) in der Hauksbók, vollständig nur in Papierabschrift; E, (vom Ungenannten), d. i. Melabók, erhalten in Bruchstücken, endlich *Björns* Kompilationen in mehreren Handschriften. Herausgegeben in den Íslendingasögur[2] I, Kopenhagen 1843;

c. die **Kristnisaga**, vielfach überarbeitet; erhalten als Teil der Landnáma in C (Hauksbók), behandelt die Bekehrung der Insel und die Wirksamkeit der ersten Bischöfe bis 1121. Herausgegeben in den Bisk. sög. I.

Aris Arbeiten über die ausländischen Könige wurden in späteren Schriften nachgeahmt und fortgesetzt benutzt. Hierher gehören:

2) *Eiríkr Oddssons* Hryggjarstykki (»Rückenstück«), Geschichte Norwegens von ca. 1130 bis 1139 (1161?), verloren, aber in erhaltenen Werken benutzt.

3) **Morkinskinna** (»moderiges Pergament«), Geschichte Norwegens von ca. 1036—1157; die (nicht mehr vollständige) Handschrift *Morkinskinna* stammt aus dem 13. Jahrhundert (um 1260?), die Abfassungszeit ist bestritten. Herausgegeben von *Unger* 1867.

4) **Óláfssaga Tryggvasonar** (*Ó.* † 1000) des Mönches *Oddr* in Þingeyrar († 1200?), ursprünglich lateinisch verfasst zwischen 1160 und 1170. Erhalten in drei Bearbeitungen, vollständig nur in cod. holm. 20, 4° (von ca. 1300), herausgegeben von *P. A. Munch* 1853; cod. AM. 310, 4°, in Norwegen geschrieben (1280—1300), herausgegeben in den Fornmannasögur X; cod. Upsal., geschrieben in Norwegen (1240—1250 s. ob. S. 6 unter Strengleikar), herausgegeben mit cod. holm.

5) **Óláfssaga Tryggvasonar**, von dem Mönche *Gunnlaugr* von Þingeyrar (s. oben S. 10) [† 1210], lateinisch, verloren, in späteren Bearbeitungen der ÓST. benutzt (so in Flateyjarbók).

6) **Óláfssaga helga** (*Ó.* † 1030) des *Styrmir fróði* († 1245), eine Bearbeitung der Legende des Bischofs *Eysteinn*, das Original für die norwegische OSH. (s. oben S. 5); isländische Bruchstücke aus dem Anfange des 13. Jahrhunderts in der OSH. 1846 und bei *Storm*: Snorre Sturlesöns historieskrivning (1873); *Styrmis* ÓS. wurde später von *Snorri* benutzt, noch später stückweise in *Snorris* ÓSH. eingeschoben, so in der Flateyjarbók (vol. II, herausgegeben 1862), vgl. Fornmannasögur IV. V (1829 f.).

7) **Fagrskinna** (schönes Pergament), Geschichte Norwegens von der ältesten Zeit bis 1181, verfasst frühestens 1225, vielfach verwandt mit *Snorris* Arbeiten. Herausgegeben von *Munch* und *Unger* 1867 (s. oben S. 6).

8) **Sverrissaga** (*Sv.* † 1202), verfasst vom Abt *Karl* von Þingeyrar († 1212), erhalten in verschiedenen Handschriften (AM. 327, 4°

s. Fornmannass. VIII; Flateyjarbók (voll. II der Ausg.); Eirspenill = cod. AM. 47, fol. (um 1400), herausgegeben in *Unger's* Konungasögur 1873; cod. AM. 81 fol.

9) **Orkneyingasaga**, Geschichte der Jarle der Orcneys, vielleicht von verschiedenen Verfassern, entstanden im Anfange des 13. Jahrhunderts; vollständig bewahrt, aber in andere Sǫgur stückweise eingeschaltet, in der Flateyjarbók, ausserdem existieren Fragmente und eine alte norwegische Übersetzung von 1615. Ausgabe: in Flateyjarbók, vol. I und II.

10) **Færeyingasaga**, Geschichte der Färinger (Bewohner der Færöer). Ähnlich wie die Orkneyingasaga in der Flateyjarbók erhalten und ungefähr so alt wie jene; herausgegeben auch von *Rafn* 1832 und 1833.

11) **Knýtlinga** (Knútssaga), Geschichte Dänemarks von *Harald Blauzahn* bis *Waldemar*, erhalten u. a. in einer Pergamenthandschrift AM. 180 fol. (15. Jahrhundert), vielleicht ursprünglich Teil einer Skjǫldungasaga, von welcher Fragmente erhalten sind. Ausgabe: Fornmannasögur XI.

12) **Jómsvíkingasaga**, Geschichte der Wikinger von Jomsburg (an der wendischen Küste), in mehreren Bearbeitungen erhalten, von denen die eine (AM. 291, 4°) bis um 1200 zurückreicht. Ausgaben: Fornmannass. XI (nach AM. 291), von *Cederschiöld* 1875 (nach cod. holm. 7, 4°); in der Flateyjarbók I, von *Petersens* 1879 (nach AM. 510, 4°); eine fünfte Bearbeitung ist nur in lateinischer Übersetzung vorhanden, herausgegeben von *Gjessing* 1877.

13) **Snorri Sturlusons** (1179—1241) **Konungasǫgur**. Darunter ist nur die grosse Óláfssaga helga auch einzeln erhalten in cod. holm. 2, 4° (um 1260), die übrigen nur zu einer Sammlung (oft auch mit weiter unten genannten Sǫgur) vereinigt in den sog. Heimskringla-Handschriften.[1] Die wichtigsten derselben sind: 1. Kringla, Norwegens Geschichte von der ältesten Zeit bis 1177; verbrannt 1728, Abschriften davon erhalten. 2. Jǫfraskinna bis 1177; verbrannt 1728, in Abschriften erhalten. 3. Gullinskinna, Geschichte Norwegens von ca. 1066 bis um 1254; verbrannt 1728, erhalten in Papierabschriften. 4. Eirspenill = AM. 47, 4° von 1036—1263 (der Schluss verkürzt), geschrieben um 1280 und erhalten. 5. Frisbók (codex Frisianus, Konungabók), cod. AM. 45 fol., reicht bis 1263, enthält jedoch die Óláfssaga helga nicht, geschrieben um 1300, vollständig ediert 1871.

Zur »Heimskringla« rechnet man die Sǫgur bis zur Magnússaga Erlingssonar (1177); ob auch die letzten derselben von *Snorri* stammen, wird bestritten; die folgenden (ursprünglich selbständigen): Sverrissaga, Hákonarsaga Hákonarsonar sind erst später hinzugefügt worden; s. No. 8 und No. 14. 15. Handausgabe der »Heimskringla« (bis 1177) von *Unger* 1868 (nach verschiedenen Quellen), darnach Upsala 1872.

Spätere Bearbeitungen der Heimskringla (oder einzelner Stücke aus ihr) enthalten die Hulda (geschrieben 1300—1350), die Hrokkinskinna (geschrieben um 1350); die Hskr. liegt ferner zu Grunde der grossen Óláfssaga Tryggvasonar (Flateyjarbók vol. I, Fornmannass. I—III) und einer Reihe kleinerer Stücke (z. T. in der Flateyjarbók enthalten).

14) **Hákonarsaga Sverrissonar** (*Hákon* † 1204), erhalten in Heimskringla-Handschriften (Frisb., Eirsp.), in AM. 81 fol.; im 13. Jahrhundert verfasst. Ausgabe: *Ungers* Konungass., Fornmannass. IX.

1) Benannt nach den Anfangsworten der einen: Kringla heimsins.

15) Hákonarsaga Gamla (*Hákonarsonar*, † 1263) von *Sturla Þórðarson* († 1284); erhalten in Heimskringla-Handschriften (Frísb., Eirsp.) in AM. 81 fol. und in der Flateyjarbók (vol. II der Ausgabe). Ausgabe auch in *Ungers* Konungasögur 1873.

16) Magnússaga Lagabœtis (*Magnus* † 1280); nur Bruchstücke dieser jüngsten Saga sind erhalten.

Anmerkung: Flateyjarbók, herausgegeben in 3 voll. von *Unger* und *Vigfusson* 1860—1868; Frisbók von *Unger* 1871; von Eirspenill unter dem Titel Konungasögur von *Unger* 1873 die Teile, die nicht zur Heimskringla gehören. Die Sammlung Fornmannasögur (12 voll., 1826—1837, dazu eine lateinische und eine dänische Übersetzung) enthält die meisten Konungasogur, in den ausführlichsten Redactionen nach verschiedenen Handschriften von den Herausgebern zusammengestellt. *S. K. Maurer*, üb. d. Ausdr. Altnord.; *G. Storm*, *Snorre Sturlesons* Historieskrivning.

17) Annalen. Die jüngste Form der isländischen Geschichtslitteratur, in verschiedenen Bearbeitungen. Die wichtigsten sind: Annales regii (cod. reg. 2087, 4°) von ao. 842—1306 (1341) reichend, ediert in *Vigfússons* Sturlunga II, Annalen der Flateyjarbók (bis 1394) in vol. III der Flatb., Hauksbóksannál (cod. AM. 415, 4° um 1320) u. a. Eine Kompilation verschiedener Handschriften ediert 1847 u. d. T. Íslenzkir annálar.

V. Mythologische und heroische Sǫgur.

1) Gylfaginning (»Täuschung des Gylfi«), erster Hauptteil der sog. Snorraedda; wahrscheinlich von *Snorri Sturluson*; eine auf ältere Lieder, die teilweise erhalten sind, gegründete Darstellung nordischer Göttermythen in dialogischer Form. Ediert in den Ausgaben der Snorraedda.

2) Vǫlsungasaga und Ragnarssaga: Darstellung der Sigfridssage und der ganz lose damit zusammenhängenden Sage von dem dänischen Könige *Ragnarr* und seinem Geschlecht; entstanden um 1260, erhalten in einer Pergamenthandschrift vom Ende des 14. Jahrhunderts und in Papierhandschriften; herausgegeben *Fornaldarsögur* I 1829. Vǫls. allein von *Bugge* 1865, darnach in *Wilkens* Edda 1877.

3) Nornagests þáttr, eigentümliche Einkleidung verschiedener Mythen (aus dem Sigurð-Cyclus), erhalten als Teil der ausführlichen Óláfssaga Tryggvasonar (cod. AM. 62 fol., 14. Jahrhundert; Flateyjarb. vol. I d. Ausg.); herausgegeben in Flatb., von *Bugge* 1863, in *Wilkens* Edda.

4) Saga af Hrólfi kraka, Geschichte des sagenhaften Dänenkönigs *Hrólfr*, erhalten in Papierhandschriften, herausgegeben in den Fornaldarss.

5) Hervararsaga ok Heiðreks konungs spielt in uralter Zeit in Schweden, Russland u. s. w., beruht auf sehr alten Liedern; erhalten in Hauksbók (geschrieben vor 1334) und anderen Handschriften. Herausgeg. i. d. Fornaldarss. und von *Bugge* 1873.

6) Orvaroddssaga, eine nordische (norwegische) Herkulessage, erhalten in verschiedenen Bearbeitungen, in Handschriften des 14. Jahrhunderts und späteren. Fornaldarss. II.

7) Friðþjófssaga, eine norwegische Lokalsage, erhalten in zwei Bearbeitungen, die eine nur in Papierhandschriften, die andere in einer jungen Pergamenthandschrift (AM. 510, 4°). Fornaldarss. II.

Hierzu noch eine grosse Zahl anderer, die in der Sammlung Fornaldarsögur, 3 voll. 1829—1830 vereinigt sind, vgl. auch die mythischen Íslendinga sǫgur. *Bugges*: Norrøne Skrifter af sagnhist. Indhold 1863 ff. sind noch unvollendet.

VI. Übersetzungen fremder (weltlicher) Werke.

1) **Alexandersaga**, übersetzt von Bischof *Brandr Jónsson* († 1264) nach einem lateinischen Original, erh. in einer Stjórn-Handschrift aus dem 14. Jahrhundert und einer anderen Handschrift (AM. 519, 4°) von ca. 1300, herausgegeben von *Unger* 1848. S. S. 4.

2) **Clarussaga**, übersetzt (um 1330) von Bischof *Jón Halldórsson* nach einem lateinischen Gedicht, erhalten in mehreren Handschriften aus dem 14.—17. Jahrhundert, herausgegeben von *Cederschiöld* 1879.

3) **Rómverjasaga**, ein Abschnitt der römischen Geschichte, vornehmlich nach *Sallusts* Jugurtha und Catilina und *Lucans* Pharsalia, erhalten in mehreren Handschriften und Fragmenten des 13. und 14. Jahrhunderts. Herausgegeben in *K. Gíslasons* 44 Prøver 1860.

4) **Veraldarsaga**, kurze Weltgeschichte bis Friedrich Barbarossa; erhalten in einer Handschrift des 13. Jahrhunderts (AM. 625, 4°), nach einem lateinischen Original gearbeitet; bei *Gíslason* 44 Prøver.

5) **Bretasǫgur**, eine Geschichte der Briten und ihrer Vorfahren in Italien (Brutus) nach *Geoffroy von Monmouth*, erhalten in der Hauksbók (AM. 544, 4°), in ausführlicheren Bruchstücken von ca. 1400, ediert in den Annaler f. nord. Oldkynd. 1848, 1849.

6) **Trójumannasǫgur**, Vorgeschichte zu den Bretasǫgur, Geschichte der Zerstörung Trojas, hauptsächlich auf *Dares Phrygius* beruhend, erhalten und ediert zusammen mit Bretasǫ.

Dazu kommen viele romantische sǫgur, die sicher oder wahrscheinlich zuerst von Norwegern oder in Norwegen übersetzt, dann erst nach Island übertragen wurden. S. ob. Nur in isländischer Form sind erhalten (meist aus dem 14. Jahrhundert):

7) **Partalopasaga**, nach einem französischen Original (*Partonopeus*), erhalten in jungen Handschriften. Ausgabe von *O. Klockhoff* 1877.

8) **Tristramssaga** (d. i. Tristanssage), junge isländische Abschriften einer norwegischen Bearbeitung des französischen Tristanromanes, herausgegeben von *E. Kölbing* 1878, von *G. Brynjúlfsson* 1878, eine isländische Bearbeitung nach AM. 468, 4° in den Annaler of nord. Oldkynd. 1851.

9) **Mǫttulssaga** (d. i. Sage von dem bezauberten Mantel), nach dem Französischen, erhalten in mehreren Handschriften von ca. 1400 und später. Ausgabe von *Cederschiöld* 1877, *Brynjúlfsson* 1878.

10) **Blómstrvallasaga**, aus dem Deutschen übersetzt, erhalten in zwei Bearbeitungen, ed. von *Möbius*, Leipzig 1855.

In Sammlungen ediert sind:

11—14) **Parcevalssaga**, Valvers þáttr, Ivents (d. i. Iweins) saga, Mírmanssaga in *Kölbings* Riddarasǫgur 1872.

15—19) **Mágussaga**, Konráðssaga keisara sonar, Bæringssaga, Flóventssaga, Beverssaga in *Cederschiölds* Fornsǫgur Suðrlanda 1877 ff.

Dazu noch eine sehr grosse Zahl anderer, die meist noch nicht ediert sind.

VII. Geographie, Naturwissenschaft, Mathematik.

Verloren ist *Gissur Hallssons* († 1206) Reisewerk Flos peregrinationis und die geographische Schrift Gripla, erhalten dagegen:

1) **Leiðarvísir** (Wegweiser) des Abtes *Nikolaus* (um 1160), Reise ins heilige Land, mit einer allgemeinen geographischen Einleitung; erhalten in einer Hand-

schrift des 14. Jahrhunderts (AM. 194, 8°) und älteren Fragmenten, ediert in *Werlauffs* Symbola ad geographiam, Hauniae 1821.

2) »Geographica quaedam« (so von *Arni Magnússon* genannt), allgemeine und biblische Geographie, mirabilia; erhalten in Bruchstücken der Hauksbók (um 1330 geschrieben), herausgegeben in *J. Þorkelsson's* Nokkur blöð úr Hauksbók 1865.

3) Kleinere Stücke in cod. AM. 764. 4°; 765. 4°. Teilweise gedruckt bei *Langeb.* Scriptores rer. Danic. II, 26 ff.: kleine Stücke in AM. 281. 4° unediert, geographische Abschnitte in der Sammelhandschrift cod. Reg. (gaml. S.) 1812 4° von ca. 1250 und aus dem 14. Jahrhundert, unediert.[1])

4) Rimbegla, umfangreiches Werk über Astronomie, Zeitrechnung und Kalenderwesen, eingestreut sind zahlreiche geographische, naturgeschichtliche, geschichtliche Notizen, in seiner jetzigen Gestalt (cod. AM. 624, 727, 730, 731, 4°) eine junge Kompilation (»Blanda«); ältere Stücke ähnlichen Inhaltes finden sich in dem obenerwähnten cod. Reg. (gaml S.) 1812, 4°, geschrieben um 1200, 1250 und im 14. Jahrhundert. Die jüngere Kompilation (oder mehrere vereinigt) herausgegeben 1801 (»Rymbegla«). Einzelnes in der Hauksbók (AM. 544, 4°, *Þorkelsson's* Nokkur Blöð, Annaler f. nord. Oldk. 1848), in cod. AM. 736, 4° (um 1400).

5) »De gemmis«, Abhandlung in der Hauksbók, nicht vollständig ediert. (Probe in den Annaler 1847) u. s. w.

Poetische Werke.

I. Erzählende Gedichte von unbekannten Verfassern, im Versmass fornyrðalag (ohne Silbenreim).

1) Die Eddalieder in cod. regius No. 2365, 4° in Kopenhagen; nämlich a. mythische: Vǫluspá, Vafþrúðnismál, Grimnis mál, Skirnis fǫr, Hárbarðs ljóð, Hýmiskviða, Lokasenna, Þrymskviða (= Hamarsheimt), Alvissmal; b. heroische: Vǫlundarkviða, Helgakviða Hundingsbana, Helgakviða Hjǫrvarðssonar, Helgakviða Hundingsbana II., Sigurðarkvida Fáfnisbana I. II., Fáfnismál, Sigurðarkviða (Bruchst.), Guðrúnarkviða, Sigurðarkviða Fáfnisbana III., Helreið Brynhildar, Gudrúnarkviða II. III., Oddrúnargrátr, Atlakviða hin grœnlenzka, Atlamál hin grœnlenzku, Guðrúnarhvǫt, Hamðismál. Den einzelnen Gedichten sind oft Prosaeinleitungen beigegeben, auch stehen zwischen den Strophen öfter Prosastücke. Die Sammlung ist um 1240 angelegt (also nicht von Sæmundr), cod. reg. stammt aus dem Schluss des 13. Jahrhunderts. Hávamál, die im cod. reg. stehen, s. unten.

2) Cod. AM. 748, 4° ist verstümmelt und enthält neben Hárbarðsljóð, Skirnismál, Vafþruðnismál, Grimnismál, Hýmiskviða auch Vegtamskviða, die im cod. reg. fehlt, und Stücke der Snorraedda. Die Liedersammlung ist nahe verwandt mit der im cod. reg.; die Handschrift ist zu Anfang des 14. Jahrhunderts geschrieben.

1) Geographische Quellen vielfach benutzt in *N. M. Petersens* Haandbog i den gammelnordiske Geografi 1834, exzerpiert in Grönlands historiske Mindesmærker, Antiquitates Americanae, Antiquités Russes; Geographisches bietet auch das Speculum regale.

3) Einzeln findet sich: Vǫluspá in der Hauksbók (AM. 544. 4°).

Nicht in den alten Sammlungen enthalten, aber nach Form und Inhalt hierher gehörig (und deshalb in die Eddaausgaben aufgenommen) sind noch:

4) Rígsþula, erhalten in cod. AM. 242 fol. mit der Snorra-Edda (um 1350); Hyndluljóð erhalten in der Flateyjarbók (um 1380). Grógaldr und Fjǫlsvinnsmál in Papierhandschriften der Liederedda (17. Jahrhundert), Grottasǫngr in einer Handschrift der Snorraedda (cod. reg. 14. Jahrhundert, Anfang[1]). Sólarljóð in jungen Papierhandschriften vermischten Inhalts. Forspjallsljóð oder Hrafnagaldr Óðins ist eine Nachahmung der alten Lieder aus dem 17. Jahrhundert.

5) Gedichte nordisch-heroischen Inhalts: Ragnars drápa (angeblich von *Bragi d. Alten*, Bruchstück), Bjarkamál (Bruchstück), Krákumál, Eiríksmál (Bruchstück).

Didaktischen Inhaltes, aber nach seiner Form hierher gehörig ist das Lied:

6) Hávamál, in den Liedersammlungen enthalten und daher mit der sog. Liederedda herausgegeben. (Lieder-Edda. Arnamaga. Ausgabe 1787—1828, von *Lüning* 1859 (mit Glossar), von *Möbius* 1860, von *Bugge* 1867 (Grundlage aller späteren), *Hildebrand* 1876; die Gedichte No. 5) in *Wiséns* Carmina Norroena 1880.

II. Mehrstrophige Gedichte bekannter Skalden, meist mythologischen Inhaltes oder Lobgedichte auf Fürsten[2]), in fornyrðalag, im dróttkvætt (mit Stabreim und Silbenreim im Innern des Verses) und runhent (mit Silbenreim am Ende des Verses und Stabreim). Hierher gehören z. B.:

1) Ynglingatal von *Þjóðólfr von Hvin* (Norwegen) um 900, Haraldskvæði von *Þorbjǫrn Hornklofi*, 10. Jahrhundert; Hákonarmál von *Eyvindr skáldaspillir*, um 950; Háleygjatal von demselben; Sonartorrek von *Egill Skallagrímsson*, um 950; Jómsvíkingadrápa, von *Bjarni Kolbeinsson* († 1222); Merlínus-spá, vom Mönch *Gunnlaugr* († 1218); Máríu drápa, von ?; alle in fornyrðalag.

2) Haustlǫng, von *Þjóðólfr von Hvin*; Glymdrápa, von *Þorbjǫrn Hornklofi*; Sigurðardrápa, von *Kormakr*, um 960; Vellekla, von *Einarr Skálaglam*, um 1000; Húsdrápa, von *Úlfr Uggason*, um 1000; Þórsdrápa, von *Eilífr Goðrúnarson* (10. Jahrhundert); Hákonardrápa, von *Hallfreðr Vandræðaskáld*, um 1000; Óláfsdrápa, von demselben; Erfidrápa Óláfs Tryggvasonar, von demselben; Víkingarvísur, von *Sighvatr Þórðarson* († 1047); Knútsdrápa, von demselben; Bersǫglisvísur, von demselben; Rekstefja, von *Hallar-Stein Herdísarson* (11. Jahrhundert); Eiríksdrápa, von *Markús Skeggjason* († 1093); Geisli, von *Einarr Skúlason*, um 1150; Íslendingadrápa, von *Haukr Valdísarson* (13. Jahrhundert?); Hrynhenda, von *Sturla Þórðarson* († 1284); Hrafnsmál, von demselben.

Geistlichen Inhaltes: Lilja, von *Eysteinn Ásgrímsson*, † 1361; Petrsdrápa, von ?; Leiðarvísa u. s. w. Alle im dróttkvætt.

1) Trümmer von Liedern sind ausser in der Snorraedda auch in mythischen Sǫgur bewahrt, so in der Vǫlsungasaga.

2) Unbekannt sind die Verfasser einiger didaktischen und geistlichen Lieder aus später Zeit. Isländer und Norweger sind hier zusammengenommen.

3) Im runhent: Hǫfuðlausn, von *Egill Skallagrímsson*; Sigtryggsdrápa, von *Gunnlaugr Ormstunga*, † 1012; Búadrápa, von *Þorkell Gíslason* (10. Jahrhundert); Málsháttakvæði (Sprichwörtergedicht) Rúnakvæði u. a.

Snorri Sturlusons († 1241) Háttatal zeigt alle drei Versarten.

Die meisten der in I, 5 und II, 1—3 aufgeführten Gedichte sind in prosaische Schriften (Sǫgur) eingeschaltet und so erhalten worden, andere selbständig, aber einzeln (nicht in Sammlungen vereinigt) niedergeschrieben. Die meisten der genannten sind herausgegeben in *Th. Wiséns* Carmina norrœna I, Lund 1880; vgl. *Th. Möbius*, Íslendingadrápa, Kiel 1874, und dessen Háttatal Snorri Sturlusonar II 1881, Analecta Norrœna ² S. 272—279.

III. Rimur. Die jüngste Dichtungsgattung der alten Zeit[1]) in eigentümlichem Versmass mit Allitteration und (oft) verschlungenem Endreim; der Inhalt ist meist heroischen und romantischen Erzählungen, seltener den Íslend. sǫgur entnommen. Beispiele:

Bærings rimur, Mágus rimur, Rollants rimur, Skikkju rimur (in *Cederschiölds* Mǫttulssaga); Konráðs rimur, Filipó rimur, Herburts rimur (in *Wiséns* Riddara rimur 1881), Friðþjófs rimur, Hemings rimur, Vǫlsungs rimur (in *Möbius'* Edda). Óláfs rima (Flateyjarbók) u. s. w.

Satirischen Inhaltes ist die treffliche Parodie Skiðarima, gedichtet um 1450 (ed. von *Maurer* 1869, in *Wisens* Carmina norrœna).

IV. Einstrophige Gedichte, sog. lausavísur, epigrammartige Verse, meist im dróttkvætt, in grosser Zahl den Íslendinga sǫgur eingestreut; sie haben nicht nur wirkliche Skalden zu Verfassern, sondern wurden von Jedermann improvisiert. Ausgaben derselben in den Sǫgur, reich sind zumal die Skalden-Sǫgur (Egilssaga, Gunnlaugssaga, Hallfreðarsaga, Kormakssaga u. s. w.).

1) Nicht zu verwechseln mit den einige Jahrhunderte jüngeren Liedern im Ton der dänisch-skandinavischen Kämpeweisen, eine Sammlung von solchen in Heft 19, 24, 26 der Oldskrifter.

Hilfsbücher zum Studium des Altnordischen.[1])

I. Litteraturgeschichte.

N. M. Petersen, Bidrag til den oldnordiske literaturs historie in den Annaler f. Nord. Oldkynd. 1861 (separat 1866).

Rud. Keyser, Nordmændenes Videnskabelighed og Literatur i Middelalderen (in dessen Efterladte Skrifter I). Christiania 1866.

Konr. Maurer, Ueber die Ausdrücke altnordische, altnorwegische und isländische Sprache. München 1867. (Abh. in den Schriften der b. Akademie, umfasst die gesamte altn. Litteratur.)

Fr. Winkel-Horn, Geschichte der Litteratur des skandin. Nordens. Leipzig 1880.

G. Vigfusson, Sturlunga vol. I. Prolegomena. 1878.

II. Geschichte.

R. Keyser, Norges Historie. 2 voll. Christiania 1866–1870.

P. A. Munch, Det norske Folks historie. 8 voll. Christiania 1852–1863.

E. Sars, Udsigt over den norske Historie I, II. Christiania 1873 ff.

K. Maurer, Die Bekehrung des norwegischen Stammes zum Christentum. 2 voll. München 1855, 1856.

R. Keyser, Den norske Kirkes Historie. Christiania 1864.

A. D. Jørgensen, Den nordiske Kirkes Grundlæggelse og Udvikling. Kopenhagen 1875 ff.

K. Maurer, Island. 1874.

III. Geographie.

P. A. Munch, Beskrivelse over Kongeriget Norge i Middelalderen. Moss. 1849.

Chr. Kålund, Bidrag til en hist.-topogr. Beskrivelse af Island. 2 voll. Kopenhagen 1877–1882. (Mit Karten.)

Karte von Island von O. N. Olsen in 4 Blättern und in 1 Blatt.

1) S. Möbius' »Catalogus« und »Verzeichnis« 1856 und 1880, welche die Hilfslitteratur vollständig aufführen.

IV. Altertümer, Privatleben etc.

Chr. Kålund, Familielivet paa Island. Aarbog. f. nord. Oldkynd. 1870.
H. O. Hildebrand, Lifvet på Island under Sagotiden. Stockholm 1867.
K. Weinhold, Altnordisches Leben. Berlin 1856.
R. Keyser, Nordmændenes Private Liv i Oldtiden. Christiania 1867.
O. Rygh, Norske Oldsager (Antiquités Norvegiennes). I. Christiania 1880.
Rosenberg, Aandsliv. Nordboernes I 1878; II 1 1879.
R. Keysor, Norges Stats og Rets-forfatning i Middelald. Christiania 1867.
K. Maurer, Die Entstehung des isländischen Staates. München 1852.
— Udsigt o. d. nordgerm. Retskilders Historie. Christiania 1877.

V. Sprache.

a. *Formenlehre.*

L. Wimmer, Fornnordisk Formlära. Lund 1874. (Deutsche Bearbeitung Halle 1871.)
Nilson, Fornisländsk Grammatik. Stockholm 1879 ff.
Gislason, Oldnordisk Formlære. Kopenhagen 1858. (Unvollendet.)

Grammatische Abhandlungen von Lyngby, Bugge, Gislason, Wimmer, Leffler u. A. in dem nord. Tidskrift f. Philol. og Paedagog. in den Aarböger for nord. Oldkyndighet, in den Jahresschriften der Universität Upsala. Von einzelnen Arbeiten sind zu nennen:

Gislason, Um Frum-parta Íslenzkrar túngu i fornöld. Kopenhagen 1846.

(Wichtig wegen der Angaben über die ältesten Handschriften und deren Orthographie und Sprachform.)

Möbius, Ueber die altnordische Sprache. Halle 1872.
Lundgren, Om Substantivernas Stammar. Upsala 1875.
Augustiny, Die Substantivflexionen in den nordgermanischen Sprachen. (Progr. von Gera) 1876.
Heinzel, Ueber die Endsilben der altnordischen Sprache. Wien 1877.
Jón Þorkelsson, Um r og ur i niðrlagi orða og orðstofna. Reykjav. 1863.
— — Athugasemdir um islenzkar málmyndir. Reykjav. 1874.

S. auch die Vorrede zu L. Wimmer's Læsebog[2] 1877 und zu den Ausgaben alter Werke.

Im Zusammenhange mit den übrigen germanischen Sprachen ist das Altnordische behandelt in den deutschen Grammatiken von Grimm, Holtzmann, Heyne, Kelle. Grammatische Abhandlungen in den Zeitschriften von Steinmeyer, Kuhn, vor allem in den Beiträgen von Paul und Braune, Bd. I—VIII (von Paul, Sievers, Edzardi u. A.).

S. die Bibliographien der Zeitschrift Germania, des Nord. Tidskrift f. Philologi og Pädag., der Skýrslur des Isl. Bókmentafélag., die »Jahresberichte« der Gesellschaft für deutsche Philologie, das Litteraturblatt f. germ. und roman. Philologie; für ältere deutsche Arbeiten (1830—1875) Herrmanns Bibliotheka Germanica. Halle 1878, R. v. Raumers Geschichte der germanischen Philologie.

Altdänisch: L. Wimmer Navneordenes böjning i ældre Dansk. Kopenhagen 1868.
Lyngby, Udsagnsordenes Böjning i jyske lov. Kopenhagen 1863.
Altschwedisch: Rydqvist, Svenska språkets lagar. 5 voll. 1850—1874.
Söderwall, Hufvudepokerna af Svenska språkets utbildning. Lund 1870.

b. *Syntax.*

Lund, Oldnordisk Ordføjningslære. Kopenhagen 1862.
Nygård, Eddasprogets Syntax I. II. 1865—1867.
Nilsson, Fornisländsk Grammatik. Heft II. III.

c. *Metrik.*

Möbius, Analecta Norrœna². S. 272—279.
Sievers, Beiträge zur Skaldenmetrik (Paul-Braunes Beiträge. Bd. V—VIII.).

Wörterbücher.

Th. Möbius, Altnordisches Glossar. Leipzig 1866.
Fritzner, Ordbog o. d. gamle n. Sprog. Christiania 1867. (Neue Aufl. in Vorbereit.)
E. Jonsson, Oldn. Ordbog. Kopenhagen 1863.
Cleasby-Vigfússon, Icelandic Dictionary. 1874.
(Supplement von Jón Þorkelsson. Reykjavik 1876 ff. bis Buchstabe o.)
Sveinbjörn Egilsson, Lexicon poeticum. 1860.
Altdanisch: Lund, Ordbog til de gamle danske landskabslove etc. Kopenhagen 1877.
Altschwedisch: Schlyter, Ordb. till samlingen af Sveriges gamla lagar. 1879.
Söderwall, Ordbog. (In Vorbereitung.)

Lesebücher.

L. Wimmer, Oldn. Læsebog. 2. Aufl. 1877.
Th. Möbius, Analecta norrœna 2. Aufl. 1877.
G. Vigfusson, An Icelandic Prose Reader. 1879.

Grammatik.

Abriss der altnordischen Grammatik.

§ 1. Unter altnordischer Sprache versteht man gewöhnlich die Sprache, welche auf Island (und in Norwegen) bis etwa 1500 gesprochen wurde. Ihre nächsten Verwandten waren das Altschwedische (mit dem Altgotländischen) und Altdänische, welche als Litteratursprachen bei weitem nicht die Bedeutung erlangten als das Altisländisch-norwegische und daher unter Altnordisch gewöhnlich nicht mitverstanden werden (An. im engeren Sinn!), obwohl ein anderer gemeinsamer Name für die drei nordgermanischen (skandinavischen) Sprachen der alten Zeit nicht besteht. Innerhalb des Altnordischen im engeren Sinne ist zwischen Altnorwegisch, der Sprache Norwegens bis zur Einführung des Dänischen, und Altisländisch, der Sprache der zumeist von Norwegen aus besiedelten Insel Island, zu scheiden: das Altisländische ist meist altertümlicher als das Altnorwegische, welch letzteres uns zudem in einer weit weniger umfangreichen und weniger originalen Litteratur bewahrt ist, als ersteres. Durch allmähliche Übergänge bildete sich aus dem Altisländischen die neuisländische Schrift- und Umgangssprache, wie aus dem Altschwedischen und Altdänischen das Neuschwedische und Neudänische mit ihren Dialekten. Das Altnorwegische hat eine einheitliche Fortentwicklung nicht erfahren: Schriftsprache (und Umgangssprache der Gebildeten) ist durch den Einfluss der Union (seit 1397) die dänische geworden; die alte nationale Sprache hat sich nach verschiedenen Seiten hin in den einzelnen Volksmundarten umgebildet, und vergebens hat man in neuester Zeit aus deren Vielheit eine einheitliche norwegische Landessprache zu gewinnen versucht. Eine selbständige und originelle Weiterbildung hat das Altnordische auf den Færøern gefunden, auf den übrigen Inseln des Westens hat es der

Sprache der britischen Herrscher weichen müssen; die norrœnen Ansiedler Grœnlands und Vinlands sind bekanntlich schon seit Jahrhunderten ausgestorben.

Die altnordischen Sprachen im weiteren Sinne bilden eine besondere Gruppe innerhalb der germanischen, stehen aber dem Gotischen vielfach näher als dem Ober- und Niederdeutschen (ahd., and. (as.), afris., ags.), und werden darum auch wohl mit diesem unter dem Namen »Ostgermanisch« zusammengefasst.

§ 2. »Altnordisch« bezeichnet nicht eine in allen Einzelheiten fixierte Normalform. Die Orthographie, der Laut- und Formenstand wechselt in den Handschriften nicht nur nach Zeit und Ort ihrer Entstehung, sondern auch nach der Individualität und Willkür der Schreiber. Wir dürfen vermuten, dass manche Formen, die in Codices stehen, nie im Volksmunde lebten oder erst aus der Litteratur in die Umgangssprache kamen, Formen, die ihre Entstehung in der Schrift noch öfter als in der lebenden Sprache dem Analogisieren des irregehenden Sprachgefühles verdanken. Auch trägt die an. Orthographie vielfach mehr den Charakter einer Wortschrift als einer Lautschrift, und wird deshalb die ideale Grundform des Wortes oft beibehalten, auch wo sie durch Weiterbildung zerstört ist; so wird wegen *vatn*, Wasser, *margr*, multus, noch in späten Handschriften auch *vatns*, des Wassers, und *margt*, multum, geschrieben, während schon in ältester Zeit *vats*, *mart* gesprochen wurde; ebenso wird wegen *allar* cunctae *aller* cuncti u. s. w. auch in alter Zeit *allt* neben *alt* geschrieben (später wohl auch *allt* gesprochen, s. u.).

Die gewöhnlich in Ausgaben verwendete Normalform giebt im ganzen die Sprache, wie sie in der zweiten Hälfte des 13. Jahrhunderts auf Island geschrieben wurde, in möglichst einfacher, meist an das Neuisländische sich (allzu enge) anschliessender Orthographie. In diesem Abriss ist neben der Schreibung der Handschriften der verschiedenen Zeiten auch die mutmassliche Geltung der Zeichen berücksichtigt worden.

Schrift- und Lautlehre.

§ 3. Schrift. Die Runen sind im Norden vor der Einführung des romanischen Alphabetes (teilweise auch nachher) häufig, aber nicht zu Büchern verwendet worden.[1] Bei der Adoptierung der lateinischen

1) Einige Ausnahmen in Dänemark aus christlicher Zeit s. Det arnamagnæanske Haandskrift no. 28 oct. Codex Runicus, ed. Thorsen 1877. S. ob. S. 1

Schrift (zunächst wohl aus England) wurden einige von der Eigentümlichkeit der nordischen Sprachen geforderte Veränderungen vorgenommen; in anderen Neuerungen (þ ð) waren die Angelsachsen bereits vorangegangen. Der isländische Grammatiker **Þóroddr** (1. Hälfte des 12. Jahrhunderts) stellte[1], wohl um dem bisherigen Schwanken ein Ende zu machen, folgende Buchstaben fest:

1) Vokale: a ȧ ǫ ǫ̇ e ė ę ę̇ i i̇ o ȯ ø ø̇ u u̇ y ẏ
á ǫ́ é ę́ í ó ǿ ú ý
au ea ei eu ey ui

[Der Punkt · zeigt nasalen Laut an, der Accent ´ die Länge, ǫ = a + o (å), ę = a + e (æ), ø = o + e (œ).]

2) Consonanten: b c d f g h l m n p r s t ŋ (= ng) [v x z ꝫ (= *ok* und)] þ (= spiriertes t, d).

Die Buchstaben in [ ] werden von **Þóroddr** als eigentlich unnötig bezeichnet.

§ 4. Wir besitzen keine Handschriften, in denen **Þórodds** Alphabet durchgeführt ist. Die gewöhnlich in Handschriften verwendeten Zeichen sind:

1) Vokale: a æ (ę ę̨ e, gespr. ä), ǫ (ǫ̇ æ au ǫ̨ o, gespr. å), e i o ø (œ ǫ̨ eo ey e, gespr. ö), u, y (gespr. ü), au (ou ǫu), ei (ai æi), ey (øy, gespr. eu) ia iu io.

Dazu die Längen á, ǽ, ǫ́ u. s. w., deren Bezeichnung sich aber nur in wenigen Handschriften (z. B. St. Hom., AM. 645 4°, 623 4°, 237 fol., Ágr.) findet und in diesen nicht konsequent durchgeführt ist: später wird statt é (der veränderten Aussprache gemäss, s. u.) ie, für á aa, für í ij geschrieben.

Am regellosesten sind die Schwankungen in der Schreibung der o-Laute, indem oft (z. B. in AM. 645 4°) dieselben Zeichen für den kurzen o-, ö- und å-Laut gebraucht werden.[2] Bessere Codices (zumal norwegische) schreiben wohl o statt ǫ, æ, au (gespr. å), aber nicht umgekehrt ǫ, æ, au statt o und unterscheiden scharf zwischen ǫ = å und ö (geschr. ø, ǫ̨, eo, œ, ey, e).

Auf Island verschwindet ǫ́ (gespr. å) sehr bald und tritt á (gespr. å) dafür ein, ȫ (geschr. œ, ǿ) ist seit ca. 1260 durch ǟ (geschr. æ, ę, ǽ)

1) Seine betreffende Abhandlung in der Snorra-Edda, auch in Möbius' Analecta Norroena²; s. ob. S. 14.

2) Die langen å und ǫ werden selten von einander geschieden, wohl aber die langen å und ö (ø, ǫ) von ö (ø, œ, ey). Die von mir zur Bezeichnung der Laute gewählten Zeichen ö, å (dem a nahestehendes o) finden sich in den alten Handschriften nicht.

ersetzt: ö (geschr. o) geht meist in e oder y über, die erhaltenen ö fallen allmählich in Schrift und Sprache mit ǫ zusammen, das sich in ö (au, ó, ǭ) wandelte.

2) Konsonanten: b c d f (wechselnd mit v w u) g (gh) h k l m n p q (k c) r s t v (u w f) x (gs ks) z (ds ðs ts st) þ ð (d). þ und ð bezeichnen den dentalen Spiranten: sie werden promiscue gebraucht; in norwegischen Handschriften gewöhnlich þ im Anlaut, ausserdem ð (später d); in isländischen anfangs þ durchaus, später wie in Norwegen; ð wird seit dem 14. Jahrhundert durch d verdrängt. Dass þ für tonlose (harte, fortis-) Spirans, ð für tönende (weiche, lenis) gebraucht werde, trifft nur teilweise zu; z. B. wenn oft *ðat* (neunorw. *det*), das, geschrieben wird neben *þorn* (neunorw. *torn*), Dorn.

In den Ausgaben folgt man der norwegischen Regel; hier ist in der Grammatik þ im Inlaut da gebraucht, wo es tonlos ist, z. B. in *dyþþ, spekþ*, ð im Anlaut, wo es als tönend bezeichnet werden wollte z. B. in *ðessi, ðá*.

Verdoppelt werden: bb cc (= ck kc kk) dd gg ll mm nn pp rr ss tt, selten ff vv.

Abgekürzt werden eine grosse Zahl von Worten (*ok* und, *eða* oder, *eigi* nicht, *konungr* König u. aa.) und Silben (er, rum, ar, or, vo, vi u. a.).

§ 5. Alphabet der Ausgaben und Wörterbücher: a á au b d ð e (davon neuerdings ę unterschieden), é (ê) ei ey f g h i í j k (kk) l m n o ó (davon neuerdings unterschieden ǫ) p kv r s t u ú v y ý z þ æ ö (neuerdings dafür ǫ und ø) œ.

Hiervon sind kk kv und ö Konzessionen an die neuisländische Orthographie; ð ist erst durch E. Rask wieder statt d eingeführt worden[1]; þ wird im Anlaut, ð im Inlaut gebraucht. Die Accente (´) werden seit dem vorigen Jahrhundert konsequent für alte Längen, nicht aber für moderne Dehnungen (s. § 6) gebraucht, welche letztere von ersteren lautlich verschieden sind: *fár* jetzt *faur* gesprochen, *fári* dagegen wie unser »*fahre*«. Nur æ und œ haben kein Längezeichen erhalten, da die Kürzen hierzu e und ø (ö) geschrieben, also genügend von ihnen unterschieden sind. Auch die Regelung von i und j, u und v ist erst in modernen Drucken vollständig durchgeführt. Litterale Abdrücke alter Handschriften nehmen natürlich zu den obigen Zeichen noch andere aus den Handschriften herüber, zumal für die o-Laute, dann aber auch für besondere Formen des r n ng f s v N H u. a.[2]

1) Zum erstenmal im Druck verwendet 1772; noch jetzt brauchen einige Isländer d statt ð.

2) Facsimiledrucke: Ágrip ed. Dahlerup, Gíslasons Frumpartar, Bjarnasons [illegible]

§ 6. Laute. Einiges über den Laut der an. Buchstaben ist oben § 3 angegeben. Bei den meisten wich die altisländisch-norwegische Aussprache von der unsrigen nicht sehr weit ab.

1) Vokale: **á** näherte sich dem ǫ́, zumal im Isländ., war aber in ältester Zeit von ihm deutlich unterschieden; **ǫ** näherte sich in Norwegen sehr dem a und fiel schliesslich fast an allen Stellen mit ihm zusammen; auf Isl. blieb es dem o näher und wandelte sich (durch leichte Veränderung der Zungenstellung) zuletzt in ö; **ǫ́** ging im Nordischen allenthalben schon im ersten Drittel des 13. Jahrhunderts fast in allen Stellen in das ihm naheliegende á über, aus dem es entstanden war, vor v und vor Gutturalen scheint dagegen ǫ́ dem ó ähnlich gewesen und so mit ihm zusammengefallen zu sein; **ø** scheint je nach seinem Ursprunge aus e oder o (u) oder ę (ǫ) dem e näher gestanden zu sein (*nøkkverr* aliquis neben *nekkverr*) oder dem y (ü) (*sønir*, Söhne, und *synir*) oder reines ö gewesen zu sein: *søkkva* versenken, fast ohne Nebenformen; wo œ́ mit ý wechselt: *býr* : *bœ*, *flýja* : *flœja* scheinen verschiedene Formen zu Grunde zu liegen (*bú-* und *bó-*); für **œ́** (d. i. ǿ) tritt noch im 13. Jahrhundert auf Island (wie für ǫ́ á) ǽ (d. i. ę́, ǽ) ein. Der Übergang lässt sich in den Handschriften verfolgen, indem eine Zeit lang æ und œ promiscue gebraucht werden; einzelne Spuren von æ für œ gehen bis um 1200 zurück. In Norwegen blieb œ erhalten.

In **ia, io, iu, iǫ** und **ie** wurde ursprünglich i als Vokal (zuerst e) gesprochen (s. unten), ging aber später allgemein in j über, meist auch da, wo *ia iǫ* erst durch Ausfall eines Konsonanten entstanden, wie in *fjár*, *sjǫ́m* aus **fehar*, **sehom* (es wird jedoch ia **ea** u. s. f., nicht ja geschrieben); dabei trat überall, wo ein ursprünglicher Doppellaut zu Grunde lag, eine Art von Ersatzdehnung ein (s. § 19 e): es wurde also der Diphthong iu, io > jú, jó; ia, iǫ, wo es auf e—a, e—o zurückgeht > já, jǫ́, jó (jǫ́ später > já wie ǫ́ > á); nicht aber, wo es durch Brechung (s. u. § 17) aus e entstand, wie in *gjǫf gjafar*. In einigen Fällen behielt i den Ton und damit die volle Vokalqualität[1], vielleicht, weil der folgende Vokal nicht einmal (wie in **féhar*) einen Nebenton hatte: so in *tíu*, zehn, *níu* neun.

Wie der Übergang von iu zu jú u. s. w., so sind auch andere Übergänge in der Schrift nur mangelhaft oder gar nicht bezeichnet.

1) Wahrscheinlich ist diese letztere auch in *jǫrð*, *sjá* u. s. w. erst spät völlig geschwunden, da in der Allitteration lange Zeit j von *jǫrð* als Vokal gilt und die Schreibung ea, eǫ häufig ist, während dagegen die Tonlosigkeit des i (e) in den ältesten Handschriften durch Schreibungen wie *fiór* bewiesen zu werden scheint; konsequente Anwendung des j kennen, wie bemerkt, die Handschriften nicht.

So wird á allmählich zu au, ohne je au geschrieben zu werden; vielleicht beginnt die Wandlung schon im 15. Jahrhundert, da um diese Zeit die Scheidung zwischen a und á (au) bestimmter auftritt, wie damals auch in weniger sorgsam geschriebenen Handschriften die Scheidung von ǫ (ö) und o konstanter wird. au (eigentlich ǫu) wandelt sich in öü (wie ǫ in ö), é wird ie (durch ee hindurch), und zwar schon sehr früh; in der Schrift wird ie im 16. Jahrhundert allgemein; jetzt wird teils é (ė), teils je geschrieben und gedruckt. — U nähert sich dem ü (vgl. ǫu > öü); y, ursprünglich ü, dem i (schon sehr früh, vgl. *mirkr*, *higgiligr* in AM. 623. 4° statt *myrkr, hyggiligr*, Reime wie *liggja*: *byggra*) und ey dem ei (*leisa* statt *leysa* ebd.); i dem e (also näher dem e in Hecht; etwa wie i in irren, nicht wie in Licht); æ endlich (auch das aus œ entstandene) wird ai (æi) und so schon um 1400 in cod. AM. 325 fol. geschrieben; später findet sich nur æ geschrieben, kein ai.

Die Anfänge zu einer umfassenden Umgestaltung der Laute (wie mancher Flexionsformen) scheinen noch in das 13. Jahrhundert zu fallen. Auch die Quantität der Vokale beginnt um diese Zeit sich durchgehend zu ändern. Die Längen der alten Sprache sind als solche an den Accenten einzelner guter Handschriften, durch Vergleichung mit verwandten Sprachen, endlich aus den streng metrisch gebauten Versen der Skalden zu erkennen. Die alten Längen werden nun diphthongisch (s. oben) á > au, é > ee > ie, í > ij, ó > óo (ow), ú > uw; betonte kurze Vokale in offener Silbe aber gedehnt: *fara* später *fāra*, wie im Deutschen *faran* zu *fahren*. diese Längen werden nicht bezeichnet.

Die Entwicklung der norwegischen Laute deckt sich stellenweise mit der isländischen. S. Aasens Grammatik.

Die Vokale der unbetonten Silben sind weniger deutlich artikuliert und deshalb von den Schreibern verschieden aufgefasst und schwankend bezeichnet worden: es findet sich o wechselnd mit u, y wechselnd mit i, i mit e.

2) Konsonanten: Dieselben Zeichen bezeichnen oft verschiedene Laute. So f, þ (ð), g.

f und þ sind im Anlaut sowie nach und vor tonlosen (harten) Lauten tonlose (harte) Spiranten, ausserdem tönend (weich): tonlos z. B. in *fara* fahren, *efter* nach, *Þórr* Donar, *spekþ* Klugheit; tönend z. B. in *gefa* (*geva*) geben, *ráða* herrschen.

Zu **f** ist noch zu bemerken: es wurde im Anlaut und in der Verdopplung ff labiodental (d. h. mit Anschluss der oberen Zähne an den Unterlippenrand) gesprochen wie unser f; im Inlaut, zumal vor t, aber labiolabial (ohne Berührung der Zähne) wie unser w, welcher Laut vor

Konsonanten entweder Verschlusslaut wurde (vor n z. B. m oder b: *jafn* > *jamn* oder *jabn* [1]), ersteres oft, letzteres immer *jafn* geschrieben, vor l und nach r, l > b [1]): *dybliza* neben *dyfliza*, *þórólbr* st. *þórólfr* [auch *helm-* st. *helf-*], vor t > p: *opt*, oft) oder durch einen, beiden verwandten, Laut verbunden, der in den ältesten Handschriften vor t durch s wiedergegeben wird: *efster*, *krafst*, vor dem sich oft noch f weiter zu p wandelte: *epster*; zuletzt, vielleicht in einzelnen Gegenden Islands und Norwegens sehr früh, trat labiodentales f ein, wie in unserem ft. [2])

Von **þ** ist zu bemerken: An Affrikativgeltung im Silbenanlaut könnten Schreibungen wie *þatþan* und die heutige Aussprache denken lassen; doch ist die gewöhnliche Aussprache wohl spirantisch gewesen. Tönend ist þ im Anlaut einiger Pronomina und unbetonter Partikeln: *ðat ðess* u. s. w. (zu *sá*, § 70), *ðessi* dieser, *ðú* du, *ðá* da; ð verliert an Gebiet durch häufigen Übergang in d (nach l, n s. u. § 24. 10).

g ist Verschlusslaut (media) und Reibelaut (spirans): ersteres im Anlaut (*garðr*), in der Verdopplung (*hoggva*), nach Nasalen (*langr*); in Formen wie *heilagt*, *heilags* hat g die Geltung von k, wie die Schreibung *heilact*, *heilacs* beweist, und ist g fälschlich aus den Formen *heilagr*, *helgi* u. aa. in der Schrift beibehalten worden; in manchen Gegenden mag g in gt auch die Geltung der harten Spirans (χ) gehabt haben (daher *margt* > *mart*). Sonst ist g weiche Spirans (*dagr*, *stíga*), die je nach der Umgebung palatal (dem j sich nähernd) ist (neben e- und i-Lauten: *dege, tigir*) oder guttural (neben dunklen Lauten: *auga*, *daga*): palatal, aber Verschlusslaut, ist g (wie k) auch im Anlaut vor e, i, j, œ (neuisl. gj gesprochen, s. u. zu h); gn lautete n̄gn (vgl. die Schreibung *singna*, *singa* neben *signa*). In gð ist g jetzt med.

h ist schwacher Hauchlaut, daher in der Schrift ab und zu nicht bezeichnet: *ertogi* statt *hertogi*. Im In- und Auslaut ist h, wo es χ lautete (wie vor t), assimiliert, sonst weggeworfen worden. Vor e und i wird es palatal gewesen sein (neuisl. *hjeðan*, *Hjeðinn* < *heðan*, *Heðinn*: ie findet sich vereinzelt schon sehr früh).

l und **n** sind je nach ihrer Umgebung tönend (weich) oder tonlos (hart): tonlos z. B. in *mela* < **mahlia*, *rena* < **rahnia*. Beide erleiden vor homogenen Verschlusslauten eine Modifikation, die schon in den

1) Im Neuisl. Regel, wo auch fð bð lautet; s. unten bei g.

2) Den Wechsel opt : oft könnte man erklären: Das labiolabiale f wird entweder labiodental und bleibt Spirans, oder es wird Verschlusslaut und bleibt labiolabial. Der letztere ist sicher eingetreten in hrispreyja < hris- freyja.

ältesten Handschriften (wahrscheinlich nur annähernd richtig) durch Verdopplung angedeutet, in normalisierten Ausgaben aber ignoriert wird (*hallda, sennda, villdi*).[1]) Da diese Verdopplung nur vor Verschlusslauten, nicht vor Spiranten eintritt, so gibt sie das Mittel an die Hand, in Codices, die kein d mehr kennen, die Qualität des d (ob d oder đ) zu bestimmen: *selldi* = *selde*, *taldi* = *talðe*.

Im Neuisländischen hat in ll und nn l und n eine ähnliche Aussprache, wie schon früher in lt ld und nt nd; dass ll und nn schon zur Zeit der Pergamenthandschriften nicht einfache Verdopplungen, sondern einem dl ðn oder rl rn ähnlich waren, zeigt der Wechsel mit rn, rl, ðl z. B. in *steirn* = *steinn*, *jall* = *jarl*, *friðla* = *frilla*.

v war dem u, wenigstens in der ältesten Zeit, näher als unser w, wie der Ausfall vor u, o zeigt (*urfum, orðenn* zu *verfa, verða*).

j ebenso noch wirklicher Halbvokal, d. i. unbetonter Vokal, nicht Spirans, wie u. a. die Schreibung ea, eo für ja, jǫ und die Verse (s. o. § 6, 1) ergeben.

z hat ganz verschiedene Bedeutungen: ðs, ts *crisz, fazla*; sts *prez* = *prests, criz*; sk? *snoriz* = *snorisk*, besonders häufig ist lz, nz, statt ls, ns: hier mag der vermittelnde Verschlusslaut (d: lds, nds) sehr schwach gehört worden sein, denn die Schreibung ls, ns ist ungefähr ebenso häufig als lz, nz.

k und **t** im Auslaut unbetonter Silben verloren sehr früh (Spuren zeigen sich um 1200) die Geltung echter Tenues: k wird (am frühesten erkennbar in *mjǫg* viel) zur Spirans g; t der Spirans ð wenigstens genähert, es schwankt die Schreibung lange zwischen t, th, þ, d, đ: der Abstand von t ist am deutlichsten gefühlt, wo t unmittelbar vorhergeht, hier ist zuerst d allgemein eingeführt: *litið, hiteð* neben *mikit, boret*.

s ist immer scharf (tonlos).

r hatte um d. J. 600 noch zweierlei Laute (geschrieben R und ʀ oder ᛦ): allmählich[2]) verschwand der Unterschied und es blieb nur das gutturale als selbständiger Konsonant übrig (in rn = nn ist r aber dental, ebenso in rl = ll).

Vor silbenbildendem r entwickelt sich im Neuisländischen u: *maðr* = *maður*, *fegrð* = *fegurð* u. s. w. Spuren dieses u finden sich im 13. Jahrhundert, in der Aussprache war es wohl um 1380 überall durchgedrungen, in der Schrift erst im 16. Jahrhundert. Ähnlich wird im Norweg. (Dän., Schwed.) sonantisches r zu ær, er. *Baldr* = *Balder* u. s. w.

1) Es ist anzunehmen, dass ll in *alla* (*allr*) eine andere Aussprache hatte, als Neutr. *allt*, wo llt erst aus lt neu entstand.

2) Nach Eintritt des Umlauts (s. u. § 151), denn r = z wirkte Umlaut (*þer* –

Das Norwegische hat vor allem die Spiranten ð, þ durch d und t ersetzt. Näheres bei Aasen.

§ 7. Historische Verwandtschaft der Laute. 1) Vokale: Jede Wurzel konnte ihren Vokal behufs begrifflicher Modifizierung ändern, aber nur in bestimmten Grenzen: so konnte die Wurzel, der unser zeigen angehört (germ. *taig-*), nie mit dem Vokal o, u, a erscheinen, die von bieten (germ. *bend-*) nie mit ei oder a. Die in ganzen Reihen von Worten auftretenden Variationskreise (Ablautsreihen, Sippen) mit je drei, nach ihren Funktionen meist noch klar geschiedenen[1]), Stufen, von denen die zweite und dritte teilweise schon alte Dehnungen neben sich haben, sind für die älteste Form des Nordischen folgende:

I.	1	2	3	Alte Dehnungen	
	e, i	e i	a	á	ó
	o, u			d. i. a	d. i. o

e und **i** in 1) und 2): i tritt ein vor m oder n + Konsonant, vor Konsonant + i und j, also: praes. ind. *bind*, aber *gef*, inf. *biðja*, aber *gefa*, *miðil*, aber *meðal*, *neðar*, aber *niðr* < **niðir*. Ausgleiche erfolgen häufig: *renna* rinnen, *brenna* ardere statt *rinna*, *brinna* sind die Formen der schwachen Verba desselben Stammes (wie nhd. *brennen* statt *brinnen*). Wo ein Nasal nach i ausfiel, wurde i selbst nasaliert und zu ẽ, später e: *vetr* (sehr selten *vitr*) < *vintr* Winter, *sekkva* < *sinkva* sinken; ausgenommen sind Imperative, wie *bitt* < *bint* bind, *sprikk* < *sprink* spring; gleichfalls zu e (é) wird i vor h: *rihtjan* > *rétta*. In *gefr* giebst, aus **gifiz* ist e aus der ersten Person und dem Plural *gef* (< *gefo*), *gefum* eingetreten. In unbetonten Silben ist der i-Laut nicht scharf ausgeprägt, daher auch in alten Handschriften z. B. -eng neben -ing (*bíneng*).

o und **u** in 1): u tritt ein vor gedecktem m und n, vor g k u (o) und v (und i): part. praet. *folgenn*, aber *bundenn*, *summenn*, *drukkenn*, pl. ind. praet. *fulgum*, *brugðum*; o wird wieder hergestellt, wenn ein n oder h danach ausfiel (s. oben), daher *sokkenn* gesunken (ausgenommen *drukkenn* getrunken, *stutt* kurz): ob im opt. praet. *fylgi* aus **fulgi* oder direkt aus *folgi* entstand, ist zweifelhaft: o blieb in älterer Zeit vor

1) Die häufigsten Funktionen der ersten Stufe sind: 1) Bildung des plur. ind. und des opt. praet., des part. praet. der starken Verba; 2) Bildung von Subst. in ja-, -an, -jan (überall lag hier der Accent nicht auf der Wurzelsilbe); die der zweiten Stufe: 1) Bildung des Praes. starker Verba; 2) vieler Subst. und Adjektiva; die der dritten: 1) Bildung des sing. ind. praet. starker Verba; 2) vieler abgeleiteter Verba in -ja. Dehnung von 1) findet sich regelmässig bei einer Anzahl von starken Verbis (*gefa* u. s. w.) im pl. ind. und im opt. praet.

Endungen mit u (o) erhalten in den Verbis *skal* und *mon*: *skolom*, *monom*; ferner in einigen Substantiven und Adjektiven, die später u zeigen (die jüngere Sprache zieht u vor), wie *goll* Gold, *fogl* Vogel, *soll* Schwelle; in anderen Fällen behält auch die jüngere Sprache o, z. B. in *stormr* Sturm. Ursprünglich bestand hier wohl ein Wechsel innerhalb der Flexion: z. B. etwa *stormr* **sturmum*, *soll sollar* (pl.) vgl. *sultr* (< **sultir*) Hunger mit *soltenn* verhungert.[1])

o (u) statt **e (i)** in 1): immer vor Liquida: *gefenn* : *stolenn*, *sokkenn* (< *sunkvenn*), häufig nach Doppelkonsonanz mit schliessender Liquida *brostenn*, *kroppenn* (aber *drepenn*), vor ggv (< vv)? und in einigen vereinzelten Fällen. S. beim st. Verbum Kl. I.

á und ó zu unterscheiden von den gleichlautenden, erst im Nordischen erfolgten Dehnungen: *gáfum*, ahd. *gâbum*, *fótr* Fuss, got. *fôtus*, aber *átta* 8, got. *ahtau*, *dróttenn* Herr, ahd. *truhtin*.

Neue, innerhalb des Nordischen entwickelte Laute zu der ersten Sippe: ę, ǫ, y, ø, ja, jǫ und die Längen æ, œ, ý, ǿ, já, jǫ́. Hierüber s. unten §§ 15, 17.

II.	1	2	3	Alte Dehnung
	i	i	ai	í
		d. i. ı	(ei, æi)	d. i. ı.
			á é	
			d. i. a e	

i (und í) wird vor h zu é (é) gewandelt (Grimms Brechung), z. B. in *léttr* leicht < **lihtar*, *stétt* < **stiht*, ebenso i vor r in einsilbigen Worten: *mér* mir, *sér* sibi.

Neu ist die Dehnung í z. B. in *í*, in (< *in*).

ai (gewöhnlich ei geschrieben) wird vor h zu á, vor v zu æ zusammengezogen[2]), im Auslaut > é: *átta* < *aihta*, *snær* < *snaivz*, *sté* < *staig*. Ueber die Verkürzung von ai > e vor mehrfacher Konsonanz (*helgra* < *heilegra*) s. u. § 18.

Einige ei (au) gehören nicht dieser Sippe an, so wahrscheinlich ei in *heilagr* (*hail* < *halja*), in *eiga* haben, wo ei keinen Ablaut hat, und auf ai mit a der Sippe IV zurückzugehen scheint.

Neue Laute der 2. Sippe: æ, ǿ, y, ý.

Anmerkung. Sippe II scheint eine Unterabteilung von I zu sein, d. h. solche Wurzeln von I zu enthalten, in denen auf den Vokal j folgte: *stiga* < **steigh*-.

1) Nicht alle hier angeführten o-u können mit Sicherheit dieser Klasse zugezählt werden.

2) Die Kontraktion unterblieb bisweilen, wo v (und h) zur folgenden Silbe gehörte, also *aiv* > *o*, aber *aiv* > *ei*; *sævar* statt *seivar* u. s. w. scheinen dem Nominativ *sær* sich angeschlossen zu haben.

III.	1	2	3	Alte Dehnung
	u	(iu) jú	au	ú
	o	(io) jó	ó	

Für **u** tritt **o** ein (Grimms »Brechung«) vor h und wenn die nächste Silbe a, ǫ enthält (oder enthielt): *sótt* < **suhtir* Sucht, *boga* des Bogens zu *bjúga* biegen, *sonar* gen. zu *sunr* Sohn. Ausgleiche sind hier häufig und teilweise vor der litterarischen Periode erfolgt. Im part. praet. muss einst neben der Endung en- an- hergegangen sein, wegen dieser trat zuerst in einigen Formen o ein: **brotan-*, die sich verallgemeinerten, ehe das e durchaus an die Stelle von a trat: *brotenn, boðenn, soðenn* (keine Formen mit u erhalten); wegen *boga* auch nom. *boge*, kein *buge*, wegen *sonar* auch *sonr* neben *sunr* und umgekehrt *sunar*, *suna* neben *sonar*, *sona*. ú ist alte Dehnung von u, z. B. in *súrr* sauer, ahd. *sûr*; neue, erst im Nordischen eingetretene z. B. in *fúss* bereit, ahd. *funs*; über ein drittes ú = jú siehe unten.

jú : jó. Diese wechseln ähnlich wie u und o, nur dass vor Gutturalen (ausser h) und Labialen jú erhalten bleibt: *brjóta : fljúga, rjúka* (aber *ljóss* licht < **leuhs*), *drjúpa*. Ausgleichung erfolgt z. B. im Präsens der starken Verba, wo es *bjóðum* statt *bjúðum* heisst wegen des opt. (*bjóða*) und des inf. (*bjóða*), des partic. (*bjóðande*). In wenigen Fällen vertritt ú die Stelle von jú: *súpa*, *lúka*. Über die Entstehung von jú, jó < eu, eo s. oben § 4. 1; beim alten Diphthongen ist das »Überspringen der Quantität« im Isl.-Norw. durchaus erfolgt.

au wird ó im Auslaut betonter Silben: *flau(g)* > *fló*, á vor h?[1] **hauhv-* > *háho* (> hǫ́-) und in unbetonten Silben: **sunaur* > *sonar*, **gefau* > *gefa*.

Nicht zu Sippe III gehören: 1) o u. die mit e, a ablauten (*bundenn: binda, batt* S. 1). 2) iu, jú, jó, jǫ́, die durch Ausfall von Konsonanten, durch Epenthese oder Brechung entstanden (§ 17, § 20. 2): *sjǫ́m* < **seh(r)jom*, *níu* < **neun*. 3) u, die aus ó entstanden oder mit ó wechseln: so in *búa* (dazu *bóel*), *skúar* v. *skór*, ú-, ó-, un-; *ór*, *ór* aus, *sú* sie < **so*. 4) au, die keinen Ablaut zulassen, z. B. in *auka* mehren, deren a zu Sippe IV zu gehören scheint.

Neue Laute aus III innerhalb des Nordischen: y, ø, ý, ey, œ.

Anmerkung. Sippe III ist wohl wie II eine Unterabteilung von I und enthält Wurzeln, bei denen dem Vokal (e, o) v folgte.

IV.	1	2	3	Alte Dehnung
	a	a	a	ó
			ó	

1) auh > ó liegt wohl in *flója*, *tója* vor (< **flahian*, *tahian* < **flauhian?* < *tauhian?*), vgl. mhd. vlœhen, zœhen.

a und **ó** in 3): a vor Doppelkonsonanz, ó vor einfacher; a nicht zu verwechseln mit a I. Die 3. Stufe hat hier (im Verbum) eine grössere Ausdehnung gewonnen als sonst; **ó** nicht zu verwechseln mit ó I, ó III. Eine junge Dehnung aus a ist á: *slá* < **slaha*.

Eine schwächste Stufe zu a u/o ist nirgends mehr in klarer Beziehung zu den übrigen Stufen erhalten (kein **forenn* zu *fara*), vielleicht gehört hierher *uxum* zu *vaxa*, *ylda* (< **uldiun*) zu *valda*, *ó-* < *un-* = gr. *ἀν-*.

Neue nordische Laute: ǫ, ę, œ (æ), á, ǫ́.

V.	1	2	3
	á	á	ó
	(< æ)		

Nur wenige Beispiele für diese Ablautsreihe sind erhalten, da ó im praet. der hierher gehörigen Verba verschwand.

á nicht zu verwechseln mit á in I, II, IV.
ó „ „ „ „ ó „ I, III, IV.
Neue Laute dieser Reihe ǫ́, æ, œ.

Kein neuer Ablaut ist der Wechsel z. B. in

hoggva *hjó* *hoggvenn* (I),

denn jó ist hier ein Produkt aus Kontraktion (*hjó* < **hehau*), ebenso é in

láta *lét* *látenn* (V).

Kein Ablaut (von ú : ó) liegt ferner vor in búa : bió u. s. w., wo vielleicht ein ou beiden Vokalen zu Grunde liegt.

Vereinzelt steht é in einigen Fällen, wo es got. e entspricht, z. B. in *hér* hier; im Auslaut wird dies *e* bald > i : *þ(r)í*, *hví*, älter daneben noch *hvé*.

Bei manchen Wurzeln und Wörtern lässt sich die Sippe des Vokals aus dem Germanischen (oder Nordischen) allein nicht mehr auffinden; einzelne Sippen sind im Germanischen (Nordischen) bis auf einen oder ein paar Vertreter ausgestorben oder verwischt. Die obigen 5 dagegen kehren in grösseren Reihen, zumal beim starken Verbum, wieder. Die Vokale der Endungen lassen sich nur zum Teil in ihnen unterbringen, so o (u), e (i) in I, i (< i), e (< ai) in II, u, a (< au, i (< iu, iv) in III; häufig war im vorhistorischen Nordisch o (historisch u oder verschwunden) und ǫ, a (historisch a), æ? (historisch e); alte ǫ (a), i, u sind in Endungen fast überall verschwunden; s. unt. § 12.

§ 8. Historische Verwandtschaft der Laute. 2) Konsonanten:

A. Nach der gewöhnlichen Annahme besass die vor dem Germanischen liegende Grundsprache folgende Konsonanten (die eigentlich hiervon zu trennenden Sonorlaute mitgerechnet):

1) labiale, mit Lippenverschluss gebildete (labiolabiale, wie *w*, und labiodentale, wie *f*; schwerlich sind jemals beide Reihen gleich zahlreich entwickelt gewesen, sondern es war, wo überhaupt, die zweite wohl nur durch Spiranten vertreten):

b[1]) bh[2]) p[3]) m[4]);

2) linguale (dentale), mit Zungenverschluss an oder gleich hinter den Zähnen gebildete (der Verschluss kann an verschiedenen Stellen und mit verschiedenen Teilen der Zunge sich vollziehen, daher interdentale [*sch*] u. s. w.):

d[1]) dh[2]) t[3]) n[4]) s[5]) l[6]) r[6]);

3) linguo-gutturale mit Zungenverschluss in der Gaumengegend (Abstufung wie bei den Dentalen; in Betracht kommen vor allem die eigentlichen Gutturalen [k in Stock] und die Palatalen [k in Blick]):

g[1]) gh[2]) k[3]) n[4]) (h?)

1) media, lenis, tönender Explosivlaut. 2) weiche Aspirata, d. i. media mit nachfolgendem Hauch. 3) tenuis, fortis, tonloser Explosivlaut. 4) nasalis. 5) sibilant, tonlose spirans, und zwar dorsal, d. i. mit Verschluss durch den Zungenrücken. 6) Zitterlaut; guttural wird derselbe erst später.

j und v sind Halbkonsonanten (Halbvokale) und wechseln mit i und u.

§ 9. B. Die Veränderung (Verschiebung) im Germanischen ging von den Aspiraten aus, die in weiche (tönende) Spiranten übergingen, in einzelnen Fällen (im Anlaut?, nach Nasal, verschärft; d auch nach l) bis zur Media fortschritten.

1) bh > b[1]), gh > ʒ[2]), dh > đ[3]),
oder weiter > b > g > d.

1) unserm w ähnlich. 2) in den Grammatiken übliches Zeichen für spirantisches g (dafür auch γ). aus dem me. entlehnt. 3) spirantisches d, dem weichen englischen th ähnlich; das Zeichen im as., ags. und an. üblich.

Sodann folgten die tenues:

2) p > f k > ch t > tþ
> h > þ

d. h. die ten. werden Affrikate und harte Spiranten (þ ist tonloses, hartes đ); k wird entweder wirkliche Spirans ch (im In- und Auslaut) oder Hauchlaut h (im Anlaut), beides gewöhnlich h geschrieben; ob t auch ebenso früh im Anlaut zu einfacher Spirans wurde, wie k, p, oder länger Affrikate (Tenuis mit folgender Spirans) blieb, ist zweifelhaft (s. oben § 6. 2 zu þ).

In einem Falle, nämlich wenn die Silbe, in deren Auslaut die Tenuis stand, einen gewissen Accent (den Hauptaccent in der Grundsprache?) nicht trug, wird (unter Verminderung der Expiration) die tonlose Spirans tönend und fällt mit alter Aspirata zusammen.

p > b k > ʒ t > d
> b > g > d

daher von derselben Wurzel Formen mit verschiedener Konsonanz: **tehun* und **tegu*z 10: **teuho* duco, **togo* dux. [Verners Gesetz.]

Endlich werden die indog. mediae zu germ. tenues:

3) b > p g > k d > t.

An gemeingermanischen Wandlungen sind noch hervorzuheben

4) ʒv (altes ghv oder kv) wird v [Sievers' Gesetz] (an. ggv ist neuere Bildung), wo es im Urgermanischen in unbetonter Silbe steht: **segw-niz* > **sinniz* > *sýn*.

5) Verbindungen von Verschlusslauten:

idg.	med. + med. > ten. + ten.	gd > kt, bd > pt	
„	med. + asp. > tonl. spir. + ten.	gdh > ht, bdh > ft	
	asp. + med. > „ „	ghd > ht, bhd > ft	
„	ten. + ten. > „ „	kt > ht, pt > ft	
„	tonl. spir. + ten. > tonl. spir., d. h. bleibt st = st.		

(Andere Verbindungen sind schon im Vorgermanischen in eine der obigen umgewandelt worden: bt > pt > ft, pd > pt > ft u. s. w.)

Folgende Verbindungen von Dentalen verändern sich auch noch nach der Lautverschiebung, und zwar (wohl nach Massgabe ihrer Stellung, ihres Ursprunges und des Accentes) verschieden:

tt > st, ss; nnþ > nþ, nst, llþ > (lþ) lst.

Daher *kunst-* neben *kunþ-*, *raist* neben *rissa*, *brunþ-* neben *brunst-*.

Anmerkung. Die im Germanischen (Nordischen) noch auftretenden tt, gd, llt u. ä. sind erst durch neue Bildungen oder durch Ausfall von Vokalen entstanden. Beispiele in der Flexionslehre.

6) Eine Reihe von Assimilationen treten bei Sonorlauten l, w, m, n ein:

nv > nn, lv > ll, rv > rr, mv > mm u. ä.

Anmerkung. Wohl zu unterscheiden sind hiervon die spezifisch nordischen Assimilationen tt < ht, dd < zd, nn < nþ, zn, ll < lþ, mm < mf, tt < td.

7) nh > h: **fanhan* > **fahan*.

8) Einzelne Änderungen wie *þan-* < *þam-* acc. sg. *vár*: -am > an (**geban* > **geban* > *gefa*; **þam* > **þan* > *þá*).

9) Im Auslaut fallen alle Konsonanten ausser r, s ab: **dagam* > **daga*, **gebaiþ* > **gebai*, aber **dagas*, **fader* bleiben.

Anmerkung. In betonten Silben ist der Endkonsonant zuweilen wohl erhalten worden, so vielleicht in *þat* rǫtð).

§ 10. C. Im Nordischen blieben von den neu entstandenen Konsonanten zunächst

1) die **Tenues** unverändert: p, k, t; über ihre spätere Erweichung im Auslaut s. § 29.

2) Die **tönenden Spiranten** ƀ ʒ đ sind im Anlaut (*bera, guð, dómr*), nach Nasalen (*lamb, springa, binda*), in der Verdoppelung (*gabbi, leggja, beidda, oddr*) Mediae geworden, sonst Spiranten geblieben, und zwar tönende nach und vor tönenden Lauten, tonlose neben tonlosen: *gefa* (spr. *geƀa*): *gift* (auch geschrieben *gipt*, s. oben § 6. 2), *talða: gleypþa, heilagr: heilagt* (spr. *heilakt*, s. ob. § 6. 2); tönendes s (z) wird r, wo es nicht durch Assimilation in d übergeht (*oddr* < *ozdr*), s. u. § 23. 1.

Später nimmt der Übergang in Explosivlaute (ten. med.) überhand: *þ*: *t* schon um 1200 häufig, zuerst nach tonlosem l, n (in vorhistorischer Zeit), später nach s, dann nach p und k, und hier wieder zuerst nach langer, dann nach kurzer Silbe; þ nach p, k bleibt bis um 1250 bewahrt: *gleypta, reista, spekt* < *gleypþa, reisþa, spekþ*, s. Nr. 3); *ð* : *d* nach l und n bei vorausgehender Länge: *hrílda, hríld, sýnda, sýnd: skilða, synða*, s. § 24. 10: *g (ch): k* nicht allgemein, *sagt* > *sact, heilags* > *heilax* = *heilaks*; *g (ʒ) : g* (med.) vor ð n l im Neuisländischen, wohl schon ziemlich lange; *f (b): b* vor l (n, ð) schon in alter Zeit, wie z. B. die Schreibung *dybliza* neben *dyfliza* lehrt, im Neuisländischen allgemein; *f* (= nhd. *f*) > *p* in *epter* u. a., s. oben § 6. 2; Neuisl. überall f.

Anmerkung 1. Es kommt die Verbindung ðd, dð (dþ) zumal in alten Handschriften vor, aber nur, wo die beiden Dentale erst durch Ausfall eines Vokales zusammenkommen; es könnten hier wirkliche ältere Formen ohne Assimilation vorliegen, wahrscheinlicher ist jedoch, dass z. B. *ferþda* nur wegen des praes. *ferða* geschrieben wurde.

Anmerkung 2. In *talða, skilða, synð, spekþ* u. s. w. ist die Spirans erst nach Ausfall der Mittvokale (i) an den vorausgehenden Konsonanten angestossen; alte lđ nđ sind alle ld nd geworden, s. oben: *vildi, land, binda*: lþ nþ aber ll nn: *goll* Gold, *finna* finden, s. § 23. 6, 8.

Anmerkung 3. Ausgleichungen haben auch hier die Regel durchbrochen, so beim Substantiv, wo z. B. bald *synd* (noch lange ehe *talða* > *talda* wird) an die Stelle von *synð* tritt wegen *hrild, greind, hefnd, nefnd*. Als später nur d, kein ð mehr, geschrieben wurde, ist ld = lđ und lð, lld nur ld, ebenso nnd nur nd, nicht nđ.

3) Die **tonlosen Spiranten** bleiben im Anlaut und neben tonlosen Lauten tonlos; sonst werden sie (s ausgenommen) tönend; der dentale tonlose Spirant (þ) fällt in der Schrift mit dem tönenden (ð) zusammen (für beide ð oder þ, s. oben § 4 u. 5).

Die alten harten Spiranten im **Inlaut** und **Auslaut** (mit Ausnahme des h, das sich assimilierte oder ausfiel) sind von den aus weichen Spiranten entstandenen harten nicht unterschieden, ebenso die aus harten Spiranten erweichten nicht von den alten weichen; beide Reihen fallen auch in der Schrift zusammen: weich: *gefa* (f < bh), *leifa* (f < p): hart: *deyft* (< *deyfit*, f < bh), *leift* (< *leifit*, f < p): weich: *ráða* (ð < dh), *sjóða* (ð < t): hart: *reykða* (d. i. *reykþa* < **rey-kiða*, ð < dh).

Im Anlaut wird þ tönend (d) in einigen Partikeln und Fürwörtern *þá* > *ðá*, *þú* > *ðú*, s. oben § 6. 2. Übergang des alten þ > t ist viel seltener als der des aus ð entstandenen þ, s. § 24 A; dagegen ist altes f > p geworden vor t (§ 6) und nach s in *hásprøyja* ebd.

Anmerkung. Zu scheiden sind von den neuen Verhärtungen ft < b + t die äusserlich gleichen gemeingermanischen Verbindungen ft, z. B. in *oft*, *gift*, *þurfta* (§ 9. 5): in der Gutturalreihe ist altes ht > tt geworden, neues ʒt > gt (cht) oder > kt, s. oben; auch h + þ wird nicht tt, sondern z. B. **flouhiða* > *flýða*; altes tt wurde ss und st, zt, neues dt > tt, tt bleibt.

4) **v** und **j** zeigen nahe Verwandtschaft mit u und i, indem sie häufig mit diesen wechseln; dieser Wechsel wird in das Nordische unbewusst herübergenommen (an. *mær* < *mariz*, aber *meyjar* < *maujaz*), aber nicht fortgesetzt, d. h. keine im Nordischen eintretende Veränderung der Umgebung von v und j kann deren Wandlung in u und i bewirken, wohl aber kann i, u > j, v werden, s. oben § 6. 4, io > jó u. s. w.; *unsar* > *vár*.

5) **l m n g r** erleiden eine reihenweise Verschiebung im Germanischen (und zum Nordischen herüber) nicht; vereinzelte Übergänge, die freilich teilweise schon gemeingermanisch sind (z. B. nh > h), s. unten; hervorzuheben sind alte Assimilationen, deren Entstehung aus dem Nordischen nicht mehr zu ermitteln ist, z. B. nn, ll, mm, rr < nv, lv, mv, rv, s. oben.

Ungedecktes n, und r nach m in unbetonter Silbe fallen ab: **gefan* > *gefa*, **dagamr* > *dogum* (aber *treimr* bleibt): nicht gemeinnordisch ist z. B. der Abfall von b in *amb*, später *am*, s. unten.

§ 11. Betonung. Das Altnordische hatte in seiner ältesten Gestalt im Wesentlichen die gleiche Betonung wie die übrigen germanischen Sprachen, nämlich: einen Hauptaccent auf der Bedeutungssilbe (d. i. meist auf der Wurzelsilbe), ausserdem ruht, zumal bei mehr als zweisilbigen Wörtern, ein Nebenton auf einer der Beziehungssilben (Endungen, Präfixe, Ableitungselemente). Ziemlich sicher scheint der Nebenton auf der vorletzten Silbe im Präsens der Verba, im nom. acc. sing. (und pl.?) der Nomina: auf der Endung im schwachen Präteritum, im gen. dat. sing. und pl. der Nomina, auf der Komparativ- und Superlativendung. Der Hauptaccent war im Nordischen stärker markiert als in den übrigen germanischen Sprachen, daher hier eine sonst unerhörte Schwächung der Nebensilben. In der litterären Form des Altnordischen sind wohl alle Nebensilben mit Ausnahme der zweiten Kompositionsglieder *(kær—leikr, kristin—dómr)* gleich schwach betont (d. i. unbetont); auf ehemalige verschiedene Betonung derselben auch im Nordischen weisen aber folgende Umstände: dieselben Vokale sind innerhalb desselben Wortes in verschiedenen Formen bald beibehalten, bald ausgeworfen worden: **gamalar* > *gamall*, **gamalum* > *gamlum;* von zwei aufeinanderfolgenden Vokalen bleibt bald der erste betont, bald zieht der zweite den Ton auf sich, **neron* > *niu*, **se(hr)om* > *sjóm;* da die erste Silbe in beiden Fällen den Hauptton trägt, muss der schliessliche Unterschied vom Ton der zweiten bedingt sein. Ob Haupt- und Nebenaccent exspiratorisch (d. h. durch grössere Energie hervorgehoben) oder musikalisch (d. h. durch ihre Tonhöhe unterschieden) oder beides zugleich waren, ist unsicher; ebenso ob die Accente der neunordischen Sprachen (die überall andere, teils musikalisch, teils exspiratorisch, teils beides sind) mit der altnordischen Betonung unmittelbar verglichen werden dürfen.

Dem ältesten Nordischen voraus liegt die Periode, in welcher der indogermanische Accent im Germanischen noch galt. Welcher Art dieser Accent war, ist bestritten, doch unterliegt keinem Zweifel, dass eine bestimmte Veränderung der tonlosen Spiranten in gemeingermanischer Zeit dadurch hervorgerufen wurde, dass sie alle im Auslaut[1]) von Silben standen, die im Griechischen, im Sanskrit u. s. w. sich durch ihre schwächere oder abweichende Betonung von benachbarten Silben unterschieden (V e r n e r s Gesetz): *ἑκατόν* (d. i. *kent—óm*, sanskr. *çatam*) germ. = *hund*, aber *τό* (d. i. *tód*, sanskr. *tát*) = *þat*, s. oben.

Im Neuisländischen erfordert die (betonte) Hauptsilbe in der Regel eine Länge, daher hier kurzer Vokal vor einfachem Konsonanten gedehnt wird: *fara* > *fara*: diese Dehnung geht bis in das 13. Jahrhundert zurück, s. oben. Aus der Diphthongierung alter Längen im Neuisländischen (teilweise auch im Schwedischen, Dänischen, Norwegischen) lässt sich schliessen, dass ihre Betonung ehedem eine circumflektierende war.

§ 12. Unbetonte Silben. Da die im Folgenden zu betrachtenden Veränderungen der Vokale oft von später verschwundenen Vokalen angeregt wurden, so ist hier zuerst über Veränderung und Ausfall unbetonter Vokale zu handeln.

1) Der einfache Konsonant ist in mehrsilbigen Worten zur vorausgehenden Silbe zu ziehen, wie in der neuisländischen Silbenteilung auch.

Wahrscheinlich hatte das Nordische bei seiner Absonderung noch alle Vokale, welche die ältere Sprache besass, ehe die Accentverschiebung eintrat (mit Ausnahme vielleicht des i in schwachen Verbis, *hauzia* < *hausijan*, des Auslautes der gen. sing. der a-Deklination, **dagas* < **dagasja*), also auch die bei der Accentverschiebung unbetont oder schwach betont gewordenen; die letzteren waren wohl unmittelbar vor ihrer spezifisch nordischen Umgestaltung[1]):

a e i o u; a (ē) ī ō ǫ, ū; ai au eu (ev) ei (ej).

Für die unbetonten Vokale gelten nun folgende Gesetze:

1) Alle Längen werden verkürzt: vor Konsonant später als im Auslaut; alle Diphthonge werden kontrahiert und verkürzt, aber später als die alten Längen (au > a, ai > e).

2) Die (alten und die ältesten neuen) Kürzen werden (bevor die durch Konsonanten geschützten Längen und die Diphthonge verkürzt sind) successive abgeworfen (a fällt vor i, i vor u), wo sie in völlig unbetonter Silbe stehen, und zwar fällt

α) altes a (< o = griech. *o*), e, i, u durchaus, wo es nach der Stammsilbe allein steht: a und e spurlos; i nach langer Silbe später als nach kurzer (dort nach, hier vor Eintritt des i-Umlautes, s. unten § 15); u überall nach Eintritt des u-Umlautes.

Beispiele: dagr < *dagaz, dag < daga(m), aber dagar < dagaz, sonar < sonor < sonauz, eða < *edau, daga < *dagā < *dagam; gef < *gefe, aber blinde(r) < blinde < blindai, uppe < uppe; staðr < *staðiz; fyndr < *fundiz, aber synir < sunir; gjǫf < *gjefu < *gebō, lǫnd < *lǫndu < landō, sunr < sunuz, fé < fehu.

Ausnahmen: Bewahrt sind Kürzen: 1) u/o in der seltenen, aber sicher belegten Form *sonor* Sohn, *fǫgnoðr* Freude, u. a.; 2) i nach kurzer Silbe bis über den Eintritt des Umlautes, z. B. in *fyr* (< *furi*, *fyri*). Hier ist der Umlaut wohl aus *fyrir* herübergedrungen, in alten Handschriften steht häufig *fur*; 3) e in *hane* (cons. Declin.): wahrscheinlich liegt hier eine Übertragung der ursprünglich dreisilbigen Genitiv- und Dativform in den Nominativ vor; u im dat. acc. der starken Feminina, s. unter δ) und bei der Deklination. — Abgeworfen wird i nach langer Silbe vor Eintritt des i-Umlautes: in *umb*, um, adv. (< *umbi*); die praepos. *umb* geht schwerlich auf *umbi* zurück; die aus letzterem entwickelte Form des Adverbs **ymb* ist wahrscheinlich bald durch *umb* (< *umba?*) verdrängt worden; in den Substantiven *barðr*, *sallr*,

1) Im Folgenden bezeichnet ǫ alle einfachen Laute, die später ǫ u wurden, a alle einfachen, die a wurden; a begreift also wohl auch manche a und ǫ in sich.

stulðr < *burðiz* u. s. w., doch zeigen die Nebenformen *fyndr* zu *fundr*, *bœrn* zu *bón*, *œtt* zu *átt*, *sœtt* zu *sátt* u. aa. derselben Bildungsklasse, dass hier ein Wechsel ehedem bestand, der in den meisten Wörtern erst durch Überhandnehmen der unumgelauteten Formen (auch da, wo i erhalten blieb: *burðir*) verwischt wurde.

Nach dem Vorstehenden lassen sich die meisten Abweichungen von der oben gegebenen Regel erklären; vielleicht ist die Regel selbst künftig zu modifizieren.

Neue Längen sind in halbbetonten einsilbig gewordenen Worten durch Ersatzdehnung entstanden, *í* < *in*, *á* < *an*, *frá* < *fram*, alte geblieben *ǫ́n*, *ór*, *út*; dagegen **auk* (> *ǫk*) > *ok* und.

β) Unbetonte Vokale vor dem Hauptton fallen ab, wenn sie im Auslaut der Silbe stehen: *glíkr* < **gelíkr*, aber o in *tor-*, y in *fyr-* bleibt (das Nordische liebt unbetonte Vorsilben nicht, daher fiel be-, or-bei Verbis ganz weg, ge- ausser in *glíkr*, *gnógr* und einigen anderen. ferner unbetonte erste Silben von Fremdwörtern: *postole* = Apostel, *Púl* = Apulien, *Pulcro* = sepulcrum u. s. w.).

γ) Unbetonte Vokale in enklitischen (ein- und mehrsilbigen) Worten fallen, zumal in alter Zeit, häufig ab: *sagða'k*, *gefum'k*, *ver'róm* statt *sagða ek*, *gef mik* oder *gefum sik*, *ver erom*.

δ) Folgen zwei Silben dem Hauptton, so verliert eine derselben ihren Vokal, falls er von Anfang kurz war oder in der ältesten Periode (s. oben α) verkürzt wurde und tonlos ist: erst später verkürzte oder halbbetonte (tieftonige) werden erhalten: *gefenn*, gegeben, aus **géfĕnar*, *gefen* fem. < **géfenu*, *gefet* neutr. < **géfenat*; *hirðir* Hirte < **hírðìer*; *klæði* Kleid < **kláðìe*; *Gǫndul*, acc. Eigenname, < **Gándùlu* (st. **Gándùla*); *taliðr* gesprochen < **tálìðar*; *hǫfuð* Haupt < **haúfùðam*; dagegen *gefnum*, dat. < **géfenùm* (**géfunùm*?), *hirða*, gen. pl. < **hírðìà*, *Gǫndlar*, gen. < **Gǫ́ndulàr*, *talða* sprach < **tálìða*, *hǫfðe*, dat. < **háufuðè* u. s. w. Sogar in Fremdwörtern: *mynstre* neben *mynstere*. Aber *kallaða* rief < **kállăðà*, *iðranar*, gen. zu *iðron* Reue < **íðrànàr*, *spakari* klüger < **spákàrì*, *drótningu* < **drótningò*, dat. zu *drótning* Königin (darnach auch bei einsilbigen fem. *laugu* neben *laug*, s. §§ 52, 53). Unbetont waren aber, wie oben erwähnt, vor allem in der Deklination die Nominativ- und Accusativendungen, in der Konjugation die Endsilben des Präsens und die Bindevokale des schwachen Präteritums. Auch hier ist die Synkope nach langer Silbe später erfolgt als nach kurzer (nach Eintritt des i-Umlautes): also *heyrða* < **heyrìða* hörte, aber *fagna* erfreuen < **faginò*;

talða < *taliða* (nicht *teliða*) sprach, *batre* besser, aber *stœrre* grösser (*re* < *ire*).[1]

Ausnahmen: Bei einigen Formen, die von Anfang an vokalisch auslauten oder einen kurzen Vokal in letzter Silbe haben, sind zwei Vokale ausgefallen: bei *synð* Sünde < *suniðu*[2]), *hvíld* Ruhe < *hvíliðu*, *þyngsl* > *þungislo* pl. Bürde u. a.[3]) mag der Genitiv, Dativ *syndar*, **synðu*, *þyngsla*, zur Analogiebildung aufgefordert haben, wie *talðr* neben *taliðr* aus *talða*, *tǫlðum*, *talðan* u. s. w. gebildet wurde, *bazt* best, wegen *bazter* u. s. w. Die Ausgleichung unterblieb, wo die Sprechbarkeit es forderte (zumal vor Sonanten), neben *gefenn* also kein *gefnn*, trotz *gefnum* u. s. w. Umgekehrt sind solche Vokale sogar an Stellen bewahrt, auch wohl ohne einen Nebenton zu tragen, wo sie nach der Regel fallen sollten: vgl. *dróttningu*, *undorne*, *ásynja*, *ørrynde* u. s. w.: in 2, 3 sg. und plur. ind. des praes. dagegen scheint der »Bindevokal« i schon nach der ersten Synkope tonlos geworden zu sein, es wurde also i in *farir* (< *farizi*) gleichzeitig mit der Synkope des i bei langsilbigen Stämmen abgeworfen; dasselbe gilt von a des gen. sing. *dags* < **dages* (**dagas*) < **dagessa* (**dagassa*).

In anderen Fällen scheint der Accent von der Kürze auf die Länge übergesprungen zu sein: *gamler* alte < *gámalèr* statt < *gámàler*, *katlar* Kessel < *kátilàr* statt **katilar* < *kátilar*, so überall im nom. acc. pl. masc. fem. Auch hier könnte aber an Analogiebildung gedacht werden: die ursprüngliche Betonung ist bei den Neutris erhalten: *gamall* alt, nom. pl. neutr.: *gǫmul* < *gámàlu*, *hǫfuð* Haupt n. pl. *hǫfuð*. Häufig haben einsilbige Stämme auf mehrsilbige eingewirkt: *dróttens* statt *dróttnes* wegen *dags*, *orðs* u. s. w., so vielleicht auch oben bei *gamler*, *katlar*. Es lässt sich darum die Regel äusserlich richtig auch so fassen: kurze Vokale unbetonter Ableitungssilben bleiben erhalten, wo (wie bei einsilbigen Stämmen) die Endung wegfällt, fallen ab, wo (wie bei einsilbigen Stämmen) die Endung bewahrt bleibt.

c) Folgen drei Nebensilben, so fällt, wenn der letzte Vokal nach a) bleibt, der zweite: *gamallar* alter, gen. sg., < *gamalerar*, *synþgra*.

1) Umlaut bei kurzsilbigem Stamm ist Ausnahme: in *lyklar* kann Ausgleichung (wegen *lykill*) stattgefunden haben, doch könnte auch die Palatalisierung des k den Umlaut vermittelt haben, wie wohl g in *gegnum* (*gaginum*, dafür aber auch *gognum*, *gegnum*) u. aa.

2) Dass i hier länger erhalten blieb, als z. B. in *talða*, zeigt der Umlaut, der von der Form **synið* in die übrigen Formen überging, wie umgekehrt *taliðr* den Umlaut wegen *talðr* u. s. w. ablegte.

3) Hierher gehören die Partic. langsilbiger schwacher Verba: *begrðr*, Adjektiva in -*iðr*.

sündiger < ***synðogerā*; fällt der letzte, so wird der mittlere erhalten, der erste, wenn kurz, abgeworfen: *synðogr* sündig < **sunidogar*, *gǫmlum* altem < **gamoluma* (*e*), *gamlan* alten < **gamalana*. Vielfache Ausgleiche erschweren gerade hier die Aufstellung einer sicheren Regel: so steht oft *-kungr* -kundig, wegen *-kungar* (< *kunnegar*), *syn(ð)ga*, wegen *syndger*, umgekehrt *fjǫlkunnigu* st. *-kungu*, wegen *-kunnigr*, *heilagra* heiligen neben *helgra* u. s. w. Kaum mit der alten Synkope in Verbindung zu bringen ist die seit dem 14. Jahrhundert allgemein werdende Kürzung von *konungr* > *kongr*.[1])

Bleibt in einer Nebensilbe der Vokal nach der ersten Kürzungsperiode lang (s. *α*), so bleibt er erhalten auch nach der (überall eingetretenen) Verkürzung, gleichgültig ob eine benachbarte Nebensilbe ihren Vokal behält oder verliert: *kallaða* rief < *kállōðà*, *kallaðr* gerufen < *kállòðar*, *iðron* Reue gen. *iðranar* < *iðron-*, *heraðe* dat. zu *herað* n. Heer < *herod*, *dagar* Tage < *dagār*, gen. *daga* < *dagà*: aber (s. ob. *α*) *blind* f. zu *blindr* blind < *blindo* < *blindo*, *lǫnd* Länder < *lǫndo* < *landō*. Scheinbare Ausnahmen sind wohl (dem got., ahd. gegenüber) *hafða* hatte = got. *habaida*, *blindrar* blinder fem. = got. *blindaizōs* u. s. w. Hier lagen im An. wohl Formen mit a und e, nicht solche mit ai zu Grunde. Im dat. sg. *hring* neben *hringe*, *dag* neben *dege* scheinen zweierlei Kasus vereinigt: **hringe* < *hringai*, *hring* aus **hringā* oder einer andern mit einfachem Vokal (Länge oder Kürze) auslautenden Form; bei zweisilbigen Stämmen ist die Endung (wegen des Nebentones s. ob.) bewahrt und vielleicht von hier wieder auf einsilbige übertragen worden; vielleicht gehen aber auch ihre Dative in e auf eine andere Form zurück, als die endungslosen. Eine wirkliche Ausnahme liegt dagegen wohl im gen. pl. der schwachen Feminina vor, z. B. *tungna* < **tungōnā* [vgl. aber auch ags. *tungna* neben *tungena*].

γ) Bei Zusammensetzungen ist der Endvokal vokalischer Stämme meist beseitigt: a (< o) immer: *akrkarl* (von Stamm *akra-*), *angrfullr* (v. St. *angra-*), *dalbúi* (v. St. *dala-*), *kynstórr* (v. St. *kunja-*), *fjǫrbaugr* (v. St. *farra-*): ebenso i: *einsamligr* (zu *eini-*), *staðfastr* (zu *staði-*), *sauðhús* (zu *sauði-* ohne Umlaut!), aber *lýðskyldi* (zu *ljúði-*); u: *skjaldmær* (*skjaldu-*): erhalten blieb i in -ia-Stämmen wie in *fiskifugr*, *flaðisker*, *Hilditǫnn*, *reiðiferð*; ob z. B. in *geilagarðr*, *ferðalag* das mittlere a wirklich der alte Stammausgang a (der femm. *geila-*, *ferða*) ist, ist unsicher. Ebenso in **máttuligr**, **siðaligr** u. s. w.; wahrscheinlich ist hier g ausgefallen: *máttuligr* < **mǫttugligr* u. s. w. Meist hat der erste

1) Der Eintritt von *kongr* ist schwer zu fixieren, da gewöhnlich die Abkürzung kgr gebraucht wird.

Bestandteil der Komposita Genitivform, in der grossen Zahl neuer Komposita ist das erste Glied (nach der Analogie der bereits verkürzten alten Formen) in der kürzesten Stammform verwendet, so z. B. *biskuplígr* wie *daglígr* (< **dagalígr*) u. ä.

ϑ) Umgekehrt ist vielleicht in einigen Fällen in unbetonten Silben zur Erleichterung der Aussprache ein Hilfsvokal eingeschoben worden[1]: *faðerni* st. **faðrni*, *farald-* st. **farld-* oder **ferild-* (< *farild-*), *bónorð* st. **bónrð* < **bónidr-*, *akarn-* st. *akrn-* < *akran-* u. s. w. Schwerlich (nordischer) Hilfsvokal ist a in *Petar* Petrus.

§ 13. Über die Qualität der unbetonten Vokale gilt Folgendes:

a entstand aus älterem ā ō au o, oder war von Anfang an im Germ. a
e (i) „ „ ē ai a (durch Umlaut) od. w. „ „ e
i (e) „ „ „ ī iv „ „ „ i
ǫ „ „ ō a (durch Umlaut), (au)
o } „ „ ō u o/u (letzteres meist < indogerm. e in indo-
u } germ. unbetonter Silbe vor Sonorlauten)
y } „ „ o u (durch Umlaut)
ø } „ „ „ vi-.

Von diesen kommt in Endungen nur a e i o u vor, und zwar e und i promiscue, und ebenso o und u ohne Rücksicht auf den Ursprung. Ganz vereinzelt zeigt sich in Handschriften die Neigung, nach i y u und den entsprechenden Längen, sowie nach æ ey ei nur i und u, sonst dafür auch e und o zu gebrauchen; nur nach á und ó wird e und o dem i und u vorgezogen. In jüngerer Zeit nimmt die Vorliebe für i und u statt e und o zu. Ich gebrauche in dieser Grammatik gewöhnlich o und u promiscue, dagegen i nur, wo (umlautwirkendes) i oder ı zu Grunde liegt, sonst e.

Die meisten Vokale sind, zumal in Endungen, fest und unveränderlich, so i/e < i, ī, ai, e; u/o < u, ū; a < a, ā au und sind nicht einmal immer dem Umlaut zugänglich, doch wird ab und zu u > y, a > e ǫ umgelautet (vgl. *-endi*, *-yndi*, *-ǫgum* < *-andi*, *-undi*, *-agum*). Dagegen wechselt in Vorsilben und Ableitungssilben a mit e und o/u, e/i mit o/u, a mit o/u allein. Der Wechsel ist teils alt und oft Flexionsmittel. So z. B. in *hane* Hahn, acc. *hana*, *tunga* Zunge, acc. *tungu*, *gefum* wird geben, *gefeð* ihr gebet, *gefa* sie geben[2]) (vgl. lat. *homo*

1) Nachdem der alte Vokal durch Synkope oder durch Analogie synkopierter Formen beseitigt war.

2) In *hane hana*, *tunga tungu* sind die Endungen alle weggefallen, e a u sind die Vokale der Ableitungssilben -en-, -an, -un; in *gefum*, *gefeð* ist der Vokal der Endung, in *gefa* auch der Konsonant mit abgefallen, doch gelten die Vokale e a u hier als Flexionszeichen und werden darum als Endungen aufgefasst.

hominis, caput capitis, genus generis, tegimus tegunt); ferner in *meðal* und *miðil* mittel, *morgenn, myrginn* und *morgonn* Morgen. Dieser Wechsel, ursprünglich innerhalb ein und desselben Stammes stattfindend, hat seine Regelmässigkeit im An. verloren und ist meist auf verschiedene Stämme verteilt, vgl. *heilagr : synðugr : allmáttegr* (neben *allmǫttugr*), *kunnugr : kynnigr, hǫlðr* < **haluðr* mit u durch alle Kasus (vgl. aber ags. *heliđe*, ahd. *helido*), *nokviðr* neben *nǫkþer* (plur.) < **nakvaðer, tiðendi : réttyndi* (u. *réttindi, réttendi*); *bugall : sniðill*, aber *drasell* neben *drǫsull; dróttenn : jǫtunn, Óðenn* vgl. ahd. *Wuotan, hanfuð* (u durch alle Kasus) got. *haubiþ; tor-* ahd. *zar-, zur-*; *of-* daneben seltener besonders norw. *af-*. Dieser Wechsel beruht wohl ursprünglich auf Accentverschiedenheiten.

Ein anderer Wechsel ist erst im Nordischen entstanden und rein lautlichen Ursprungs. Es wird nämlich ō in Ableitungssilben zu a, ausser wenn o/u in nächster Silbe folgt: in welchem Falle es o, u wird; ebenso wird ō zu a, ausser wo o/u folgt: **kallōðum* > *kǫlloðum*, **iđrōnō* > *iðron*, **gamolō* > *gǫmol*, aber **kallođā* > *kallaða*, **iđrōnāz* > *iðranar*, **gamolaz* > *gamall*. Beim schwachen Verbum ist dieser Wechsel regelmässig beibehalten; o/u wird hier gewöhnlich mit Unrecht als u-Umlaut von älterem a aufgefasst. Die normalisierte Schreibung ist *-uðu*, daneben ist in älteren Handschriften häufiger *oðo*, selten *uðo* oder *ǫðo*. Beim Nomen ist der Wechsel nur in der ursprünglichen Kürze rein bewahrt: *gamall gǫmlu, gǫmlum* (< *gamolu, gamolum*) *gǫmul, heilagr heilog* (doch auch *heilǫg*, wo ǫ wirklich Umlaut von a zu sein scheint): bei ursprünglicher Länge ist er in alten Handschriften wohl noch vorhanden: *fǫgnoðr : fagnaðar, þjónustu : þjónasta*, aber nicht mehr geregelt, so dass auch *iðran* und *iðronar* sich finden statt *iðron, iðranar*; später bleibt meist eine Form konstant *iðran, iðranar, fagnaðr, fagnaðar, mánaðr, þjónusta, hamarr : fjǫturr, bagall : sǫðull*. Die Ausgaben schreiben auch hier oft u statt des in Handschriften gewöhnlichen o (nur wenige alte Handschriften lieben u, so AM. 625. 4°: *veruld, iðrun, fenuðr, siðarstu*. ö für ǫ (ob ǫ oder o lässt sich oft nicht unterscheiden, s. § 4. 1, wo nicht u neben o vorkommt, in welchem Falle o, nicht ǫ, anzunehmen ist). Ein von den oben behandelten ǫ der Ableitungssilben verschiedenes o scheint in den Endungen vorzuliegen, dies ist regelmässig durch u vertreten (vom sg. der fem., nom. pl. der neutr.), während o der Endungen, wie die Runeninschriften zeigen, überall zu a wurde, ehe es schwand.

§ 14. Lautgesetze. 1. Nach § 7 sind die aus der älteren Sprache herübergenommenen nordischen **Vokale** nach ihrer Verwandtschaft geordnet folgende:

1) a e i o u á ó
2) e i á í æ
3) o u (á) ó au jó jú
4) a ó
5) é í
6) á ó

dazu die Vokale unbetonter Silben a e i o u.

Diese Vokale erleiden durch benachbarte Laute Veränderungen, die von der historischen Geltung des Vokales ganz unabhängig sind: a in 1) wird z. B. durch folgendes i zu e gewandelt wie a in 4), á in 1) zu æ wie á in 2) und 6).

Benachbarte Laute können bewirken 1) Anähnlichung (Umlaut), 2) Angleichung (Assimilation), 3) Einschiebung eines vermittelnden Elementes (Brechung), 4) Veränderung der Vokalquantität zur Regulierung der Silbenquantität: Verkürzung, Verlängerung, 5) Kontraktion.

§ 15. 1) Umlaut. i und j, u und v wirken auf vorausgehende unähnliche Vokale; die Wirkung des i und j beginnt zur Zeit der Synkopierung unbetonter Vokale, und zwar nach Ausfall des i nach kurzer Silbe und vor Ausfall des i nach langer Silbe, als nämlich *staðr, talða* (< **staðir, taliða*) neben *bōnir, hauriða, staðir* bestanden.

Der i-Umlaut bewirkt den Übergang von

a zu ę (e æ)
o „ ø y
u „ y
á „ ǽ æ
ó „ ǿ œ
ú „ ý
iu „ ý

Beispiele: *talja > telja, *komir > kømr, *Sognir > Sygnir, *fundir > fyndr, *malia > mæla, *bóni- > bœn, *supir > sýpr, *biūðir > býðr.

Bemerkungen: 1) ø aus o geht bald in e (*kemr*) oder y (*synir* älter *sønir*, *myndi* älter *møndi*, *nyrðri* < *norðri*) über.

2) æ ist Umlaut zu á, ob dies aus ǣ, ai oder a entstand.

3) œ verschwindet in Island im Laufe des 13. Jahrhunderts, dafür tritt æ[1]) ein, welches sich vereinzelt schon im Anfang des 13. Jahrhunderts findet und von æ < á nicht unterschieden ist.

Ausnahmen: Der Umlaut unterbleibt in der i-Deklination fast durchaus, das Altschwedische und Gotländische zeigen, dass er ehemals

1) Jetzt ai gesprochen.

weiter verbreitet war und nur durch das Übergewicht der unumgelauteten Formen (*staðr, burðar, burð, burða, burðum*) fast ganz verschwand, s. die Deklination §§ 44. 50. Der Umlaut unterbleibt oft in unbetonter Silbe: *spakari* comp. fem., *kallaði* opt. praet., *mánaðr* nom. pl., aber doch *gefendi* neben *gefandi*, *gefendr*, *meisteri* (dafür später *meistare*), *rettyndi* (später *rettindi*), *likendi*.

Wo der Umlaut wider die Regel eingetreten ist, hat Analogie gewirkt, so im gen. und dat. *feðra, feðrum* wegen nom. *feðr* (< **faðrir*).

Anmerkung 1. I-Umlaut durch r < z trat ein, wo dies unmittelbar nach betontem Vokal zu stehen kam: *ýr* < *oz* (daneben *ór*, vielleicht ursprünglich nur in unbetonter Stellung); *ør-* < *óz-* (unbetontes oz in Verbis fiel ab), *þær* < *þaz*, *kýr* nom. gen. sg. und nom. acc. pl. < **kú(i)z*; vielleicht auch in den Perfektis *snøra*, *røra*, sicher in Participien wie *kørenn*, *frørenn*.

Anmerkung 2. J-Umlaut durch g, k tritt ein, wo diesen unbetontes e folgt; wahrscheinlich ist durch g, k dieses e frühzeitig dem i nahe gebracht (vergl. später ke- > kje, ge > gje, he > hje) **dage* > *degi*, *takenn* > *tekinn*, *dreki* Drache < *draco*.

Anmerkung 3. Die frühzeitige, aber doch nach Eintritt des Umlautes erfolgte Verschmelzung von e und i in unbetonter Silbe kann leicht zu irrtümlicher Annahme von Ausnahmen verleiten: i in *hani, farinn, farið, faðir, spakir, staðill*[1]), *drasill*[1]) sind teils aus alten ē (< ai), teils aus e (Ablautreihe I) entstanden und wirken deshalb keinen Umlaut; dagegen ist altes e umlautfähig, wenn es durch folgendes i, j (oder vorausgehendes j) zu i gewandelt wurde; **farir* (> *ferr*) < **farezi* (*steði* Amboss < *staðjē* > *staðjī* > *staðī*); vielleicht ist j vor e aber selbst bis in die Umlautszeit behalten worden, wie die ursprünglich zweisilbigen Formen wie *herr* zu beweisen scheinen; denn hier müsste *hariz* wegen á > *harr* geworden sein.

II. Der u/v-Umlaut tritt etwas später ein als der i/j-Umlaut, aber noch ehe ein u (sei es altes u oder ō) der Endung ausfiel[2]), er traf also Formen wie *taldum, landu, kralu, sękkva* < *sakkvia*. Die Wirkung von v geht weiter als die von u.

Vor beiden wird: a zu ǫ (o, æ, au)
á „ ǭ (ó);
nur vor v: ę „ o
e „ o (bald wieder e geschrieben)
i „ y
í „ ý
ei „ ey.

Beispiele: *landu > lǫnd, *badu > bǫdu, *sękkva > sokkva, *nekkverr > nokkverr, *gervar > gorvar (später wieder nekkverr, gervar), *singva > syngva, *Tivir > Týr, ýkva neben víkva, yðvar < *iðvar euer, kveykva beleben, veyk praet. zu víkva (ýkva) rühren. Auch bei

1) Wenn hier nicht Ausgleichung von *staðle*, *staðlar* u. s. w. aus den Umlaut beseitigte, wie in *taliðr*, s. ob.

2) u in *fjǫrður*, *ǫllur*, *sunur* aber fiel kurze Zeit, nachdem i in *staðir*, *fjǫlir* ausgefallen war. Über u in Compositis s. S. 49 4.

Zusammensetzungen kann das erste Glied durch das u des zweiten umgelautet werden: *ǫfund* Missgunst < *af-und* (so im Altnorw.), *ǫmbun* Lohn.

Bemerkungen: 1) ǫ hat die Geltung å (a in engl. *war*): im Norwegischen dem a näher als im Isländischen, wo es heute ö gesprochen wird.[1])

2) ǫ́ ist dem á sehr nahe geblieben, wo nicht der folgende Konsonant (v k g tt) eine Annäherung an o bewirkte: **ánu* > *ǫ́n*, *hǫ́r* (< *há(h)ur*), aber *nǫ́tt* > *nótt*, *hǫ́rum* > *hórum*.

3) o < ǫ wechselt in Handschriften mit geregelter Orthographie fast nicht mit e und ist neuisl. erhalten: sehr selten findet sich *sekkva*, *þrengva*, *deggva*, *belva*, *steðva*, *rekva*, *ex* neben *sokkva*, *þrongva*, *ox*. (*gerva* ist daher schwerlich aus **gǫrva* < **garwia* entstanden, sondern aus *gerva* = *gjǫrva*). Es könnte dieser Laut mit ǫ bezeichnet werden.

4) o < e verschwindet bald, *nokkverr* > *nekkverr*, *gorva* > *gerva*; die Verba *hnoggva*, *hrokkva*, *klokkva* u. ä. aus **hneggva*, *hrekkva*, *klekkva* sind wohl frühzeitig zusammengefallen mit den entsprechenden abgeleiteten *hnoggva*, *hrokkva* u. s. w. aus **hneggvia*, **hrękkvia* und haben deshalb ihr o bewahrt: s. unten beim Verb. § 103. Dieses o könnte zur Unterscheidung von obigem etwa ö geschrieben werden, also *sǫkkva* und *nökkverr* oder auch *sǫkkva* und *nǫkkverr*.

5) i > ý: es sind fast nur Fälle zu belegen, wo v unmittelbar auf i folgt, so dass hier eigentlich nicht Umlaut, sondern Verdumpfung vorliegt: dasselbe gilt von *ey* < *eiv-* (neben *ei*), immer.

Anmerkung: Als Umlaut wird es gewöhnlich aufgefasst, wenn ja mit jǫ wechselt: *gjafar*: *gjǫfum*; doch scheint hier und in ähnlichen Fällen jǫ älter, s. u. bei der Brechung. Über den vorletzten Vokal in *kallaða* : *kǫlluðum* s. ob. § 13; hier ist darauf hinzuweisen, dass das aus o entstandene u der vorletzten Silbe so gut Umlaut wirkt als andere o und u.

Ausnahmen: 1) Dass e steht, wo o (ö) zu erwarten wäre, ist oben angegeben.

2) Für ǫ begegnet öfter a, nämlich in sehr alten isländischen und in allen norwegischen Handschriften. Die Bezeichnung schwankt hier wie dort bei denselben Worten und Formen. Da der u-Umlaut eintrat, als alle u im Auslaut noch erhalten waren, also lange vor den ältesten Litteraturdenkmälern, so können die a statt ǫ nicht letzte Reste der alten a sein: wir sehen aus der alten Schreibung a auf Island nur, dass ǫ sich erst allmählich so scharf von a abschied, als es in späterer Zeit und jetzt auf Island geschieden ist; in Norwegen dagegen beginnt der Unterschied von a und ǫ im 13. Jahrhundert, kaum dass er in der Schrift zum Ausdruck gekommen war, sich vielfach wieder zu verwischen, und es be-

1) Vor Gutturalen geht ǫ bisweilen in o über: *nǫkkur* > *nokkurr*.

zeichnet a auch das mehr und mehr dem a sich nähernde á, wie für den langen â-Laut (reines ā gab es wohl damals nicht mehr) a neben o gebraucht wurde[1]); s. u. Dass o (zumal im Norweg.) überall da geblieben ist, wo die Ursache des Umlautes wegfiel, mag seinen Grund darin haben, dass in diesem Falle der Unterschied von a und ǫ sich schärfer markierte, weil er das einzige Flexionsmittel war: *land* plur. *lǫnd*, aber *landum;* ferner ist ǫ gewöhnlich beibehalten, wo es nicht mit a wechselte, wo das umlautwirkende Element zum Stamm gehört, also in Worten wie *hǫrr* (< *hǫrvar*), *hǫrs* (< *hǫrves*), *hǫrve* u. s. w. Hier blieb ǫ, weil in keiner Form des Wortes ein a vorkam, das zum Schwanken Anlass geben konnte. In dem fremden Namen Mǫgnus verschwindet später der Umlaut wieder. Im Neunorwegischen sind die Spuren des alten Umlautes ausserordentlich zahlreich: z. B. *Spore, Storr, Tonn, Stong.*

3) Das aus á umgelautete ǫ́ bleibt auch in Island dem á (das später > ou, au wird) näher und fällt schliesslich ganz mit ihm zusammen. Dass nicht bloss Anlehnung an á verwandter Formen (*áttum* wegen *átta, átter, átte*) das Verschwinden des ǫ́ bewirkte, sondern dass ein rein lautlicher Übergang vorliegt, zeigt der Übergang *ǫ́n* > *án* (ahd. *áno*), *hǫ́r* > *hár*, *Hǫ́kon* > *Hákon*, *nǫ́-* nahe > *ná-*, vgl. *sjǫ́m* > *sjám*: es bestand ehedem neben *ǫ́n* keine verwandte Form mit á, in *hǫ́r* < **hauhvar* musste der Umlaut durch alle Formen gehen; es giebt ferner keine Dative im Plural auf ám, an die *sjǫ́m* (s. § 20. 2) sich hätte anschliessen können. Im Norwegischen ist der Prozess der gleiche und hält sich ǫ́ etwas länger als auf Island; schon der Parallelismus der Verwandlung ǫ́ > á und ǫ > a zeigt, dass auch die Verwandlung von ǫ > a oben richtig als eine hauptsächlich lautliche bezeichnet wurde.

4) i > y: auch hier scheint der umgelautete Vokal dem i sehr nahe geblieben zu sein, weil dieser oft noch geschrieben ist: *kvikvendi* neben *k(v)ykvendi.*

Anmerkung 1. Umlaut des e > o vor u scheint in *togr. δεκάς* vorzuliegen, doch kommt daneben auch *tigr, togr, tugr* vor (vgl. ahd. *-zug*), und es ist daher unsicher, wie dies o in *togr* entstand; vgl. *-frod-* < *fredu*.

Anmerkung 2. Die jüngeren Formen *vóru, vórr* und ähnliche haben mit dem alten Umlaut nichts zu thun, sondern verdanken ihr ó (< á) dem Einfluss des vorausgehenden v; doch hielt sich allerdings altes ǫ́ nach v länger als sonst.

§ 16. 2) Assimilation. Über die Verbal-Formen mit *-uða* neben *-aða*, über Nominalformen wie *þjónasta* neben *þjónusta* ist oben gehandelt. Wirkliche Assimilation scheint vorzuliegen in *nakkvat* und *nekkvet* aus *nekkvat*, *nokkurum* (*nokkorom*) aus *nokkverom*; ferner in

1) Wie jetzt noch im Dänisch-Norwegischen aa = ǫ ist.

der Ableitungssilbe -indi < -yndi, *firi* < *fyri*, *ifir* < *yfir*. Reihenweise tritt die Assimilation weder in der Wortbildung, noch in der Flexion auf.

§ 17. 3) Brechung: l und r haben im Nordischen je nach der Umgebung a-, i- oder u-Farbe, einfaches l und r nach e auch wohl e-Farbe, d. h. die Zungenstellung ist nahezu dieselbe wie bei a, i, u, e; folgt aber auf l oder r ein weiterer Konsonant, so passt sich l, r einem vorausgehenden e nicht an, sondern ist a-farbig, es schiebt daher ein, anfangs schwach betontes, a ein: **berga* > *bearga* > *bjarga*, **fellar* > *feallar* < *fjallar;* folgt dem r oder l ein v oder u/o, so wird r, l ǫ-farben und wird daher ǫ eingeschoben: **ferðar* > *feǫrðar* > *fjǫrðr*, **bergum* > *beǫrgum* > *bjǫrgum*; folgt i, so kann kein e vorausgehen (s. ob. § 7. 1), sondern nur i (*firðir*), welches unverändert bleibt; über ea, eǫ > ja, jǫ s. ob. § 6. 1.

Anmerkung. *bjǫrg-* (< **bergu-*) und *bjarga* werden auch in anderer Weise, als oben geschah, mit einander in Verbindung gebracht: *bjǫrg-* wird nämlich als aus **bjargu-* umgelautet betrachtet; höchst wahrscheinlich ist aber *beǫrg* so alt wie *bearg* oder älter, vgl. das unten über die Epenthese Bemerkte.

Als Brechung wird auf jǫ, ja in Formen wie *gjǫf*, *fjǫl*, (*fjǫðr*), *gjafar*, *fjalar*, *spjǫr* bezeichnet. Hier ist die Einschiebung eines vermittelnden Elementes schwerlich von Konsonanten bedingt (da sonst einfaches l, f keine Brechung bewirkt), sondern von dem folgenden Vokale: *gjǫf* < **geǫf* < **gefo*: die Form *gjafar* liesse sich dann aus Anlehnung an die parallele Reihe *fjǫrðr fjarðar*, *bjǫrn bjarnar* oder *rǫk rakar*, oder den noch näher liegenden *tjǫrn tjarnar* erklären, wo überall dem nom. jǫ (ǫ) ein gen. mit ja (a) entspricht. Die jǫ in *geǫf* < *gefo* u. s. w. sind durch Epenthese des o entstanden, wie in *jór* < *eohor* (< **ehar* oder **ehaz*). Dass die Epenthese nicht in allen wie *gefo* gestalteten Formen eintrat, darf aus dem Fehlen derselben nicht geschlossen werden: *gefom*, wir geben, hat wohl sein e im Anschluss an die übrigen Verbalformen *gefel gefa* u. aa. zurückgeführt.[1])

Weitere Beispiele für Epenthese sind *mjǫlk* (< *meluk*), *mjǫk*, *mjǫðr*, *mjǫl*, *mjǫtuðr*, (*jǫðurr*) *jaðrar*, *jǫfurr*, *jǫkull*, *kjǫlr*, *sjǫtul*, *mjǫðm* (**meðum-*), *fjǫl-* viel. Wirkliche Brechung scheint dagegen vor einigen n-Verbindungen vorzuliegen: fn in *jafn*, *sjafni*, *Sjǫfn;* vor tn in *sjatna*, vor ðn: *Hjaðningar:* vor ðr: *fjǫðr?;* in *mjǫl*, *fjǫr* und ähnlichen Bildungen ist der Konsonant (v) nach l und r abgefallen, sie gehören also unter die Hauptregel von der Brechung.

Ausnahmen: 1) Die Brechung (und Epenthese) unterbleibt nach v: *vella*, *verða*, *verk* u. s. w.

1) Verwandt mit der Epenthese ist die »Umlautsbrechung« im Altschwed. *spiœra* < *siœra* u. s. w. s. Anm. 3

2) ja wechselt mit e statt mit i im starken Verbum: *gjalla* ind. praes. 2 sg. *gellr* < *gellir* statt *gillr*: hier hat entweder die Analogie der Verba gleicher Klasse (*gefa*, *gaf*, *sverfa*, *svarf*) oder die von *fara* ind. *fer*, *ferr* gewirkt; ersteres ist wahrscheinlicher, weil manche Verba im Präsens ganz in die Konjugation von *gefa* übergehen: *skella* neben *skjalla*, *gella* neben *gjalla* u. s. w.; dass von *frjáls* frei, was keine Brechung enthält (< *fri-hals*) durch Umlaut ein Verbum *frelsa*, befreien, gebildet wird (< **frjalsia*), beweist nicht, dass auch *bergr* Umlaut eines **bjargir* mit Brechung sei, sondern nur, dass ein ję in alter Zeit nicht möglich war, also auch beim starken Verbum nicht leicht durch Analogie (*gjalla-gjellr* wie *fara ferr*) sich entwickeln konnte; der Umlaut von ja ist auch gestört in *fjandr*, plur. zu *fjande*, der **fjęndr* heissen sollte. Vielleicht steht auch *gerva*, thun (neben *gorva*), für **gjerva* oder statt **girva*.

Anmerkung 1. In einigen Fällen wird ja > já (s. unt.): *hjalpa* > *hjálpa*. Mit den Brechungen ja, jǫ, jǫ́ und já sind die durch Konsonantenausfall entstandenen ja u. s. w. nicht zu verwechseln, wie z. B. in *sjá*, *trjǫ́m*, *fjande*.

Anmerkung 2. In der späteren Sprache hat ǫ́ in jǫ́ natürlich dasselbe Schicksal wie die übrigen ǫ́: *hjǫ́lpum* wird *hjálpum*, *mjǫ́lk*, *jǫ́r* und andere Worte mit epenthetischem ó behalten dies; hier ist wohl ǫ frühzeitig in ó übergegangen.

Anmerkung 3. Eine Brechung des i kennt das Schwedische und Gotländische: *singva* > *sjungva*.

Anmerkung 4. Nicht zu verwechseln mit der alten Brechung sind die auf demselben Prinzip beruhenden jüngeren Veränderungen von *lengi* > *leingi*, *lǫng* > *laung* (d. i. *lǫng* > *lǫung*), *lang* > *láng* (d. i. *laung*), s. § 19d; ferner ist die ältere Dehnung (von a zu á, o > ó etc.) vor l + Konson. mit der Brechung verwandt, s. unt.; die auch in alten Codices sich findenden Schreibungen *heifir*, *seigir*, *dreipit*, *eigipta-land* u. ä. für *hefir*, *segir* u. s. w. weisen auf stellenweise Epenthese des i. Vornordische Epenthese liegt vor in *haufuð*, vgl. lat. caput, *auga*, lat. oculus, *heil*, gr. κάλλος etc.

§ 18. 4) Verkürzung von Vokalen in Stammsilben tritt ein, wenn durch Häufung darauf folgender Konsonanten die Silbe zu sehr beschwert ist. Feste Regeln lassen sich nicht auffinden. In ältester Zeit scheint wenigstens die Vereinfachung von Diphthongen vor mehrfacher Konsonanz durchaus eingetreten zu sein: *haufuð* dat. *hǫfðe*, *heilagr* dat. *helgum*, *heill* > *hell*[1]), *einngi* > *engi*, *þerri* neben *þeirri*, *hlefr* zu *hleif-*, *svenn* zu *svein-*, *enne* zu *ein-*, *vetta* zu *veita*, *gleymde* > *glǫmde*, *boþk* = *bauð ek*, *vétka* = *veit-ek-a*, *krøkþa* < *kreykþa*, *krøkra* < *kreykra* etc. Die meisten dieser Verkürzungen sind später durch die unverkürzten wieder ersetzt worden: *heill*, *þeirri*, *hleifr*, *sveinn*, *einne*, *veitta*, *kreykta*, *kreykra*; umgekehrt hat die verkürzte Form *hǫfað* die Ober-

1) Die Verbindung *hell ok sell* zeigt, dass *hell* die gewöhnliche Form in ältester Zeit war.

hand gewonnen. In *Hálogaland* scheint o aus au kontrahiert zu sein, da der Umlaut des o (*Háleyyskr* < **Hálaugiskr*) auf au weist.

Anmerkung. Dialektisch scheint die Zusammenziehung (nicht Verkürzung) vor einfacher Konsonanz zu sein (besonders vor g): es wird bisweilen *auga* > *ǫ́ga*, *nautar* > *notar* (— *nǫtar*), *sceitir* > *scetir*, *stein* > *stén*, *keisare* > *késare*, *heim* > *hém*, *þeim* > *þém*, *treim* > *trém*, *eigi* > *égi*. Allgemein wird später *braut* > *brott*.

Verkürzung einfacher Längen tritt in der Flexion und Wortbildung regellos und zu verschiedenen Zeiten ein. So wird í zu i in *mín-*, *þín-*, *sín-* vor Doppelkonsonanz: *minn*, *mitt*, *minn-ar* u. s. w., *illr* statt und neben *íllr* (< **iflr* < **yfilar*); *oss* < **óss*, *drotning* < *dróttning*, später *goll* statt *góll* (zu *góðr*). Über Verkürzung vor Vokalen **seom* > *séom* > *sjǫm*, *lihea* > *lía* > *ljá* sowie bei Zusammensetzungen s. unten § 20. Bemerke: út aber utan.

§ 19. 5) Verlängerung von Vokalen tritt ein a) zum Ersatz eines Konsonanten: so 1) wenn n vor s abfällt[1]): *áss* < *anss*, *fúss* < *funs-* (**ansis* < **ósis* > **óss* > *oss*, **uns* > *ós* > *os(s)*); 2) wo h ausfällt oder sich assimiliert: *sér* < **sihr*, *mátta* < **mahta*, *sótt* < **suht-*; 3) wo v ausfällt oder sich assimiliert: *-þér* < **þewr* (als zweites Kompositionsglied wieder verkürzt: *Hanðer*), **suniwir* > **sunirr* > **sunír* > *synir* (*sunir* wäre *sunr* oder *synr* geworden): *mœr* (mit r-Umlaut) > *mœr*, *blárr* < **blawr*, *frárr* < **frawr*, wahrscheinlich auch in *séner* < **sewner* (pl. zu *sénn* statt **sewnn*); bei *sér*, sieht, ist es zweifelhaft, ob es aus **sehr* oder **sewr* oder direkt aus **sehwr* entstand; dasselbe gilt von *ǫ́-* < **ahe-*; 4) wo j ausfiel in den Endungen: *staðir* < **staðir* < **staðij(i)r*.

b) Im Auslaut betonter Silben (teilweise erst nach Abfall eines Konsonanten): *sá*, *ǫ́* (< **ahru*), *fé* (< *fehu*), *sǫ́* (< **sahr*), *kné* (< *knewa*), *trá* < *tranz*, *þá* < *þanz*.

c) Beim Umspringen der Quantität, d. h. wenn von alten Diphthongen oder neuen Vokalverbindungen (die ursprünglich zwei Silben repräsentieren, nicht aber bei Brechungen wie ja, jǫ) der erste Vokal unbetont, d. h. (verkürzt und) Halbvokal wird, wird der zweite gedehnt[2]): *beoða* > *bjóða*, *fljúga* < *fleuga*, **seirom* > *sjǫ́m*, **fehur* > *fjár*, **sehra* > *sjá*, **libra* > *ljá*, **hehan-* (> *heho*) > *hjá* etc. (s. § 20. 28).

d) Vor dem sonoren Konsonanten l, wenn ihm bestimmte Konsonanten folgen: die Dehnung tritt schon in den ältesten (isländ.) Quellen ein, wo der zweite Konsonant dem l nicht homorgan ist, und zwar vor

1) Nicht vor ð: **anþer* > *aðre*, **ganþr* > *gaðr*, *finþr* > *fiðr* etc.; vor h war n schon im Vornordischen unter Vokaldehnung ausgefallen: *fanhezi* > *fahizi* > **fahir* > *fœr*.

2) Zu unterscheiden ist hiervon die in d) besprochene Dehnung von ja in *hjálpa*.

lk, lg, lf, lp, lm, ls bei ja, jǫ und o; vor lm, ls und lf auch bei a und u: also *hjálpa, hjǫ́lp* (später *hjálp*) *hólpenn* aber *halp hulpum, helpr, fólgenn* aber *fylgja, háls* aber *frelsa, sálm* aber *ilma, tólf, kálfr, hálfr* aber *helfþ, úlfr* (in St. Hom. noch *ulfr*) aber *ylfa.*[1])

Liegt schon hier wahrscheinlich eine Art Diphthongisierung der Vokale vor, an die sich l nicht vollkommen anpassen konnte, so ist eine solche sicher vor ng eingetreten; Spuren davon zeigen sich schon in ältester Zeit (*véngi* häufig in St. Hom.). Regel wird die Dehnung erst später: es wird ang, eng, ing, ǫng, ung, yng > áng (d. i. aung), eing, íng, aung (d. i. öung), úng, ýng: es sind also vor ng nur die Vokalextreme i und u möglich: *lángr, leingi, eingi* (natürlich nicht als Wiederherstellung des alten *eingi* anzusehen), *springa, laungum, úngr, lýng.*

Die Accentuierung von unbetontem ing und ung im Neuisländischen ist nicht Längebezeichnung, sondern zeigt an, dass wie bei í, ú reines i, u, nicht e, y (denen sonst i und u sehr nahe kommen) zu sprechen ist.

c) Durch die Betonung scheint *ék* ich (neuisl. jeg) Dehnung erfahren zu haben; durch Analogie *éta* essen (wegen *át* ass) statt *eta*, doch ist in alter Zeit *eta* wohl das regelmässige gewesen.

Die è (je) im neuisl. *Kètill, Hèðinn, hèðan* sind nicht aus é entstanden, sondern hier ist dem e nach palatalem Konsonanten j vorgeschoben, wie in *gjora* dem o.

§ 20. 6) Veränderungen bei Zusammensetzungen. Kontraktionen.

Einfache Verkürzung des Vokals erleidet *Þórr* in der Zusammensetzung, wenn ein Konsonant (ausser h, d) folgt: *Þóroddr, Þórhaddr*, aber *Þormóðr, Þorlákr.* Stossen durch Ausfall eines Konsonanten (in Kompositis oder Simplicibus) zwei Vokale zusammen, so gilt die Regel:

1) Sind beide gleich oder der gleichen Vokalseite (u o ǫ einerseits, ę e i andrerseits, a steht in der Mitte) angehörig, so erfolgt Kontraktion: *se-enn > sénn, sǫ́o > sǫ́, sé-em > sém, svá-at > svát, hvaharr > hvárr, tráom > trám, fǫ́om > fǫ́m, fért > fét, (ǫ́ar > ár?).*

Anmerkung. Die so entstandenen ǫ́ werden wie die übrigen später á: *fǫ́m > fám, sǫ́m > sám* u. s. w. Die Kontraktion trat nach Eintritt des u-Umlautes ein.

2) Sind beide Vokale verschiedenseitig, oder der erste a und der zweite e (a-i, a-u sind durch den Umlaut e-i, ǫ-u geworden), so werden entweder a) beide erhalten (nämlich wo a, ú voranstehen): *þráð, smáir.*

1) *skalf skulfum* zu *skjálfa* wohl wegen *halp hulpum* zu *hjálpa.*

2) Welche eigentümliche Betonungsweise die isolierte Entwickelung von nu. tu bedingte, ist unsicher, s. ob. S. 33. 45. Bei búa war ein Wandel zu bva lautlich nicht wohl möglich; über *skúar* s. unten.

gár, búa, trúa, móar, tjóa (dafür *tjá* wohl in Anschluss an *tjóm* < *tjóom*, ebenso *tjóda* neben *tjónða* wegen *tjóðum* < *tjóoðum*), ferner in *nía*, *tía* < **neru*, **tehu*, oder b) es springt der Accent auf den zweiten Vokal und der erste wird verkürzt und Halbvokal (wo ein Vokal der i-Gruppe voraussteht), der zweite nach § 19e verlängert, **sæ-om* > *sjǫ́m*, **se-om* > *sjǫ́m*, **se-a* > *sjá*, **fiande* > *fjánde* (oft mit a statt á), **li-a* > *ljá*, **frjáls* < **fri-hals*, *fjós* < **fé-hús*, **fi-orir* > *fjórir*, *vj-* ist auch hier nicht eingetreten (vgl. § 17), also *céum*, nicht **vjǫ́m*. Von einer Wandlung von ó (ú) > v zeigt sich in alter Zeit deutliche Spur nur in dem Wort *skór*: der Plural wird in verschiedenen (auch norwegischen) Handschriften *skvar*, *squar*, *sqvar* d. i. *skvár* geschrieben; später ist *skúar* wie *búa, trúa* die Regel.

Eine Kontraktion von ó und a ist erfolgt in *bónde* < *bóande*, von ó und e in *bœndr* < *bóendr*, s. § 69. 3.

Die nach 1) und 2) entstandenen Formen werden später durch Analogie einerseits ausgebreitet, andrerseits beschränkt: so wird *sénn* wegen *gefenn* wieder *séenn*, *sǫ́* > *séa*, *trúm* > *trúum*, *fǫ́m* > *fáum*; umgekehrt trat wohl die Form *sjó-*[1], *sjá-* aus dem Dativ Plur. in alle Kasus über: *sjór* (*sjár*), *sjǫ́var*, *sjǫ́*, *sjǫ́va*, oder wird auch an der ihr zukommenden Stelle verdrängt: *sævom* statt **sjám*, **sjǫ́m*.

Näheres über solche Ausgleiche s. in der Flexionslehre. Die Entstehung der Formen *sjá* u. s. w. fällt nach der Vokalsynkope: es wird also **feha* nicht > **fjá* oder > **fjó*, sondern > **feh* > *fé*, *jór* < **ehar* (*ehvar*) ist durch **eohar* hindurchgegangen.

Anmerkung 1. Bei der Wandlung von eo (eu) > jó scheint der o-Laut sich zu ändern, nämlich dem a sich zu nähern, es ist also jǫ́ zu schreiben; nur so lässt sich der spätere Übergang in já verstehen. Vgl. § 15.

Anmerkung 2. Die Kontraktion unterbleibt natürlich, wo der Hiatus durch j oder v verhindert ist: *spýja* < *spíuwa*, *sævar*, *bœgja*, *bœjar* (daneben freilich auch *bjár*, was jedoch nicht notwendig auf *bœjar* zurückgehen muss).

3) Von den obigen Regeln teilweise abweichend vollzieht sich die Verschmelzung ganz selbständiger oder durch Enklisis verbundener Wörter. Dabei verliert das enklitische Wort seinen Vokal oder einen seiner Vokale: *vérróm* = *vér erom*, *sendak* = *sendaek*, *þeit* = *þei at*.

1) o ist nicht aus v entstanden, da dann ja auch aiv- zu jó hätte werden müssen, statt zu æ und ei.

2) Vielleicht ist auch das a der Endungen sehr früh nach v > o, u geworden; nur so lässt sich, wenn man keine Analogie annehmen will, der Umlaut in *børr*, *gørr* erklären: es müsste nämlich a und damit v (*barer* ist nicht wohl möglich) schon vor dem Umlaut ausgefallen sein, da a vor i, also (da auch einige i vor dem Umlaut wegfielen) vor dem i-Umlaut und dem u-Umlaut ausfiel; wurde **barvar* > **baruar* > *baruR*, so konnte der Umlaut eintreten wie in **staðum*, **raka*. [Inschriftlich findet sich *garur*, *-trika* für späteres *gørr*, *-tryggr*.]

þót = *þó at* (so vielleicht auch *svát* = *svá't*), *þars* = *þar es*, *þaz* = *þat es*, *kallask* = *kalla sik*, *kǫllumsk* = *kǫllum sik*, *erumk* (sind wir) = *eru mik*. Eigentümlich ist die Wandlung von *þó* (**þau*) *eigi* (*aigi*) in *þeygi*. Über Verschmelzungen mit Ausfall von Konsonanten z. B. *nøkkverr* < *neveitekhverr* s. u. § 25 f.

§ 21. 7) Wirkungen vorausgehender und folgender Konsonanten: 1) In (halb- und) unbetonter Silbe wird e nach v oft schon sehr früh > o (u): *nekkverr* > *nøkkvorr* > *nokkurr*, (*hvatvetna* >) *hvetvetna* > *hvotvetna* > *hotvetna*, *þanneg* > (*þannog* >) *þannog*[1]) (auch *þannig*), *dagverðr* > *dagorðr*, *ǫnduge* neben *ǫndvegi*; 2) vi und ví werden sporadisch > vy, y und ý: *kvikvendi* und *kykvendi*, *kykr* und *kvikr* (an *kykr* schloss sich wahrscheinlich *keykva* statt *kveykva*), *sýkere* und *svíkare*, *sykn* < *svikn*, *syll* < *svill* Schwelle, wahrscheinlich geht auch *syster* Schwester auf **svister*, nicht auf **svester* zurück; *tysvar* < *tvisvar*, *symja* < **svimja?*, *Ósýfr* neben *Ósvífr*, *ýkva* = *víkva*. [2]) In einigen Fällen ist o statt eines erwarteten ve in betonter Silbe nicht nordische Eigentümlichkeit, sondern wahrscheinlich uralt, so in *koma* kommen (*kom*, *komr*, opt. *kome*), und *sofa* schlafen (*sofr*, *sofe* u. s. w.), *olla* zu *valda* (st. **valþa*), *kona* Frau gen. pl. *kvenna*; denn *kveða*, *svella*, *svelta*, *sverð* u. s. w. bleiben unverändert. Zweifelhaft, wie die aus *tveir* und *tigr* (*tvai* und *tigur*) gebildete Zahl *tuttugu* 20 entstand (vgl. ahd. *zweinzug* u. § 94).

Über die Wirkung von h auf (i) í, u, ú s. ob. § 7 (**suht-* > *sótt*, **víh-* > *vé*, **rihtia* > *rétta*).

§ 22. 8) Sonstige spontane Vokalveränderungen in historischer Zeit:

1) a > e: *an* aber, als, dafür schon in ältester Zeit das später allein gebräuchliche *en*(*n*) (vgl. auf Runeninschriften *iaz* = späterem er, *ian* = *en*), *hvetvetna* aliquid (< *hvatvetna*, *hver-* < *hvar-*).

2) ó (auch wo es aus u entstand) wird später ú, z. B. in *ór* und *ó-*; zuweilen findet sich *Rúmaborg* statt *Rómaborg*.

3) ǫ́ wird vom 13. Jahrhundert ab (im Isl.) überall á: *gǫ́fum* > *gáfum*, *ǫ́n* > *án*, *Pǫ́ll* > *Páll*, *sjǫ́m* > *sjám*, *sjǫ́r* zu *sjár* u. s. w. Nur vor v (und tt < ht?) [*nǫ́tt* (< *náttu*), *ambǫ́tt* (< **ambáttu*), später *nótt*, *ambótt* neben *ambátt*[3]), *sjóvum* < *sjǫ́vum* u. s. w.] wird es ó: wo je

1) Auffallend ist, dass für *þannog* (*hvernog*) oft *þannok* (*hvernok*) vorkommt, während ich kein *þannik* (*hvernik*) belegen kann.

2) In einigen der angeführten Wörter (*kykvendi* u. aa.) ist y schon durch v-Umlaut entstanden und liegt eigentlich nur Wandlung von vy > y vor; doch findet sich auch unumgelautetes i: *kvikvendi*.

3) *-ótt* der Adjektive ist aus *-uhte* entstanden, wie der durchweg vorhergehende u-Umlaut zeigt.

durch Epenthese aus e, i entstand und nachher gedehnt wurde, wird es jó: *mjólk* nicht *mjálk*, *jór* nicht *jár*.

4) Älteres o (sowohl aus Reihe I wie aus Reihe III und IV) wird in einigen Worten später u (§ 7. 1): *goll*, Gold, später durchaus *gull*, *fogl*, Vogel, > *fugl*, *goð*, Gott, > *guð*, *skolo*, *mon*, *mono* > *skulu*, *mun*, *munu*, *Gola* (Eigenn.) > *Gula*, *-konn* > *-kunn*, *oxe* > *uxe*, auch *sonr*, Sohn, wechselt in älterer Zeit mit *sunr*, wird aber schliesslich allein herrschende Form, in zweiter Silbe *biskop* > *byskup*, *kǫlloðo* oft > *kolluðu* u. s. w., in den ersten Fällen ist ein wirklicher Übergang (oder auch ein Sieg der einen von zwei konkurrierenden Formen), in den letzteren vielleicht nur orthographische Regelung zu erkennen, die verwandt ist mit der schliesslichen Durchführung des u in allen Endungen: s. oben § 13.

5) e in der Hauptsilbe bleibt gewöhnlich, doch: *hinn* = älterem *enn*, *-vitna* < *-vetna*, *tvinna* < *trenna*, *sik* < *sek* u. s. w., in zweiten Gliedern von Kompositis und in Ableitungssilben wird in jüngeren Denkmälern i häufiger: für *-legr ligr*, f. *-eng ing*: *-erni*, *elsi endi* bleiben, weil aus *arni*, *alsi*, *andi* entstanden: *-indi* neben *-endi* ist wohl aus *yndi* entstanden, das in einigen Worten mit *endi* wechselte, s. Nr. 6; *-eri* aber wird *ari* *meisteri* > *meistari*, *másteri* > *mustari*, *misseri* > *missari*.

6) y wird durch i verdrängt in der Suffixsilbe yndi, statt *réttyndi* später nur *rettindi* (und *rettendi*). Da y im Neuisl. an fast allen Stellen zu i wird (die Schreibung y wird beibehalten), so ist nicht zu verwundern, dass auch in Hauptsilben, und zwar sehr frühe schon, einzelne i statt y, ei statt ey, y statt i sich finden, also *higgiligr*, *mirkr*, *leisa*, *ryddari* statt *hyggiligr*, *myrkr*, *leysa*, *riddari*; später wird *skildi* für *skyldu* häufig. Bei anderen Wörtern, zumal Präpositionen ist dagegen der Wechsel von y und i nicht dem beginnenden Schwanken der Aussprache, sondern alter Assimilation zuzuschreiben: so in *ifir* neben *yfir*, *firi* neben *fyri*, so auch in *þikja* neben *þykja*; auffällig ist *mykla* neben *mikill*.

7) ø > e und ø > y, œ > æ, s. oben § 15.

8) ǫ > ö, s. oben § 15
9) á > au (geschr. á)
10) au > äu (geschr. au)
11) ey > ei
(8–11:) im Neuisländischen allgemein.

§ 22a. **Lautgesetze. II.** Die altnordischen **Konsonanten** sind, nach ihrer Verwandtschaft geordnet:

t, d, þ, ð (þ hier für tonlose, ð für tönende Spirans gebraucht), n, s, r (aus tönendem s (z) entstanden), z (mit verschiedener Geltung st. ts):

statt d und t erscheint s in st (zt), ss (vorgerm. þt und tt), also *vissa*, *veizt* zu *vita*, *bazt* zu *biđja*.

k, g (Media, tönende und tonlose Spirans), h, n: statt k und g fand sich ehemals h in ht > tt (vorgerm. kt und ghd): *mátta* zu *mega*, *sóttr* zu *sjúkr*.

p, b, f (tönende und tonlose Spirans), m; statt p und b steht f in ft (vorgerm. pt und pht): *aftr* zu got. *abar*, *svifta* wahrscheinlich zu *sveipa*.

Dazu kommen die isoliert stehenden l, r (unterschieden von r < z) und die Halbkonsonanten v, j, von denen v der Labialreihe, j der Gutturalreihe verwandt, v ursprünglich unbetontes u, j unbetontes i ist. Näheres s. ob. § 8.

Die Veränderungen innerhalb des Nordischen sind veranlasst: 1) durch benachbarte Konsonanten, 2) durch benachbarte Vokale, 3) durch den Accent; sie bestehen 1) in Assimilation, 2) in Anpassung oder Einschiebung vermittelnder Laute, 4) Erleichterung (Ausfall), 5) Verschärfung, 6) Minderung oder Steigerung der Energie (Erweichung und Verhärtung), 7) Wechsel der Artikulationsstelle, 8) Metathesis.

§ 23. 1) Assimilation. Über vornordische Assimilation s. oben § 9. 6.

Innerhalb des Nordischen werden assimiliert die alten Verbindungen:

1) zd (> rd) > dd, **ozd-* > *odd-*, **hazd-* > *hadd-*, **hozd-* > *hodd-*, Hort (aber z. B. *heyrđa-* < **hauzida* nicht > **heydda*), zn > nn in *granne*.

Nasale an homorgane Tenues in betonter Silbe:

2) nk > kk: **þankia* > *þykkja* dünken, **feng* > **fenk* > *fekk* fing. *ykkar* utriusque vestrum < **inkrar* (aber z. B. *Brúnka* (Name), erst im Nordischen gebildet, nicht > *Brúkka*).

3) nt > tt: **band* > **bant* > *batt*. **vantur* > *vǫttr*. **vintrur* > *vetr* statt **vettrr*). Hiervon unabhängig ist die Assimilation von nt, die erst nach Synkope eines Vokales eintrat (s. u. 12).

4) mp > pp: **kampe* > *kappe*.

5) ht > tt: **áihta* > *átta* hatte, **ahtau* > *átta* acht, **rihtia* > *rétta*, **suht* > *sótt-* (aber **flýht* aus **flýhit* geflohen nicht zu **flýtt*, sondern *flýt*).

Ursprünglich harte Spiranten an homorgane Nasale, erst nach Eintritt der Synkope kurzer Mittelvokale:

6) nþ > nn: **kunþa* > *kunna*, **finþa* > *finna*, **fanþ* > *fann* aber *nþr* > *ðr*: **kunþr* > *kuðr*, **sanþr* > *saðr*, **finþr* > *fiðr*, **inþri* > *iðri*.

Der Wechsel nn und ð ist in alten Handschriften noch ziemlich regelmässig; später verschwinden viele ð und es heisst *sannrar*, *finnr*, *kunnr*, *munnr*, aber nie **annrer* statt *aðrer*. Umgekehrt hat sich nach dem alten Wechsel *annarr, aðrer, aðra, munðr, munne* zu *brunnar* neben den nom. sg. *brunnr*, Brunnen, ein unorganisches *bruðr* gebildet; ebenso zu *Finnr, Fiðr*, neben *kinnr, kiðr* u. aa.; bei *mann-* ist der nom. *mannr* nicht mehr zu belegen und das unorganisch entwickelte *maðr* schon ganz frühzeitig alleinherrschend, *mennr* im pl. aber gewöhnlich durch *menn* ersetzt, *meðr* ist selten.

7) mf > mm: z. B. **fimf* fünf > *fimm*. Ein Ausfall des m vor fr ist kaum nachzuweisen; vielleicht ist m vor fl ausgeworfen in *fifl*.

8) lþ > ll: z. B. **golþ-* Gold > *goll*, *halþ-* > *hall-* in *halla* neigen, *hallendi* Abhang, Halde, **holþr* > *hollr* hold u. s. w.

Gleichfalls erst nach der Vokalsynkope werden assimiliert:

9) sz (sr) > ss: *íss* Eis > **ísaz*, *mýss* Mäuse < **mȳsiz*, *eyss* du schöpfst > **eysiz*.

10) lz (lr) > ll: *heill* heil < *heilaz*, *stell* stiehlst neben *stelr*.

11) nz (nr) > nn: *steinn* Stein < **steinaz*, *minn* mein < **mīnaz*, *skínn* du scheinst < **skīniz*.

Zu 9—11: Die Assimilation erfolgte ursprünglich nur nach langer und in unbetonter Silbe: *sveinn* Knabe, *dróttenn* Herr, aber *selr* Seehund, *stelr* du stiehlst, und diese Regel ist beim Nomen geblieben, beim Verbum trat Ausgleichung ein, so dass bei s immer Assimilation eintritt (also auch *less* < *lesr*), bei l auch bei den kurzsilbigen bisweilen vorkommt (langsilbige auf einfaches l giebt es kaum); bei n scheint die alte Scheidung aufrecht erhalten zu sein, neben *skínn* kommt *hrynr* vor (kurzsilbige in n sind sehr selten): llr, nnr bleiben.

12) nt > tt (wo n und t derselben Silbe angehören: s. auch oben Nr. 3): **minat* > **mint* > *mitt* meines, *orðet* (statt **orðett* s. unten § 25. 2) < **orðent* (< **ordenat*) geworden.

13) lt > tt (t) in *litit* (statt *lititt*) wenig, *mikit* viel, s. aber *gamalt* § 80. 3.

14) hr, vr, hvr > rr: *blárr* blau < **blawar*, aber gewöhnlich *slær* stumpf < **slæwar*, nicht *slærr*, *hárr* hoch < **hauhar*, *nærr* nahe < **nāhwir*. Beim Substantiv: *sær* See < *sæwar* u. s. w., nicht **særr*, *snær* nicht **snærr*.

15) ht, vt, hvt > tt: *hátt*, *blátt*, *slætt*, neutr. zu *hárr*, *blárr*, *slær*.

Zu 14, 15: Ob hier Assimilation vorliegt, ist nicht ganz zweifellos, ebenso ob in *nýtt*, neues, tt aus jt entstand; die Assimilation wäre beim Adjektivum allein eingetreten, und hier bei t regelmässiger als bei r: s. unten unter Verschärfung.

16) ðl > ll: *miðlim* zwischen (< *miðilim*) wird später durch *millim* verdrängt. *friðla* Buhlerin (< **friðila*) durch *frilla*, neben *fróðlegr* wissbegierig selten *frollegr.*[1])

17) tk > kk: *etki* später ersetzt durch *ekki*, in *nokkrer* irgend wer, ist kk wahrscheinlich aus tk entstanden; in *kratki* bleibt tk erhalten.

18) rl und ll, rn und nn fallen später in der Aussprache zusammen, ohne dass rl wirklich zu (unserem) ll, rn zu (unserem) nn assimiliert worden wäre, daher die Schreibung *kall* für *karl*, umgekehrt *steirn*, *eirn* für *stein*, *einn*. Ähnlich muss es mit rs gewesen sein (s. unten), da es oft für ss geschrieben, also mit ihm zusammengefallen sein muss, ohne dass eigentlich völlige Assimilation eingetreten wäre: *þers* für *þess*; rs statt ss ist besonders (aber nicht ausschliesslich) norwegisch, dagegen ist

19) rs > ss spätisl.: *foss* Wasserfall neben *fors*, *bessi* Bär neben *bersi* u. aa.

20) In Zusammensetzungen treten öfter Assimilationen ein, mv > mm: *ǫðrum vegum* > *ǫðru(m) megum* u. s. w.; fb > bb: z. B. *abbragð* u. s. w.

Anmerkung. Über ðd > dd, ðt > tt s. unten. Über Doppelkonsonanz nach Konsonanten s. § 26. Assimilation von tj liegt vielleicht vor in *þrettán* < **þretján*, *tuttugu* < **tvotjogo*, s. § 94.

§ 24. 2) Anpassung. Sie besteht darin, dass der eine von zwei zusammenstossenden Konsonanten verschiedener Gruppen oder verschiedener Intensität in die Gruppe des andern übertritt (np > mp) oder dessen Intensität oder Verschlussgrad annimmt (gt > kt). Sie ist schon vollzogen, wo die Konsonanten im Vorgermanischen unmittelbar einander berührten (z. B. in (*fimm* <) **fimf* < **penk-*, (*mátta* <) **mahta* < **maghta* mochte), tritt aber neu ein, wo neue Zusammensetzungen, oder neue Berührungen von Konsonanten durch Ausfall von Vokalen sich ergeben; sie führen mitunter zu völliger Angleichung, die aber von der eigentlichen Assimilation zu scheiden ist. In manchen Fällen tritt statt Anpassung Einschiebung eines vermittelnden Elementes ein (vgl. die Brechung bei den Vokalen), s. unten 7—9.

Es wird nämlich:

1) ðd[2]) > dd: *fǿdda* < **fǿðiða* gebar, *studda* < **studiða* stützte, *vídd* Weite < **víðiðu*. In verschieden alten Handschriften findet sich noch *staþder*, *moþde*, *foþde* u. s. w. Vgl. auch oben *afbragð* > *abbragð*, was eigentlich »Anpassung« ist.

2) td, dt, ðt > tt: *mǿtta* begegnete < **mǿtiða*, *leitt* geleitetes < (**leiðiðat* >) **leiddt*, *flýit* (statt *flýitt*, s. unten § 25) geflohen < *flýiðt*. Über st (nord. auch zt) < tt in vornordischer Periode s. § 9.

1) Über die Behandlung der älteren Verbindung þl (ðl) s. unt. § 25. 2c u. § 28. Vgl. auch § 25. 4d.

2) < ðd, welche Verbindung alsbald dd wurde, wie früher þþ > st. Zum Übergang von ðd > dd vergleiche den Übergang der andern Dentalspirans z (tönendes s) in d in *oddr*, *haddr* u. s. w.

3) pð, kð, sð > pþ, kþ, sþ (später pt, kt, st, s. ob. § 10 und unten Nr. 10); in der Schrift ist der Übergang nicht zu erkennen, wohl aber in der späteren Weiterbildung (*deilð* > *deild*, aber *dýpþ* > *dýpt*).

Beispiele: *spekþ* Klugheit < **spakiðu*, *dýpþ* Tiefe < **djúpiðu*, *reisþa* errichtete < **reisiða*. Auch nach tonlosem f, l, n tritt þ (t) ein: *helfþ* Hälfte, neuisl. *helft*, *rœnta* raubte < **rahniða*, *mælta* sprach < **mahliða* u. s. w.

4) gt, bt (ƀt) > kt, ft (pt), tg > tk, kk:

Beispiele: *lanct*, neutr. zu *langr* lang, *sakt* gesagt, neutr. zu *sagðr*, *fylkt* zu *fylgja*, *gaft* mit tonlosem f (oder *gapt*) zu *gefa* mit tönendem f. Die Orthographie verdeckt hier oft den wirklichen Lautstand; die Schreibung *langt*, *fylgt* u. s. w. ist viel gewöhnlicher, die richtige mit k gilt als Ausnahme. — ** Eitgi*, nicht, > *etki* > *ekki*; *vitke* Zauberer vgl. mit ags. *witiga*, ahd. *wizago*.

5) ðs > þs, ts (z): *fœtsla* Nahrung, zu *fœða*, *hrætsla* Furcht, zu *hræða*, *kvatsk* sprach zu *kvað*; die Orthographie verdeckt oder beseitigt den Wechsel: *fœzla* oder wegen *fœða*: *fœðzla*, *fœðsla*. Über ðs > s s. unten § 25.

6) fn > mn (oder bn) und umgekehrt: neben *jafn* auch *jamn* eben, neben *hrafn* Rabe auch *hramn*, *nafn* neben *namn* u. s. w., andere Schreibungen *namfn*, *svemfn* u. s. w. s. ob. Die unkonsequente Schreibung von fn statt und neben mn veranlasste zu Irrtümern (?) wie *hifne* dat. zu *himinn* neben *himne*.[1])

7) Über pt, ft > fst s. ob. § 6.

8) ns, ls > nz, ndz, lz. Neben *manns*: *manz*, *mandz*, neben *illska* : *ildzka*, welche Schreibungen der Aussprache näher kommen als die gewöhnlichen.

9) mt > mpt, ml > mbl: *skampt* neben *skamt* enge, *simbli* neben *simli*; die genauere Schreibung ist auch hier die ungewöhnlichere.

Bedingt durch den vorausgehenden Konsonanten, aber nicht eben als Anpassung zu bezeichnen ist

10) der Übergang von ð > d [2]) nach l, n, wenn lange Silbe vorhergeht: *deild* Teilung < **deiliðu*, *greind* Scheidung < **greiniðu*, *hvílda* weilte, ruhte, *sýnda* zeigte; in kurzer Silbe bleibt ð in der alten Zeit. Wenn für *synð* bald *synd* eintritt, neben *hvíld* auch *hvílð* sich findet, so ist Ausgleich der kurz- und langsilbigen eingetreten. Nach lf, lg, ng, m, mb haben die ältesten Handschriften ð; dafür tritt d ungefähr gleichzeitig mit dem t statt þ nach p, k ein: *fylgða* > *fylgda*, *sæmð* > *sæmd*, *lengð* > *lengd* u. s. w. Vgl. § 10, 2.

1) Seltener ist der Wechsel von lf mit lm: z. B. *helmingr* statt (des seltenern) *helfingr*, *-skelmir* statt *-skelfir*.

2) þ > t nach allen Konsonanten, aber nicht gleichzeitig s. § 10, 2. 3; þ (nicht ð) stand auch in **rœnþa*, **mælþa*, daraus *rœnta*, *mælta* in vorhistorischer Zeit.

11) Nicht mehr der altn. Entwicklungsperiode des Isländischen gehört der Übergang von sämtlichen lđ > ld an, ebenso der Wandel von pt (pþ) > ft, von kt (kþ) > cht u. a.

Anmerkung. Bei Verschmelzung enklitischer (oder proklitischer) Wörter mit anderen gelten dieselben Regeln; doch wird die Verschmelzung in der späteren Zeit meist wieder aufgehoben. Die Schreibung schwankt hier, oft scheinbar regellos. Vgl. *mondu, montu* du wirst < *mon(t)ðú, skaldo, skaltu* du sollst < *skal(t)ðú*, vgl. *restu*, später *vertu* sei du, *gektu* = *gekkt ðú, re(i)stþu, reistu* du weisst < *reizt ðú, reistu* errichte < *reis ðú* u. s. w. Vgl. jüngere Formen wie *riddarannir* < *riddararner* < **riddarar-ener*.

§ 25. 3) Erleichterungen (Ausfall von Konsonanten). Sie treten frühzeitig auf, selten in grösseren Reihen und nicht regelmässig.

1) Verdopplungen von Konsonanten nach anderen Konsonanten werden gewöhnlich beseitigt: ntt > nt, ldd > ld, lss > ls u. s. w.[1]

Auch vor Konsonanten scheint Vereinfachung die Regel zu sein, jedoch in der Schrift ist meist Ausgleichung eingetreten; dazu kommt später die oben (§ 6. 2) erwähnte Affizierung von n und l vor Dentalen, die auch durch Doppelschreibung ausgedrückt wird. Beispiele von wirklicher Vereinfachung sind: *alt* alles, *alra, als, ilt* übles, *fimte* fünfter, *almǫ́tke* allmächtige, *gektu* gingst du, *manz* Mannes, *ugða* fürchtet, neben *allt, allra, alls, illt, fimmte, almǫ́ttke, gekk þú, manns, uggða*; in *skamr, skǫmm, skamt* hat sich der Wechsel ziemlich konstant erhalten, sonst ist er verwischt und in Ausgaben meist ignoriert worden. Bei manchen Formen ist es zweifelhaft, ob sie durch Assimilation und darauf folgende Vereinfachung, oder durch sofortige Ausstossung eines Konsonanten ihre Gestalt erhielten: für *fyrst*, zuerst, auch *fyst* (< **fysst*?); vor sk des Mediums bleibt kein r der Endung: *kallask* statt **kallarsk* (durch **kallassk* hindurch?); über ähnliche Zweifel beim Auslaut s. unten.

2) Auch im Auslaut scheint Vereinfachung einmal stellenweise sich vollzogen zu haben[2]; man findet *hek, gek, þót, ljós, hús* (gen.), *rét, fim, up* (besonders in Kompositis) u. s. w. statt *gekk, hekk* u. s. w. Da jedoch auch im Inlaut oft einfache Konsonanz statt der doppelten erscheint (*eki, ykar* u. aa.), so ist es misslich, hier eine Regel anzugeben, zumal eine entgegengesetzte Strömung Verdopplung gerade im Auslaut begünstigt und neu schafft; s. unten unter Verschärfung. Selten wird zwischen *en* (aber, als) und *enn* (noch) unterschieden, doch lässt sich die ursprüngliche Scheidung trotz der gewöhnlichen Verwirrung (*en* = *enn*) noch bestimmt erkennen, und es ist dieselbe wohl auf verschiedene Betonung zurückzuführen.

Dasselbe gilt von der Scheidung von *al-* (ganz) und *all-* (sehr).

1) Über Formen wie *gortt, illtt* s. unten § 26. 2.

2) Im Neuisl. ist sie Regel bei r: *fer. hamar*.

3) In unbetonten Nebensilben wird die doppelte Konsonanz nämlich meist vereinfacht: *flýit* st. *flýitt* geflohen (so immer beim Verbum), *mikit* statt **mikitt* < **mikilt* viel, *lítit* wenig st. **lítitt* < **lítilt* (aber betont *mitt* < **mint* meines): wenn nicht hier wie in *annat* < **annart* der Konsonant vor t ohne erst assimiliert zu sein ausfiel; *ríkis* (: *þess*), *heðan*, *síðar*, daneben freilich auch in vielen Handschriften *ríkiss*, *heðann*, *síðarr* und regelmässig *annarr* anderer, *ýðrarr* vester, *okkarr*, *Magnúss* (gen.), *gamall* alt, *gefenn* gegeben u. s. w.

4) Von zwei oder drei aufeinanderfolgenden Konsonanten einer Silbe wird oft einer abgeworfen.

a) Der letzte: r fällt im Auslaut, wenn der letzte von mehreren vorausgehenden Konsonanten l, n, r, s ist: *fogl* Vogel st. **foglr*, *akr* Acker st. **akrr*[1]), *svefn* Schlaf st. **svefnr*, *háls* Hals st. **hálsr*, aber llr, nr bleiben: *hallr* geneigt, *brennr* brennt, *brunnr* Brunnen (*bruðr* s. § 23, 6). Überall war hier r anfänglich durch Vokal vom vorausgehenden Konsonanten getrennt: **foglar* u. s. w.

Später fällt b von *umb*.

Anmerkung. r nach einfacher Konsonanz kann fallen in *sunr*, *vinr*; r fiel ferner durchaus, wo es in der Verbindung nr (< nz) im Auslaut unbetonter Silben stand und n abgeworfen wurde: *dagu* acc. pl. Tage < **dagunr*, *sunu* < **sununr* Söhne, *vini* < **vininr* Freunde; *mildi* gen. sg. Milde < **mildinr*, *tungu* gen. sing. Zunge < **tungunr* u. s. w.[2]) Scheinbare Ausnahmen s. in der Flexionslehre §§ 71, 73.

b) Der mittlere: Regeln sind hierfür nicht aufzufinden; oft wird aus anderen Formen desselben Stammes, wenigstens in der Schrift, der beseitigte Konsonant wieder eingeführt. Beispiele aus alten Handschriften: *vats* gen. zu *vatn* Wasser, *morne* zu *morgen*, *mart* zu *margr* viel, *syngr* zu *syndugr* sündig, *gryda* traf < *grynda*, *nafs* gen. zu *nafn* Name, *krisner* pl. zu *kristenn* christlich, *veralligr* weltlich < *veraldligr*, *jarlegr* irdisch < *jarðlegr*, *frencona* Verwandte < *frendkona*, *iamt* eben neutr. zu *jamn*, *jam-* in Kompositis statt *jamn* besonders vor Labialen, *anmork* Fehler, neben *andmork*, *þisl* zu *þistill* Distel; v und j fallen natürlich überall: *hǫrr* Pfeil gegen *hǫrvar*.

1) S. oben 1.

2) Man möchte glauben, dass *einr* und *sunr*, dann Verbalformen wie *þýnr* u. ä. nur durch »Systemzwang« sich erhielten (oder neubildeten), weil alle anderen Formen derselben Wörter [illegible] und die entsprechenden Formen anderer Nomina und [illegible] aufwiesen. Gegen die Aufstellung der Regel, dass nr in unbetonter Silbe [illegible], spricht scheinbar *þei* < *þeinr*; daneben scheint aber auch nr ursprünglich [illegible] unbetonten Silben das r eingebüsst zu haben: *dagna*, aber *treinr*, *þeinr*; *þeinr* zu *þei* [illegible] aber [illegible] zu lehren, so dass die Ausnahme von *þei* st. **þeinr* [illegible] und [illegible] erhält.

c) Der erste fällt: 1) n vor s, ð, r, h; m vor fl: *áss*, *fiðr*, *þótta*, *fifl* s. ob., auch in Fremdwörtern noch später: *místari* neben *munstari*; 2) g im Anlaut vor l in *glíkr* gleich, vor n in *gnógr* genug und den Ableitungen, in *gnúa* reiben; die ältesten Handschriften bewahren hier noch g; 3) v im Anlaut vor r und l: *reka* treiben < **vreka* (and-), *ríta* schreiben < **vríta*, *lit* Antlitz < **vlit*; 4) h vor l, r immer im Norwegischen: *lutr* = isl. *hlutr* Loos, *ringr* = isl. *hringr* Ring; seltener in isl. Handschriften; 5) g vereinzelt in *jartein* neben *jarteign* Zeichen, ð, t in *kvask* zu *kveðja* sprechen u. s. w. Vielleicht auch n, r, l vor t in unbetonten Silben (*gefet*, *annat*, *mikit*), s. oben Nr. 2. In zusammengesetzten Worten, zumal in Eigennamen fällt ð vor r und l: *Góroðr* < *Goðroðr*, *Hrólfr* < *Hróð(o)lfr*, *gólegr* < **góðlegr*, aber freilich auch *gollegr*, wie *frollegr* (< *fróðlegr*).

d) Einzelne Konsonanten zwischen oder nach Vokalen: 1) h fällt im In- und Auslaut überall, *tíu* zehn < **tehun*, *ljá* leihen < *lihean*, *fé* Vieh < **fehu*, *þó* doch < *þauh*, *hestr* < **hehstr* < **henhistar*; 2) g im Auslaut: *steig* > *sté* stieg, *flaug* > *fló* flog, *lag* > *lá* lag, **frag* > *frá* fragte. Beim Nomen hat Systemzwang g erhalten, beim Verbum teilweise zurückgeführt, z. B.: *dag* wegen *dagr*, *dags*, *degi* u. s. w., *steig*, *flaug* neben *sté*, *fló*, aber kein *mag* statt *má*; 3) n im Auslaut unbetonter Silben, auch wo ursprünglich Vokal folgte, *á* < **an(a)* an, auf, *gefa* < geben, *hana* < **hanan* Hahn, *tunga* < **tungun* Zunge, *tíu* zehn, *sjau* sieben u. s. w.; über *sunu* < **sununr* u. ä. s. ob. In vielen Wörtern und Formen blieb n, so in *heðan* von hier, *þanan* von dort u. ä., *blindan* acc. sg. blinden, *iðron* Reue, *himin* acc. Himmel. Bei den beiden letzteren mag der Zwang der übrigen Kasus das n erhalten haben, bei den übrigen finden wir häufig -ann statt -an geschrieben, nn aber erhielt sich; mag sein, dass hier die Verdopplung frühzeitig eingetreten ist, s. u. Endlich fehlt nd (< ndi) beim Verbum im Auslaute durchaus: *gefa* < *gefandi* u. s. w.

e) Das auslautende m und ð beim Verbum fällt, wenn das Pronomen personale nachgestellt ist, sehr häufig ab, z. B. *skalu*-*vér*, *skalu*-*þér*; ð auch sonst: *kva* sprach statt *kvað*.

f) v und j vor verwandten Vokalen und im Auslaut: v fällt vor u, ú, o, zuweilen vor ǫ, y: *urðu* zu *verða*, *sævum* > *sæum* > *sjǫm* dat. pl. Seen, *hrǿra-* neben *hǿrn-* utri, *vǿru* waren, daneben *ǿru*; durch Ausgleichung wurde v auch sonst beseitigt, *synga* neben *syngva* wegen *syngum*; in *ykkar* wegen *okkar* (Pron. person. 2 und 1 dual.) Umgekehrt wird auch v vor u wieder eingesetzt: *sævum*, *vurðu* u. s. w. Über vy > y s. oben § 24. Es fällt im Auslaut *sær* > *sæ*,

**hǫrv- > hǫr.* — j fällt im Anlaut[1]) und Auslaut, im Inlaut vor i, ī, e: **jār > ár* Jahr, **herj- > her* acc. sg. Heer, **vilje > vile* nom. Wille, **temjer > temer* zähmest opt. Das Neuisl. hat j z. B. in *vilji* wieder eingesetzt.

Anmerkung. In alten Handschriften findet sich die Schreibung *uurðu, uurfu* u. s. w.; sie könnte als Übergangsstadium von *vurðu* zu *urðu* betrachtet werden. Dehnung des folgenden Vokales ist mit dem Ausfall von v (und j) nicht verbunden.

g) Weitgehende Verkürzung liegt vor z. B. in *nokkverr* irgend jemand < *ne-veit-ek-hverr, þangat* dahin, vielleicht < *þann-veg-at*, ebenso *hingat* (darnach auch *þingat*, dafür *þagat, higat, hegat*), *þóþórn* dennoch, < *þó-at-hvǫrn, slíkr* solch < *svá-líkr* u. aa.

h) Nach einem nicht mehr erkennbaren Gesetz scheint in *þykkja* (< **þunkia-*) dünken anfänglich k mit kk gewechselt zu haben; später können alle Formen sowohl k als kk haben.

§ 26. 4) Verschärfung (Dehnung, Verdopplung). Abgesehen von der Assimilation ist Verdopplung innerhalb des Nordischen nirgends konsequent durchgeführt. Eine eigentümliche Gestalt hat die alte Verschärfung von j und v (got. ddj, ggv, westgerm. ij, uw) angenommen, sie besteht in Vorschlag eines Verschlusslautes, der hier wie dort gg geschrieben ist, aber verschiedene Geltung hat (vor j palatal, vor v guttural), vgl. *tveggja* zweier (got. *twaddjē*), *veggjar* pl. Wände (got. sg. *waddjus*), *gløggver* pl. deutliche (got. pl. *glaggwai*) zu *gløggr*, *byggva*, *tryggva* u. s. w.

Neue Verschärfungen sind:

1) nn, ll vor dentalen Verschlusslauten: *lannd* < *land*, *ørennde* Geschäft, *villda* < *vilda* wollte, *mællta* sprach zu *mæla*, *rænnta* raubte zu *ræna*. Diese Verschärfung (s. ob. § 6, 2) ist in der Schrift sehr alt und in vielen Handschriften regelmässig durchgeführt; sie ist sicher nicht bloss orthographische Eigentümlichkeit, sondern wirklich lautliche Veränderung. Durch sie ist Doppelkonsonanz (aber nicht mit ganz gleicher Artikulation) auch da wieder eingetreten, wo sie eine Zeitlang (s. ob. § 25, 1) beseitigt war; z. B. in *allt, illt*.

Weniger verbreitet, aber sicher und frühzeitig vorhanden, war die Verschärfung:

2) vor und nach n, r und l, zumal vor vokalischen Endungen, aber auch im Auslaut; so finden sich oft genug Formen wie *mickla* zu *mikill*, *vattni* zu *vatn* Wasser, *hvatvettna* aliquid, *vackrer* zu *vakr* schön, aber auch *verrka* zu *verk*, *brennn*, *gǫrtt* zu *gǫrr* gemacht, *illtt*

1) Nur altes j ist gemeint, neu entstandenes z. B. in *jǫrð, jǫr, jarl* bleibt.

zu *illr* schlecht, *heyrtt* gehört (neutr. zu *heyrðr*). *hartt* hart zu *harðr*; bei einigen dieser Formen mag Assimilation stattgefunden haben (< *gorrt*, *heyrðt*, *harðt*, auch *sagtt* < *sagðt* findet sich). Seltener sind Verdopplungen bei anderen Konsonanten wie in *Ragnarr*, *maþrr*, *vatnni*, *hotvetnna*.

3) In den Endungen an und ar von Adverbien ist n und r häufig in alter Zeit verdoppelt geschrieben: *heðann*, *utann*, *þaðann*, *síðarr*, *framarr*; in dem betonten *þann* ist die Verdopplung konstant erhalten worden (*þann* = got. *þana* wie *utan* = got. *utana*); die Ausgaben haben *heðan*, *síðar* (s. ob. § 25. 4d).

4) Bloss Anlehnung an Formen mit organischem tt und rr scheinen Adjektivformen wie: *trúrr*, *trútt* zu *trú-* u. aa.

5) Vor j wurde g verdoppelt: *leggja* legen, *hyggja* denken, *egg(j)* Schneide, *skegg(j)* Bart u. s. w. (nach langer Silbe folgt ursprünglich kein j, sondern i, daher *sveigja* beugen, nicht *sveiggja* u. s. w.). In *segja* sagen, *þegja* schweigen, ist die Verdopplung durch das Parallelgehen von Formen wie *seger*, *sege* u. s. w. verhindert oder beseitigt worden. Von kkj < kj nur einzelne Spuren.

6) Als Ersatz verlorener Länge scheint Verdopplung eingetreten zu sein in (*tuttugu* 20 < *tvótugu*? s. oben § 23, Anm.) *brott*, älter *braut* fort.

7) Unerklärt sind die Verdopplungen des r in Formen des Pronomens *sá* (*þeirra*, *þeirri*), die sehr frühzeitig neben einfachem r hergehen, ebenso in *meirr* magis, *vérr* u. s. f.; in *nærr*, *hǫ́rr* u. aa. Bildungen wird Assimilation aus vr oder hr der Grund der Verdopplung sein, s. oben § 23.

§ 27. 5) Wechsel mit Vokalen. Vorgermanisch ist die Scheidung zwischen i(a) und j(a) in Suffixsilben; ersteres nach langer, letzteres nach kurzer Silbe; der Wechsel setzt sich in späterer Zeit im Nordischen fort: *hirða* < **hirðia* gen. pl. zu dem ia-Stamm *hirði-* Hirte, aber *kynja*, zu dem ja-Stamm *kynj-* Geschlecht, beim Verbum: *heyra* < *heyria*, *heyrir* statt **heyriir* zum Stamm *heyri-* hören, aber *telja*, *telr* < **teljir* zum Stamm *telj-* zählen. Wo -i- in historischer Zeit erhalten (d. i. von der Synkope, § 12, verschont) bleibt (nach k, g[1] und zwischen Vokalen), wird es j: *engjar* zum Stamm *engi-* Wiese, *fylgja* folgen, *flýja* fliehen, *bœjar* gen. sg. zu *bœr* Bau u. s. w., ebenso wo es erst im

1) Dass hier wirklich i folgte und nicht schon von Anfang an j, zeigen die Verbalformen *fylgir*, *líkir*, *sprengir*, bei altem j könnten sie nur *fylgr*, *líkr*, *sprengr* lauten; über den Grund der Erhaltung des i s. unten § 28.

Nordischen vor Vokale tritt: **isarn* > *járn* Eisen; über *jǫrð* < *iǫrd* s. ob. § 6. 1.

Ein Übergang von j > i ist im Nordischen nicht vorhanden: dagegen wird gj schon frühzeitig > ij (*segja* > *seija*), wie die unsichere Schreibung (gj für ij, z. B. *orcnægjar* f. *Orkneyjar*, und ij für gj) schon in Handschriften des 13. Jahrhunderts anzeigt.

Ein Wechsel von v- und u- analog dem von i(a) und j(a) lässt sich kaum nachweisen. Dagegen stand ehemals in demselben Stamm u vor j, v vor i, z. B. in **maviz* nom. Mädchen, gen. *maujaz*; an. ist der Unterschied erhalten: nom. *mær* < **mǽr* (wie *þær* < *þar* u. s. w.), gen. *meyjar*[1]), wie **hauje* > *hey*, **dauja* zu *deyja*. (**davir* aber nicht > **dær*, sondern — durch Analogie? — > *deyr*), **hauja* ausführen > *heyja*: **havida* > *háða*. Vokalisierung des v vor Konsonanten (wie im Gotischen) ist unerhört: *þevar* (so auf Runeninschriften) wird > **þerr* > *þér*, nicht **þjár* wie got. *þius*, **sunivir* > **sunr* > *synir* nicht **synjar*. Über va > u s. S. 60, Anm. 2.

Übergang von u > v liegt vor in *várr* < **u(us)ar-*, ferner in dem neben *skúar* vorkommenden *skvár*, *sqvár* (§ 20).

§ 28. 6) Wechsel der Verschlussstelle.

Übergang 1) von ð > h (oder spirantischem g) muss stattgefunden haben in *hrárr* < **hraþar* == got. *hrafar*, ahd. *hwedar*, *fjórir* < **feþorir* (oder *fezorir*) < **feþworiz* (dazu, nach Verners Gesetz? *fjogur* < **feugror*), *nál* Nadel < **naþla* (ebens. *mál*, *stál*); *Hrólfr* < **Hróðolfr*; 2) von s > h: **ísarn* > **iharn* > **járn* Eisen, **sesa* > **seha* > *sjá*? dieser, (auch **ansar* durch **ahar* hindurch zu *var* > *vár*?); 3) ð : r in der 3. sg. ind. *gefr* < **gefiði* giebt, im Norw. auch in der 2. pl. *gefer* = isl. *gefið* gebet; z > ð? in *yðrar* == got. *izrar* euer (vgl. got. zd > isl. dd). Ferner scheint 4) v in j überzugehen beim Verbum. So steht neben *byggva* *byggja*, neben *skyggva* *skyggja*, *þryngja* neben *þryngva* u. s. w.: diese Verba gehen auf alte Formen mit *-via* zurück, die nach § 12 ihr i durch Synkope verloren: vor u musste auch v fallen: **byggum*, **skyggum*, *þryngum*: hier ist wahrscheinlich nach Analogie der verwandten Verba (*hengjum*, *hnekkjum*, *hnykkjum*) j eingedrungen und hat sich weiter verbreitet, so dass man also zu *byggða*, *skyggða*, *slokta*, ein *byggja*, *skyggja*, *slokkja* bildete, wie zu *hengða*, *rigða*, *hnykta* ein *hengja*, *rigja*, *hnykkja* schon lange bestand. Vom schwachen Verbum ging dann der Wechsel auch in das starke über: *syngja*, *hnyggja*, *slyngja*

1) In der handschriftlichen Form *meiar* darf nichts Altertümliches erkannt werden, v ist in manchen Handschriften eine ganz gewöhnliche Schreibung für y.

neben *syngva*, *hnyggva*, *slyngva* u. s. f. Der Übergang von v > j oder umgekehrt ist also nur scheinbar.

5) Bei k-Lauten vor e, ø bildet sich die palatale Artikulation mit i-Stellung der Zunge mehr und mehr aus: ke, he, ge u. s. w. sind schliesslich unmöglich geworden und es wird daher j eingeschoben: kje-, hje-, gje-: am ehesten drang j in die Schrift ein bei g: *gjøra*, *gjera*, *gjeta*; auch *hjeðan*, *hjelt* findet sich schon in Pergamenthandschriften: statt ki, ke findet sich ab und zu auch chi, che z. B. *michil*, *chenna*, ebenso gh vor und nach e, i (aber auch nach n und zur Bezeichnung der gutt. Spirans); in Ausgaben alt- und neuisländischer Schriften hat man dieses je gleich dem aus ee entstandenen oft durch è (é) wiedergegeben: *Kètill*, *hèðan*, *hèlt*, *Hèðinn* und daher auch das e der alten Zeit in diesen Wörtern, wie das dem je in *fje* (*fé*) entsprechende, für lang angesehen (z. B. das e von *Heðinn*); in der klassischen Zeit ist aber das e in *hér* (später *hjer*) hier, und das e in *heðan* (später *hjeðan*), von hier, vollkommen zu trennen. Die palatale Aussprache ist später oft von einer Form mit hellem Vokal auf solche mit dunklem übertragen worden, so von *gjørr* (< *gorr*) auf *gjǫrr* (< *gǫrr*), von *gegnum* auf *gognum* (geschr. *giognum*).

Im Inlaut ist gi frühzeitig dem j genähert worden, daher schon im 13. Jahrhundert gi für j und j für gi gebraucht worden, s. oben.

6) *sk* im mediopassiv wird neuisländisch st: zwischen sk und st liegen die Schreibungen zk, z, zt; die Geltung von z ist zweifelhaft.

7) f > m vielleicht in *um* = älterem *of*.

§ 29. 7) Veränderung der Energie (Betonung).

a) Tönende Konsonanten (Mediae) werden tonlos (hart) nach l, n im Auslaut von Verbis: **held* hielt > *helt*, **gald* zahlte > *galt*, **feng* fing > *fekk*, **band* band > *batt*, ebenso in den Imperativen *halt*, *gjalt*, *bitt*, aber nicht im Indikativ *held*, *geld*. Verhärtung von Spiranten ist ganz vereinzelt: *dac*, *mac*, *quat*, *met* statt *dag*, *mag*, *kvað*, *með*.

b) Tonlose Konsonanten (Tenues) werden tönende Spiranten: in unbetonten und schwach betonten Silben: *mjǫk* > *mjǫg*, *mik* > *mig*, *litil* > *litið*, *gefit* > *gefið*, *at* > *að*, dass, *eið* wir zwei u. s. w.: die Erweichung ist jetzt völlig durchgeführt; erste Spuren finden sich schon in alleraltester Zeit: zumal wo der Wortausgang *-tit*, *-tat* war, also *litið* neben *mikit*; der erweichte Dentallaut fiel mit ð nicht völlig zusammen, da er öfter d, th und noch lange t geschrieben wurde: das Schwanken in der Bezeichnung bewirkte, dass auch t für altes ð geschrieben wurde: *met* statt *með*, *haufut* st. *haufuð*; vielleicht ist auch die im 14. Jahrhundert sehr verbreitete Schreibung -et in 2. pl. statt -eð eine Folge derselben. Vgl. § 6. 2.

§ 30. 8) Metathesis kommt bei r-Verbindungen vor: *Girkir* Griechen < *Grikir*, *burt* fort, junge Form für *brott*, *braut*; bei l-Verbindungen wie *sáld* n. Mass < **saðl-*, *farald* Reise < **faraðl-*.

§ 31. a) Zur Chronologie der Vokalveränderungen:

1) Vornordisch:

e > i vor gedecktem m, n, vor i, j,

o > u „ „ „ „ „ u, v, vv (d. i. nord. ggv), vor i?

em, en > um, un in indog. unbetonter Silbe,

Dehnung zum Ersatz ausfallender Laute (anh > āh).

2) Urnordisch:

o in unbetonten Silben > a, wo kein u, v folgt,

a, i (u) werden synkopiert im Innern der Wörter, oder in zweiter Silbe nach dem Hauptttone (**habajo* > **habjo*, **dagassa* > **dagas*).

ia > ie in unbetonter Silbe (**hirðiaz* > **hirðiez*),

va > vu „ „ (**garvaz* > *garuz*),

a in unbetonter Silbe, unbetontes i nach kurzer Silbe fallen aus, unbetonte auslautende Längen werden verkürzt, unbetonte Diphthongen monophthongisch,

i (j)-Umlaut,

Brechung und Epenthese,

i wird synkopiert nach langer Silbe,

u (v)-Umlaut,

u und die neuen Kürzen in unbetonter Silbe werden synkopiert, die noch übrigen Längen werden verkürzt,

Kürzung der Längen vor Doppelkonsonant.

3) Westnordisch:

a) Vorlitterarische Periode.

in vor Tenuis > ē > e,

un „ „ > ō > o,

ja, u, o werden vor einigen Konsonantengruppen (z. B. lf) gedehnt,

Assimilationen.

b) Litterarische Periode.

ve > u in unbetonter Silbe,

ǫ́ > á,

ø > e, y,

vereinzelt e > i, y > i.

c) Nachklassische Zeit.

é > ie, ǫ > ö, á > au, au > äu u. s. w.

b) Zur Chronologie der wichtigsten Konsonantenveränderungen.

1) Ein grosser Teil derselben ist vornordisch: die Lautverschiebung (samt dem »grammatischen Wechsel«, Entstehung von z); eine grosse Zahl von Assimilationen; die Entstehung von ht, ft, ss, st; der Ausfall von n vor h; der Abfall aller Schlusskonsonanten ausser r, s und z.

2) Urnordisch:

z > r auch im Ostnordischen; zwischen 800 und 1000 (Runeninschriften!).

Abfall des in den Auslaut gekommenen einfachen n: (im Ostnordischen da nicht eingetreten, wo ursprünglich Länge folgte); zur Zeit Þórodds (12. Jahrhundert) war auf Island der Nasalklang noch hörbar und wurde von ihm (durch ·) bezeichnet.

Ausfall von h im Inlaut (oder Assimilation), von j im Anlaut, vor e, i, von v vor o, u.

nþ, lþ, mf > nn, ll, mm.

Assimilationen wie nr > nn, lr > ll u. s. w.

3) Westnordisch:

a) Vorlitterarische Periode.

nk > kk, nt > tt: nur westnordisch konsequent durchgeführt; im Ostnord. sind viele nk und nr erhalten (*enkja*, *vintr* isl. *ekkja*, *vetr*).

Abfall von g im Auslaut: *sté* < *steig* (g später wieder restituiert).

Abfall von v vor r, l im Anlaut.

(Abfall von h vor r, l im Anlaut in Norwegen).

Einzelne Vereinfachungen, wie *vats* < *vatns*, *margt* > *mart*.

Die Verschiebung von ð in lð, nð zu d nach langer Silbe.

b) In der Zeit der Handschriften entstanden oder ausgebildet sind:

Verdopplung von l, n vor Dentalexplosiva.

Verschiebung von þ, ð nach bestimmten Konsonanten zu t, d.

Erweichung von Tenues im Auslaut unbetonter Silben.

Eine Reihe von Erleichterungen (*umb* > *um* u. ä., sk > z).

§ 31b. Rückblicke.

A 1) zur Ablautreihe e(o)-e-a, und 2) zu a-ó gehörig; in unbetonten Silben wechselnd mit e, o; in Endungen sehr früh ausgefallen, nur in Runeninschriften der ältesten Zeit erhalten; 3) a in unbetonten Silben aus au, o, u entstanden. Umlaut: ę, ǫ, ø; Dehnung á.

Á 1) zur Ablautreihe á-ó gehörig; 2) auch Dehnung des e (älter æ) und a; 3) = ai vor h; in unbetonten Silben zu a verkürzt. Umlaut æ, ǿ (später wieder á geworden).

Æ 1) Umlaut von á, später statt œ Umlaut von ó; 2) = ai vor v.

Au zur Reihe u-jú-au gehörig; vor h > á, ó, im Auslaut betonter Silben > ó, in unbetonten > a, oft = ǫ. Umlaut ey.

B med. = indog. bh, nur im Anlaut und in Verdopplung und nach m regelmässig; sonst durch f vertreten, mit dem es wechselt vor l, n, nach r, l; abgefallen im Auslaut von *mb*; später *m*. Eingeschoben zwischen m-l, m-r.

C in Handschriften häufig = k, seltener = z.

D med. = indog. dh, später (14. Jahrhundert) auch statt ð; steht im Anlaut, in der Verdopplung, nach l, n, wo kein Vokal inzwischen stand, sonst dafür ð; tritt für ð ein nach m; nach l, n, wo diesen ein langer Vokal vorhergeht und ursprünglich ein Vokal folgte; wird t nach l, n im starken Verbum im Auslaut (*helt*); dd entstanden aus ðd, dð, zd.

Ð = D.

E 1) zur Ablautreihe e(o)-e-a gehörig; wechselt mit i vor nn u. s. w., in allen Endungen abgefallen, in anderen unbetonten Silben wechselnd mit a, o. Umlaut ø (e). Brechung ja, jǫ; Dehnung é; vor a, o, u > j; 2) Umlaut zu a; weiter umgelautet zu ø (ǿ); 3) Verkürzung von ai, wechselt mit i; 4) = i vor h.

É meist junge Dehnung von e, vor a, o, u > j; selten = got. e.

Ei = ai, zur Reihe i-í-ei; vor h dafür á, vor v æ; in unbetonter Silbe verkürzt > e.

Ey Umlaut von au, ei.

F harte und weiche Spirans: 1) wie b Vertreter des alten bh; 2) ausserdem altem p; vor l, nach r, l häufig vertreten durch b; vor n, nach l wechselnd mit m; in ft (wechselnd mit pt) Vertreter alter p, bh, b; dafür v geschrieben und umgekehrt f für v (*sjofar*).

G med. und weiche Spirans = indog. gh; Med. im Anlaut, nach n und in der Verdopplung, später vor l, r, ð, sonst Spirans; gesprochen k oder ch vor t, s; wird abgeworfen im Anlaut vor n, r, im Auslaut nach Vokalen, zwischen Konsonanten; wird k im Auslaut starker Verba nach n (*fekk*), wird palatal (gj) vor e, i, æ; wird j (i) im Inlaut vor i, j; -ge wirkt Umlaut.

H Hauchlaut (nach Verners Gesetz dafür g); fällt im Inlaut weg, oder wird assimiliert; im Norweg. fällt h im Anlaut vor l, r; palatal vor hellem Vokal (später hj).

I gehört 1) der Ablautreihe e/i (o)-e/i -a und 2) der Reihe i-i-ei an; in Endungen überall ausgefallen, teils mit teils ohne Umlaut; 3) Verkürzung von í; wechselt mit e; 4) in unbetonten Silben statt e; > j vor a, o, u. Umlaut y.

Í zur Ablautreihe i-í-ei, selten Dehnung von i, in unbetonter Silbe verkürzt > i (e); Umlaut ý.

J im Anlaut, vor e, i, vor Konsonanten, im Auslaut ausgefallen; wirkt i-Umlaut und Verdoppelung des g. j < e, i vor dunklen Vokalen; ja, jǫ (já, jǫ́) Brechung von e, jó, jú, Umlaut ý, zur Reihe u (o)-jú (jó)-au gehörig, < eu. ij < gj in späterer Zeit.

K tenuis < indog. g; dafür h in altem ht (tt); statt g vor harten Lauten, im Auslaut starker Verba nach n; palatal vor hellen Vokalen (kje-); kk durch Assimilation < nk, tk; geschrieben c, vor v auch q; ck so häufig wie kk; ke wirkt Umlaut des a.

L »rollend« vor l, r, d, t; tönend und tonlos; altes ll < lþ, jüngeres ll aus ðl, rl oder lr (aber llr blieb); fällt vor t in unbetonter Silbe; l + Konsonant wirkt Brechung; Verlängerung vorausgehender a, ja, o, u.

M statt f vor n, nach l; mm < altem mf, im Anlaut nach m für v; mp > pp; fällt im Auslaut von Verbalformen.

N dental und guttural (palatal), tönend und tonlos; nt > tt, nk > kk; altes nn < nv, nþ, neues < nr (nþr > ðr); n fällt aus vor h, s in betonter, später vor t in unbetonter Silbe, fällt ab im Auslaut; nd, nt > nnd, nnt, ng später > nng.

O 1) zur Reihe o (u) - e (i) - a gehörig, wechselt mit u. Umlaut ø, e, Dehnung ó; 2) vor a statt u der Reihe u-jú-au, Umlaut ø, y, Dehnung ó; 3) Verkürzung von ó, zumal in unbetonten Silben; ein viertes o in solchen wechselt mit a, e. Alle o wirken u-Umlaut.

Ó 1) zur Reihe a-ó, und 2) zur Reihe á-ó gehörig; statt au im Auslaut betonter Silben, vor h; in unbetonten zu o und a verkürzt; in betonten zu o; Umlaut œ, im Isl. später æ.

Ǫ u-Umlaut von a, norw. oft beseitigt; isl. später ö; in Ausgaben ǫ; Dehnung ǫ́, o.

Ǫ́ u-Umlaut von á; später á fast überall statt ǫ́; selten ó; in jǫ́ aus -ǫ(u) entstanden.

Ø v-Umlaut von e (dafür oft e), v-Umlaut von ę, i-Umlaut von o(u), dafür später y, e.

Œ i-Umlaut von ó, dafür später isl. æ; meist geschrieben œ.

P ten. — indog. b; dafür f in ft wechselnd mit pt. pp < mp; aus f entstanden in -sp-.

Q in normalisierten Ausgaben immer, in Handschriften oft durch k verdrängt.

R 1) altes r; 2) altes z (= tönendes s); lr, nr, sr > ll, nn, ss; rs > ss; r + Konsonant wirkt Brechung des e; r < z wirkt Umlaut.

S durchaus tonlos; aus t, d entstanden in altem ss, st; rs > ss (statt ss auch rs); fällt aus zwischen Vokalen; wechselt mit r.

T ten. — indog. d; tt < ht, nt, ðt; t < d nach l, n im Auslaut starker Verba; nt, lt, kt, pt, st < nþ, lþ, kþ, pþ, sþ; s statt t in ss, st; tk > kk.

U gehört: 1) zur Reihe o u-o-a; 2) z. R. u o-jú-au; 3) in unbetonter Silbe aus ó verkürzt, wechselnd mit o. Umlaut ø, y; wirkt Umlaut; Dehnung ú, vor r, n, h > ó.

Ú Dehnung von u, Vertreter von jú; wechselt mit ó. Umlaut ý.

V fällt vor o, u, ó (ǫ́) ú, vor Konsonanten, im Auslaut aus; vo-va- > vo, o(u), vi > vy, y; wirkt Umlaut; nach v keine Brechung; wechselt in der Schrift mit f, u.

X statt ks, gs.

Y Umlaut von u o, i; < vi, vy.

Ý Umlaut von ú, jú, jó, í; < ví.

Z 1) = ts (ds, ðs); 2) = st; 3) Medialzeichen statt des älteren sk; nicht zu verwechseln mit der grammatischen Bezeichnung z für den german. weichen s-Laut (später r).

Þ, Ð tonlose und tönende Spirans = indog. t, dh, tönend (ð) meist nach Vokalen und tönenden Konsonanten; altes nþ, lþ > nn, ll (nþr > ðr); ðð, dð > dd; ausgefallen zwischen Vokalen, ð statt t im Auslaut unbetonter Silben, þ > t nach k, p, s, l, n; ð > d nach m, l, n, lf, ng.

II. Flexionslehre.

A. Nomina.

1. *Substantiva.*

§ 32. Die alten Deklinationsschemata sind im Altn. vielfach zerrüttet und durch gegenseitige Entlehnung von Formen verwischt und vermengt. Zu scheiden sind noch klar die schwachen (ärmeren, konsonantischen) Deklinationen von den starken (reicheren, vokalischen). Die ersteren haben zum grössten Teil die Endungen im Singular eingebüsst und verwenden womöglich den Vokalwechsel in der Ableitungssilbe als Flexionsmittel.

Die Kasusausgänge der konsonantischen Stämme sind:

Singular.

Sg. n. — oder r (*neutr.* —)	Aus anderen Deklinationen entlehnt:	[illegible]	
g. — „ r od. s			ar
d. —		*m.* [illegible]	
a. —		*f.*	

[illegible]

Plural.

Pl. n.	r oder ^{i}r *n.* ^{u}	aus anderen Deklinationen entlehnt:	ar. er
g.	a		
d.	um		
a.	r oder ^{i}r		a, ar. er.

Die -n-Stämme haben die Vokale: *m.* a. u *f.* *n.* u oder —.
hana. hǫnum. tungur. augna.

Die -r-Stämme haben keinen Vokal: *feðr. feðra.*

Die **starke** Deklination hat folgende Endungen:

Sg. n.	*m.* r. ^{i}r. ^{u}r	*f.* ^{u}, r. ^{i}r	*n.* —
g.	*m. n.* s, ar	*f.* ar	
d.	*m. n.* e, i. —	*f.* u. ^{u}	
a.	*m. n.* — $^{i, u}$	*f.* u. ^{u}.	
Pl. n.	*m.* ar, er, ir	*f.* ar, er, ir	*n.* ^{u}
g.	a		
d.	um		
a.	*m.* a. i. u	*f.* ar. er. ir	*n.* ^{u}.

Stämme in i verheren dies vor Vokalen: *hirðir* Hirte *hirðar*.
" " j " " " Konsonanten und im Auslaut. vor e. i: *herjar* Heeres. dazu *herr. herir. her.*
" v " Konsonanten und im Auslaut. vor e. u: *hǫrve* dem Flachs. dazu *hǫrr. hǫrum. hǫr.*

Auch hier wechselte der Stammauslaut ursprünglich. doch ist der Wechsel im Altn. nicht mehr so deutlich zu erkennen als bei den konsonantischen Stämmen.

Gleich sind alle gen. dat. plur.: einander gleich der nom. und der acc. pl. der fem. und neutr.: der gen. sg. endigt nur in -s oder -r: n. pl. masc. in -r. acc. ohne Konsonant.

Gleich in der starken und schwachen Deklination der gen. dat. pl.

§ 33. Historische Einteilung. Die starke Deklination zerfällt nach dem Stammauslaut in drei Klassen: a- (und ā-) Klasse (lat. us. a. um). i-Klasse (lat. is. gen. is). u-Klasse (lat. us. gen. us). Die erste hat allein ein eigenes Femininum: in der i- und u-Klasse ist m. und f. von Haus aus gleich: das neutr. ist im n. sg. dem acc. des masc. gleich: im pl. überall ō. nord. ^{u}. Von der konsonantischen. schwachen. Gruppe sind weitaus die meisten Substantiva n-Stämme (-an-. -ōn-. -īn-). dazu kommen Verwandtschaftsbezeichnungen in -er- (r. ur). der Plural substantivierter Participia und einzelne Wörter, die sich im sing. gewöhnlich einer vokalischen Deklination angeschlossen haben.

Die Mannigfaltigkeit der Deklinationsschemata und einzelnen Kasusformen war ehedem ungleich grösser; von einer und der anderen Deklination sind nur isolierte Reste erhalten, die vom Nordischen aus als Unregelmässigkeiten zu betrachten sind, da sie sich bei der Bildung der neuen Reihen ausgeschlossen haben.

I. Starke vokalische Deklination.

§ 34. Der Stammauslaut ist ursprünglich wie erwähnt für alle drei Genera gleich in der i- und u-Deklination, verschieden in der a-Deklination (vgl. lat. us-a). In der letzteren haben masc. und neutr. von Anfang an nur o (germ. a) und e oder Dehnung des o und e als Stammauslaut, an den die Endungen oft unter Kontraktion antreten; im fem. ist der Stammauslaut ō und a. Bei den i-Stämmen ist der Stammauslaut i, ej (ei), oj germ. aj (ai) gewesen, bei den u-Stämmen u, ev (eu), ov germ. av (ou-au). Im Nord. ist die Scheidung von masc. und fem. auch in die i-Deklination eingedrungen; indem man den sing. fem. aus der a-Deklination entlehnte.

Maskulina.

§ 35. Die Ausgänge sind:

1) a-Deklination.

Sg.	n.	r	(Runenspr. aʀ < oz < os)
	g.	s	(„ ass < osso)
	d.	e	(< ai < oi) oder (< ?)
	a.	—	(Runenspr. a < om)
Pl.	n.	ar	(„ oʀ < oz)
	g.	a	(< am?)
	d.	um	(< em[ez])
	a.	a	(< onz?)

		2) i-Deklination.	3) u-Deklination.
Sg.	n.	(i)r (Runen iʀ < is)	(u)r (Runen uʀ < us)
	g.	s } < a-Deklination	ar (< auz < aus)
	d.	e } oder g. ar (< aiz?)	i (< evi?)
	a.	(i) (< im)	u (< um)
Pl.	n.	er st. ir (< ijiz < ejes) (oder < ajiz < ojes?)	ir (< iviz < eves)
	g.	a } < a-Deklination	a } a-Deklination
	d.	um } [im]	um } (< umr < um[ez])
	a.	e st. i (< i < ins) (oder < ajenz?)	u (< unz)

§ 36. Allgemeine Bemerkungen aus der Lautlehre:

1) u, $^{(u)}$ wirkt immer u-Umlaut (ǫ später > á) und bisweilen Epenthese (Brechung): *staðr* Stätte, dat. pl. *stǫðum; kǫttr* Katze < **kattur; kjǫlr* Kiel < **kelur*.

2) Umlautwirkendes i ist oben durch i oder $^{(i)}$, nicht umlautendes durch e bezeichnet: *fyndr* Fund < **fundir, synir* Söhne zu *sunr*.

3) Über die Anfügung von r und s an Konsonanten vgl. § 23. 9—11, § 25.

4) Unbetonte Ableitungssilben mit ursprünglich kurzem Vokal verlieren diesen vor vokalischen Endungen (§ 12): *himenn : himne*.

5) Kontraktion der Vokale erfolgt nach § 20: **jóom* > *jóm*, **náa* > *ná*.

§ 37. A-Deklination.

Paradigma:

Sg.	n.	hallr	Pl.	hallar
	g.	halls		halla
	d.	halle		hǫllum
	a.	hall		halla.

Bemerkungen.

1) Im dat. sg. fehlt e bei einer grossen Zahl von Substantiven: dies ist entweder daraus zu erklären, dass neben der Form —e in älterer Zeit ein anderer adverbieller Kasus mit verkürztem Vokal herging und dass die endungslosen Dative auf diesen zurückweisen, oder dass e in einem Teil der Substantiva (den lang- und mehrsilbigen?) durch den Ton erhalten wurde (*dróttinè*), in anderen, weil tonlos, abfiel (*leíke*). Viele Substantiva haben nie e, andere können es annehmen, andere haben es regelmässig behalten. In *degi* zu *dagr* Tag hat -ge Umlaut vor sich nach § 15. 1, Anm. 2.

2) Der Nominativ hat in Fremdwörtern und in fremden Namen oft r nicht angenommen: *byskop* Bischof, *Kjartan, Jón, Koðràn*, ferner fehlt r in *hvinn* Näscher, Dieb.

3) In einigen Wörtern wechselt im nom. sg. nnr mit ðr: ursprünglich ist ðr wohl nur in *muðr* Mund (< **munþar*), sonst ist nn das Ursprünglichere: ðr wird in späteren Handschriften allmählich von nnr verdrängt. S. § 23. 6.

4) Bei zweisilbigen Stämmen mit kurzer Ableitungssilbe fällt i vor Eintritt des Umlautes, wenn die Hauptsilbe kurz ist: **katile* > *katle*, nach demselben, wo diese lang ist: *engile* > *engle*: an die langsilbigen hat sich angeschlossen und behält den Umlaut durchaus *fetill* Fuss-

steig, *brytill* -Brecher: umgekehrt ist vielleicht der Umlaut nach den synkopierten Formen beseitigt in *drasill* u. ä.; u fällt überall nach Eintritt des Umlautes *sǫðlar* < **sǫðular*. Die Zurückführung des Wechsels z. B. in *drótten-, dróttn-* auf Betonungsunterschied stösst auf Schwierigkeiten, da die einsilbigen Stämme auf alle Formen der zweisilbigen eingewirkt haben: *dróttins* wegen *dags;* nur der Dativ hat sich unabhängig erhalten und vielleicht seinerseits die einsilbigen Stämme beeinflusst (s. oben): *álfe* wegen *hamre* (< **hámarè*). Verallgemeinert ist die synkopierte Form in *hǫldr* Besitzer von Stammgut (in Norwegen) < **haluðr*, *djákn* diaconus u. aa.; oft auch bei anderen im acc. sg. In Folge der Synkope zusammengerückte Konsonanten werden öfter vereinfacht: *aptne* (zu *aptann*) > *apne*, *morgne* (zu *morgonn*) > *morne* u. s. w., *þistle* (zu *þistill*) > *þisle*.

5) Einige -va-Stämme (siehe unten) haben ihr v überall eingebüsst und sind so mit den Kontraktis der a-Deklination zusammengefallen, so *-þér* (*-þir*) in Eigennamen < *þewar* (so in Runeninschrr.), got. *þius: Hlér*, Beiname des Gottes Ægir < *Hlaiwar* (in Runeninschr.), *jór* Pferd < **ehwar* (**ehar*).

6) Bei vokalisch endigenden Stämmen (die den konsonantischen Wurzelauslaut im Nordischen verloren haben, s. Nr. 5) tritt die Kontraktion mit der Flexionsendung ein, wenn beide verwandte Vokale haben: *jóar* bleibt, aber *jóom* wird > *jóm;* die masc. mit dem Stammausgange *-é-* haben sämtlich keinen Plural (dat. pl. von *-þér* müsste **þjóm* heissen), die cas. des sing. aber sind alle vokallos (dat. *þé* könnte < **þée* kontrahiert sein), so dass hier nirgends Kontraktion erscheint und diese Wörter den übrigen a-Stämmen gleich flektiert werden; in das Vokalextrem oder in einen Halbvokal wird nur ó von *skór* Schuh vor ι verschoben, pl. (*skóar* und) *skúar*, *skúa*, *skóm*, *skúa* oder *skrúr* u. s. w. Bei einigen vokalisch endigenden Stämmen wird das r des Nominativs später als zum Stamme gehörig betrachtet und in allen Kasus angefügt, so in den Eigennamen auf *-þér* und *-vér*. Bei einigen derselben ist dagegen é frühzeitig verkürzt und fällt -er (ir) mit der gleichlautenden Endung der langen ja-Stämme zusammen, so in *Hamðir;* der Mangel des Umlautes zeigt noch den Ursprung aus er an.

§ 38. Beispiele.

1) Dat. sg. ohne e: leikr Spiel, kærleikr Liebe u. s. w., hófr Huf, Þórr der Donnergott, Hlér Meergott, Hlǫðvér Ludwig (auch Hlǫðverr, gen. Hlǫðverst), Dagr Eigenn.

2) Dat. sg. mit oder ohne e: dvergr Zwerg, múgr Volk, hleifr Laib, saurr Schmutz u. s. w.

3) Dat. sg. gewöhnlich mit e: Subst. in -ungr, -ingr: konungr König, víkingr Wikinger, búningr Bau; mehrsilbige Eigennamen: Haraldr, Óláfr, Guðbrandr, Hreiðmárr, Aðalráðr, Nor(v)egr Norwegen; viele zweisilbige Subst.: dróttenn Herr (s. unten); viele einsilbige mit langem Stamm: oddr Spitze, dómr Gericht (auch in Kompositis, wie kristindómr Christentum), mágr affinis, flokkr Schar, heimr Heim, Behausung u. aa.: vgl. noch 4), 5), 6).

4) r im nom. sg. abgefallen (dat. gewöhnlich e): galdr Zauber, gen. galdrs, aldr Alter, arðr Pflug, akr Acker, hafr Bock, hungr Hunger: Ableitungen in -angr- wie leiðangr Kriegskontingent; háls Hals, gen. háls, dat. hálse, koss Kuss (dat. kosse); fugl (älter fogl) Vogel, jarl Fürst, þorn Dorn, svefn Schlaf.

5) r im nom. sg. assimiliert (dat. gewöhnlich e): íss Eis, gen. íss, dat. íse, óss Mündung; stól-l Stuhl, þræl-l Sklave, stein-n Stein, Pál-l (älter Pǫ́ll) Paul (aber in melr Sandhaufe, selr Seehund, dat. mel, sel, ist r erhalten wegen des kurzen Vokales; in hallr Stein, kollr Scheitel, brunnr [bruðr] Brunnen, Finnr [Fiðr] Mannsname, dat. Finne, muðr [munnr] Mund (dat. e), r erhalten wegen ll und nn), vgl. 6).

6) Abgeleitete mehrsilbige Substantiva: r im nom. sg. assimiliert, dat. sg. gewöhnlich e, Stämme in -al-, -el-, -il-, -ul-: -an-, -en-, -in-, -un-; -ar-, -ur-: þistill Distel, þistils, þis(t)le, djǫfull Teufel, jǫkull Gletscher, humall Hopfen, jǫtunn Riese, hamarr Hammer, aptann Abend, jaðarr Rand, Jaðarr Landschaft Jæderen in Norwegen, eysill Schöpfbecher (Ösel), engill Engel, gymbill männl. Lamm, dyðrill (dat. dyðrle) ein Spottname, ferill Fusssteig (dat. ferle, nicht farle, trotz des kurzen Vokales; ebenso:) brytill (brýtill?) -brecher in Kompositis, studell Stütze, dróttenn Herr, Óðenn Wodan, Þráenn Eigenn., — ketill Kessel, dat. katle, pl. katlar, kǫtlum, später ketle, ketlar, ketlum (in Eigenn. -ketill und -kell), ebenso lykill Schlüssel, tygill Zügel, Strang.

Dagegen: apaldr Apfelbaum, pl. apaldrar, nicht apldrar wegen Positionslänge, konungr, konunge, prófastr Probst, prófaste, u. s. w.: Gunnarr Eigenn., dat. Gunnar(e), weil ursprünglich Kompositum, darnach Pétarr Petrus, ebenso Einarr, Ragnarr, Valdamarr, Óttar, bikarr Becher: ebenso fremde Eigennamen in -an, wie Kjartan, Koðrán u. s. w., ferner byskop Bischof. — Reginn Eigenn., dat. Regin (vgl. das neutr. regin, gen. pl. ragna).

7) Kontrahierte Substantiva: mór Haide, jór Pferd (poet.), skór Schuh, pl. n. móar, jóar (später jóir, acc. jói), skóar, skúar, skvár, d. móm, jóm, skóm. Jung ist der pl. skór, acc. skó.

§ 39. Stämme in -va-. Ein Teil der va-Stämme (die kurzsilbigen mit Vokal vor v) hat v in allen erhaltenen Formen beseitigt, s. oben

-þér, jór. Bei den anderen (mit Konsonant oder langem Vokal vor v) fällt v im Auslaut, vor Konsonanten und vor o, u (nach Vokal ist im letzteren Falle v überall wieder nachträglich eingeschoben: *sævum, mǫ́vum*). Umlaut und Epenthese nach §§ 15, 17.

Paradigma:

Sg.	n.	hǫrr Flachs	Pl.	n.	hǫrvar
	g.	hǫrs		g.	hǫrva
	d.	hǫr(ve)		d.	hǫrum
	a.	hǫr		a.	hǫrva.

Bemerkungen:

1) Im Dativ scheint e bei allen v-Stämmen fehlen zu können, mit e fällt auch v.

2) Bei den Stämmen mit Vokal vor v tritt im dat. pl. die § 20 besprochene Veränderung ein, aus **sævom* wurde z. B. **sævom*, > **sjǫ́m* (nicht zu belegen); die hieraus abstrahierte Stammform *sjǫ́-* wird seit dem 12. und noch mehr seit dem 13. Jahrhundert fast überall auf die übrigen Kasus übertragen: *sjǫ́r, sjǫ́, sjǫ́var* neben den älteren *sær, sæ, sævar*: jǫ́ (jó) geht dann in já über, aber nicht so allgemein als sonst ǫ́ sich in á wandelt, da in den Formen mit v jǫ́ vor v zu jó wurde, also *sjǫ́ve* > *sjóve*: erst aus den Formen ohne v dringt dann später bisweilen ǫ́ (á) in die anderen ein: *sjávar* wegen *sjár*, wie umgekehrt ó auch statt ǫ́ (á) eintritt: *sjór* wegen *sjóvum*: neu gebildet wird dagegen zu *sæ-* der dat. pl. *sævum*, zu *sjǫ́ sjǫ́vum*: andere Produkte der Ausgleichung sind Formen wie *sjoar* (vgl. *sǫngar* st. *sǫngvar*). Der Genitiv hat die Endung ar der u-Deklination angenommen, s ist nur aus moderner Zeit zu belegen. Die Deklination ist also:

Sg.	n.	sær	sjǫ́r	sjár
	g.	(sæs)	(sjǫ́s)	(sjás)
		sævar	sjóvar	sjávar
			sjoar	
	d.	sæ	sjǫ́	sjá
		sæve	sjóve	sjáve
	a.	sæ	sjǫ́	sjá
Pl.	n.	sævar	sjóvar	sjávar
			sjǫ́ar	
	g.	sæva	sjóva	sjáva
			sjǫ́a	
	d.	(sjǫ́m)	sjóvum	sjávum
		sævum		
	a.	sæva	sjóva	sjáva

3) Übertritt in die u-Deklination wird durch den nom. acc. sg. nahegelegt: *sanga* g. pl. zu *sǫngr*, wie *valla* zu *vǫllr*.

§ 40. Beispiele.

1) Nach hǫrr: hjǫrr Schwert (gen. auch nach der u-Dekl. hjarar), spǫrr Sperber, sǫngr Gesang, fjǫrr Mann (poet. vgl. ahd. firiha), roggr Finsternis, mǿr Möve (später már), dat. pl. móvum, Týr Gottname (r auch als Stammauslaut angesehen: Týrr, Týrs, Týri), tír (poet.) Gottheit, pl. tívar (nicht *tjár), und einige Eigennamen.

2) nach sær: snær (snjǿr, snjór, snjár) Schnee.

§ 41. -ia-Stämme. Nach langer Silbe war die Ableitungssilbe -ia-, nach kurzer -ja-; das i in -ia- (-ie-) wird behandelt wie die Mittelvokale in *dróttenn*, *himill*, also *hirðir* : *himill*, *hirðis* : *himils*, *hirðe* : *himle*, *hirði* : *himil* u. s. w.; vorausgehendes k oder g wird durch i palatal und behält deshalb (oder entwickelt von neuem) i (j) vor dunklen Vokalen: *fylkir*, pl. *fylkjar*; bis auf sehr wenige Ausnahmen treten sie wegen der Endungen -ja, -jum in die Deklination der ja-Stämme über. Diese (die kurzsilbigen und vokalisch auslautenden) behalten j vor a, u, werfen es ab vor Konsonanten, vor e, i und im Auslaut; im gen. sg. hat bei vielen die Form -ar der i-Deklination das s der a-Deklination verdrängt: im nom. acc. pl. ist fast überall -ir, -i aus der -i-Deklination entlehnt: *herir*, *heri*. Der Umlaut bleibt überall durch alle Kasus.

§ 42. Paradigmen.

		1	2	3
Sg.	n.	hirðir Hirte	mækir Schwert	byrr günstiger Wind
	g.	hirðis	mækis	byrjar
	d.	hirðe	mæke	byr
	a.	hirði	mæki	byr
Pl.	n.	hirðar	mækjar	byrir
	g.	hirða	mækja	byrja
	d.	hirðum	mækjum	byrjum
	a.	hirða	mækja	byri.

Bemerkungen.

1) Bezüglich des r im nom. sg. gelten dieselben Regeln wie bei den -a-Stämmen, also: *dynr*, *þyss* (< *þys-r*).

2) Im dat. sg. fehlt e in Klasse 3) fast überall, da die Stämme der meisten Worte kurz sind: die aus 2) nach 3) ausgewichenen langen Gutturalstämme können teilweise e haben oder wegwerfen: *rykе* und *ryk*, aber *styrk*, nicht *styrke*; die vokalisch auslautenden haben keine Endung: *Frey*.

3) Im gen. sg. der 3. Klasse ist bei einigen s Regel, bei anderen wechselt s mit jar, bei anderen ist -jar- die einzige Form.

4) Im nom. acc. pl. haben in Klasse 3) nur wenige die alte Endung jar, ja bewahrt. Bei einigen Eigennamen findet sich in alter Zeit -ir und jar: *Vikverir* und *Vikverjar*, später nur ir.

5) Übergänge aus oder zu anderen Deklinationen sind häufig: über *Hamðir* < *Ham-þér* s. oben; vielleicht sind auch *Þrasir, Glasir, Þórir* u. aa. wegen des mangelnden Umlautes als Komposita, nicht als Ableitungen zu betrachten. — Neubildung von r-Stämmen aus den Nominativen auf -ir sind sehr jungen Ursprungs: *lœknir, lœknirs.* Die Ableitungen in -eri- (got. -areis) sind fast ohne eine Spur ihrer alten Flexion zu hinterlassen in die konsonantische Deklination übergegangen. Einige Stämme der dritten Klasse gehen bisweilen in die a-Deklination über. Viele Subst. der 3. Klasse sind auf i-Stämme zurückzuführen: *belgr* < **balgir,* von ihnen ist der Plural in ir, i. der gen. sg. in ar auf die übrigen übertragen worden, mit denen sie vorher schon im dat. acc. sg., gen. dat. pl. gleich waren, andere sind der u-Deklination entlehnt.

6) Doppelte Stammform liegt vor in *býr* = *bœr* Hof; *bý* < *bú* scheint vor i, *bœ* < *bú* vor j das ursprüngliche gewesen zu sein, also **býjr*, gen. *bœjar*, dat. **bœje*, acc. **býi*, pl. **bœjar* oder **býir* u. s. w. Die gewöhnlichen Formen sind in der Litteratur: Sg. *býr*, *bœr*; *býs*, *bœs*, häufiger *býjar*, *bœjar* (auch *bjár*, vgl. *skrár* neben *skúar*); *bý*, *bœ*; *bý*, *bœ*; Pl. *býjar*, *bœir*; *býja*, *bœja* (*bjá*); *býjum*, *bœjum* (*bjóm*, *bjám*); *býi*, *bœi*; die Formen mit œ (später æ) sind bei weitem häufiger als die mit *ý*.

§ 43. Beispiele.

Zu 1) lœknir Arzt, hersir Gaufürst, hellir Höhle, einir Wachholderbusch, endir Ende (selten in einem andern Kasus), þyrnir Dornbusch, meiðir Frevler (poet.) und zahlreiche andere poetische Wörter, sowie viele Eigennamen: Grettir, Sverrir, Mjǫlnir, Þórir.

Zu 2) fylkir Fürst (poet.), lœgir See (poet.), mýgir Zerstörer (poet.), œgir Angstiger (poet.).

Zu 3) gen. sg. s: belgr Balg, drengr Bursche, seggr Mann (poet.), svelgr Schwelg, Meereswirbel, glymr Poltern, gnýr Getöse, Freyr Gottname; hierher gehören wohl die Völkernamen Girkir (Grikkir) Griechen, pl. alt Grikkjar, Grikkja, Rygir Bewohner Rogalands, Tyrkir Türken und die Eigennamen auf -verjar (-verir).

Gen. sg. s und jar: beðr Bett, vefr Gewebe, veggr Wand, elgr Elchhirsch, strengr Saite, herr Heer, lœgr Meer (poet.), reykr Rauch.

þeyr Thauwetter, styrkr Stärke, hyrr Feuer (poet.), niðr Abkömmling, pl. alt niðjar, niðja u. s. w., vængr Flügel, pl. vængir und vængjar.

Gen. sg. jar: hryggr Rücken, drykkr Trunk, ylr Wärme, hylr Tümpel, tiefe Flussstelle, byrr Bö, günstiger Wind, yss Lärm, þyss Tumult; sekkr Sack, pl. gewöhnlich sekkar, sekka, sekkum, sekka.

Allein steht eyrir, eine Münze, Öre, mit dem pl. aurar, aura, aurum, aura statt eyrar; die Unregelmässigkeit hat sich wohl wegen des fremden Ursprunges (< aureus sc. nummus) entwickelt.

§ 44. I-Deklination.

Die i-Deklination unterscheidet sich im sg. von der a-Deklination nur im gen., im pl. im nom. und acc.; von ja-Stämmen durch das Fehlen von j vor a, u, von ia-Stämmen durch den nom. sing. r, den nom. pl. ir.

In kurzsilbigen Stämmen fiel i ohne Umlaut aus; der Umlaut fehlt auch vor ir, i im pl.: sei es, dass beide i auf ai- zurückgehen (also er, e zu schreiben wäre), sei es, dass die unumgelauteten Formen im Plural die umgelauteten verdrängten. In langsilbigen sollte im nom. acc. sg. jedenfalls Umlaut stattfinden. Derselbe ist aber auch hier entweder durchaus beseitigt (*burðr*) oder verallgemeinert (*glæpr*). Dass der Umlaut früher auf wenige Formen beschränkt, hier aber wohl Regel war, zeigen Doppelformen wie *fyndr* neben *fundr*, vgl. die pluralischen Eigennamen *Þrændir* u. s. w.

§ 45. Paradigma.

Sg.	n.	vinr Freund	bugr	Bug, Biegung
	g.	vinar	bugs	
	d.	vin	bug	wie vinr.
	a.	vin	bug	
Pl.	n.	viner	buger	
	g.	vina	buga	
	d.	vinum	bugum	
	a.	vine	buge	

[u wirkt Umlaut.]

Bemerkungen.

1) Für r und s gelten die Regeln (§ 23, 9—11, § 25) wie für die a-Stämme: also *grunr*, *dell* (st. **dalr*), *sallr*, *griss*, *blátr*, gen. *blátrar*. r fehlt oft bei *vinr* Freund und *munr* Unterschied, *Auðun(n)* Eigenname, immer bei *guð* Gott, *Hákon* Eigenname.

2) Im gen. findet sich bei vielen Wörtern (zumal aus der ja-Deklination herübergetretenen) die Endung s statt ar.

3) Im dat. sg. ist e selten.

4) Der nom. acc. pl. hat bei vielen Wörtern die Endung ar, a der a- und ia-Deklination; hier sind also gen. sg. und nom. pl. gleich.

5) Eine Anzahl von Wörtern kann die in 2) und 4) besprochenen Anlehnungen an die a-Deklination zugleich vornehmen, also ganz in die a-Deklination übergehen. Andere zeigen Spuren der ehemaligen Zugehörigkeit zur u-Deklination (acc. pl. u statt i). Bei vielen Singularia, deren Stammvokal nicht umgelautet werden kann, ist aus dem Nordischen nicht mit Sicherheit zu entscheiden, ob sie zur u- oder i-Deklination gehören, so bei *friðr, kriðr* (ahd. *fridu*, got. *kriþus*), die dat. *friði, kviði* scheinen auf erstere hinzuweisen.

6) Die Vokale der Ableitungssilben bleiben alle erhalten, da sie entweder lang waren oder da nicht eigentlich Ableitung sondern Zusammensetzung vorliegt. Letzteres ist sicher der Fall bei Wörtern in *-skapr*, bei Eigennamen in *-frøðr, -røðr, -mundr*, vielleicht auch bei *Hǫkon* (< *Hákrinr?*) und *Auðun(n)* (< *Auð-vinr*), *Gitzurr* und *Ǫtzurr*.

7) Vokalisch auslautende, ursprünglich kurze Stämme kontrahieren nach § 20, 1: *nár* (< **naw(i)r*) wie *þér* (< **þew(a)r*), gen. pl. *ná-na*, dat. (*nǫm*, später) *nám* < **nawom*.

§ 46. Beispiele.

1) Gen. ar, dat. e oder —, pl. wo vorhanden er, e (ir, i): bragr Gedicht, burðr Geburt (dat. e) und Komposita, fundr, seltener fyndr (dat. auch e) Fund, Begegnung, grautr Grütze, Brei, gripr Kleinod, grunr Verdacht, hlátr (g. hlátrar, d. hlátre) Gelächter, kostr (dat. -e, acc. pl. auch -u) Bedingung, mundr (dat. e) Mundschatz, Brautgabe, mun(r) Unterschied, staðr Stelle, stuldr Diebstahl, sauðr Schaf, skurðr Schnitt, þurðr (dat. gewöhnlich e) Abnahme, Minderung. Viele Eigennamen (dat. meist e): Hǫkon (später Hákon), Auðunn, Gitzurr, Ǫtzurr, Ásmundr, Bárðr, Þorðr, Sigurðr, Eyvindr, Magnús (gen. auch Magnúss) u. aa. Komposita mit -skapr: skáld-skapr Dichtung.

2) Gen. -s, dat. — oder e, pl. wo vorhanden er, e (ir, i): dalr Thal, dǿll Thalbewohner, pl. häufig in Kompositis, wie Laxdǿlir Bewohner des Laxárdalr, glǿpr Frevel, hamr Hülle, Haut, Aussehen, líkhamr Leichnam (dat. e), hagr Befinden, slagr Saitenspiel, goð, guð (christlicher) Gott (urspr. neutr.); Danr Däne (sg. Mannsname, pl. = Dänen), VANR pl. Vanir, ein Göttergeschlecht.

3) Gen. sg. s und ar, pl. w. v. er, e (ir, i): burr Sohn (poet.), óðr Gedicht (Óðs gen. zum Eigennamen Óðr), salr Saal, sultr Hunger, Heimdallr, Surtr, Ullr Götternamen.

4) Wegen Mangels des Singulars sind weder 1), noch 2) oder 3)

mit Sicherheit zuzuteilen die Völkernamen wie Eynir (Norw.), Frisir, Skeynir (v. Schonen), Valir (Welsche), Þrændir (Drontheimer), Heinir (Norw.), Lappir.

5) Gen. sg. ar, pl. ar, a: vísundr Bison, hǫfundr Urheber, snúðr Gewinn, Vorteil, úrr Auerochse.

6) Gen. sg. ?, pl. ir, i und ar, a: die Völkernamen: Vermir (Schwed.), Egðir (Norw.).

7) Vollkommen in die a-Deklination können abweichen[1]): eiðr Eid (gen. eiðar), seiðr Zauberei (gen. seiðar), vindr Wind (gen. ar), skógr Wald (gen. ar), bastarðr Bastard (gen. ar), lávarðr (ags. hlâford) Herr, hróðr Ruhm (gen. ar); hierher gehören eigentlich die plurallosen Eigennamen in 3); lýðr Volk (pl. er, e), stafr Stab (pl. er, e), hvalr Wal (pl. er, e), valr Falke (pl. er, e).

8) Kontrakta: hár Rudernagel (hás, pl. háir, há, hǫ́m), nár Leichnam (νέκυς), sár (ságr) Kübel.

§ 47. U-Deklination.

Die u-Deklination ist reiner erhalten als die i-Deklination, obwohl Schwankungen auch hier sich finden. Charakteristisch ist der u-Umlaut im nom. sg. und die Endung u im acc. pl. Die Endungen mit i sind auf altes iu (iv) zurückzuführen (nom. pl. < -iviz): der gen. sg. auf auz; die Berührungen mit der i-Deklination sind hier also zufällig; diese Berührungen haben später weitere Entlehnungen und Wechsel veranlasst. Der Wechsel zwischen a und u, i in den Endungen beeinflusste ursprünglich auch wohl den Stammvokal, und es mag die ursprüngliche Deklination von *sonr* Sohn folgende gewesen sein: sunr, sonar, syni (soni), sun, pl. synir (sonir), sona, sunum, sunu, ebenso tigr, g. tegar, pl. tigir, tega (friðr, freðar?), später ist der Wechsel ganz erloschen oder wie bei sonr ohne Regel in allen Kasus eingetreten.

§ 48. Paradigma.

	Sg.		Pl.
n.	fjǫrðr Fjord		firðir
g.	fjarðar		fjarða
d.	firði		fjǫrðum
a.	fjǫrð		fjǫrðu.

[u wirkt Umlaut des a, á; erhält vorausgehendes o (u); i bewirkt Umlaut aller umlautfähigen Vokale; über ja : jǫ : i s. § 17.]

1) Die daneben bestehenden Formen nach der i-Deklination in Klammern; bei vielen hierher gehörigen Substantiven ist eigentlich vielmehr partieller Übergang von der a- zur i-Deklination vorhanden.

Bemerkungen.

1) Über die Anfügung von r s. § 20: *spǫ́nn* < **spánur*, *ǫ́ss* < **ásur*; r kann fehlen bei *sonr*, zumal wo dieses Wort mit einem Genitiv verbunden als Apposition steht: *Hákon Hákonarson*.

2) In den acc. pl. tritt in später Zeit aus dem nom. pl. und aus der i-Deklination i ein: *synir*, acc. *syni*.

3) Die unbetonten Ableitungssilben -aðr, -naðr gehen auf ôdus, nôdus (lat. atus) zurück, erhalten also ihren Vokal durchaus, das a des gen. dat. (aðar, aða, aði) hat das u der anderen Kasus allmählich verdrängt: fǫgnuðr später fagnaðr; i-Umlaut erleidet a nicht, also dat. fagnaði, pl. fagnaðir[1], im acc. pl. haben sie immer i.

4) Andere Schwankungen zur i-Deklination finden sich im sg. dat., wo die Endung i hier und da fehlt, *ás* st. *æsi*.

5) Übergänge zur konsonantischen Deklination s. § 76.

6) Bei einigen nur im sg. vorkommenden Wörtern ist die Zugehörigkeit zur u-Deklination nur aus anderen Sprachen zu beweisen, so in *friðr, kviðr;* Eigennamen wie *Hǫ́kon, Guðrøðr* können ebensogut zur u-Deklination wie zur i-Deklination gerechnet werden.

§ 49. Beispiele.

1) bǫllr Ball, ballar, belli, bǫll, gǫltr Eber, hǫttr Hut, lǫstr Last, vǫxtr Gewächs, ǫrn (st. ǫrnr) Adler; bjǫrn Bär (birni, birnir), fjǫrðr Meerbusen, hjǫrtr Hirsch, kjǫlr Kiel; mǫ́ttr (später máttr) Macht, ǫ́rr Bote, ǫ́ss (st. ǫ́sr) Ase, Gott (aber áss Balken nach der a-Dekl.), bǫ́lkr Abteilung (pl. belkir, nicht bélkir, s. § 19. d), drǫ́ttr tractus und andere in -tr (-ttr) = lat. -tus-; spǫ́nn und spónn Span, bógr Bug; kviðr Zeugnis; venter, liðr (gen. auch liðs) Glied, réttr Recht, siðr Sitte, sunr Sohn (son), tigr Zehnzahl (tigar und tegar, tugar).

2) Wechselnd in einzelnen Formen: smiðr Schmied auch nach der i- und a-Deklination, vegr Weg auch nach der a-Deklination, stigr, acc. pl. stigu, Steig wohl zu trennen von stigr nach der a-Dekl.; bei einigen wird aus dem Nominativ ein r-Stamm abgeleitet: grǫftr, graftrar, Grab, blǫ́str das Blasen, gen. blástrar.

3) Wörter in aðr (lat. atus): fǫgnuðr Freude, später *fagnaðr*, gen. *fagnaðar* (früher auch *fǫgnaðar*), dat. *fagnaði* (früher auch *fǫgnuði*), acc. *fǫgnuð* (später auch *fagnað*) u. s. w., acc. pl. nur *fagnaði* u. s. w.; ebenso búnuðr Haushalt, skilnuðr Scheidung, hernuðr Verheerung, jǫfnuðr Gleichheit u. aa.; auch mǫ́nuðr (mánaðr) Monat kann wie fǫgnuðr dekliniert werden, gehört aber ursprünglich der konsonantischen Deklination an.

[1] Vgl. opt. praet. *kallaði*, aber *tamdi*.

Feminina.

§ 50. Die Endungen der Feminina sind:

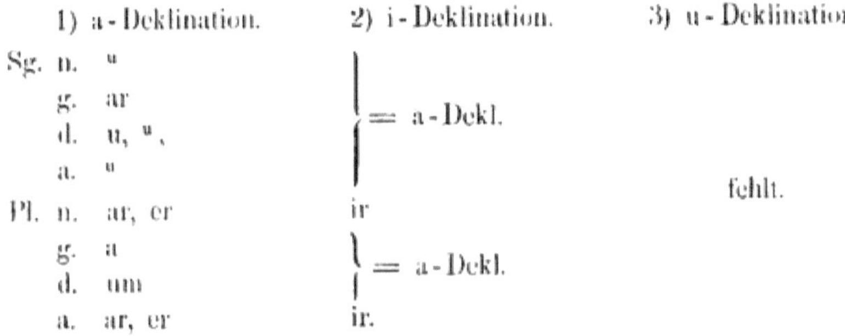

		1) a-Deklination.	2) i-Deklination.	3) u-Deklination.
Sg.	n.	^{u}	= a-Dekl.	fehlt.
	g.	ar	= a-Dekl.	
	d.	u, ^{u},	= a-Dekl.	
	a.	^{u}	= a-Dekl.	
Pl.	n.	ar, er	ir	
	g.	a	= a-Dekl.	
	d.	um	= a-Dekl.	
	a.	ar, er	ir.	

Die i-Deklination ist von der a-Deklination kaum mehr zu scheiden, da ir (er) im pl. grossenteils schon in vorlitterarischer Zeit bei Wörtern der a-Deklination angenommen wurde, umgekehrt im sg. auch bei allen Substantiven der i-Deklination die Endungen der a-Deklination eingedrungen sind (der sg. müsste den masc. in -i- gleich sein). Das einzige Zeichen für ehemalige Zugehörigkeit zur i-Deklination ist der Umlaut langsilbiger Stämme, zumal, wo er mit unumgelauteten Formen wechselt; meist ist der Umlaut aber wie in den kurzsilbigen ganz beseitigt: umgelautete Stämme mit dem pl. ar sind -ia-Stämme.

§ 51. Die ā-Deklination.

Paradigma.

Sg.	n.	rǫdd Stimme	Pl.	raddar
	g.	raddar		radda
	d.	rǫdd, rǫddu		rǫddum
	a.	rǫdd		raddar.

Bemerkungen.

1) Der dat. sg. hat nur selten u: Regel ist u bei den Subst. in -ung, -ing, bei mehrsilbigen (zusammengesetzten) Eigennamen, welch letztere auch im acc. u annehmen können.

2) Ursprünglich kurze Nebensilben verlieren ihren Vokal vor den vokalischen Endungen: *Gondul*, gen. *Gondlar*.

3) Kontraktionen erfolgen nach § 20, also *ǫ* Fluss (< *ahvu*), später *á*, gen. *ár* < *áar (ǫar?)*, dat. *ǫ* (später *á*), dat. pl. *ǫm* (< *ǫum*), *þrǫ* Schmerz, *brú* Brücke, dat. pl. *brúm*.

4) Durch vollständige Auswerfung des v sind einige Feminina der va-Deklination (alle, bei denen dem v ein Vokal vorhergeht) in die

Klasse der Kontrakta der a-Deklination übergetreten, so *brǫ́* Augenwimper < *brawu, gen. *brár* statt *bráwar*.

§ 52. Beispiele.

1) Dat. sg. u und —: sól Sonne, dat. *sólu*, *sól*, hǫrmung Misshandlung, drottning Königin, kerling altes Weib, Áslaug, Guðrún, Ingibjǫrg Eigennamen.

2) Dat. nur —: for Furche, hlið Seite, hlíf Schutz, lifr Leber; kvǫl Qual, mjǫll Neuschnee, rún Rune, tígn Würde, ǫ́r Ruder, nǫ́l Nadel; Gǫndul, Skǫgul Eigenn., gen. Gǫndlar; Plurale wie: leifar Reste, gerðar Tracht, ǫfgar Übertreibung u. s. w.

3) Kontrakta: ǫ́ Fluss (ár, ǫ́, ǫ; ár, á, ǫ́m, ár), ebenso brǫ́ Wimper, gjǫ́ Kluft, rǫ́ Raae, Reh; skrǫ́ Winkel, rǫ́ dass. (daneben auch ró, gen. róar); brú Brücke.

§ 53. vā-Deklination. Die wenigen Feminina, welche v bewahrt haben, behandeln dasselbe wie die Mask. *ǫr* Pfeil < *arvu, gen. *ǫrvar*, dat. *ǫru* oder *ǫr*, acc. *ǫr*, n. pl. *ǫrvar*, dat. pl. *ǫrum*. Hierher gehören *bǫð* Kampf (poet.), *dǫgg* Thau, Reif, *rǫgg* (häufiger das masc. *rǫggr*) zottiger Stoff, *stǫð* Stelle, Landungsplatz.

§ 54. Reste der i-Deklination. Wir dürfen für den pl. vor der schliesslichen Vermengung ein Paradigma ansetzen (*bǿn* Bitte):

bœnir (später auch bónir)
bóna („ „ bœna)
*bœnim („ bœnum, bónum)
bœnir („ „ bónir).

Hierher gehören *ǿtt* (sp. *átt*) und *ætt* Geschlecht, *krǫ́n* (sp. *krán*) und *kræn* Hausfrau, *sǿtt* und *sætt* Versöhnung, *skuld* und *skyld* Schuld, *ǫfund* und (selten) *ǫfynd* Missgunst.

Anmerkung. Der sg. müsste wohl heissen *skyldr, *skuldar, *skyldi (oder *skuldu), skyld; r im nom. ist bewahrt in *brúðr* Braut, *vættr* Wicht, Wesen; diese gehen im acc. sg. nach der -ia-Dekl., sonst aber (abgesehen von den Umlautsverhältnissen) nach der i-Deklination:

Sg.	brúðr (st. *brýðr)	Pl.	brúðir
	brúðar		brúða
	brúðe		brúðum
	brúði (st. *brýð)		brúðir

Urðr Eigenn. und nauðr Notwendigkeit haben auch im acc. sg. die Form der i-Deklination: Urð, nauð, aber ohne Umlaut. Vgl. § 57, 5.

§ 55. Mischdeklination. Der Sg. hat die Formen der a-Deklination, dat. mit und ohne u; der Pl. hat teils ir mit ar wechselnd (ar ist in älterer Zeit häufiger als später), teils ir allein; ir wirkt keinen Umlaut (darum im Paradigma er).

Paradigma.

Sg.	n.	hǫll Halle	Pl.	hallar, haller
	g.	hallar		halla
	d.	hǫll, hǫllu		hǫllum
	a.	hǫll		hallar, haller.

§ 56. Beispiele.

1) Pl. er und ar: borg Burg, dvǫl Aufenthalt, grǫf Grab, grein Zweig, jǫrð Erde (dat. u), fjǫðr Feder, fjǫl Leiste, Schneeschuh, gjǫf Gabe, sǫk Klage, causa, mǫrk Wald (dat. u), nǫs Nase, vǫ́n Hoffnung (dat. u), þjóð Volk (dat. u). ǫln, ǫ́ln Elle u. aa.

2) Pl. nur er: Ableitungen in -ð, d, -t (< iðu): gerð That, sœmð Ehre, girnd Wunsch, deild Teil, sekt (älter sekþ) Verbrechen, Busszahlung, helft Hälfte; Komposita mit -kunn (< -kunþ): miskunn Gnade; ferner Ableitungen in -un (gen. -anar): skǫpun Schöpfung, skapanar u. s. w., iðrun Reue u. aa.: tið Zeit, ambǫ́tt (und ambótt) Magd, hlíð Bergleite, grund Erdboden (dat. u), mold Staub, Erde (dat. u), íþrótt Geschicklichkeit, Kunst u. s. w. u. s. w.

3) Die unbetonte Nebensilbe wird synkopiert in ǫlun oder alen Elle, gen. ǫlnar, alnar, pl. ǫlnar, alnar, alner.

§ 57. Feminina der -iā-Deklination. Sie sind von der alten a- und i-Deklination meist deutlich unterschieden: nach der Quantität zerfallen sie in zwei Klassen. Die langsilbigen haben im n. sg. r (den in sie aufgenommenen i-Stämmen, wie byrðr, brúðr, entlehnt?), in endungslosen Kasus i (gen. dat. sg.), vor Vokalen fällt i aus: die k- und g-Stämme behalten auch hier (vgl. § 41) die i-Farbe vor a und u und wird darum j eingeschoben (-gja-, -kja-); die kurzsilbigen behandeln j nach § 41: also **benj* > *ben, benjar* u. s. w. bleiben.

Paradigmen.

		1	2	3
Sg.	n.	elfr Fluss	ylgr Wölfin	við Band
	g.	elfar	ylgjar	viðjar
	d.	elfi	ylgi	við
	a.	elfi	ylgi	við
Pl.	n.	elfar	ylgjar	viðjar
	g.	elfa	ylgja	viðja
	d.	elfum	ylgjum	viðjum
	a.	elfar	ylgjar	viðjar.

Bemerkungen.

1) Über die Anfügung des r im nom. sg. s. oben, also *gunnr* (< *gunþr*), gen. *gunnar*, *ǫx* Axt statt **ǫxr*.

2) Das zu erwartende i im nom. sg. der langsilbigen (vgl. got. *bandi*, ahd. *burdi*) ist in einigen Worten wirklich erhalten, z. B. in *gorsemi* Kostbarkeit; in anderen ist erst in junger Zeit i aus dem acc. sg. wieder in den nom. eingedrungen, also **byrði** im nom. wegen **byrði** im acc.

3) Der dat. sg. endigt auch bei jā-Stämmen wie bei den ā-Stämmen bisweilen in u, vor welchem natürlich j bewahrt wird: *eggju*; Eigennamen haben auch hier u auf den acc. übertragen: *Signýju*.

4) Einige langsilbige Gutturalstämme sind wie beim masc. wegen des j vor a, u auch in anderen Formen zu den kurzsilbigen übergetreten, so *egg*, nicht **eggr*, acc. *egg*, nicht **eggi*; ebenso langsilbige Vokalstämme (urspr. meist kurzsilbige -vj- oder -vi-Stämme), z. B. *ey* (< **auju*), gen. *eyjar*, nicht **eyr*, **eyar*, *þý* (< *þivi* [1])), nicht **þýr*; nur mær Mädchen ist bei den langsilbigen geblieben und flektiert: *mær* (< **mavi*[*r*] [1])), *meyjar* (< **maujar*), *meyju* und *mey*, *mey*.

5) Ursprünglich i-Stämme scheinen zu sein alle unumgelauteten Feminina in r. wie *guðr*. S. §. 54.

§ 58. Beispiele.

1) Langsilbige (ia) nach 1): byrðr Bürde, ermr Ärmel, eyrr Strand, flœðr Flut, festr Band, guðr (gunnr) Kampf, gen. gunnar, hildr Kampf (poet. und als Name gebraucht), mýrr Moor, veiðr Waidwerk, Fischerei; ox Axt; Eigennamen wie Fríðr, Auðr, Unnr, Þrúðr, Ástríðr, Grímhildr, Hildiguðr (-gunnr), Þórunn, Þórdís u. s. w.; langsilbige Gutturalstämme (nach 2): gýgr Riesin, gýgjar, ylgr Wölfin, fiski Fischerei (nicht fiskr), die anderen nach Art der kurzsilbigen.

2) Kurzsilbige (ja) nach 3): ben Wunde, hel Hölle, SIF, pl. sifjar Verwandte, -syn in nauðsyn Notwendigkeit, Eigennamen wie Hel, Sif; Bjǫrgvin = Bjǫrgyn Bergen, Hlóðyn.

3) Vokalstämme (nach 3): ey Insel, þý Magd, die Eigennamen in -ný, wie Signý (ursprünglich -vj-Stämme).

4) Gutturalstämme (nach 3): egg Spitze, eng Anger, Wiese, Eigennamen wie Frigg.

Neutra.

§ 59. Die Endungen der Neutra sind:

		1) a-Deklination.	2) u-Deklination.
Sg.	n.	—	—
	g.	s	ar
	d.	e	i

1) a-Deklination.	2) u-Deklination.
Pl. n. u	= a-Dekl.
g. a	
d. um	
a. u	

§ 60. Die a-Deklination.

Paradigma.

	Sg.	Pl.
n.	land	lǫnd
g.	lands	landa
d.	lande	lǫndum
a.	land	lǫnd.

Bemerkungen.

1) Umlaut durch u erfolgt im n. acc. dat. pl.

2) Das e im dat. sing. fehlt nie.

3) Ursprünglich kurze Nebensilben werden nach § 12 behandelt: *hǫfuð* (*haufuð*), gen. pl. *hǫfða*; die synkopierte Stammform wird als neuer Stamm behandelt bei *megin*, dat. *magne* oder *megne*, daher das Substantivum *megn*, *magn*. gen. *megns*, *magns*[1]) u. s. w.

4) Kontraktion erfolgt nach § 20, also *bú*. dat. pl. *búm*, *kné*, gen. pl. *knjá*: aber von *ré* nicht **rjá* (§ 20. 2), sondern *réa*: *strá*. pl. *strǫ́* (später *strá*), *strá*, *strǫ́m* später *strám*.

§ 61. Beispiele.

1) orð Wort, skip Schiff. goll (gull) Gold. horn Horn, hús Haus. megn, magn Stärke (s. § 60. 3), jól plur. Weihnachten. Mittwinter, brjóst Brust, blað Blatt. fjall Gebirg. land Land. vatn Wasser: sár Wunde (pl. sǫ́r. sár). tár Zähre: goð. guð (heidnischer) Gott, als Bezeichnung des Christengottes guð, gen. masc. pl. guðer.

2) haufuð (hǫfuð) Haupt, sumar Sommer, megin Kraft. óðal liegendes Erbgut: hǫfðe u. s. w., verallgemeinert ist die synkopierte Form wohl in *býsn* Vorzeichen, Wunder (st. *býsin*, dat. *býsne*).

3) bú Wohnung: strá Stroh: vé Heiligtum, kné Knie, tré Baum. hlé Leeseite, Schutz.

§ 62. -va-Stämme. Sie deklinieren regelmässig, also

Paradigma:

	Sg.	Pl.
n.	fræ Sonne	fræ
g.	fræs	fræva
d.	fræve	fræ(v)um
a.	fræ	fræ.

1) *megin* und *megn* werden schliesslich als zwei verschiedene Wörter betrachtet und zur Verstärkung verbunden: *megin ok megn*.

Bemerkungen.

1) Bei einigen Stämmen ist v durchaus beseitigt, so bei *tré*, *kné*, *hlé*, *strá*, s. oben § 60.

2) v ist im dat. pl. bald wieder eingedrungen: *fræuum* statt *fræum*, *frjǫm* ist ungewöhnlich, davon ein neuer Stamm *frjó*, *frjó*, *frjór-*: im dat. sg. fiel v später aus: *fræi*.

§ 63. Beispiele.

bǫl Unglück, fjǫr Leben, hey Heu (< **hauja*, also eigentlich -ia-Stamm, s. unten), hræ Leichnam (kein **hrjó*), hǫgg Hieb, kjǫt Fleisch, mjǫl Mehl, skrǫk Lüge, smjǫr Butter, ǫl Bier.

§ 64. -ia- und -ja-Stämme. Erstere lauter langsilbige, oder mehrsilbige, letztere kurzsilbige, solche mit Vokal vor i und ein Teil der langsilbigen Gutturalstämme. Die Deklination ist gleich der der masc. mit Ausnahme des nom. sg. u. nom. acc. pl. Bei den ia-Stämmen fällt i vor a, u, sonst bleibt es, bei den ja-Stämmen fällt j vor Konsonant, vor e, i und im Auslaut, sonst bleibt es.

Paradigmen.

		1		2	
Sg.	n.	klæði Kleid		net Netz	
	g.	klæðis(s)	= masc.	nets	= masc.
	d.	klæði		nete	
	a.	klæði		net	
Pl.	n.	klæði		net	
	g.	klæða	= masc.	netja	= masc.
	d.	klæðum		netjum	
	a.	klæði		net	

Bemerkungen:

1) Verdopplung des s im gen. sing. ist bei den Wörtern wie *klæði* häufig: *rikiss* u. s. w.

2) Die Gutturalstämme mit der Ableitung -ia- behalten i (j) vor a, u: *rikja* zu *riki*; im nom. acc. sg. pl., gen. sg. gehen sie teils nach *klæði*, also *riki*, *rikis*, teils nach *net*: *egg*, *eggs* (s. ob. § 41).

3) Die Verbindung je ist dem Altn. unbequem, andererseits wird Hiatus zumal zwischen ähnlichen Lauten vermieden, so ist die Dativform *heyre* neben *heye* zu *hey* Heu erklärlich (s. oben); bei anderen Vokalstämmen fällt die Dativendung auch ganz weg: *fley* Schiff, dat. *fley*.

4) Schwankungen zur konsonantischen Deklination finden sich beim gen. pl. der -ia-Stämme: *klæðna* neben *klæða*.

§ 65. Beispiele:

1) -ia-Stämme nach 1): frelsi Befreiung, dœmi Beispiel, fyl(g)sni Schlupfwinkel, fœði Futter, gildi Zahlung, gœði Gut, gørvi Tracht, hœgyndi (später hœgindi, hœgendi) Bequemlichkeit, œrendi (-indi) Auftrag, tiðendi (-indi) Botschaft, réttyndi (-indi, -endi) Gerechtigkeit. Von kurzsilbigen greni Fichtenholz; mit k-Laut: merki Zeichen, fylki Bezirk in Norwegen, ríki Reich, Herrschaft, lægi Ankerplatz u. aa.

2) -ja-Stämme nach 2): nef Nase, stef Refrain, Termin, sel Sennhütte, ben Wunde, fen Sumpf, ber Beere, nes Nase, kyn Geschlecht; vokalisch auslautende: hey Heu (dat. heye und heyve), fley Schiff (poet.), ný Neumond. Gutturalstämme: egg Ei, hregg Sturmwind, skegg Bart; el Windsbraut (daneben él, éla).

§ 66. **u-Deklination.** Nur ein Wort ist erhalten, fé Vermögen.

Sg. n.	fé	Pl.	fé
g.	fjár (< *féar)		fjá (< *féa)
d.	fé		fjǫ́m, fjám
a.	fé		fé.

Konsonantische Deklination.

§ 67. Obwohl anfänglich die Endungen für masc. und fem. meist auch für das neutr. gleich waren, haben sich später die Geschlechter vielfach geschieden. Im Folgenden werden, anders als bei der vokalischen Deklination, die drei Geschlechter derselben Klasse zusammen behandelt. Meistens wird, wie § 32 erwähnt, bei zweisilbigen Stämmen die zweite Stammsilbe zum Behuf der Flexion geändert: *hana-* neben *hane-*, *faðer-* neben *fǫður-*. Schwerlich ist der Wechsel bei den Partizipien: *gefendr*, *gefanda*, *gefǫndum* auf diese Weise zu erklären. Von dem indog. Wechsel des Accentes in den verschiedenen Kasus zeugt ausser dem Wechsel der Ableitungsvokale z. B. der Unterschied von an. *heri* Hase gegenüber hochd. *haso*, ersteres aus Formen mit Oxytonon (*hasén-*), letzteres aus barytonierten Formen (*hásan-*) verallgemeinert, ebenso ist *eyra* (< *auzán-*) gegenüber got. *auso* (< *áusōn*) aufzufassen. Endungen:

Sg.	n.	(r)	Pl.	^{i}r
	g.	r		a } = vokal. Deklin.
	d.	(i)		um }
	a.	—		^{i}r

r wirkt bei unmittelbar vorhergehendem Vokal i-Umlaut, da es durchaus < z entstand: ^{i}r im Pl. < es (= lat. es, gr. ες), im gen. sing. wohl < as (< os).

§ 68. Verwandtschaftsnamen in **-er**. Masc. und fem. sind gleich, die zweite Silbe hat die Formen -er, -ur, -[i]r.

Paradigma.

Sg. n.	faðer	Pl.	feðr
g.	fǫður		feðra
d.	feðr, später fǫður		feðrum
a.	fǫður		feðr.

Bemerkungen.

1) Die Dative in [i]r sind bald durch die Formen des gen. acc. verdrängt worden, kommen aber vereinzelt noch im 14. Jahrhundert vor.

2) Nom. pl. entstand aus *(*faðr*)*ir* (auf Runeninschriften ist -rir erhalten); der Umlaut gehört eigentlich nur dem nom. acc. pl. zu, nicht dem gen. dat., in sehr jungen Handschriften wird die Form *feðr-*, *mæðr-* u. s. w. auch auf den sing. übertragen.

3) Jüngere Bildungen (die aber vereinzelt schon in den ältesten Handschriften erscheinen) sind auch die gen. sing. der masc. in -urs: *bróðurs, fǫðurs*.

4) Als zweites Kompositionsglied wird statt *faðer* gewöhnlich *fǫðr, fǫðrs, fǫðr* gebraucht.

Beispiele: Hierher gehören ausser faðer: móðer Mutter, syster Schwester, bróðer Bruder, dótter (pl. dœtr) Tochter.

§ 69. Substantivierte Participia in **ande**: fast nur Maskulina, für das fem. werden dieselben Formen gebraucht z. B. *fagnendr* gavisae; sing. nach den an-Stämmen, pl. regelmässig:

Paradigma.

Sg. n.	gefande Geber	Pl.	gefendr
g.	gefanda		gefanda
d.	gefanda		gefǫndum
a.	gefanda		gefendr.

Bemerkungen.

1) Wie bei faðir werden auch hier in jüngeren Handschriften der nom. acc. pl. verallgemeinert und heisst der dat. pl. gefendum.

2) Der Umlaut unterbleibt bei *fjande* (auch *fjánde*), also pl. *fjandr* (*fjándr*).

3) Kontraktion tritt früh ein bei *búande*; zuerst im nom. acc. pl., wo die Stammform wohl bó- war: *bóandr* ⌄ *bœndr*; erst später bildete sich wohl hiernach *bóndi, bónda, bóndum*, doch kommen ziemlich lange *búandi, bœndr, bœndr, bøandum* vor.

Beispiele: búande Bauer (bóndi), frænde Blutsverwandter, fjande (fjánde) Feind, dómande Richter u. s. w.; hierher gehört nach seiner

Deklination wohl auch das fem. plur. rekendr Fesseln (rekender in der Zusammensetzung mit dem Pron. -inn, s. unten § 90. 1).

§ 70. n-Stämme. Hier hat sich masc. fem. neutr. getrennt; die zweite Silbe hat die Gestalt: e (< en), a (< an), u (< un), u. S. § 25. 4: nr fällt ab. Der plur. der masc. ist in die a-Deklination übergetreten. Im sing. stimmen masc. und neutr., wie sonst, im gen. dat. acc. überein.

Paradigmen.

		1) masc.	2) fem.		3) neutr.
Sg.	n.	hane Hahn	tunga Zunge	elli Alter	auga
	g.	hana	tungu	"	"
	d.	"	"	"	"
	a.	"	"	"	"
Pl.	n.	hanar	tungur	—	augu
	g.	hana	tungna	—	augna
	d.	hǫnum	tungum	—	augum
	a.	hana	tungur	—	augu.

Bemerkungen.

1) Eine Reihe von Formen sind lautlich nicht zu erklären, so a) n. sg. masc. hane ist die Form, die wir für gen. und dat. zu erwarten haben. b) hanar ist nach der a-Deklination gebildet; die regelmässige Form wäre *hana; auch gen. und dat. pl. scheinen nicht ganz normal sondern Analogie. c) für tungur erwartet man *tungu (< **tungunr*), so altdän. im schonischen Dialekt.

2) Vom Paradigma abweichend sind die gen. pl. masc. gumna zu *gume* Mann, danach ein jüngerer plur. gumnar, gumna, gumnum, gumna, ebenso einige andere Substantive wie *brage*, *flote*. Ferner masc. nach der fem.- und neutr.-Deklination und umgekehrt. Das masc. *uxe* hat im Plural die (altertümlichere) Deklination der -er-Stämme, d. h. überall den Vokal der Ableitungssilbe ganz beseitigt.

§ 71. Maskulina der n-Deklination.

1) Substantiva in -eri- (ursprünglich -ia-Stämme) wandeln bald ihr e in a: alt *meisteri*, später gewöhnlich *meistari*.

2) Wechsel nach einer andern Deklination zeigt ausser den Wörtern in eri (die hie und da die älteren Formen der -ia-Deklination haben) endi Ende, nom. gewöhnlich *endir*, gen. auch *endis*. Zahlreiche Substantiva kommen in verschiedener Stammform vor als n-Stämme und als a- oder i-Stämme.

3) Kontraktion erfolgt nach § 20, also áa > á, óu > ó, úu > ú; éa > já (ausser nach v), ée > é.

4) Stämme mit ursprünglicher Ableitung in -ian-, -jan- behandeln den i-Laut wie a-Stämme: i fällt vor allen Vokalen, die ian-Stämme sind folglich den -an-Stämmen gleich, j vor e (i), d. h. im nom. sing.: Gutturalstämme haben j vor dunklen Vokalen, sie fallen also durchaus mit den ja-Stämmen zusammen: *virki* wie *vili*. Ganz jung ist die Einschiebung des j vor dem e (i) des nom. *vilji* statt *vili*.

5) Stämme in -van- verlieren v vor u, also im dat. pl., restituieren es aber hier in jüngeren Handschriften aus den übrigen Formen, *myrkre* dat. pl. *myrkum* und *myrkvum*, Stämme in -vi- verlieren v durchaus: *bygge* Bewohner, gen. *byggja*.

§ 72. Beispiele.

1) arfe Erbe, boge Bogen, bane Mörder, dauðe Tod, díle Fleck, dreke Drache, drope Tropfe, goðe Tempelvorstand und Häuptling der Tempelgemeinde, Árne, Bjarne, Odde, Gísle Eigennamen u. s. w.: ursprünglich ia-Stämme z. B. byrle Mundschenk, dreyre Blut (? r < z) und die Substantiva in -eri, -ari wie meistere Meister, dómere Richter, skrifare Schreiber, keisare Kaiser u. s. w.: gen. fem. ist Skaðe, Eigenn., dekliniert wie hane; im nom. sg. ist a bei den fremden Titeln herra, síra beibehalten worden; oxe, uxe Ochse pl. *øxn*, *yxn* (< **oxnir*), g. *øxna yxna*, d. *øxnum*, *yxnum*, a. *øxn*, *yxn*, s. § 76 a. E.

2) van-Stämme: myrkve Finsternis, mǫskve Masche, Yngve Eigenn.

3) -jan-Stämme: vile Wille, stede Stelle, Niðe, Skyle Eigenn.: Gutturalstämme: hǫfðinge Häuptling, leysinge Freigelassener, Væringe skandinavischer Leibwächter in Konstantinopel, Komposita von -virke (-yrke) -thäter z. B. illvirke Missethäter, einvirke ohne Dienstleute arbeitender Bauer, spellvirke Übelthäter; aðile Rechtsbeistand hat im gen. aðila und aðilja, pl. aðilar und aðiljar u. s. w.; die Formen ohne j scheinen die regelrecht entwickelten.

4) Vokalstämme: búe Pächter, Bauer (d. pl. búm), páe Pfau, pá, pár, pǫm (pám): flóe Sumpfgegend, Bucht: kléː Weberstein, kljá u. s. w., lé Sichel, Vé Eigenn.

§ 73. Feminina der n-Deklination.

1) Der gen. pl. ist von vielen fem. nicht zu belegen: bei einigen weicht er in die a- (ja) Deklination aus, s. unten.

2) Uralte Stammabstufung (wie beim griech. κύων, κυν-) findet sich bei *kona* Frau, gen. pl. *kvenna*, später ist *kvenn-* (*kvinn-*) verallgemeinert worden. Hiervon ist zu unterscheiden der bald verwischte Wechsel der Vokale in Ableitungssilben: *þjónasta* gen. *þjónustu*: später kann a und u (o) regellos vertauscht werden.

3) Kontraktion erfolgt nach § 20, also *Gróu* > *Gró*, *trúu* > *trú*. *-séu* > *-sjá*, *-séu* > *-sjǫ́*, *-séur* > *-sjǫ́r*; durch Ausgleichung kam *sjǫ́* auch in den nom., *sjǫ́* wurde entweder *sjá* oder *sjó*, so dass in allen Kasus zuletzt *-sjó-* und *-sjá-* nebeneinander gebraucht wurden.

4) van-Stämme verlieren v vor u und n, also überall ausser im nom. sg. *Rǫskva*, gen. dat. acc. *Rǫsku*, *vǫlva* pl. *vǫlur*; v wird auch hier später vor u wieder eingeschoben.

5) ian-Stämme sind mit Ausnahme der Gutturalstämme mit den an-Stämmen zusammengefallen, so *stefna*, *hella*, *mylna*: ursprünglich (d. h. vorgerman.) ian-Stämme sind vielleicht die zahlreichen Abstrakta in -i (Paradigma elli, got. -ei, gen. -eins), gen. auch -is, pl. selten -ir: die Gutturalstämme und die kurzsilbigen und vokalisch auslautenden behalten j durchaus, weil überall dunkler Vokal dem j folgt: *kirkja*, *kirkju*, *kirkjur*, nur im gen. pl. verlieren die k und g ihre palatale Aussprache vor n und fehlt darum hier j: kirkna. Die eigentlichen jan-Stämme haben dagegen n beseitigt, also gyðja (zu gyðjum, wie benja zu benjum § 57. 3).

6) Wechsel zu anderen Deklinationen sind selten: frú (Lehnwort) Frau, nom. nach der a-Deklination, gen. nach der an-Deklination *frú* (später auch *frúar*), Komposita mit -sjá gen. sjár (wegen des Nom. *-sjó* neben *-sjá*).

§ 74. Beispiele.

1) alda Woge, Sandbank, álka ein Vogel, alvara Ernst, alþýða (eigent. ian-Stamm) Gesamtvolk, áta Speise, aska Asche, blaðra Blatter, deila Entzweiung, Streit, dúfa Taube, fita Fett, fýla (ian-Stamm) Fäule, saga Erzählung, orrosta Kampf, þjónasta (gen. þjónostu) Dienst, gleymska Vergesslichkeit, bernska Kindheit, œrska Jugend u. s. w.: kona Weib, gen. pl. kvenna; viele Eigennamen, darunter die Mannsnamen Sturla, Ella.

2) van-Stämme: Rǫskva (urspr. adject.) Eigenn. vǫlva Seherin, slǫngva Schleuder, fróva (frouva) Frau (gen. dazu frú, s. unten Nr. 4).

3) jan-Stämme: ásynja Asin, Göttin, vargynja Wölfin, beðja Bett, belja die Brüllende (Beinamen einer Kuh), efja Schlamm, etja Hetze, lilja Lilie, gyðja Göttin, gen. pl. ásynja u. s. w., Gutturalstämme: bylgja Woge, lykkja Lukke, kirkja Kirche, mykja Dünger, rekja Feuchtigkeit, seiggja Zähigkeit u. s. w., hamingja Glück.

4) Kontrakta: -sjá (< *sehva) in ásjá Aufsicht, Schutz, skuggsjá Spiegel u. aa.; Gróa Eigenn., trúa Glaube (auch trú, trúar), (frú g. frú Frau.

5) in-Stämme: bleyði Weichheit, frœði Kunde, fýsi Bereitwilligkeit, gleði Freude, mildi Milde, speki Weisheit und sehr zahlreiche andere Abstrakta und Eigennamen, frelsi Befreiung u. aa. auch nach § 64.

§ 75. Neutra der n-Deklination.

1) Der Vokal der letzten Silbe ist überall derselbe wie beim fem. ausser im gen. dat. sing., wo er zum masc. stimmt.

2) Übergänge aus anderen Deklinationen finden sich im gen. pl., wo *klæðna, fylkna* statt *klæða, fylkja* (ia-Dekl.) vorkommen.

3) Ein ian-Stamm scheint nýra zu sein (< **nýria* < **niuria*); in *eyra* ist der Umlaut durch r (< z) bewirkt.

Beispiele: Die Körperteile: auga Auge, eyra Ohr, lunga Lunge, nýra Niere u. s. w.; heima Heimat, leika Spielzeug u. aa.

§ 76. Einzelne Konsonantenstämme. Sie lassen sich nach dem sing. klassifizieren, derselbe ist entweder nach der a- (a-)Deklination gebildet, oder nach der n-Deklination oder hat die alten Endungen behalten. Der pl. nach § 67.

I. Reine Konsonantenstämme.

	1) masc.		2) fem.	
	Sg.	Pl.	Sg.	Pl.
n.	mánaðr	mánaðr	kýr	kýr
g.	mánaðr	mánaða	kýr	kúa
d.	(mánaði)	mǫnuðum	kú	kúm
a.	mánað	mánaðr	kú	kýr.

Bemerkungen und Beispiele.

1) Masc. *mánaðr* hat noch andere Flexionsformen: a) nach der u-Dekl. (s. oben § 48) *mǫnuðr, mánaðar, mánaði, mǫnuð, mánaðir*, der acc. *mánuða* ist jung: ǫ ≥ á, -uð-, -oð-, -að- wechseln später ohne Regel; b) nach der i-Dekl. *mánaðr* pl. *mánaðer* acc. *mánaðe*, auch in diesen Formen dringt, wie wohl selten, vom dat. *mánuðum* u in die vorletzte Silbe. Hierher mögen die Völkernamen Eistr Esthen, Vindr Wenden, Þrændr Drontheimer gerechnet werden (auch sie haben acc. und nom. in i und ir daneben).

2) Fem. Hierher gehören ausser kýr auch sýr Sau, ær (< **ar(i r)*) Schaf, dat. acc. *á*, dat. pl. *ǫm*, der plur. ertr Erbsen (< **arflir* oder Lehnwort), g. *ertra*.

II. Sing. nach der a-Deklination.

	1) masc.		2) fem.	
	Sg.	Pl.	Sg.	Pl.
n.	nagl (< *naglar) Nagel	negl (< naglir)	ǫnd Ente	endr (ander)
g.	nagls	nagla	andar	anda
d.	nagle	nǫglum	ǫnd	ǫndum
a.	nagl	negl	ǫnd	endr (ander).

Bemerkungen und Beispiele.

1) Wie nagl auch maðr Mann (statt *mannr* § 23. 6), pl. *menn* (selten das regelrecht gebildete *mennr* oder mit ðr wie im sing. *meðr*: *mennir* in der Zusammensetzung mit dem Pron. -inn s. unt., selten ohne dies), *manna* u. s. w.

2) Wie ǫnd: kinn Wange (pl. *kinnr* und *kiðr*), mús Maus (pl. *mýss* < **mýsr*), brók Hose, gás Gans (pl. *gæss* < **gæsr*), glóð Glut, brún Augenbraue (pl. *brýnn* § 23), lús Laus (pl. *lýss*), DUR nur im pl. dyrr Thor (gen. dura)[1], tǫnn Zahn (pl. teðr, dafür auch tennr, tenn). Kontrahiert werden nach § 20 z. B. fló Floh (pl. *flær*, *flóm*), tǿ Zehe (später *tá* g. *tár* pl. *tær*).

Viele Konsonantenstämme (fem.) können auch im plur. nach Art der Vokalstämme (a, i-St.) dekliniert werden; umgekehrt nehmen einige im sing. neben den Formen der vokalischen Deklination auch oft solche der konsonantischen an. Hierher gehören:

3) Sing. nach ǫnd, pl. ʼr und er: rǫnd Rand (dat. *rǫnd*, *rǫndu*), tǫng Tang (ebs.), mǫrk Wald (ebs. gen. sg. *markar* und *merkr*), strǫnd Strand (ebs.); pl. ʼr und ar: flík Tuch, greip Hand, galeið Kriegsschiff.

4) Sing. gen. ʼr (und ar pl. ʼr): ǫrk Arche (pl. fehlt), vík Bucht (gen. *víkr*), mjólk Milch (gen. *mjólkr*), sæing Bett (gen. *sæingr* u. *-ar*) u. aa.; nátt, nótt (< nǿtt) Nacht, gen. *nætr* u. *náttar* pl. *nætr*, *nætter* in Verbindung mit dem Pron. -inn (*nætternar*); á wechselt hier in allen Formen mit ǿ, (ó), æ aber nicht mit œ.

III. Sing. u-Stamm.

		1) masc.			2) fem.		
Sg. n.	fótr Fuss	Pl.	fœtr	Sg.	hǫnd Hand	Pl.	hendr
g.	fótar		fóta		handar		handa
d.	fœti		fótum		hendi		hǫndum
a.	fót		fœtr		hǫnd		hendr.

Bemerkungen und Beispiele.

1) Nach fótr: fingr Finger (st. **fingrr*, gen. *fingrar*), vetr Winter, mǫnuðr Monat, s. oben.

2) Neben hendi findet sich sehr frühzeitig hǫnd; andere Wörter nach hǫnd sind nicht zu belegen.

IV.

Allein steht *oxe*, *uxe* Ochse, sg. nach der -an-Klasse, pl. konsonantisch von einer Stammform *oxn-* : *yxn* (< **oxnir*), der Umlaut dringt wie bei *faðer* auch in den gen. dat. pl.

1) Pl. dyr(r) (< duriz?) auch als neutr. gebraucht.

2. Adjektiva.

§ 77. Die Adjektiva nehmen an der konsonantischen Deklination der Substantiva (n-Stämme) teil und an der pronominalen, deren charakteristische Eigentümlichkeiten die Konsonanten m, n im dat. acc. masc., r im gen. dat. sg. fem., im gen. pl., t im n. acc. sg. neutr. sind. In der Regel hat ein Adjektivum sowohl nominale als pronominale Deklination, die Wahl der einen oder andern hängt von der syntaktischen Stellung ab (nicht vollständig gleich mit dem neuhochd. Gebrauch!). Die nominale Form wird gebraucht, wo das Substantivum, zu welchem das adj. gehört, ein bestimmtes Individuum oder eine geschlossene Menge bezeichnet oder im Vokativ steht (der reiche Mann — die reichen Männer), ausserdem die pronominale (ein reicher Mann — reiche Männer).

Einige Adjektive haben nur die eine, oder nur die andere Deklinationsform, s. unten.

Die Endungen sind:

		1) nominal			2) pronom.		
Sg.	n.	e	a	a	r	^{u}	t
	g.	a	u	a	s	ra	s
	d.	a	u	a	um	re	u
	a.	a	u	a	an	a	t
Pl.	n.		u		er	ar	^{u}
	g.		u			a	
	d.		um			um	
	a.		u		a	ar	^{u}

I. Nominale Deklination.

§ 78. Der sing. hat dieselben Formen wie die subst. in -e, -a, -a (*hane, tunga, auga*), der plur. regelrechte Weiterbildungen eines Ausganges un, nämlich:

		m.	f.	n.		
Sg.	n.	spake	spaka	spaka	Pl.	spǫku
	g.	spaka	spǫku	spaka		spǫku
	d.	spaka	spǫku	spaka		spǫkum
	a.	spaka	spǫku	spaka		spǫku.

Bemerkungen.

1) u-Umlaut, wie sonst; auslautendes v des Stammes fällt vor u: *fǫlve* pl. *fǫlu*; j wird nur nach Vokalen regelmässig beibehalten: *nýja, nýju* nom. *nýe* (= *nýje* nach § 25. f). nach k und g kann anders als beim Substantiv mit dem i- auch die palatale Aussprache des k, g schwinden, also *rike* gen. *rikja* oder *riku* (= **rikie, *rikiu*).

2) Unbetonte alte Kürzen fallen überall vor der Endung ab: *gamle*, *gamla*, *gǫmlu* (< **gamale* u. s. w.), *mikle* (< **mikile*), *auðge* (< *auðege*), aber heilag- heilig kann a (u) behalten, nom. *helgi* und *heilage*, pl. *helgu* und *heilogu*, ebenso tigul- würdig, s. u.

3) Kontraktion erfolgt nach § 20; also **gráa* > *grá*, **grǫum* > *grǫ́m* (*grám*); die offenen Formen werden später oft wieder hergestellt: *gráa*, *gráum*. Bei einigen v-Stämmen kann die Kontraktion sich verallgemeinern: *slǿve* gen. *slǿva* pl. **sljǫ́* (< **slēu*), daraus ein neuer Stamm *sljǫ́(v)*, der v auch vor u gestattet: *sljóve* pl. *sljóvu*; während die alten Formen mit *sljǫ́-* (*sljó-*) auch umgekehrt durch *slǿv-* der übrigen Kasus ersetzt werden, also *slǿvum* neben *sljóvum* (statt **sljǫ́m*); ebenso *háe*, *háuu*, *há* statt und neben *háve*, *hǫ́* (*há*), *háva* vom Stamm *háv-* hoch. S. u. § 80. 3.

4) Wie beim Subst. endigt der nom. sing. masc. bei einigen Stämmen in a: dieselben haben im Plural ebenfalls in allen Kasus a[1]); andere haben nur im nom. sing. e, sonst überall a; es sind Adjektiva, die nur (oder vorzugsweise) in nominaler Stammform erscheinen: *dumbe* stumm (selten *dumbr*), *hugse* nachdenklich, *heimse* gedankenlos, *lame* lahm (und Komposita) und eine Reihe zusammengesetzter Wörter mit *ein-*, *full-*, *sam-*, *ú-*, *or-*, *al-*, wie *einhama* (und *einhamr*) nur in éiner Gestalt erscheinend (also z. B. kein Werwolf), *fulltíðe* (und *-tíða*) erwachsen, *samhuge* (und *-a*) gleicher Meinung, *alkunna* allbekannt u. s. w.

5) Eine eigentümliche Modifikation erleidet die Deklination der Komparative und (adjektivischen) Partic. Präs.: das fem. und der pl. lässt hier einen Stammausgang in- (statt un-) voraussetzen, der nur im dat. der allgemeinen Dativendung um wich (für die doch zuweilen auch i steht); also

Sg. n.	gefande	gefandi	gefanda	Pl. gefandi
g.	wie spake	„	wie spaka	„
d.		„		gefandum (gefandi)
a.		„		gefandi.

Anmerkung. Im altnorw. und im jüngern isl. wird die Endung i weiter verbreitet, teilweise auch durch die Endungen des schw. Adjektivs ersetzt.

§ 79. Beispiele. Adjektive, die auch pronominal flektiert werden, s. unten. Nur nominal flektieren (ausser den in 4 genannten): -tvegge (< **-tveggje*) in den Pronom. annarrtvegge und hvárrtvegge, alle Komparative z. B. batre besser, ellre älter u. s. w., die Part. Präs. (über

1) *dumba* im nom. acc. pl. ist lautlich regelmässig aus *dumbar* entwickelt, vielleicht auch der gen., nur der dat. ist durch Angleichung zur Endung a gekommen; a des nom. sing. ist gleichfalls ursprünglicher als e.

die Deklination der substantivierten Part. s. ob. § 69, selten folgen ihnen die adjektivisch verwendeten): farande, fallande, dremande, temjande u. s. w.

II. Pronominale Deklination.

§ 80. Die Endungen sind teilweise dieselben, wie die der substantivischen Vokalstämme, so die meisten Nominativendungen; nom. pl. masc. *er* hat sein r der Angleichung an das Subst. zu verdanken; es wäre e (< ai) zu erwarten.

Paradigma.

		masc.	fem.	neutr.		masc.	fem.	neutr.
Sg.	n.	spakr	spǫk	spakt	Pl.	spaker	spakar	spǫk
	g.	spaks	spakrar	spaks			spakra	
	d.	spǫkum	spakre	spǫku			spǫkum	
	a.	spakan	spaka	spakt		spaka	spakar	spǫk.

Bemerkungen.

1) Über die Anfügung vor r s. § 23, 25, also: *fagr* st. **fagrr*, g. fem. *fagrar* st. **fagrrar*, *frjáls* st. **frjálsr*, *frjálse* < *frjálsre*, *heill* st. *heilr*, *lítill-* st. **lítilr-*, *gefenn* st. *gefenr*, *kenn* st. **kenr*, *kenner* st. *kenrar*, *riss*, *risse* st. **risr*, **risre*; aber *fǫlr*, *fǫlrar* wegen des kurzen ǫ, *snjallr* wegen ll (aber nicht *hvassr* sondern *hvass*). Wo r im Inlaut nach s beseitigt oder assimiliert wurde (gen. dat. fem. sg., gen. pl.) wird es später oft wieder aus anderen Adjektiven eingeführt: *risrar* neben *rissar*; einsilbige adj. in -n mit vorhergehenden anderen Konsonanten nehmen r nicht an, wo es zur selben Silbe gehören müsste (*jafn* st. **jafnr*), wohl aber wo es die folgende Silbe beginnt: *jafnrar*; über zweisilbige s. unten. In *saðr* = *sannr* wahr, *kuðr* = *kunnr* kund, *sviðr* = *svinnr* klug (dazu *saðrar* neben *sannrar* u. s. w.) ist ð das ursprünglichere, s. § 23; vgl. got. *kunþs*, ags. *sóð*, *swíð*, nhd. *kund*, *geschwind*; in anderen ist nn konstant und ursprünglich, so in *þunnr* dünn u. s. w.

2) Über die Anfügung von t im Neutr. s. § 24, also: d + t und t + t nach Vokalen > tt, nach Konsonanten > t, z. B. **gladt* > *glatt*, **harðt* > *hart*; ddt > tt: **gladdt* > *glatt*; ttt > tt **hvatt* + *t* > *hvatt* (über *gott*, *hartt* s. ob. §§ 25, 26), lt, nt in unbetonter Silbe oft (nach e, i) > (tt >) t: *lítit*, *mikit* < **lítilt*, **mikilt*, *gefet* < **gefent*, aber *gamalt*, *vesalt* nicht *gamatt*. Über Veränderungen der vorangehenden Konsonanten s. §§ 24, 25, *margt* > *mart*, *heilagt* > *heilakt*, *þunnt* > *þunt*, *sannt* (< **sanþat*) > *satt* vielleicht im Anschluss an das masc. *saðr*, doch s. § 23, 11; über *nýtt* st. *nýt*, *blátt* st. *blát* s. §§ 23 und 26.

3) Unbetonte, ursprünglich kurze, Nebensilben haben ihren Vokal nur erhalten, wo der folgende Vokal abfiel; o ist in solchen Silben in der Regel zu a geworden, ausser wo u folgte, wo es (als o, u, ǫ) blieb. — Eine Abweichung von den einsilbigen hat der Accent nur im acc. sing. der Stämme mit e, i in der letzten Silbe bewirkt: **gefènan* > *gefenn*, **mikìlan* (< *mikiln*) > *mikinn*, aber *gámàlan* ist nach dem dat. zu **gamalàn* > *gamlan* geworden. Im gen. sing. sind auch *gefen-* u. s. w. den einsilbigen gefolgt: *gefens* st. **gefnas*.

Paradigmen.

Sg.	n.	gamall (< -alaz)	gǫmul (< -olu)	gamalt (< -alat-)
	g.	gamals (< -alas)	gamallar (< -aleraz)	gamals
	d.	gǫmlum (< -olum)	gamalle (< -alezai)	gǫmlu (< -olo)
	a.	gamlan (< -alan)	gamla (< -ala)	gamalt
Pl.	n.	gamler (< -alai)	gamlar (< -alaz)	gǫmul (-olo)
	g.		gamalla (< -aleza)	
	d.		gǫmlum (< olum-)	
	a.	gamla (< ala)	gamlar (< alaz)	gǫmul „

Sg.	n. gefenn	gefen	gefet	Pl. gefner	gefnar	gefen
	g. gefens	gefennar	gefens		gefenna	
	d. gefnum	gefenne	gefnu		gefnum	
	a. gefenn	gefna	gefet	gefna	gefnar	gefen.

Nach gamall gehen die meisten adj. in al und -ag-, -eg-, -ug-: einige haben (wie die Subst.) u (o) statt a in alle Kasus eindringen lassen, oder können a und u (o) wechseln lassen: *fǫrull* pl. *fǫrler* (nominale Form *fǫrle*), *tigull* würdig (nominale Form *tigule*): *gjǫfull*, *gjǫfler* und *gjafall*, *gjafler* (aber natürlich nur *gjǫflum*). Statt o (u) kommt in letzter Silbe selten auch ǫ vor: *resǫl*, *heilǫg* von *resall*, *heilagr*. Die adj. in -eg- (-ig-) haben oft daneben die Ausgänge mit u -ug- (-og-), wahrscheinlich war der Wechsel hier ursprünglich bestimmt geregelt: einige haben nur u, o und durchaus Umlaut, andere später gewöhnlich nur -e-, oft unterbleibt die Synkope hier ganz oder tritt überall ein, oder betrifft bei dreisilbigen Adj. zwei Vokale: *máttkra* neben *máttegra*, *syn(ð)gr* st. und neben *synðugr*, *heilager* neben *helger*, *helgra* neben *heilagra*, *helgum* neben *heilogum* und *heilugum* (nominale F. *helge*, *heilage*). Ebenso *ýmiss*, verschieden, (statt **ýmisss*) f. *ýmiss*, gen. fem. *ýmsar* und *ýmissar*, *ýmisrar* (s. ob. 1).

Nach gefenn gehen die adj. und partic. in -en-, -il-: in *mikill* ist bei den synkopierten Formen y in erster Silbe häufig statt i: *myklar* (auch *mykill* statt *mikill* findet sich), *litill* u. auch *litt*.

Eine eigentümliche Deklination haben die **Participia in iðr** (nach *gamall*); sie nehmen zweierlei Ausgleichungen vor: es wird der Umlaut durchaus beseitigt, wenn er in éiner Form fehlt, also bei kurzsilbigen (*taliðr* wegen *talðer*) u. s. w.; aber in *heyrðr* bleibt er durchaus (s. § 12), sodann wird das i nach Massgabe der synkopierten Formen auch in den übrigen beseitigt: bei langsilbigen immer, bei kurzsilbigen zumal in jüngerer Zeit; also *heyrðr, heyrð, heyrt* u. s. w., aber

Sg.	n.	taliðr u. talðr	talið u. tǫlð	talit u. talt
	g.	taliðs u. talðs	talðrar	taliðs u. talðs
	d.	tǫlðum	talðre	tǫlðu
	a.	talðan	talða	talit u. talt.
Pl.	n.	talðer	talðar	talið u. tǫlð
	g.		talðra	
	d.		tǫlðum	
	a.	talða	talðar	talið u. tǫlð.

Ähnlich ist die Deklination von **nǫkviðr** nackt, nur ist hier der Umlaut beibehalten und scheint ein Wechsel zwischen *nǫkviðr* (< **nakviðar*) und *nǫkuðr* (< **nakuðar*) stattgefunden zu haben; es finden sich Formen wie *nǫkþer* in alten Handschriften; später sind die Formen mit o die alleinherrschenden und tritt die Synkope über ihr altes Gebiet hinaus, also *nǫktr* (< *nǫkþr*), *nǫkt* statt *nǫkviðr, nǫkvit, nǫkvið*.

4) **Kontraktion** erfolgt nach § 20, also **bláa* (< **bláva*) > *blá*, **blǫum* > *blǫm* (später *blám*), **tráum* > *trám*. Später treten offene Formen wieder auf: *tráum, bláum*; t und r sind nach dem langen Vokal häufig verdoppelt: *blárr, blátt* s. §§ 23, 26 und 81.

§ 81. va-Stämme. Ein Teil derselben ist durch Beseitigung des v in die Reihe der Kontrakta (§ 80, 4) übergegangen, so *blárr, grárr, knárr*, das frühere Vorhandensein eines v ist vielleicht an der Verdopplung des r und t (*blátt*) noch zu erkennen. Die übrigen verlieren nach der Regel v vor u (o) und vor Konsonanten (hier vielleicht durch Assimilation: *mœrr* > *mǿrr*, daneben aber auch *mœr*), *fǫlr* St. *fǫlr* g. *fǫls* d. *fǫl(v)um* a. *fǫlvan* u. s. w. Neben Stämmen in -œv- bilden sich auch hier solche in -jǫ-, jǫv-: *mœr- mjǫr, mjǫvum* u. s. w.; die Dativform **mjǫm* ist auch hier nicht zu belegen, dafür *mjǫvum, mœrum* (s. § 78, 3, § 39, 2); vor v wurde jǫ > jó (später dafür wieder jǫ und já), also

Sg.	n.	mær(r), mjǫ́r (mjár), mjór	mæ u. s. w.	mæt(t) u. s. w.
	g.	mæs(s) u. s. w.	mærrar u. s. w.	mæs(s) „
	d.	mjóvum, mjǫ́vum, mævum	mærre „	mjóvu „
	a.	mævan, mjóvan, mjǫ́van	mæva „	mæt(t) „
Pl.	n.	mæver, mjóver, mjǫ́ver	mævar „	mæ „
	g.	mærra u. s. w.		
	d.	mjóvum, mjǫ́vum, mævum		
	a.	mæva, mjóva, mjǫ́va	mævar u. s. w.	mæ „

Frár(r) schnell < **fravr* und hǫ́r(r) hoch < **háhvr* < **hauhrar* werden ähnlich flektiert; auch hier hat vielfach Übertragung der Stammform stattgefunden, z. B. wegen *hǫ́rr* < **hǫ́vr*, auch *hǫ́u*, *háu*, *háan* statt und neben *hóvan*, *fráu* neben *frávan* statt **fravan*; und umgekehrt *hǫ́vum*, *hávum* statt und neben *hǫ́m*, *hám*, *frǫ́vum* statt und neben *frǫ́m*.

Auch die o-Laute (und bei *frár* die Quantität des Stammvokales) sind vertauscht: *hǫ́van* (sp. *hávan*) statt *hóvan* und *hór* statt *hǫ́r* (*hárr*), eigentlich sollte vor v ó stehen, sonst ǫ́ (später á); *frávan* hat seine Länge den kontrahierten Formen zu danken, der Stamm heisst *frav-*, nicht *fráv-*. Statt v findet sich oft f geschrieben.

§ 82. ia-, ja-Stämme. Die ia-Stämme (denen sich die i-Stämme anschlossen) haben durchaus Umlaut und sind daran als alte ia- (i-) Stämme zu erkennen, sind aber durch den Ausfall des i ganz mit den -a-Stämmen zusammengefallen: *sæll*, *kœnn*, *rœnn*, *mœrr*, *hrein*, *gørr* (St. *gørvi-*, pl. *gørver*, dat. *gør(v)um*), wohl auch *vildr*, *blíðr* u. s. w., gen. *sæls*, dat. *sælum*, a. *sælan* u. s. f. Nur Gutturalstämme können den Palatallaut und damit i (j) beibehalten: *-tækr*, dat. *tækum* und *tækjum*, ebenso *ríkr*, *styrkr* u. s. w.

Die ja-Stämme verlieren j vor Konsonanten, vor e und im Auslaut: *nýr*, *ný*, dat. *nýjum*, *sekr*, *sekjum* u. s. w., also:

Sg.	n.	miðr	mið	mitt
	g.	miðs	miðrar	miðs
	d.	miðjum	miðre	miðju
	a.	miðjan	miðja	mitt
Pl.	n.	miðer	miðjar	mið

u. s. w.

Stämme in vi verloren wohl ursprünglich i wie andere ia-Stämme, also **myrkviar* > *myrkvar*, **myrkvium* > *myrkum*; erst durch Analogie der -kia- und -gia-Stämme drang hier häufig (wohl von den Dativen aus) j ein, also *myrkr*, *myrkum* und *myrkjum*, wie *styrkr*, *styr-*

kum und *styrkjum*, dann auch *myrkjan*, *myrkjar* u. s. w., sowie *myrkan*, *myrkar*; häufig genug aber blieb v bestehen und wurde sogar vor u wieder eingesetzt, also: *døkkver*, *døkkvar*, *døkkvum*.

U-Stämme sind bei den Adjektiven nicht mehr vorhanden: got. *hardus* = an. *harðr*, nicht **hǫrðr*.

§ 83. Beispiele zu den Adjektiven.

1) Einsilbige a- (und ia-) Stämme: auðr leicht (schwach auðe), bágr schwierig, berr bloss, bjúgr krumm, blautr weich, bráðr schnell, brattr jäh, danskr dänisch[1]), deigr weich, dauðr tot, falr käuflich, framr dreist, djúpr tief, fastr fest, vátr feucht; -samr -sam u. s. w.; ia-Stämme: ætr essbar, gengr gehend, sæll glücklich, bærr tragbar, eygr mit Augen versehen (dat. eygum und eygjum u. s. w.), dræpr zu töten, frægr berühmt u. s. w.: -rænn (< rænr, ia-Stamm) in austrænn östlich u. aa., beinn richtig, brýnn deutlich (ia-Stamm), dæll leutselig (ia-Stamm), fúss bereitwillig; -aldr -alterig (schw. aldre), digr dick (digre), fagr schön (fagre); jafn eben (jafne), gjarn geneigt (gjarne), frjáls frei (frjálse) u. s. w.; -mennr und -meðr (ia-Stamm) in fjǫlmennr zahlreich besucht, begleitet u. s. w.; gruðr und grunnr mit seichtem Grund, seicht, saðr, sannr wahr, kuðr, kunnr kund; grannr dünn, þunnr dass.

2) Mehrsilbige a-Stämme: wie gamall (acc. -an): vesall elend (acc. veslan, schw. vesle), svikall verräterisch, snugall (snogall) durchdringend, hugall aufmerksam; atall und ǫtull hochmütig, grimmig, gjafall und gjǫfull freigebig; spurull neugierig, fǫrull wandernd (schw. fǫrle); Adj. in -eg-, -ug-, -ag-, -leg-: auðegr, auðugr reich (schw. auðege und auðge), máttegr mächtig, blóðegr blutig, nauðegr nötig; gǫfugr freigebig, ǫrðugr steil, synðugr sündig, ástúðegr gnädig gesinnt, grimmúðegr grimmig; heilagr (schw. helge und heilage) heilig; ýmiss (schw. ýmisse und ymse) verschieden; grimlegr grimmig, ríkulegr reichlich, drengilegr mannhaft, guðlegr göttlich u. s. w. behalten e durchaus, ebenso heimill (oder -ull) verfügbar, wohl auch tigull würdig. Wie gefenn: alle Participia in enn, eigenn eigen, feginn erfreut (fegne, nicht fagne); mikill (mykill) gross, lítill klein; annarr anderer < *anþarr, acc. annan, neutr. annat; gen. pl. aðra u. s. w.); unverändert bleiben die adj. in -óttr (< *uhtr).

3) Kontrakta: blárr blau (blǫ́, blátt, schw. bláe), fárr wenig, grárr grau, hrár roh, spár kundig; trúr treu, hárr hoch, frárr schnell flektieren auch als va-Stämme.

1) = *danskr*, kein Umlaut wegen des kurzen a; dagegen *brøyskr* zerbrechlich, *bernskr* kindisch, kindlich.

4) va- (und via-)Stämme: ǫlr trunken (schw. ǫlve), fǫlr fahl, ǫrr freigebig, gǫrr gethan, hǫss aschfarben, þrǫngr enge, rǫskr rasch, tryggr treu, kvikr (kykr) lebendig; glǫggr genau, snǫggr kurzhaarig: dǫkkr dunkel, myrkr dunkel, dyggr treu u. s. w.; slær (sljór) stumpf, fraer fruchtbar, mær schlank u. s. w.

5) ja-Stämme: miðr mittlere (nur stark), nýr neu (nýe, nyjum, nýrre), hlýr warm, sær sichtbar, sekr verurteilt.

Anhang zum Adjektivum.

A. Komparation.

§ 84. Die Endungen des Komparativs und Superlativs sind

	1) ^{i}re		^{i}str	oder
	2) are (< öz-),		astr. (< öst-)	
also	langr	lengre	lengstr	lang
	spakr	spakare	spakastr	klug.

Bemerkungen.

1) Der Komparativ wird immer schwach dekliniert nach § 78. 5: also sing. *lengre, lengra* u. s. w., plur. *lengri, lengram* u. s. w., der Superlativ wie die Adjektive stark und schwach.

2) Über die Anfügung des r s. §§ 23. 26. also *heille* < **heilre*, *hreinne* < **hreinre*, *fegre* < **fegrre* (-sr- kam nicht vor, da die Adj. in s -are, -astr haben).

3) Umlaut sollte nur in langer Silbe und (weil r < z entstand) bei Vokalstämmen erfolgen: *lægre, skemre, stœrre, fǽr(r)e, smǽr(r)e* zu *lág-, skamm-, stór-, fá-* (< *fau-*), *smá*, aber *batre*, doch dringt der Umlaut auch bei kurzsilbigen ein: *betre, beztr, fremre, fremstr* und im Superlativ der Vokalstämme *fæstr*.

4) Bei zweisilbigen wird vor -re der unbetonte Vokal erhalten: *sripull* : comp. *sripulle* (< **sripulre*): gewöhnlich haben sie -are und astr: *gjǫflare : gjǫflastr, fegenn : fegnare* u. s. w. Kontrakta erleiden vor re und str keine Veränderung als event. den Umlaut: s. oben *fǽrre* (über rr s. § 26). *fæstr*: a vor are. astr dagegen wird mit dem Endvokal der Adj. kontrahiert: *knáre* < **kná-are*, *þrástr* < **þrá-astr*. va-Stämme behalten ihr v vor a (aber natürlich *rǫskustum* < **rǫskvastum* u. s. w.), verlieren es vor r, st: *gloggre, gloggstr*. va-Stämme mit doppelter Stammform können teilweise nur eine komparieren: *mær-mjór : mjórare (mjórre), mjorastr (mjóstr)*; *hár : hærre, hæstr*; *frár* :

frárari, frárastr und *fróstr;* ja-Stämme behalten j vor a, verlieren es vor r, st: *nýrri, nýjastr;* gutturale ia-Stämme (s. oben § 82) haben vor a meist j: *hægjastr* (aber auch *ríkastr*).

5) Viele Adjektiva haben den comp. re, den superl. astr: *nýr, nýrre, nýjastr,* oder im comp. oder im superl. zwei Formen nebeneinander: *sløvre* und *sløvare, frægstr* und *frægjastr.*

§ 85. Beispiele.

1) re, str: lágr niedrig, lægre, lægstr, langr lang, framr vorn befindlich, skammr enge, grunnr (-ðr) seicht, stórr gross, þunnr dünn, þungr schwer, magr (St. magr-) mager: ungr jung, *yngre, yngstr* und *œre, œstr,* vænn schön, vænne, vænst, grœnn grün, heill heil (sup. auch -astr), sæll glücklich: gjǫfull freigebig (-ulle), svipull herumschweifend: hárr hoch, hærre, hæstr, fárr wenig, smárr klein: glǫggr genau, *glǫggre, glǫggstr* (und *-vare, vastr*), þrǫngr enge, *þrǫngre* (und *þrǫngvare*), *-str* (und *-astr*), ríkr reich, *ríkre, ríkstr* (und *ríkare, ríkastr*): frægr berühmt, *frægre, frægstr* (*frægjastr*), hægr bequem; nýr neu, *nýre* (aber *nýjastr*).

2) are, astr: so die meisten (einige haben daneben auch re und str, s. oben): frjáls frei, auðegr reich, *auðgare, auðgastr,* gjǫfull freigebig, *gjǫflare;* feginn erfreut, *fegnare;* dyggr treu, *dyggvare, -vastr,* rǫskr rasch, kräftig, mjór schlank (später *mjórre, mjóstr*) u. s. w. u. s. w.

§ 86. Selbständige Komparative und Superlative.

Zu einer Reihe von Komp. und Superl. fehlt ein Positiv desselben Stammes, z. B.:

ellre, eldre (< *alþize)	ellstr	dazu	gamall alt
batre, sp. betre	baztr, beztr	„	góðr gut
verre	verstr		illr, vándr schlecht
fleire	flestr		margr viel, mancher
minne	minstr		lítill wenig
meire	mestr	„	mikill gross
norðre, nyrðre	norþstr, nyrþstr	v. St.	norð- nördlich
syðre, synnre	synnstr		sunþ- südlich
ytre	yztr		út- aussen
firre	firstr		ferr- (fjarr-) ferne

u. s. w.

Bei einigen derartigen Stämmen wird aus dem Komparativ in -arre (neben -are) ein r-Stamm gefolgert und ein Superlativ in -arstr (neben astr) gebildet: framarre framarstr, síðarre síðarstr, fystr statt fyrstr ist lautliche Vereinfachung, s. § 26.

œre, œstr zu úngr jung sind regelrechte Bildungen: œre < **āhize* < **ju(n)hiz(ē)*, ebenso *œstr* < **junhistaz*: h gegenüber dem g des Positives ist (wie im got. *juhiza*) nach Verners Gesetz zu erklären.[1])

B. Bildung der Adverbia.

§ 87. Aus Nominibus werden Adverbia durch eigene Endungen gebildet, oder es werden Nominalkasus als Adverbia verwendet.

1) Adverbialendungen: a, z. B. *víða* weit, *snemma* eilig, frühzeitig, *illa* übel, *gǫrva* vollkommen; -lega, z. B. *nálega* fast, *djarflega* kühnlich; -la, z. B. *varla* kaum, *árla* frühzeitig. Eine adverbiale Komparativendung ist ᴿr und ar: *lengr* länger, *skemr* kürzer, *gorr* vollständiger, *betr* besser, *verr* schlechter, *meirr* mehr (st. und neben *meir* < **maiz*), *síðar(r)* später, *framar(r)* weiter vor oder vorn; aus den Komparativen der Adjektiva werden neue Adverbia (= dem Neutr.) gebildet, wie *lengra, víðara*. Der Superlativ ist überall gleich dem neutr. des Adjektivs: *lengst, betzt, verst, síðarst* u. s. w.

2) Jüngere Nominalbildungen: nom. oder acc. neutr. *langt* weit, *skamt* enge, *mjǫk* viel, *lítt* wenig und alle adverbialen Superlative, s. oben; gen.: *heimleiðis* heimwärts, *um(h)verfis* umher, *afhendis* abhanden, *afheyris* aus den Ohren, *margstaðar* an vielen Orten, *einskonar* übereinstimmend, *utanlands* in (aus) der Fremde; dat.: *einkum* besonders, *stundum* bisweilen, *bráðum* schnell, *gegnum* (*gǫgnum*) hindurch, *miðlim, millim* inzwischen, *ǫðruvísi* anders; acc.: *bráðan* schnell, -*veg*, z. B. in *þan(n)eg* so, *ei* immer.

Pronominale Adverbia s. beim Pronom.: die übrigen Adverbia sind von nordischen Nominalstämmen nicht abzuleiten, z. B. *oft* oft, comp. *oftar(r)*, superl. *ofta(r)st, niðr* nieder, unten, comp. *neðar(r)*, superl. *neða(r)st*, *aftr* zurück (lokal), *eptir* hinterher, danach (temporal) u. s. w., sie sind zum Teil Weiterbildungen von Präpositionen: *inn* ein, *úti* draussen, *fyrir* vorn, vor, comp. *fyrr*, früher, superl. *fyrst* u. s. w., während umgekehrt einige Präpositionen deutlich auf nordische Nomina zurückweisen, z. B. *í millim* zwischen, *í gegnum* durch, *mót* gegen, *sakar* wegen, *nær(r)* nahe bei u. aa.

1) Die oben angegebenen Formen *gagre, gagstr* sind nordische Neubildungen aus ziemlich alter Zeit.

3. *Pronomina.*

§ 88. Die persönlichen Pronomina sind ek (ék) ich, ðú du, vér wir, ér (ðér) ihr, okkr wir beide, ykkr ihr beide, sín seiner.

Sg.	n.	ek, ék ich	þú du (richtiger ðú)	
	g.	mín	þín („ ðín),	sín seiner
	d.	mér	þér („ ðér),	sér
	a.	mek, mik	þek, þik (richtiger ðek),	sek, sik
Pl.	n.	vér wir	ér, þér (ðér)	
	g.	vár	yðvar, yðar	= sing.
	d.	oss, oss	yðr	
	a.	oss, oss	yðr	

Du.	n.	vit wir beide	it, þit (ðit) ihr beide
	g.	okkar	ykkar
	d.	okkr	ykkr
	a.	okkr	ykkr

Bemerkungen: *vár* entstand aus **u(ns)ar*; *oss* < **osiz* < **unsiz* findet sich nur in den ältesten Handschriften und ist hier auch auf den acc. übertragen; ss von *oss* scheint aus *oss* übertragen zu sein (*oss* < **ōs* < **uns*); *okk-* < *unk*; für *ér* tritt in ältester Zeit selten, später häufiger, zuletzt immer *þér*, für *it þit* ein; die Formen *þér*, *þit* erklären sich aus einer falschen Trennung von Verbindungen wie *gefiðér*, *gefiðit* ihr gebt in *gefi-þér*, *gefi-þit* (das Fehlen des Endkonsonanten *ð* in *gefi* ist zu vergleichen mit dem Fehlen des *m* in der 1. pl. *gefu vér*, was frühzeitig vorkommt). Auch þú (= ðú) wird häufig an das vorausgehende Verbum (zumal den Imperativ) ikliniert und erleidet dadurch Veränderungen: *mun-ðú* > *munda*, *mundo*, *munt-þú* > *muntu*, *gjalt-þú* > *gjaltu* u. s. w., s. § 25; wo þ in der Schrift erhalten bleibt ist nicht wirkliche Inklination erfolgt. *ek*, *mek*, *sek* verlieren bei der Inklination zumal in alter Zeit ihren Vokal: *sagða'k*, *gefumk*, *kallask* u. s. w., oft tritt *ek* in älterer Zeit zweimal zum Verbum, *ek etlak* ich denke, dafür auch früh schon *ek etlag*, wenn -g hier wirklich = ek, vgl. *hafðegak* ich hatte nicht. § 99; *yðrar* u. s. w. < **iðr-* (< **izr-?*), *ykk-* < *inkv-*; v ist nach *ykk-* nirgends bewahrt, nach *yð-* frühzeitig abgefallen; vereinzelt findet sich aber *yðvar* auch noch in ganz späten Handschriften. *sín*, *sér*, *sik* sind nur reflexiv; als persönliches Pronomen der dritten Person wird hann, hón verwendet.

		masc.	fem.
Sg.	n.	hann er	hón, hon (sp. hun, hún) sie
	g.	hans	hennar
	d.	hǫnum, hánum, honum	henne
	a.	hann	hana.

Die Formen mit ǫ, ó sind die ältesten, die mit o die gewöhnlichen in der klassischen Zeit; zu Grunde liegt ein Stamm *hin-*; daher nom. *hann* (aus *hánn*), nicht *hanr*; *hennar*, nicht *henrar*; (*-nar*, *-ne* < *rar re*): die Endungen sind nämlich ursprünglich mit Ausnahme des acc. masc. die der starken Adjektiva (vgl. z. B. *vænn*).

Als neutr. und pl. werden Formen des pron. demonstr. sá, þat, þeir u. s. w. verwendet, s. unten.

§ 89. Aus den persönlichen Fürwörtern werden Possessiva gebildet, die wie Adjektiva flektiert werden, nämlich m í n n mein (fem. *mín*, neutr. *mitt*, dekliniert wie *gefenn*, í vor nn, tt sehr bald verkürzt), ebenso þ í n n dein, s í n n sein; o k k a r r, y k k a r r, y ð v a r r mit einigen Abweichungen wie *gamall*; v á r r unser, hatte ursprünglich eine aus den beiden Stämmen *vár-* und *ór-* gemischte Deklination, nämlich *vár-*, wo die alte Stammform **unsar-* hiess (vor Konsonanten), *ór* (älter *ǫ̃r* mit nasaliertem o, so bei *Þóroddr*), wo *unsr-* zu Grunde liegt: später wird *vár-* verallgemeinert; wo á in ǫ́ umlautete, fiel v ab und zu weg. Die Deklination der Possessiva in arr ist:

Sg.	n.	okkarr	okkur	okkart	Pl. okkrer	okkrar	okkur
	g.	okkars	okkarrar	okkars		okkarra	
	d.	okkrum	okkarre	okkru		okkrum	
	a.	okkarn	okkra	okkart	okkra	okkrar	okkur,

ebenso *yðvarr*, welches sein v vor u, vor Konsonanten, später auch vor a verliert, und *ykkarr*; im acc. masc., im neutr. dringen auch Formen nach gefenn ein: *okkann*, *okkat*. Die gewöhnlichen Formen von *várr* sind

Sg.	n.	várr	(v)ǫ́r, vár	várt
	g.	várs	várrar	várs
	d.	órum und vǫ́rum várum	várre	óru und (v)ǫ́ru váru
	a.	várn	óra, vára	várt
Pl.	n.	órer und várer	órar, várar	(v)ǫ́r, vár
	g.	várra		
	d.	órum und (v)ǫ́rum várum		
	a.	óra und vára	órar, várar	(v)ǫ́r, vár.

Eine Nebenform *oss-* in *ossa*, *ossar* u. s. w. neben *óra*, *órar* ist wohl aus der Analogie von *yðra*, *yðrar* zu *yðr* entstanden; kaum ist s das im ursprünglichen *unsra*, **unsrar* vorhandene.

§ 90. D e m o n s t r a t i v a. Die Deklination ist die von hann, masc. (r). s. nm. n: fem. nu). rar. re. a. das Übrige wie beim adj.

1) **en-, in-:** a) enn, en, et als Artikel vor Adjektiven gebraucht[1]): *enn gođe* der Gute; dafür auch oft in der gleichen Handschrift *inn, hinn*; Deklination wie die der Adjektiva in -enn, nur bleibt e überall erhalten: *ens, ennm, ennar, enne*. In ganz jungen Handschriften findet sich auch die schwache Deklination: im pl. *enn*.

b) als suffigierter Artikel: *mađrenn* der Mann, der Vokal ist e oder i; in alten Handschriften ist *enn* als selbständiges Wort geschrieben: *mađr enn, líkame enn*, später sind beide Worte immer verbunden; Artikel wie Substantiv erleidet bei der Verbindung Verkürzungen: der Vokal des Artikels fällt aus, wo das Substantiv einen Vokal in der Endung hat, und wo dem *en-* (mit einfachem n) unbetonte Silbe vorhergeht: *saga + en = sagan, dagar + ener = dagarner*, aber *fađerenn*, nicht **fađernn, (dog)umnum* wird gewöhnlich *(dog)unum*; auch nach betonter Silbe, zumal wo sie in l, m, r endigt, fällt der Vokal des Artikels vor einfachem n oft aus, besonders im dat.: wie auch *dalnum, sólna*; nach langem Vokal (von Vokalstämmen) kann e bleiben oder wegfallen, letzteres gewöhnlich nur wo der Artikel zweisilbig ist: *fé́it* und *fét* (selten), *féinu* und *fénu, meyinu* und *meynu, ána, ánne*, aber kaum **án, bænum* und *bæinum*, aber nicht **bænn*. Unregelmässig ist *menńirner* (neben *menniner*) die Männer, statt *menniriner*, ebenso nehmen andere Konsonantenstämme im pl. Endungen von Vokalstämmen an: *rekendirnar, nættirnar* und aa. st. *rekendrenar, nætrenar*.

Paradigmen (*boge, kona, land*).

m.		f.		n.	
bogenn	bogarner	konan	konurnar	landet	lǫnden
bogans	boganna	konunnar	kvennanna	landsens	landanna
boganum	bogunum	konunne	konunum	landenu	lǫndunum
bogann	bogana	konuna	konurnar	landet	lǫnden.

c) hinn, hin, hitt dieser; Deklination wie von *minn*; tt ist hier bewahrt, weil *hinn* als eigentliches pronom. demonstr. betont ist.

2) **sa-, þa-** der, is, ὁ. Die Deklination setzt sich aus den Stammformen sa, so, þa, þei (eigentlich đa, đei) zusammen; *þei-* ist im Nord. weiter verbreitet als es von Anfang an war (vgl. got. *þizós*), die Deklination ist der von enn entsprechend.

Sg.	n.	sá	sú	þat	Pl.	n.	þeir	þær	þau
	g.	þess	þeir(r)ar	þess		g.		þeir(r)a	
	d.	þeim	þeir(r)e	þvé, þvi		d.		þeim	
	a.	þann	þá	þat		a.	þá	þær	þau

1) Nach [illegible] Falle öfter mit dem vorausgehenden Subst. verbunden [illegible]

Bemerkungen: Die Vokale in sá (< sa gedehnt, § 12) [illegible] waren auch beim Adjektiv einmal in den betr. Kasus vorhanden: *blindur, blinda, blinda*; *þeir* hat wie *blindir* sein r dem Nomen entlehnt; die Formen mit einfachem r sind die älteren, wurden aber allmählich (schon seit alter Zeit) durch die mit rr ersetzt. *þær* < **þez* [illegible] wirkt Umlaut; *þré* geht bis in das 13. Jahrhundert herab neben *þei* [illegible] ist aus *ré* (s. u.) eingedrungen; die Form *þí* tritt bald neben *þei* auf und ist jetzt die einzige (geschrieben [illegible]) [illegible] neben *þess* ist auch *þes* zu finden, s. § 23.

[illegible] sasa, eine Verstärkung von 2), [illegible] unser dieser von der Frühzeit [illegible] hat Ausgleichung das alte Schema zerstört; es [illegible] sich noch Weiterbildungen in [illegible] (a) von solchen in si unterscheiden: zu dem nom. [illegible] (halb starke, halb schwache) Kasus mit der Stammform *þes-* [illegible] *þ-*. Auf Runeninschriften finden sich noch Formen wie [illegible] *susi*, *þeþsi*, [illegible] *þesi*, die später verschwanden. Die in der Litteratur erhaltenen [illegible]

		1) in a:			2) in si (se) und daraus abgeleitet		
Sg.	n.	sjá	sjá	þetta	þessi	þessi	(þetta)
	g.	þessa			þessa	þessarrar	þessa
	d.	þeima		þvísa	þessum	þessi (þessarre)	þessu
	a.	þenna			þansi	þessa	
Pl.	n.				þessir	þessar	þessi
	g.				þessa, þessarra		
	d.	þeima			þessum		
	a.				þessa	þessar	

Von den Bildungen [illegible] a [illegible] *þenna* und *þetta* später erhalten [illegible] verschwinden [illegible] *þessir* = [illegible] fem. sg. fem. und n. [illegible] Wahrscheinlich z. B. *þessarrar* [illegible] zu [illegible] ist es kommt [illegible] § 23 [illegible] z. B. *þeþsi* [illegible] wegen [illegible] unter *hérna*, *þerna*

[illegible]

[illegible] hi [illegible] *hinn* [illegible]

§ 91. [illegible]

tivpartikel **er**, älter **es**, **as*, **jas*[1]), später dafür auch **sem** (eigentlich wie). *Es*, *er* wird mit dem Demonstrativum enge verbunden: in der älteren Zeit (bis Anfang des 13. Jahrhunderts) verliert es gewöhnlich seinen Vokal *sás*, *sár*, *þats*; erhalten blieb die synkopierte Form lange in *þars* = wo, immer in *unz* (*und-s*) bis. Statt mit dem Demonstrat. wird *er* in späterer Zeit auch mit dem Interrogativ verbunden: *hvat er*, oder es wird dies ohne *er* als Relativum benutzt. Relative Verbindung stellen ausser *er* und *sem* auch *en* (älter *an*, **jan*), als, und *ok* her.

§ 92. Interrogativa.

1) Stamm **hva-**. Die erhaltenen Formen dieses Stammes (unser wer, was; qui, quod) sind:

	masc.	fem.
Sg. n.	(*hvá)	hvat
g.	hvess	hvess
d.	hveim	hvé, hví
a.	(*hvan)	hvat.

hvá, *hvan* sind nur im Altschwed. erhalten, *hveim* (auch pl.) ist selten, alle fehlenden Formen werden durch das Pronomen *hverr* ersetzt. *Hvé* wird gewöhnlich als Adverbium, = wie, gebraucht.

Anmerkung. Hierher gehören die Adverbia *hvar* wo, wohin, *hvaðan* woher.

2) Stamm **hvár-** welcher von beiden, eine Art Komparativbildung zu *hva-* < **hvahr* < **hvaþer* oder **hvaþar-* (weder, uter, πότερος). Deklination wie die von *várr*, also acc. *hvárn*, gen. pl. *hvárra*, fem. *hvǫr* (*hvár*).

3) Stamm **hverj-** welcher, qualis < **hvarj-*, Deklination nach *hvárr*, nur steht natürlich j vor vokalischen Endungen (ausser -er): *hverr*, *hver*, *hvert*, *hverjar*, *hverjum* u. s. w.: im acc. sing. hat *hverr* neben der pronominalen Endung -n auch die adjektivische -jan, aber äusserst selten; jung sind schwache adjektivische Endungen *hverja* für *hverju* u. s. w.

Da *hverr* auch als masc. zu *hvat* gebraucht wird und das neutr. *hvat* gewöhnlich für *hvert* (*hvert* ist gewöhnlich indefinit), so dringt das a von *hvat* auch in die Formen von *hverr* ein: *hvarr*, *hvǫr*, *hvart*, *hvars* u. s. w. Das j fällt dann in der Regel weg (d. h. es geht wie *hvárr*): *hvara*; *hvarr* ist besonders im Altnorw., *hverr* im Isl. gebräuchlich.

1) jas auf Runeninschriften; es > er ist kaum lautlicher Übergang, sondern beide gehen auf ez zurück, welches je nach der Nachbarschaft tönender oder tonloser Laute zu er oder es wurde; ez war unbetont und schloss sich von selbst an benachbarte Worte an; auffallend bleibt nur, dass in einigen ältesten Handschriften er so gut wie ganz fehlt; die Schreibung ess kann kaum zu Schlüssen auf den Ursprung der Partikel verwendet werden; vielleicht sind at und an desselben Stammes.

Anmerkung. Hierher gehört das Adverbium *hversu* wie?, das Korrelativum dazu ist *svá* so; *hverneg, hvernuk* wie?

5) Interrogativ ist auch das Adjektivum *hvílikr* »welcher«. Korrelativ *þvílikr* und *slíkr* (< **svalíkr*) solcher.

§ 93. Indefinita.

a. Einfache Stämme.

1) einn, ein, eitt ein (Zahlwort, dekliniert wie *minn*), neg. neinn; 2) sumr, sum, sumt ein (Adjekt.); 3) margr, mǫrg, mart mancher (Adjekt.); 4) ýmiss verschieden, pl. ýmser quidam (Adjekt.); 5) annarr (< **anþarr*, daher z. B. gen. pl. *aðra*, nie **annra* u. s. w.), ǫnnur, annat ander, dekliniert wesentlich wie *gefenn*, nämlich

Sg.	annarr	ǫnnur	annat	Pl.	aðrer	aðrar	ǫnnur
	annars	aðrar	annars			aðra	
	ǫðrum	aðre	ǫðru			ǫðrum	
	annan	aðra	annat		aðra	aðrar	ǫnnur.

6) báðer, beide, setzt seine Deklination zusammen aus den Stammformen *báð-*, *báði-*, **bajj-*, d. i. an. *beggj-*.

n.	báðer	báðar	bæði
g.		beggja	
d.		bǫ́ðum (báðum)	
a.	báða	báðar	bæði.

Die Vielheit von Stämmen wird hier und da beseitigt und *báð-* durchaus eingesetzt: *báðra, báði.*

7) sjálfr selbst, dekliniert wie ein Adjekt., doch werden auch die Neutralformen für alle Geschlechter verwendet: *oss sjǫlf, sjǫlfa sér.*

Hierzu kommt hverr jeder (dekliniert wie das Interrogativum), dafür auch hverr sem einn.

b. Zusammengesetzte Stämme.

1) einnhverr, einhver, eitthvert (adj.) und eitthvat (subst.) irgend einer: entweder werden beide Teile flektiert: *einshvers, einnehverre*, so immer im neutr. *eit(t)hvert, eit(t)hvat*, oder auch nur *hverr*: *einhverja, einhverrar.*

2) nokkverr, nokkver, nokkvert (adj.) und nokkvat (subst.) irgend einer, wahrscheinlich aus **ne-veit-ek-hverr* ich weiss nicht wer entstanden; obige Formen sind nur in den ältesten Handschriften Regel; natürlich ist für o (< e) oft e geschrieben; im neutr. findet sich schon in ältester Zeit *nakkvat* f. *nokkvat*, und von hier aus beginnen wahr-

scheinlich Angleichungen an *annarr*, also Formen wie *nakkvarr*[1]), *nǫkkvor*, *nǫkkvorum*, kontaminiert sind z. B. *nǫkvarn*, *nǫkvert*, *nekkvet*, *nokkvorum*, *nekkvorar* u. s. w., ungewöhnlich ist *nokkurt*, eigentümlich und selten sind *nokkvirr*, *nakkvort*, *nǫkviom*, *nokyrom*, *nǫkkyrn*, *nakkvu*; selten findet sich o, e in erster Silbe, wenn die zweite o oder u angenommen hat, also *nekkverr* neben *nǫkkvorum*, aber nicht oft *nǫkkverr* oder *nekkvorum*. In der klassischen Zeit überwiegen eine Zeit lang die Formen von *nakkvar-*, später nehmen die von *nǫkkor-* überhand und bleiben zuletzt allein übrig. ǫ geht (wie öfter vor Gutturalen) später in o über; j verschwindet allmählich, selten steht es in Formen mit a oder o (u) in zweiter Silbe.

Als die drei wichtigsten Phasen der Entwickelung, die aber häufig ineinandergreifen, sind anzusetzen:

masc.

sing.			plur.		
nokkverr	nakkvarr	nǫkkurr	nokkverer	nakkvarer	nǫkkurer
nokkvers	nakkvars	nǫkkurs	nokkverra	nakkvarra	nǫkkurra
nokkverjum	nǫkkvorum	nǫkkurum	nokkverjum	nǫkkvorum	nǫkkurrum
nokkvern	nakkvarn	nǫkkurn	nokkverja	nakkvara	nǫkkura

fem.

sing.			plur.		
nokkver	nǫkkvor	nǫkkur	nokkverjar	nakkvarar	nǫkkurar
nokkverrar	nakkvarrar	nǫkkurrar	nokkverra	nakkvarra	nǫkkurra
nokkverre	nakkvarre	nǫkkurre	nokkverjum	nǫkkvorum	nǫkkurum
nokkverja	nakkvara	nǫkkura	nokkverjar	nakkvarar	nǫkkurar

neutr.

sing.			plur.		
{ nokkvert (adj.) { nokkvat (subst.)	{ nakkvert { nakkvat	nǫkkut	nokkver	nǫkkvor	nǫkkur
nokkvers	nakkvars	nǫkkurs	nokkverra	nakkvarra	nǫkkurra
{ nokkve { nokkverju	nǫkkvoru	nǫkkuru	nokkverjum	nǫkkvorum	nǫkkurum
{ nokkvert { nokkvat	nakkvert nakkvat	nǫkkut	nokkver	nǫkkvor	nǫkkur.

3) **sérhverr** jeder für sich, dekliniert wie *hverr*.

4) **hvatvetna** was auch immer. *-vetna* ist wahrscheinlich ein gen. pl. zu einem Feminin- oder Neutralstamm *vettan-* (< *vihtan*) Ding: gen. *hversvetna*, dat. *hvívetna*; der Ton scheint auf *vetna* zu liegen, weil *hvat-* (auch *hvet-* kommt vor) später zu *hot-* wird.

1) Von dem orthographischen Wechsel zwischen kk, ck, cq, kq, q sehe ich in den Beispielen ab, ebenso von dem zwischen u, o, ǫ, au, av.

Mit gi (teils allgemein indefinit, teils negierend):

5) **e i n n - g i** keiner. *engi*, fem. *engi*, neutr. *etki*, ei > e vor mehrfacher Konsonanz nach § 18, vor Vokal bleibt ein: *einungi* (st. **einumgi*), *einugi*; ebenso gern vor sk und k: *einskis*, *einkis*; erst in später Zeit wird *engi* > *eingi* wie *lengi* > *leingi*; *etki* wird frühzeitig > *ekki*. Die Deklination hat Ähnlichkeit mit der von *þessi*, d. h. es wird die angehängte Partikel -gi statt des Stammes *en-* (< *ein-*) dekliniert, oder beide, letzteres am längsten im gen. *enskis* neben *enkis*; *einungi*, *einugi* sind nur in den ältesten Handschriften zu belegen.

	masc.	neutr.	fem.
Sg.	engi	etki, ekki	engi
	enskis, enkis, engis	=	engrar
	e(i)nungi, einugi, engum	einugi, engu	engre
	engi, engan	etki, ekki	enga
Pl.	enger	engi	engar
		engra	
		engrum	
	enga	engi	engar.

Hiervon sind in der klassischen Zeit die dreisilbigen Formen und etki nicht mehr gebräuchlich. Wahrscheinlich aus Formen wie *einugi* und ähnlichen bildete sich ein adj. (*einugr*) *einigr*, das im gen. dat. acc. sing. fem. und im plur. masc. fem. für *engi* eintreten kann. Zu dem dat. *engum*, acc. *engan* bildete man sich hier und da einen nom. *engr*; statt *engi* kommt später auch *enginn* (n. sg. masc.), *engin* (n. sg. masc., fem. n. pl. neutr.) auf. Ferner tritt bald Vermengung mit dem Adjektivstamme **o n g v -** ein, da dieser sein v häufig verlieren musste (**ongv-rar* > *ongrar*) und o (< e) dem e sehr nahe lag und sehr häufig (zumal in späterer Zeit) e geschrieben wurde. Dieser Stamm

5a) **o n g v -** keiner wird dekliniert:

Sg.	ongr	(ong)	—	Pl.	ongver	ongvar
	—	ongrar	—		ongra	
	ongum	ongre	ongu		ongum	
	ongvan	ongva	—		ongva	ongvar.

Statt o- findet sich, zumal wo v fehlt, e und seltener ǫ-: statt *-rar*, *-re*, *-ra* auch *-rarrar*, *-rarre*, *-rarra* (vgl. oben *þessi*), also *ongrarrar* u. s. w.; v fehlt schon in den ältesten Handschriften häufig: nom. sg. *ongi* ist aus *engi-* und *ongr-* gemischt. Jung ist die Form *eing-*, *aung-* für *eng-* (*ong*).

6) **h v e r r - g i**, **h v a t - k i** wer, was nur immer, jeder. Die Deklination analog der von *engi*, doch fehlen einige Formen.

	masc.	fem.	neutr.	
n.	hver(r)gi	hvergi	hver(t)ki	hvatki
g.	hverskis hverkis (-gis)	[hverra(r)gi?]	hverskis hverkis	hvesskis
d. (sg. pl.)	hverjungi	sg. hverregi	[hverjugi?]	hvégi, hvigi
a.	hverngi, hverngan		hvatki	
Pl. n. acc.	—	hverja(r)gi	hvergi	

Die Formen in [ ] sind kaum zu belegen.

Daneben wird auch hier ein Adjektivum in -igr (egr) gebraucht: *hverigr, hverigum, hveriger, hverigrar* u. s. w., pl. fem. *hverigi* (gemischt aus **hverjargi* und *hverigar*), dasselbe auch im neutr. neben *hverig*; ähnlich *hvernigan* statt *hverigan*. Statt *hverr* steht auch *hvarr*, s. oben.

7) hvárr-gi jeder beliebige (von zweien). Dekliniert wie *hvergi*; d. masc. *hvǫrungi* (*hvárungi*), d. neutr. *hvǫrugi* (*hvárugi*) u. s. w.; auch hier sind einige Formen nicht belegt und ergänzt ein Adjektivum *hváregr* die fehlenden Kasus und entstehen gemischte Formen wie *hvárnegan*.

8) manngi keiner, nur sing., in den übrigen Kasus dekliniert wie *maðr, mannskis, mannegi, manngi*.

9) vættki nichts; gen. und dat. wie von einem schwachen Femininum *vætta : *vættugis, vættugi, vætt-* < **vaihti-* Ding.

Andere Komposita:

10) annarrtveggi der eine von beiden: sowohl *annarr* wie *tveggi* werden dekliniert, letzteres als schwaches Adjektivum (ja-Stamm) oder wie die Komparative: *ǫðrumtveggja*, *annarrartveggju* oder *annarrartveggi*; ursprünglicher ist die Form *annarrtveggja*, in der *tveggja* als gen. zu *tveir*, zwei, indeklinabel ist.

11) hvárrtveggi beide, dekliniert wie *annarrtveggi*, *-tveggi* als schwaches Adj. oder wie die Komparative; daneben *hvárrtveggja* mit unveränderlichem *-tveggja*, also

Sg.	hvárrtveggi od. hvárrtveggja	hvǫ́rtveggja od. hvǫ́rtveggi	hvárttveggja
Pl.	hvárertveggju od. hvárertveggi „ hvárertveggja	hvárartveggju od. hvárartveggi „ hvárartveggja	hvǫ́rtveggju od. hvǫ́rtveggi „ hvǫ́rtveggja.

hvǫ́r- geht oft in früher Zeit in *hǫ́r-* über.

4. *Zahlwörter.*

§ 94. Die Zahlwörter sind meist indeklinabel oder schliessen sich dem Nomen an: ihre Aufzählung gehört eigentlich in die Lehre von der Wortbildung und in das Glossar.

	a) Cardinalia.	b) Ordinalia.[5]
1	einn, ein, eitt[1]	fyrstr, fyrste
2	tveir, tvær, tvau[2]	annarr, ǫnnur, annat
3	þrír, þrjár, þrjú[3]	þriðe, þriðja, þriðja
4	fjórer, fjórar, fjǫgur[4]	fjórðe, fjorðe
5	fimm (< **fimf*)	fimte
6	sex (d. i. *sehs*)	sétte (< **sehte*)
7	sjau (spät. sjǫ́) (< **se(f)un* st. **sjá* od. *sjó*)	sjaunde, sjunde, sjónde
8	átta (< **ahtau*)	átte (áttande, áttunde)
9	níu (< **nevun*)	níunde
10	tíu (< **tehun*)	tíunde
11	ellifu (< **einlifu*)	ellifte
12	tólf (< **tvalef?*)	tólfte
13	þrettán (< *þrit(e)han*, *-tjan*)	þrettándi
14	fjǫg(u)rtán, fjórtán	fjǫg(u)rtándi, fjórtándi
15	fimtán	fimtánde
16	sextán	sextánde
17	sjautján (< **se(v)utehan?*) sjaután	sjautjánde sjautánde
18	átján (st. *átt-tján*)	átjánde
19	nítján	nítjánde
20	tuttugo, tottogo (< *tvoltjogu* < *tvotegu*)	tuttugande, -unde

1) Dekliniert wie *minn*.

2) Dekl. wie *þeir*, § 90, aber gen. *tveggja*, dat. neben *tveim* zumal in alten Handschr. *tveimr*, die ursprüngliche Form, neben *tvau* auch *tvó*.

3) Dekl. gen. *þriggja*, dat. *þrimr*, *þrim*, acc. *þrjá*, *þrjár*, *þrjú* (*þri-* ist der Stamm).

4) Dekl. n. fjórer, fjórar, fjǫgur (u. fjugur)
g. fjǫgurra u. fjugurra
d. fjǫ́rum
a. fjóra, fjórar, fjǫgur (u. fjugur).

Zu Grunde liegen die Stammformen **fjoðr-* (< **feðvor*) und **fjǫþur* (< **feþ(e)ur*) statt der erwarteten **fjoþr*, **fjoður* (**foþr*, **foður*).

5) Die meisten Ordinalia sind schwach deklinierte Adj., stark ist *fyrstr*, über *annarr* s. ob. S. 120.

	tjogu (< *tegu*)	
	tvitján	tvitjánde
21	t. ok einn, ein, eitt	t. ok fyrste, f. ok t.
	einn ok t.	t. ok einn, e. ok t.
22	t. ok tveir, tvær, tvau	t. ok annarr
	tveir ok t.	ann. ok t.
	u. s. w.	u. s. w.
30	þrír tigir	þritegunde, þrítugande, þritugte, þrettugande
40	fjórer „	fertegunde, -tugande, -unde
50	fimm „	fimtegunde, -tugande, -unde
60	sex „	sextegunde „
70	sjau „	sjautegunde „
80	átta „	áttategunde „
90	níu „	níutegunde „
100	tíu „ (hundrað)	
110	ellifu tigir hundrað ok tíu	
120	hundrað	
200 240	tvau hundruð	
1000	þúsund subst. fem., þúshundrað subst. neutr.	
2000	tvær þúsunder u. s. w.	

Bemerkungen.

1) Ordinalia über 90 sind in der älteren Zeit unbekannt.

2) Die Form *sjá* = 7, die altschwed. und altdän. ist, scheint die regelrechte Bildung, *sjau* abnormal. *Níu*, *tíu* haben ihr u wohl aus der Ordinalzahl.

3) In *þrettán* kann tt aus tj entstanden sein, wie wahrscheinlich in *tuttugu*; *-tán* und *-tján* scheinen durch ursprüngliche Accentverschiedenheit ihre verschiedene Gestalt erhalten zu haben; vor *-tján* ist überall eine Silbe verloren gegangen; zum Vokal von *-tán* vgl. allenfalls auch got. *têhund*.

4) *tjogu* und *-ttugu* (< *-tjogu*?) sind Dualformen, *tigir* der Plural von *tigr*, *tegr* Zehn, masc. der u-Deklination, gen. *tegar* s. § 47, der Akkusativ hat wie bei allen u-Stämmen später i (*tigi*) statt u; *tugr* (*togr*, *tøgr*) ist eine jüngere Form (Anlehnung an *tuttugu*?), ebenso ist bei den Ordinalzahlen *tugande*, *tugunde*, *tugande* wohl jünger als *tegunde*, aber schon in den ältesten Handschriften gebraucht; da *tigr* ein Substantiv

so stehen die gezählten Gegenstände im gen. *þrírtigir manna*; in späterer Zeit werden indeklinable Zehner nach unserer Art gebildet: *þrjátigi* 30, *fjórutigi* 40 u. s. w.

5) ***hundrað*** wird dekliniert wie ***herað***, pl. ***hundruð*** und bedeutet ursprünglich 120 (grosses Hundert), es wird später geschieden zwischen *tírætt h.* = 100 (kleines Hundert 10 × 10) und *tólfrætt h.* (grosses Hundert 12 × 10), doch nicht überall, so dass Zweifel entstehen können; *þúsund* ist sowohl 10 × 100 als 10 × 120.

6) In den Ordinalien ist der Wechsel zwischen *-ande*, *-onde* willkürlich, *-unde* ist am ältesten; jung ist *-tugte* für *tugande*, *-tugasti* ist modern; darnach ist auch *hundraðasti*, *þúsundasti* gebildet.

7) *hálfr annar* = anderhalb, *hálfr þriðe* dritthalb u. s. w.

§ 95. Weitere Bildungen von Zahlwörtern sind:

1) Adjektiva von Zehnern in -tegr (togr, tugr) und rœðr; ersteres bei 20—70, letzteres bei 70—120.

tvítugr 20 (Jahre und dgl.) enthaltend, hálfþrítugr (30 halb d. i.) 25 enthaltend, þrítugr 30, fertugr 40, fimtugr 50, sextugr 60, sjautugr, sjaurœðr 70, áttrœðr 80, nírœðr 90, tírœðr 100, tólfrœðr 120 enthaltend.

2) Distributiva in -ner (vgl. lat. trini): *tvenner* (*tvimner*) je zwei, *þrenner*, *ferner* u. s. w.; *tenner* wird häufig als Cardinalzahl verwendet, zumal für Paare, seltener die übrigen Distributiva.

3) Verschiedene Adjektiva meist in -ia- werden durch Zusammensetzung mit Zahlwörtern (in den Formen ein-, tvi-, þrí-, fer- u. s. w.) gebildet: *einfaldr* einfach, *ferfœttr* vierfüssig, *tíærr* zehnjährig u. s. w.

4) Substantiva gen. fem. wie *δέκα*, werden in d. [illegible]d (> t nach harten Lauten) gebildet: *fimt*, *sjaund*, *tiund*, *tylft* u. s. w., sie bezeichnen auch eine Frist von 5, 7 u. s. w. Tagen oder deren Endpunkt; die fem. in ing gebildet von Distributiven entsprechen deutschen Bildungen in -heit: *trenning* Zweiheit.

5) Substantiva gen. masc. in -ungr, gebildet von Ordinalien entsprechen den deutschen in -tel: *þriðjungr* Drittel, *áttungr* Achtel; ebenso von ***hálfr helmingr*** Hälfte.

6) Multiplikative Adverbia in -var: *tvisvar*, *tysvar* zweimal, *þrysvar*; sonst wird das neutr. *sinn*, *sinni* gebraucht (-mal, eigentlich Weg, Gang, vgl. schwed. tre gånger), *þrimr sinnum*, *sex tigum sinna*, *einu sinni*; oft wird *sinnum* auch zu den Adverbien *tysvar þrysvar* hinzugesetzt.

7) mal nach Ordinalien heisst gleichfalls *sinn* (*sinni*), *þriðja sinn* zum drittenmal, *í annat sinni* noch einmal.

Verbum.

Allgemeines.

§ 96. Formenvorrat. Die Verbalflexion ist analog der in den übrigen germanischen Sprachen: weggefallen ist das alte Passivum, neu gebildet ist ein Mediopassivum in -sk, dazu ein zusammengesetztes Passivum; die einfachen Zeiten sind 2: Praesens und Praeteritum, dazu 4 zusammengesetzte Zeiten (Pft., Plqpft., Fut., Fut. exact.), die Modi 3: Indikativ, Optativ (Konjunktiv), Imperativ; dazu 3 Nominalformen: Infinitiv (Präs.), Participium (Praes. act. und Praet. pass.), Gerundiv (in ande); 3 Personen, 2 Numeri (ein Dual ist auf Runensteinen erhalten, später kann Dual und Plural in der 1. und 2. Person wenigstens durch das Pronomen unterschieden werden: *gefum vér: gefum vit*).

Stämme und Konjugationen.

§ 97. Nach der Tempus- und Stammbildung sind drei Konjugationen unterschieden:

1) Die starke: Der Präsensstamm (den man erhält, wenn man die Endung und den sog. thematischen Vokal[1]), der sich auch in der zweiten Konjugation findet, ablöst: von *farizi, farume-* also *far*) endigt fast immer konsonantisch, er kann durch j oder n erweitert sein: hafj zur √k—p, stand- zur √st—dh; das Präteritum (Perfekt) ist durch Ablaut gebildet und hatte (wenigstens teilweise) Reduplikation; als Particip. Pass. wird die Nominalbildung in -anaz verwendet (-an ablautend mit (-un und) -en; letzteres erhält im Altn. die Alleinherrschaft).

2) Schwache Konjugation: Der Stamm endigt im Präs. durchaus, im Präteritum meist vokalisch, in i (< e), o oder æ, a (< Ableitungsvokale), das Präsens wird mit -j-, also in ij-, oj-, æj gebildet, das Präteritum (Perfekt? Aorist?) mit -d-, also id-, ōd-, æd-, als Participium Prät. ist die Nominalform in -ðaz verwendet: iðaz, -oðaz, -æðaz. Die Präteritumendungen mit ð werden gewöhnlich als Formen des Verbalstammes dha, dhe, thun, aufgefasst, von einigen als einfache ð-Präterita erklärt.

Die Veränderung zum Altnord. ging durch verschiedene Mittelstufen hindurch, die nicht alle mit Sicherheit zu bestimmen sind.

3) Gemischte Konjugation (Präteritopräsentia): Das Präsens hat nach Stamm und Endung die Gestalt eines starken Präteritums:

1) Der von Haus aus freilich zum Stamm zu gehören scheint.

**vait* weiss wie **staig* stieg, das Präteritum wird von der schwächsten Stammform durch die Endungen der schwachen Präterita gebildet: **vitðā* > **vitta* > *vissa*. Participia Prät. sind von solchen Verbis selten oder ungewöhnlich in der Form.

Eine Unterabteilung der starken Verba bildeten einst solche Stämme, die im Präsens keinen Themavokal annahmen (Endungen -mi, -zi, -ði u. s. w. statt ō, izi, iði u. s. w.), in der nordischen Grammatik können die Reste dieser Konjugation nur als Anomalien Platz finden, ebenso die Perfekta in -ra (> zā).

§ 98. Endungen. Ausgleichungen sind hier seltener als beim Nomen. Für die schwache und starke Konjugation sind im Präsens die Endungen ursprünglich gleich: die Themavokale u, e, a sind bei den schwachen Verbis mit dem Ableitevokal verschmolzen.

1) Präsens.

	Ind.	Opt.	Imp.	Inf.
Sg. 1)	— (< ō) sp. ^{i}r	a (< au) sp. e		a (< an)
2)	^{i}r (< izi)	er (< aiz)	— (< e, i)	
3)	^{i}r (< iði)	e (< aið)		Part.
				-ande, -andi, -anda,
Pl. 1)	um (< em-)	em (< aim-)		s. § 78. 5.
2)	eð, et (< eðe) iði	eð (< aið-)	eð (< eðe, iði)	Gerundiv.
3)	a (< andi?)	en (< ain-)		-ande = part.

Wie ð im sing. > r geworden, so auch ab und zu im plur. (norw.) -er statt und neben -eð.

2) Praeteritum.

	Pft. Ind.	Opt.	d-Praet. Ind.	Opt.
Sg. 1)	— (< am?)	^{i}a (< ian) später i	ða	ð^{i}a (< ðiau), sp. ði
2)	t (< ?)	ir (< iz)	ðer	ðir
3)	— (< e? d?)	i (< ið)	ðe	ði
Pl. 1)	um (< em-)	im (< im-)	ðum	ðim
2)	uð (st. eð < eðe?), ut	ið (< ið-), it	ðuð, ðut	ðið, ðit
3)	u (< end?)	i (< inð)	ðu	ði.

Part

st. -enn, -en, -et s. § 78. 2, 80. 3. (< -anaz, -ane, -anat, g. -enas, -enaz, -enas);

schw. -ðr, -ð, ðt (< ðaz, ðo, ðata).

-t statt ð in der 2. pl. wird im 14. Jahrhundert häufig, s. oben § 29, kommt aber schon um 1200 vor; die 1. sg. wird der 3. gleich gemacht, vereinzelt schon seit ca. 1300.

Die Endungen des Mediopassivums[1]) sind ursprünglich die gleichen wie im Aktiv; die Medialbedeutung liegt in dem angefügten Pronomen reflex. *sk* < *sik*, das zunächst an die dritte Person sg. und pl. antrat, *-r* + *sk* > *-sk*, *-a* + *sk* > *-ask*, dann auch an die 1. pl. (*-umsk*); *umsk* wird bald > *umk* und in dieser Form *mk* als *mik* aufgefasst und auch für die 1. sing. verwendet; selten steht hier *umsk* wie im Plural. Die zweite Person hat sg. *sk* (< *rsk*) und pl. *esk*, *ezk* (< *ðsk*). Der Optativ nimmt in den ersten Personen gewöhnlich u statt i (e) an, *um(s)k* statt *im(s)k*, *em(s)k*. Im 13. Jahrhundert wird *sk* allmählich durch *zk*, *z* verdrängt, was auch in den ersten Personen statt *mk* Aufnahme findet; im 14. Jahrhundert beginnt *zt* häufig zu werden, schliesslich tritt *st* ein.

Die Endungen sind also:

1) Präsens.

	Ind.	Opt.	Imp.
Sg. 1)	-umsk, umk, umz, umzt, umst	-emsk, -umk u. s. w.	sg. sk u. s. w. pl. ezk u. s. w.
2) u. 3)	-sk, -z, -zt, -st	-esk u. s. w.	
Pl. 1)	-umsk u. s. w.	-emsk, umsk u. s. w.	Inf.
2)	-zk, z, zt, st	-ezk u. s. w.	-ask u. s. w.
3)	-ask, -az, -ast	-esk u. s. w.	Part. -andesk u. s. w.

2) Präter.

	Ind.		Opt.		Part. (neutr.)
Sg. 1)	-umsk	-ðumsk	-imsk, umsk	-ðimsk, ðumsk	st. -ezk
2)	-zk	-ðesk	-isk	-ðisk	schw. -zk
3)	-sk				u. s. w.
Pl. 1)	-umsk	-ðumsk	-imsk, -umsk	-ðumsk, ðimsk	
2)	-uzk	-ðuzk	-izk	-ðizk	
3)	-usk	-ðusk	-isk	-ðisk	

Lautliche Veränderungen, die von der Verbindung der Endungen mit dem Stamm bedingt sind: u und i wirken Umlaut (ǫ später überall á!), ebenso e nach g und k (-ke also = -ki); über r nach l, n und anderen Konsonanten s. §§ 22. 25; über t nach Dentalen s. § 23. § 9, 5. über s nach Dentalen § 23. 25. Einzelnes und Ausnahmen unten bei den einzelnen Konjugationen.

1) Reste eines alten Mediums sieht man in *heite* heisse < **haitai*.

Zur Unterstützung der Endungen werden in der ersten und zweiten Person die entsprechenden Pronomina pers. zum Verbum gesetzt; in älterer Zeit meist hinter dasselbe und enklitisch mit ihm verbunden: *emk* ich bin, *viltu* du willst, *mondu* (*monþu*) du wirst, *gefiðér* ihr gebt (daher *gefi-ðér*); m schwindet vor *vér* schon frühzeitig, daher *gefu-vér*, daneben sind aber auch Bildungen wie *gefummer* belegt; ebenso fällt ð vor þ: *gefi-þér* neben *gefið-þér*, auch *gefi-þú* gebt sie st. *gefið-þá*; r fällt häufig ab in dem schw. Verbum *þykkja*: *þykki* st. *þykkir*.

§ 99. Die zusammengesetzten Formen werden meist vom part. praet. mit dem Verbum *vera* (sein) oder *hafa* (haben) gebildet und zwar das Passiv (und einzelne Praeterita) unter Übereinstimmung des partic. mit dem Subjekt: *ek em kallaðr, gefenn; ek var k. g.; þeir eru kallaðer, gefner* u. s. w., ebenso bilden einige intransitive Verba ein aktives Perfekt *ek em gengenn, þér eru gengnar, þau eru gengen*. Über die Flexion von em und vera s. § 109. 2 und § 101.

Ek em g. sjá g. vera g.
var g. væra g.

Die übrigen Verba bilden ein zusammengesetztes Perfekt mit hafa und entweder dem neutr. des part. praet., oder dem acc. desselben, dessen num. gen. sich nach dem Objekt richtet: *ek hef sét hann, hana* oder *ek hef sénn hann, séna hana, sét þat*. Über *hafa* s. § 119.

Ähnliche Verbindungen sind die zusammengesetzten Futura, gebildet mit munu, werden: *ek mon sjá* ich werde sehen, *ek myndu sjá, ek mon hafa sét, ek mon vera sénn; hafa* und *vera* werden nach *munu* oft ausgelassen. Über munu s. § 120.

Alle zusammengesetzten Tempora können auch in das Medium umgesetzt werden: *ek hef kvazk* (d. i. *kvattsk*) ich habe gesagt, *ek mon gorask* ich werde mich beschäftigen u. s. w. (Nicht als Tempusbildung sind Verbindungen aufzufassen wie *ek fæ heyrt* ich bekomme zu hören, *ek gat hann fundenn* es gelang mir, ihn zu finden.)

Zusammensetzungen finden endlich mit der Negation a, at, 't statt: *era* ist nicht, *vasat* war nicht, *skolot* (sie) sollen nicht; gewöhnlich wird das Pronomen personale 1. ps. zwischen Verbum und Negation gesetzt und meist noch einmal wiederholt: *emkak, emkatek, þikkatek* = *þigg-ek-at-ek*; nach vokalischer Endung wird auch wohl g eingeschoben: *hafðagak* ich hatte; 2. ps. *skaltattu, mátteratttu*, oder *mátteraþú*, 3. ps. *heferat hann* u. s. w.

Später wird die Negation mehr und mehr durch vorgesetztes *eigi, ekki, ei* ausgedrückt.

A. Starke Konjugation.

§ 100. Die Wurzelvokale starker Verba sind bestimmten Wandlungen innerhalb ihres Vokalkreises (Ablaut) unterworfen. Es hat nämlich der Stamm:

1) Die erste Vokalstufe im pl. ind., im opt. und im partic. praeter.: *bundum, bynda, bundenn.*

2) Die zweite Vokalstufe im praes. (durchaus): *bind.*

3) Die dritte Vokalstufe im sg. ind. praet.: *batt* (< **band*) entsprechend den älteren Accentverhältnissen, die sich auch im konsonantischen Stammauslaut spiegeln: *finna* praes. < **finþa*, sg. praet. *fann* < *fanþ*, aber *fundum*, pl. praet. < **funðum*. Formen mit der ersten Vokalstufe hatten den (oder einen) Accent auf der Endsilbe: part. *fundenn* < **funðénaz* (Verners Gesetz).[1])

Statt der ersten Stufe steht die dritte im plur. ind. und im opt. praet. bei der Vokalreihe a-a-ó: *fórum* st. **fǫrum* oder **furum*, *fœra* st. **fera* oder **fyra*, aber part. *farenn.*

Der Plural des ind. praet. (vielleicht auch der Singular) und der opt. praet. scheinen in allen starken Verbis Reduplikation besessen zu haben, mit dem Vokale e. Eine Anzahl von Verbis hat die Reduplikation im (sing. und plur.!) ind. und opt. bis in das Gotische bewahrt (reduplizierende Verba meist mit nicht umlautsfähigem Vokal z. B. *hald-* praet. **héhald*); im Nordischen ist durch einen (auch in den westgerm. Sprachen erfolgten) Verkürzungsprocess eine neue Stammform gebildet worden, die entweder den (kurzen oder verkürzten) Stammvokal ganz beseitigte und den Reduplikationsvokal (vor einfacher Konsonanz zum Ersatz gedehnt: *lét* < **lelt*, vor doppelter kurz: *hekk* < **heng*) als neuen Ablaut bestehen liess, oder den (dunkelfarbigen) Stammvokal durch eine Art Epenthese mit dem Reduplikationsvokal verband und so die zwei Vokale des zweisilbigen Stammes in der einsilbigen Form vereinigte: *hlaupa* praet. *hljóp* < **hehlop* < **héhlaup.*

Eine andere Klasse (Ablautreihe e-e-a) hat in urgermanischer oder schon in indogerm. Zeit im Plural eine ähnliche Verkürzung vorgenommen: *set-* praet. sing. *sat* (statt **sasat?*), plur. **setum-* < **ses(e)-tum-* altn. *sátum*; die Zusammenziehung erfolgt nur, wo der Konsonantenstand (zumal im Stammauslaut) ein einfacher ist, also **hehelpum*

1) Die Accentverhältnisse der reduplizierenden Verba sind vielleicht nicht völlig gleich denen der ablautenden gewesen.

nicht > **hēlpum*, sondern > *hulpum*, d. h. hier fehlt jede Spur von Reduplikation wie im sing.

Bei allen anderen Klassen (i-ī-ai, u-iu-au u. s. w.) ist die Reduplikation durchaus verschwunden.

Spezifisch nordisch, aber für alle Klassen geltend sind noch folgende Regeln:

1) Auslautende Mediae [1]) werden im imper. und in der 1. sg. praet. > Tenuis. **geng* > **genk* > *gekk*; **band* > **bant* > *batt* (§ 29 a). aber *hǫgg* bleibt, weil < **hǫgge*.

2) ausl. g schwindet überall (§ 25 d), wird aber später häufig wieder ergänzt: *stíga* praet. *sté*, später *steig*.

3) -t im 2. sg. praet. nach Dentalen s. § 9, also **bandt* (> **bantt*) > *banzt*, gewöhnlich wird für *zt* < *ðt* ein durch Nachbildung entstandenes tt: *bantt* statt *banzt*, *batt* statt *bazt* gefunden; hie und da dringt s auch bei anderen Stämmen ein.

4) Verners Gesetz ist meist durch Ausgleichung verwischt oder nach den nord. Lautgesetzen verdeckt: *gjósa* part. praet. *gosenn* st. **gorenn* (**gorenn*); *sníða* part. praet. *sniðenn* (was ebensogut < *sniþenn* entstehen konnte als < *sniðenn*), aber *fann* (< **fanþ*): *fundum* (erst durch Ausgleichung entstand *funnum, funnenn*).

Verzeichnis der starken Verbalgruppen.

§ 101. I. 1. Vokalreihe. Ablaut e, e, a. Dehnung (von e) á im plur. ind. und im opt. praet. Hierher gehören fast alle Verba mit an- und auslautender Muta, und auslautender einfacher Konsonanz, die meisten mit anlautender (tonloser) Doppelkonsonanz.

Paradigma: gef, gaf, gǫ́fum, gefenn.

Praes.			Praet.		
ind	opt.	imp.	ind.	opt.	
gef	gefa	gef	gaf	gæfa, -i	part.
gefr	gefer	gefeð (-et)	gaft	gæfir	gefenn
gefr	gefe	inf.	gaf	gæfi	gerundiv.
gefum	gefem	gefa	gǫ́fum, gáfum	gæfim	gefande
gefeð (-et)	gefeð (-et)	part.	gǫ́fuð (-t), gáfuð (-t)	gæfið (-t)	(dandus)
gefa	gefe	gefande	gǫ́fu	gæfi	

1) Sie kommen nur nach n und e vor, sonst steht weiche Spirans.

	med.		Zusammengesetzte Formen.	
Prs.	gefumsk	ek	hef gefet	hafa gefet
	gefask	„	hafða gefet	hefða gefet
Prt.	gǫ́fumsk	„	em gefenn	sjá gefenn
	gæfimsk	„	vas „	væri gefenn
Part.	gefezk	„	mon gefa	mona gefa
		„	munda gefa	mynda gefa.

(Umlaut á > ǫ́ (á), á > æ; 1. sg. ind. praes. *gef* hat ihren Vokal auch den übrigen Personen mitgeteilt: *gefr* st. **gifr* < **gifizi.*)

Hiernach z. B. drepa töten (treffen!), geta erlangen (vgl. vergessen), reka treiben (r < vr) u. s. w. — kveða sprechen *kvað*, *kvǫ́ðum* und frühzeitig *kóðum*; vega schwingen *vá* (< *vag*) *vǫ́gum*.

Präsensstamm mit -j gebildet: biðja bitte (*bið*, *biðr*, *biðjum*, praet. *bað*, *beðenn*), ebenso sitja sitzen; liggja liegen, þiggja annehmen, haben im praet. *lá*, *lǫ́gum*, *þá*, *þǫ́gum*. Präsensstamm mit n gebildet: fregna erfragen, 2. sg. *fregn* st. **fregnr*, *frá* (< **frag*) *frǫ́gum*.

Hierher gehört auch sjá sehen < *sehva; hv fällt überall, e wird: 1) mit gleichartigen Vokalen gewöhnlich (s. § 20) kontrahiert: *seeð* > *séð*; 2) vor a, u > j: ea wird > já, eu > jǫ́, já; 3) sonst > é; im praet. wird 4) ǫ im Auslaut (*sǫ* < *sahv*) verlängert; 5) ǫ́ mit u > ǫ́ kontrahiert. Später (doch schon in sehr alten Handschriften) treten auch zerdehnte Formen wieder auf: *sǫ́u*, *sáu* neben *sá*, *sǫ́* (< **sǫ́u*). *sée* neben *sé*. Auch wird *sjá*- verallgemeinert und an den Stellen statt *sé*- eingesetzt, wo die Endung e enthält: *sjáeð* st. *séð* (< *séeð*), *sjáe* statt *sé* (< *sée*), doch nur in jüngeren Handschriften.

Praes.			Praet.		Med.
ind.	opt.	imp.	ind.	opt.	
sé	sjá	sé	sǫ́	sæa?	sjǫ́mk
sér	sér	inf.	sátt	u. s. w.	sésk
sér	sé	sjá	sǫ́	part.	u. s. w.
sjǫ́m	sém	part.	sǫ́m	sénn	
séð	séð	sjánde	sǫ́ð	sén	
sjá	sé		sǫ́	sét	

Unregelmässig ist eta (éta) essen *át*, *etenn*.

Vesa sein *vas*, *vǫ́rum*, *væri*, *veret* kommt im ind. praes. nicht vor und hat bald das r verallgemeinert: *vera var* u. s. w. statt *vesa vas*; statt *vǫ́r*- ist in alten Handschriften oft *ǫ́r*- gebraucht. Über die Nebenformen vom Stamme er- und sé- (ind. opt. praes.) s. unten § 109.

§ 102. II. 1. Vokalreihe. Ablaut o, e, a: Dehnung (von e) á im pl. ind. und im opt. praet. (wie in I); u statt o vor m. Hierher gehören alle Verba, die auf einfache Liquid. oder Nasal endigen und einfachen Anlaut haben, ferner viele mit Liquid. oder Nasal im Anlaut und einzelne andere.

Paradigma: stel, stal, stǫlum, stolenn

	Part. praet.
stel, stela, stel, stal, stæla, -i	stolenn
wie von gefa.	

Hierher gehören z. B. bera tragen, skera schneiden, stela stehlen, *stel, stelr* (und *stell*) s. § 23, nema nehmen (part. pr. *numenn*, älter auch *nomenn*), vefa weben *vaf*, *vófum* (und *óf*, *ófum* nach § 106), *ofenn*, fela verbergen (< **felha*), *fal*, *fǫlum*, *fólgenn* (Verners Gesetz).

Im Präsens haben die erste Vokalstufe statt der zweiten:

koma kommen, kom		{ kvam	kvæmi komenn
	komr	{ oder kom	
	komum	{ kvǫmum, kvámum	
	u. s. w.	{ oder kómum.	

In praes. *koma* und im part. praet. *komenn* ist v nicht ausgefallen, sondern wohl nie vorhanden gewesen, s. § 21, *kom* ist Angleichung an kómum; statt kom tritt bald kem ein, für kvæmi ist k(v)œmi auch in ältester Zeit nur selten gebraucht. Ebenso:

sofa schlafen	{ sof	svaf	svæfi	sofenn
	{ sef	{ svǫfum, sváfum		
	sofum	{ sófum		

Einige der Doppelformen von *koma* haben hier keine Parallelen, so fehlt sof (sœfi?)

troða treten	{ troð	trað	træði	troðenn.
	{ treð	trǫðum		
	troðum			

§ 103. III. 1. Vokalreihe. Ablaut e, e, a. Hierher gehören alle Verba, die mit einer Doppelkonsonanz schliessen, deren erster Laut Sonorlaut ist und einige andere.

e > u vor gedecktem m, n, vor n, i, vor gg, wenn v darnach abfiel; e > i vor gedecktem m und n. e > ja und jǫ vor r und l + Konsonant; doch ist im sing. ind. e der übrigen Verba eingedrungen, s. unten; e > o vor Konsonant + v.

Paradigmen.[1])

1) bresta	brast	brustum	brostenn
2) binda	batt	bundum	bundenn
3) hnoggva	hnęgg	hnuggum	hnuggenn
4) gjalla	gall	gullum	gollenn.

	ind.	opt.		ind.	opt.	part.
1)	brest	bresta, -e	brest	brast	brysta, -i	brostenn
	brestr		u. s. w.	brast	brystir	
	wie gefa			brast	brysti	
				brustum	brystim	
				brustuð	brystið	
				brustu	brysti.	

	ind.	opt.	imp.	ind.	opt.	part.
2)	bind	binda, -e	bitt	batt	bynda, -i	bundenn
	bindr	binder	inf.	bazt, batt	byndir	
	bindr	u. s. w.	binda	batt	u. s. w.	
	bindum		part.	bundum		
	bindeð		bindande	bunduð		
	binda			bundu		

	ind.	opt.	imp.	ind.	opt.	part.
3)	hnogg	hnoggva	hnogg	hnęgg	hnyggva	hnuggen
	hnoggr	u. s. w.	inf.	hnęggt	u. s. w.	(stokkenn v.
	hnoggr		hnoggva	hnęgg		stokkva)
	hnoggum		part.	hnuggum		
	hnoggveð		hnoggvande	hnugguð		
	hnoggva			hnuggu		

	ind.	opt.	imp.	
4)	gell	gjalla	gjall	
	gellr	u. s. w.	inf.	
	gellr		gjalla	— brast.
	gjǫllum		part.	
	gjalleð		gjallande	
	gjalla			

Der sing. ind. praes. hat Ausgleichungen erfahren (wie in I. II): *brestr* wegen *brest*, *hnoggr* wegen *hnogg*, *gell* wegen *gellr* (und dies wegen *brest*, *gefr*, *stelr*) statt **bristr*, **hnyggr*, **gjell* (*gjǫll*), **gillr* (= **bristizi*, **hnuggrizi*, **gell(u)*, **gillizi*).

ad 1) Hierher gehören z. B. bresta brechen, bersten, detta niederfallen, sleppa gleiten, spretta springen, hverfa sich wenden (*hurfum*,

1) Von hier an sind Nebenformen, die aus den allgemeinen Bemerkungen sich von selbst ergeben [illegible] nicht mehr überall berücksichtigt.

horfenn), ebenso svella schwellen, svelta hungern, sterben, vella kochen, wallen, verða werden; bregða schwingen, *brá*, *brugðum*.

ad 2) Hierher gehören z. B. binda binden (*batt*), springa springen (imper. **sprikk* praet. *sprakk*), finna finden (< **finþa*, daher *fiðr* neben *finnr*, *fundum* neben *funnum*, *fundenn* neben *funnenn*), brenna brennen, renna rinnen, rennen haben im praes. den Vokal der entsprechenden schwachen Verba angenommen (*brenna* < **brannia*) *brinna*, **rinna* sind ausser Gebrauch gekommen.

ad 3) Hierher gehören die Verba mit labialisiertem Gutturalauslaut (kv < k, gv < g) und einige mit »verschärftem« v (ggv < vv). hrøkkva weichen, kløkkva ächzen, klagen, støkkva springen, søkkva sinken (alle im part. -okkenn); ein starkes Präsens *sløkkva zu slokkenn erloschen, ist nicht belegt.

Im Anschluss an schwache Verba in -ggva, -ngva, wechselt nach g, ng bei den Verbis in -gv- -va mit -ja (d. i. -va mit -via), -ja- ist zumal jüngeren Quellen eigen, so in hnoggva stossen (< **hneggva*). daneben hnyggja (< **hniggvia*, i statt e wegen des folgenden i), part. prt. *hnuggenn*; ebenso slyngva (< **slingva*, i statt e wegen ng) schlingen neben slyngja (< **slingvia*), syngva singen n. syngja, tyggva kauen, n. tyggja, þryngva drängen, n. þryngja; von einem nicht gebräuchlichen *bryggva brauen *bruggenn*.

Das part. praet. von *hrøkkva, syngva* u. s. w. hat *-enn* nicht *-venn*, weil die Labialisierung des k, g im part. praet. nicht überall eingetreten zu sein scheint; hiernach schwand v auch, wo es von Anfang an zum Stamm gehört: in **bryggva* und aa., s. dagegen unten VII bis IX. 4.

ad 4) Hierher gehören: gjalla gellen, skjalla knallen, schallen. gjalda zahlen, hjálpa (*halp*, *hulpum*, *hólpenn*, s. § 19d), helfen, skjálfa zittern (*skelf*, *skulf*, *skulfum*, *skolfenn*, nicht *skúlfum*, s. § 19d). bjarga bergen. Viele Verba dieser Klasse haben e des ind. verallgemeinert und oft -ja- ganz verdrängt: gella, bella (nie *bjalla), skella, snerta berühren (nie *snjarta). sperna ausschlagen, teilweise unter Einfluss der konkurrierenden schwachen Verba: sperna praet. *spernta*, und der Verba mit v vor e, die nach § 17, Ausn. 1. nie Brechung haben. wie *verða*, *vella*. *svella*, s. oben ad 1).

Wirklich schwaches Präsens[1]) wird gebraucht zu *bólgenn* aufgeblasen (belgja), zu *svalg* u. s. w.: svelgja verschlingen.

§ 104. IV. 2. Vokalreihe. Ablaut i- í- ai. Für ai gewöhnlich ei, ai im Auslaut > é.

1) Wenn nicht Bildungen wie *biðja*, *sitja* in I vorliegen. *belgja* st. *bilgja*, wie *geldr* st. *gildr*.

Paradigma: grípa, greip, gripum, gripenn.

Praes.			Praet.		
ind.	opt.	imp.	ind.	opt.	part.
gríp	grípa, -e	gríp	greip	gripa, -i	gripenn
grípr	u. s. w.	inf.	greipt	gripir	
grípr		grípa	gripum	u. s. w.	
u. s. w.		u. s. w.	gripuð		
			gripu		

Med. grípumsk u. s. w., zusammengesetzte Formen ek hef gripet u. s. w.

Hierher gehören z. B. bíða warten (ptc. *beðenn!*), bíta beissen, grípa greifen, líða gehen, líta sehen, ríða reiten, stíga steigen, *sté*, *steigt*, *sté stigum* u. s. w., síga sinken, skína scheinen, *skin*, *skinn* (< **skinr*), rísa aufstehen, *rís*, *ríss* u. s. w., svíkja, verraten (statt und) neben svíkva, sýkva (vgl. oben hnøggva, s. § 15) *sveyk* (< **sveikv*) und *sveik*, *svikenn* und *sykvenn*, ebenso víkja, ýkva wenden.

[*snýja? *snýva? schneien (< **snírja*) dichter., dazu nur] snivenn geschneit und snýr es schneit.

[spýja speien (< **spírja* oder *spíra*, j wegen des Hiatus) gehört, nach dem sing. praet. spjó zu den redupl. Verbis, nach unserer Klasse müsste das praet. wohl **spæ* lauten (wie **sair* > *sæ*), massgebend für den Übergang zu den redupl. Verbis war wohl eine Pluralform **spjóm* < **spi(r)um*, neben welcher auch **spjórum* vorkommen mochte, für sie und im opt. und part. ist das schwache Verbum *spýja*, *spíða*, *spíðr* eingetreten, das in Prosa ausschliesslich verwendet wird.]

§ 105. V. 3. Vokalreihe. Ablaut u- jú- au, Dehnung ú in einigen Verbis im praes. statt jú. Wechsel von jú mit jó nach § 7, vor Gutturalen (ausser h) und vor Labialen jú, sonst jó, von u mit o nach § 7. Umlaut von jú : ý, von ú : ý ; -aug > -ó, daneben -aug überall auch wieder hergestellt.

Paradigmen: bjóða bauð buðum
fljúga fló flugum.

Praes.			Praet.		
ind.	opt.	imp.	ind.	opt.	imp.
býð	bjóða	bjóð	flýg	fljúga	fljúg
býðr	bjóðer	bjóðeð	flýgr	u. s. w.	fljúgeð
býðr	u. s. w.	inf.	flýgr		inf.
bjóðum		bjóða	fljúgum		fljúga
bjóðeð		part.	fljúgeð		part.
bjóða		bjóðande	fljúga		fljúgande

ind.		opt.		
bauð	fló	byða	flyga	Med. bjóðumsk
bauzt (bautt)	flaugt	byðir	flygir	u. s. w.
bauð	u. s. w.	u. s. w.		
buðum		part.		
buðuð		boðenn	flogenn	
buðu				

Bemerkung: býð 1. sing. steht für bjóð: Angleichung an die 2. 3. sing.

Hierher gehören z. B.: bjóða bieten, brjóta brechen, fljóta fliessen, gjóta giessen, njóta geniessen, drjúpa triefen, krjúpa kriechen, fljúga fliegen, ljúga lügen (*fló*, *ló*, daneben jünger *flaug*, *laug*); kjósa wählen, *kýs*, *kýss*, *kaus*, *kurum*, *korenn*, daneben *kusum*, *kosenn* und *korenn* (o wegen r § 15, A. 1) und hiernach ind. *kora* (Angleichung an *snorenn snora*, s. § 108), ebenso frjósa frieren, *fraus*, *frusum* (nicht **frurum*), *frosenn* und *frorenn*, *frerenn*, dazu ein neuer ind. *frora*.

Ferner: lúka schliessen, *lauk*, *lukum*, *lokenn*, lúta sich neigen, súga (und sjúga) saugen, *só sugum*, súpa saufen.

Bruchstücke starker Verba sind togenn gezogen (zu **tjóa*, **tó*, **tugum*), bugum, bogenn wir bogen, gebogen u. aa., dazu giebt es meist vollständige schwache Verba; ebenso neben kljúfa spalten auch klyfja, neben lúka auch lykja.

§ 106. VI. 4. Vokalreihe. Ablaut a-ó; praet. pl. ind. und opt. ó st. a (u). Umlaut von a e, ǫ von ó œ; vó > ó.

Paradigma: fara fór fórum farenn
hefja hóf hófum hafenn.

ind.	opt.	imp.	ind.	opt.	imp.	ind.	opt.	part.
fer	fare	far	hef	hefja	hef	fór	fœra, -i	farenn
ferr	farer	fareð	hefr	hefer	hefeð	fórt	fœrir	
ferr	fare	inf.	hefr	hefe	inf.	fór	fœri	ebenso
fǫrum	farem	fara	hefjum	hefem	hefja	fórum	fœrim	hóf
fareð	fareð	part.	hefeð	hefeð	part.	fóruð	fœrið	hœfa
fara	fare	farande	hefja	hefe	hefjande	fóru	fœri	hafenn.

Med. fǫrumsk u. s. w.

Bemerkung: 1. sing. ind. *fer* st. *far* (*fǫr?*) wegen *ferr* 2. 3. sing.

Hierher gehören z. B. ala ernähren, fara fahren, ziehen, grafa graben, mala mahlen, vaða werden *óð*, später *vóð*, *ǫða*, *vaðenn*, vaxa wachsen, *óx*, *(v)óxum* und *uxum! yxa!*[1]) *vaxenn*;

1) Es repräsentiert u in uxum, yxa vielleicht die sonst verwischte 1. Vokalstufe der Reihe? vgl. ahd. *grubilôn* zu *graban*.

aka fahren, ekinn (ke wirkt Uml.), draga ziehen, *dró*, *drógum*, *dreginn*, taka nehmen; flá schinden (< **flaha*), *fló flógum*, *fleginn*, ebs. slá schlagen, þvá waschen, *þ(v)ó*, *þveginn*.

Präsens mit j: hefja heben (< **hafja*), skepja (neben skapa) schaffen, sverja schwören, *s(v)ór*; hlæja lachen (< **hlahja*, daher *hlógum*, *hleginn*), ebenso klæja (neben klá) reiben: deyja sterben (< **daųja*), *dó* (<**dóe*), *dóm* (< **dó(v)um*), *dáenn* (st. **dáeenn*[1]), ebenso geyja, bellen, schelten.

Die Präsentia in -ja haben oft auch schwache Präterita neben den starken: *skapþa*, *klæjaða*, *gnagaða*, ein schw. Particip. *hafiðr* zu hefja ist nach der Analogie von *taliðr* zu telja gebildet; slá hat auch slora nach § 108.

Präsens mit n: standa stehen, *stóð*, *staðenn*.

Reduplizierende Verba.

§ 107. VII a. 4. Vokalreihe a-ó oder (vor doppelter Konsonanz, in Verbindung mit i, u) a-a (ei-ei, au-au). Der Ablaut ist verschwunden, die Verkürzung ergiebt e, é wo der Stammvokal a oder ei ist, jó wo er au ist.

VIII (= VII b). 5. Vokalreihe, Ablaut á-ó zusammengefallen mit VII c.

IX (= VII c). Ablautslose; die Verkürzung ergiebt e, é wo der Stammvokal á oder ó war (die früher verkürzt und ganz beseitigt wurden), jó wo der Stammvokal ú ist oder der Stamm in v endigt.

Die Einteilung wird im Nordischen am besten nach der schliesslichen Gestalt, nicht nach dem Stammvokal vorgenommen, also

1) Paradigma: falda felt feldum faldenn

Praes.			Praet.		Med.
ind.	opt.	imp.	ind.	opt.	
feld	falda	falt	felt	feldi	fǫldumsk
feldr	falder	faldeð	felzt	u. s. w.	u. s. w.
feldr	falde	inf.	felt	part.	
fǫldum	faldem	falda	feldum	faldenn	
faldeð	faldeð	part.	felduð		
falda	falde	faldande	feldu		

Hierher gehören ausser falda (a)[2] verhüllen, falla (a) fallen, blanda (a) mischen *blett*, halda (a) halten, imp. *hall* praet. *helt*, hanga hängen, *hekk*, *hengum*;

1) Der Ausfall des v ist nach den synkopierten Formen *dǫ́num* (< **daenum*), *dǿr* (< *daener*) verallgemeinert.

2) d. i. VII a, (b) = VII b, (c) = VII c.

ganga gehen (a), *gekk, gingum* (später *gengum*), *gingenn* (später *genginn* st. **gangenn*, ge wirkt den Umlaut);

fá (a) empfangen (< **fanha*) *fæ, fær, fǫm fám, fáeð, fá*; *fá, fáer*; *fekk* (< **feng* statt **fé* < **fenh*); *fingum* (später *fengum*); *fingenn* (später *fenginn* neben dem anscheinend regelmässigen) *fangenn*.

Anmerkung. In *falda* und *hanga* ist der Konsonantenstand des part. praet. in das Präsens eingedrungen, jenes sollte im praes. **falla* (< **falþa*), dieses *há* (< **hanha*) heissen; *hanga* ist zudem im praes. inf. mit dem schwachen Verbum *hanga* zusammengefallen, das dann auch alle übrigen Formen des Präsens hergiebt: *hange* nach § 118, nicht **heng*, praet. auch *hangða* neben *hekk*.

2) Paradigma: láta lét létum látenn

læt	láta	lát	láta	lét	léta	látenn
	wie falda			lézt		
			u. s. w.			

Hierher gehören: blása (b) blasen (*blésum, blásenn*), gráta (b) weinen, láta lassen (selten und alt ist *lit, lítum*), ráða raten, herrschen, blóta (c) opfern, heita (a) heissen, leika (a) spielen.

3) Paradigma: hlaupa hljóp hljópum hlaupenn

hleyp	hlaupa	hlaup	hljóp	hlopa, -i	hlaupenn
u. s. w.			hljópum	hlypa	
			hlupum	hljópa	
			u. s. w.		

Bemerkung: Der pl. *hlupum* und der opt. *hlypa* ist der u-Konjugation (III.) entlehnt; ursprünglicher scheint im opt. *hlopa* (st. **hljopa?*). Die Kürze des Vokals ist vielleicht aus Anlehnung an *hǫggva* u. s. w., s. unten, zu erklären.

Hierher gehören, ausser hlaupa (a) laufen: auka vermehren, *jók, jókum* (*jukum*), *yka* (*oka*), *aukenn*, ausa giessen, *jós, jósum* (*jusum*), *ysa* (*osa*), *ausenn*.

4) Paradigma: hǫggva hjó hjoggum hǫggvenn

ind.	opt.	imp.	ind.	opt.	part.
hǫgg	hǫggva, -e	hǫgg?	hjó	hygga, -i	hǫggvenn
hǫggr	hǫggver		hjót(t)	hogga	
hǫggr	u. s. w.	inf.	hjó	hjugga	
hǫggum		hǫggva	hjoggum	hjogga	
hǫggveð		part.	hjuggum	u. s. w.	
hǫggva		hǫggvande	u. s. w.		

Med. hǫggumsk u. s. w.

Bemerkungen: ju st. jo scheint dem folgenden u zuzuschreiben zu sein, o, u bleibt kurz wegen des gg(v): *hjó* geht auf die Form

**hjóv*, nicht auf **hjǫggv* (<= **hjǫvv*) zurück, es ist zweifelhaft ob die 2. sg. v oder ggv hatte; die 3. sg. opt. in der Form *hjoggi*, *hjuggi* tritt öfter in den ind., die 3. pl. *hyggi*, *hjoggi*, *hjuggi* gleichfalls, doch nimmt sie noch die Indikativendung u (o) an: *hjoggjo*, *hyggio*, der Abfall des v im Konjunktiv ist Anlehnung an den pl. ind., im part. ist v erhalten, weil es in *hǫggva* u. s. w. nicht stellenweise als Modifikation des Gutturals auftritt, sondern als alter Stammauslaut: ggv <= vv der nur vor u, o schwinden und mit v wechseln sollte (vgl. ahd. *houwan*).

Hierher gehört ausser hǫggva (e) hauen, noch búa (e) bauen, wohnen.

ind.	opt.	inf.	ind.	opt.	part.
bý	búa	búa	bjó	bygga / bogga / bjogga	búenn
búm	búem		bjoggum		

u. s. w.

Auch bei den redupl. Verbis finden sich von einigen Stämmen nur Bruchstücke der starken Flexion, so auðenn vom Geschick bestimmt, eikenn rasend.

§ 108. Verba mit r-Präteritum. Sie gehören verschiedenen Ablautsreihen an. Ein Teil davon ist sicher durch Analogie entstanden; welche von ihnen die ursprüngliche Bildung bewahrten, ist kaum zu bestimmen. Charakteristisch ist für alle der Stammausgang -or im sg. pl. praet., an dessen Stelle bald -er tritt: es ist darnach wahrscheinlich, dass o aus e entstand, doch könnte es auch Umlaut von o (ó) sein, gewirkt durch r (<= z): vor u ist o auch in jüngeren Handschriften viel häufiger als vor a und e: *roru* aber *rera*, *rerer*, *rere*; der sing. ind. wird schwach flektiert (a, er, e), alle übrigen Formen sind stark.

Paradigma: róa roru rorum róenn

ind.	opt.	imp.	inf.	ind.	opt.	part.
rœ	róa	ró	róa	rora	rora	róenn.
rœr	róer		part.	rorer	rorir	
rœr	róe		róande	rore	rori	
róm				rorum	rorim	
u. s. w.				u. s. w.	u. s. w.	

Med. rómsk u. s. w.

Hierher gehören bnúa reiben (sehr selten) *bnoro*, gnúa dass., snúa wenden, gróa wachsen, róa rudern, sá (<= *sáa*) säen, *sǫru* (*sera*, *séra* *sora*, *sëron*. Ferner die ind. opt. praet., *frora*, *kora*, s. ob. § 105. V.

§ 109. Einzelnstehend in der Flexion sind die Verba:

1) valda walten praes. wie *halda*: praet. sing. *olla*, *oller*, *olle* (und *olda*, *volla*, *volda*), pl. *oldum* (*ollum*, *voldum*, *vollum*), opt. *ylda* (*ylla*, *vylda*, *vylla*), part. *valdet*.

Anmerkung. *olla* scheint < **olþa* entstanden zu sein; wahrscheinlich wechselte þ im sing. mit đ im plur. (oder im praes.?) wie in **fanþ* **fundum* nach Verners Gesetz; der plur. hiess ursprünglich wohl *uldum*, daher der opt. *ylda*, doch könnte man zweifeln ob -a im sing. ursprünglich ist (zu erklären wie a in *rora*), oder ob *uldum* als Plural eines schwachen Präteritums gefasst wurde und deshalb neben **vall* (**vell*?) ein (*v*)*olda* (statt *ulda*) trat (vgl. nhd. *wurde* neben *wart* zu *wurden*), oder ob d im praet. überhaupt unursprünglich ist und nur den praes. und part. praet. angehört, da die ursprünglichen Accentverhältnisse hier ungewöhnlicher Art gewesen sein müssen.

2) em bin. Der alte Stamm des Verbum subst. *es-* ist im ind. opt. praes. erhalten, aber vielfach verwandelt; neben *es* ist *er* und *se-* verwendet; die Endungen sind im ind. die des starken Präteritums mit Ausnahme der 1. sing. *em* (< **ezmi*), im opt. die des starken opt. praes., nur die 1. sing. zeigt eine ältere Form *sjá* (< **siau*; ob *sér* aus *siz* oder aus **saiz* entstanden ist, ist zweifelhaft; ist *sé*, *sém*, *séð* lautlich entwickelt, so liegt ai zu Grunde, aus *sim-* könnte nur *sim* geworden sein); 1. sing. *sé* ist wie *gefe* st. *gefa* jüngere Analogiebildung nach den übrigen Formen.

Em ist das einzige Verbum ohne thematischen Vokal, das im Altn. erhalten blieb.

ind.	opt.	
em	sjá	
est, ert	sér	Alles Übrige von vesa, s. oben, also:
es } er }	sé	Praes. imp. ves, ver, inf. vesa, vera, part. vesande, verande Praet. ind. vas, var, opt. væra, part. verenn.
erum	sém	
eruð	séð	
eru	sé	

Bemerkungen: es und er wechseln in den älteren Handschriften, in einigen der ältesten steht nur es, später nur er. Innerhalb des Nordischen geht s nicht mehr in r über, so dass *er* auf altes *ez* zurückgehen muss; vielleicht wechselte s mit z in (dem unbetonten, oft proklitischen) *es* je nach der Beschaffenheit des folgenden Lautes: *ez a-*, aber *es t-*; r kommt auch in die 2. sg. *ert* und so gewinnt *er* in der 3. sg. schliesslich auch die Oberhand über *es*. Selten ist dem sg. sjá entsprechend ein pl. *sjám* (**seum*) gebildet worden; *sé*, *sém*, *séð* sind in später Zeit häufige Nachbildungen. Natürlich dringen auch hier später die Formen der 3. sg. in die 1. sg.: *er* st. *em, sé* st. *sjá*. Eine eigentümliche Bildung ist das vereinzelte *sert* 2. sing. ind. oder opt. Alt und dichterisch sind die enklitischen Formen, *'ró, 'rúm* = *ero, erum* z. B. *þeirró* sie sind.

B. Schwache Konjugation.

§ 110. Alle schwachen (abgeleiteten) Verba bildeten ihr Präsens mit j, das sich an die verschiedenen stammbildenden Vokale anschloss. Für das Germanische sind dreierlei solche stammbildende Vokale anzusetzen: e (i), a (ae), ō, ersteres ist im Nord. wohl nirgends erhalten, sondern (nach kurzer Silbe) ausgefallen oder (nach langer Silbe) mit folgendem i kontrahiert, j ist zunächst erhalten, wo i davor abfiel (d. i. nach kurzer Stammsilbe), ausserdem beseitigt: dann aber auch nach kurzer Stammsilbe abgefallen, wo es vor e, i, in den Auslaut oder vor Konsonant zu stehen kam: also **hazijan* > **hazían* > *heyra*, **satijan* > **satjan* > *setja*, **satijō* > **satjo* > *set*: ōji, aji wurden ō (nord. a), ai (nord. e), *kallojizi* > **kalloz* < *kallar*, *hafajizi* > **hafaiz* > *hafer*; ausserdem scheint ōj, aj vorerst geblieben zu sein (*kallojan*). Im Nord. ist dann j mit dem folgenden Vokal nach o, d. i. nord. a, zunächst wohl überall (durch Angleichung an a < ōji) abgefallen, **kallojan* > *kallo* > *kalla*, dann aber ist der pl. ind. und der opt. den übrigen Verbalklassen angeglichen, *kǫllum* wie *fǫrum* u. s. w.; altes a fiel dagegen zunächst vor j aus (wie i, **hafajō* > **hafjo* > *hef*), doch nahmen die Formen mit e (< ai) bald ebenso wie die mit a (< o) überhand und drangen überall ein ausser im pl. ind., 1. sg. opt., inf., part., wo die Formen der starken Verba angenommen wurden, *hafe* st. *hef*, aber *hǫfum* wie *fǫrum*; nur wenige Spuren der älteren Konjugation sind erhalten. Genaueres siehe bei den einzelnen Konjugationen. Das Präteritum und Part. Präs. hat den Stammauslaut im Urnordischen bewahrt: i, o (a), a, später i und a fast überall abgeworfen, und zwar i stufenweise (§ 12) (ausser wo ein starker Nebenton darauf ruhte, d. i. im part. praet. -aðr, -iðr), ō > o verkürzt, wo o (u) in der Endung folgte, ausserdem zu a. Die Endungen sind für alle drei Klassen dieselben.

§ 111. Endungen:

Praes. Ind.	1			2	3
Sg. 1	i	i	(< ju iu)	a (< o)	i (< aju) dafür e
2	ir	ir	(< jizi iizi)	ar (< oizi)	er (< aiz)
3	ir	ir	(< jiði iiði)	ar (< oiði)	er (< aið)

		1			2	3a	3b
Pl.	1	jum	^{i}um	(< jum ium)	um		jum(< ajum)
	2	ið, it	^{i}eð, et	(< jeðe ieðe)	eð, et	= st. Verb.	
	3	ja	^{i}a	(< jand iand)	a		ja (< ajand)
Opt.							
Sg.	1	ja (i)	^{i}a	(< jau iau)	a		ja (< ajau)
	2		^{i}er	(< jaiz iaiz)	er		
	3		^{i}e	(< jai iai)	e	= st. Verb.	
Pl.	1		^{i}em	(< jaim iaim)	em		
	2		^{i}eð, et	(< jaið iaið)	eð, et		
	3		^{i}e	(< jain- iain-)	e		
Imp.			^{i}-	(< je ie)	a (< ō)	e (< ai)	^{i} (< aje)
Inf.		ja	^{i}a	(< jan- ian-)	a (< ōn)	a = st. verb. statt ja	ja (< ajan)
Part.		jande	ande	(< iande)	ande (< ōnde)	ande (statt jande)	jande (< ajande)

Praet. Ind.		1	2	3	
Sg.	1	(^{i})-đa	aða	ða	(< iðā ōdā aðā)
	2	(^{i})-đer	u. s. w.		(< -ðēz)
	3	(^{i})-đe	„		(< -ðē)
Pl.	1	(^{i})-ðum	uðum	ðum	(< ?)
	2	(^{i})-ðuð, -t	uðuð, -t,	ðuð, -t	
	3	(^{i})-ðu	uðu	ðu	

Opt.		1		2	3
Sg.	1	ð^{i}a, -i	(< iðiau)	aða, -i (< ōdiau etc.)	^{i}ða, ^{i}ði
	2	ðir	(< iðīz)	aðir	ðir
	3	ði	(< iðī)	aði	ði
Pl.	1	ðim	(< ðīm-)	aðim	ðim
	2	ðið, -t	(< ðīð)	aðið, -t	ðið, -t
	3	ði	(< ðīn)	aði	ði

Part.	1		2	3		1		2	3
Sg.	iðr	^{i}ðr	aðr	aðr	Pl.	ðer	^{i}ðer	aðer	ðer
	ið	^{i}ð	oð	oð		ðar	^{i}ðar	aðar	ðar
	it	^{i}t	at	at		ið	^{i}ð	oð	ð

Med.	1		2	3
Praes. Ind.	jumsk	^{i}umsk	umsk	jumsk
„ Opt.		^{i}emsk	emsk	
Inf.	jask	^{i}ask	ask	ask

u. s. w.

§ 112. Erste Klasse. Sie zerfällt in zwei Abteilungen, je nachdem die Stammsilbe kurz oder lang ist (ja-Kl. und ia-Klasse). Bei kurzer Stammsilbe steht vor a und u immer j, sonst fehlt das i-Element im Präsens ganz: *temja*, *temr*. Nach langer Stammsilbe fällt umgekehrt i vor a und u, ausser in der 1. sg. (wo von der alten Endung iō ō fällt, i bleibt), bleibt dagegen vor Konsonanten (den Grund für den Ausfall § 12, für die Erhaltung s. die Endungen): *heyra*, *heyrir*; vor e fällt j wie i: *temer*, *heyrer*, im imperat. ebenso: *tem*, *heyr*. Gutturalstämme haben wie beim Nomen und aus demselben Grunde wie dies vor a, u j: *sœkja*, *sœkjum*, ebenso bleibt auch hier i zwischen Vokalen als j erhalten: *flýja*, und fällt wie dieses im Auslaut und vor Konsonant ab.

Im Präteritum schwand i nach langen Silben nach dem Eintritt des i-Umlautes, nach kurzer Silbe vor demselben, also *talða* : *heyrða* (*selja*, *setja* werden vollkommen wie langsilbige behandelt); langsilbige k- und g-Stämme weichen hier von anderen langsilbigen Stämmen nicht ab: *berkta* (zu *berkja*), nicht *barkta*. Das Gleiche gilt vom part. praet., nur ist bei kurzsilbigen Stämmen i durch den Nebenton gehalten worden, freilich ohne Umlaut zu bedingen: *taliðr*, pl. *talðer*. s. hierüber §§ 12 und 80.

Eine kleine Anzahl von ia- und ja-Stämmen bilden ihre Praeterita vom primären Stamme (ohne -i-): *sœkja*, *sótta* (< **sóhta*, *sókiða* hätte, **sœkta* ergeben, s. unten), *vilja vilda* (nicht **vilða*).

Der Konsonant der Endung ist beim Praeteritum und Participium übereinstimmend đ, d, þ oder t (§ 24), und zwar:

đ (< iđ) nach Vokalen, nach einfachen tönenden Verschlusslauten und Spiranten (aber dið > dð > dd), nach m (wechselnd mit d) und nach r; nach lg, lf, ng nur in älterer Zeit (später d); nach l, n, wenn kurzer Vokal vorhergeht: *flýða*, *klufða*, *lagða*, *dreymða* und *dreymda*, *spurða*; *fylgða* später > *fylgda*; *talða*, aber *hvilda*;

þ (< ið) [ð geschrieben] ursprünglich statt ð überall nach tonlosen Lauten: *fylkþa*, *raisþa*; nach tonlosem l, n ist þ überall schon in den ältesten Handschriften durch t verdrängt: *mælta* (< **mæliða*); nach s dringt t um 1200 ein, nach p und k etwas später:

d (< id) nach tönendem l, n, wenn langer Vokal vorhergeht: *hvilda*, *greinda*, neben ð nach m; in neuerer Zeit überall nach Konsonanten statt đ, zuerst nach m, lg, lf, ng, dann auch sonst; d nach tönenden Konsonanten überall, wo es nie durch einen Vokal von diesen getrennt war: *vilda* < *vil* + *da*, s. oben;

t (< ið) statt þ von der ältesten (Handschriften-) Zeit nach l, n, später nach s, p, k: *raisþa* > *raista*, vgl. *dýpþ* > *dýpt*, *spekþ* > *spekt*;

t nach tonlosen Lauten von Anfang an, wo kein Vokal inzwischen stand: *þótta* < **þunh-þa*, *sótta* < **sōhta* < **sōgh-ðā*.

Über tonloses l, n s. oben § 7.

§ 113. ia-Stämme. Paradigma: sýni sýnda sýndr.

Praes. ind.	opt.	imp.	Praet. ind.	opt.	part.
sýni	sýna, -e	sýn	sýnda, -e	sýnda, -i	sýndr
sýnir	sýner	sýneð	sýnder	sýndir	sýnd
sýnir	sýne	inf.	sýnde	sýndi	sýnt
sýnum	sýnem	sýna	sýndum	sýndim	
sýneð	sýneð	part. u. gerund.	sýnduð	sýndið	
sýna	sýne	sýnande	sýndu	sýndi	

Medium.		Zusammenges. Formen.	
sýnumsk	sýndumsk	hef sýnt	hafa sýnt
sýnemsk	sýndimsk	er sýndr	eru sýnder
sýnask	sýnzk	u. s. w.	

Paradigma: líki líkþa líkþr

líki	líkja	lík	líkja	líkþa (später líkta)
líkjum	líkem		líkjande	u. s. w.

Hierher gehören: brenna brennen, bren(n)da, kenna kennen, renna rinnen lassen, sýna zeigen, stefna bestimmen, fella fällen, fylla füllen, hvíla ruhen, mæla messen, sigla segeln; beiða begehren, *beidda*, eyða veröden, fœða gebären:

stemma stämmen, stemda (u. *stemda*), kemba kämmen, deyfa (betäuben) stumpf machen, fœra führen; hneigja neigen, *hneigi, hneigir* u. s. w., bergja bergen, syrgja sorgen, trauern, œgja erschrecken, flýja (flœja) *flýjum*, s. unten;

mæla sprechen, *mælta*, ræna rauben, nenna wagen (< *nanþjan*), œxla, œxa vermehren lassen, *œxta*, inna ausführen, *inta* und *insta*, gylla (gylda?) vergolden, ptc. *gyl(l)tr*, reisa aufrichten, *reisþa*, *reista*, dreypa träufeln, gleypa verschlingen: líkja gleichen, drekkja tränken, *drekki, drekþa* (*drekta*), hrokkva wegtreiben, *hrokþa*, klokkva betrüben, sokkva versenken, hnykkja reissen, zerren: bœta bessern, *bœtta*, grýta steinigen, nýta geniessen.

Eine eigene Unterabteilung bilden diejenigen Verba in -via, bei denen -va mit -ja wechselt (s. § 103. 3), ursprünglich wohl z. B. *bygg*, *byggrir*, *byggum*, *byggvið*, *byggva*, später nebeneinander *byggja* wie *líkja*, und *byggva* wie *sýna*. Hierher gehören: byggja, byggva, *bygða* (y < i, v-Umlaut) bauen, bebauen, hryggja betrüben, tryggja beglaubigen.

þrøngja drängen, mýkja erweichen, kveykva, kveykja (kvokja, kvekja) beleben, *kveykþa* u. s. w. Hierher vielleicht auch gørva, gerva machen, thun?; dafür bald gøra, *gørða* (s. unten § 119).

§ 114. ja-Stämme. Paradigma: telja talða taliðr.

Praesens			Praeter.			
ind.	opt.	imp.	ind.	opt.	part.	
tel	telja, tele	tel	talða, e	telða, i	taliðr	talðr
telr	teler	teleð, -t	talðer	telðir	talið	tǫlð
telr	tele	inf.	talðe	telði	talit	talt
teljum	telem	telja	tǫlðum	telðim		
teleð, -t	teleð, -t	part. u. gerund.	tǫlðuð, -t	telðið, -t		
telja	tele	teljande	tǫlðu	telði		

Med. teljumsk
tǫlðumsk u. s. w.

Hierher gehören: gleðja erfreuen, *gladda,* seðja sättigen, ryðja ausroden, *rudda*, selja hergeben, verkaufen, *selda* (*e* st. *a*!); dvelja verweilen, *dvalða,* kvelja quälen, telja sagen, velja wählen, bylja widerhallen, drönen, *bulða,* hylja hüllen, skilja scheiden, berja schlagen, erja pflügen, sverja schwören, verja wehren, smyrja salben (doch s. unten § 119), spyrja fragen, spenja ziehen, venja gewöhnen, krefja fordern, klyfja spalten, *klufða* (auch stark); hvetja wetzen, *hvatta*; skepja schaffen, *skapþa*, *skapta*, þekja decken, lykja schliessen, *lukþa*, *lukta*, bysja strömen, *busþa, busta*.

Erst später langsilbig, früher kurzsilbig sind die (Präsens-) Stämme der Verba:

leggja legen, daher *lagða* (nicht **legða*), hyggja denken, *hugða*.

Kurzsilbig waren im Praeteritum einige im Altn. vokalisch auslautende Stämme, so

heyja ausführen (< **hauja*), *háða* (< **hauiða*), *háðr* und *háiðr* st. *ha(r)iðr:* ebenso æja ausruhen, *áða*, þreyja sich sehnen, *þráða* (daneben *þrá* nach d. 2. Konj.), **teyja*, **táða* machen wäre aus der Form tavido des goldenen Hornes zu schliessen.

Ursprünglich langsilbige Stämme, die im An. den Endkonsonanten verloren, schliessen sich im Präsens den kurzsilbigen Stämmen an:

fløja, flýja fliehen, *flaða*, *flýða*, *flýiðr* und *flýðr*;

tøja, týja helfen, *tøða* u. s. w.[1]

1) Wahrscheinlich liegen den Doppelformen (die mit y herrschen schliesslich vor) zweierlei Bildungen zu Grunde: *fløja* < **flehia* (vgl. mhd. *vlehen*, ags. *flêgan*) und *flýja* < **fliuhia* oder **fluhia*; auf eine Bildung *tiuh-* weisen wohl die Formen *tý* und *týja* nach Konj. 2.

Eine Reihe von Verbis mischen Formen nach Analogie kurzer und langer Stämme und organisch entwickelte, so: hlýja (< *hlirja?*), *hlý*, *hlýr*, *hlúða*, *hlúit* wärmen, ebenso lýja schlagen, stossen; frýja vorwerfen, *frýða* und *frúða*; gnýja tosen, *gnúða*, *gnýða*, *gníða* (die beiden letzteren Formen wohl < **gnirða*, **gnyrða*, ebenso in:) knýja schlagen, part. *knýiðr*, *knýðr*, *knúiðr*, *knúðr*; spýja speien (< **spirja*) hat nur *spúða*, *spúðr* (s. auch § 104).

§ 115. Praeterita ohne Mittelvokal (ða nicht iða) bilden die Verba: sœkja suchen, *sœki*, *sótta*, *sóttr* (tt < ht < k + ð), yrkja (wirken) machen, *yrki*, *orta*, *yrta*, *ortr* (rt < rht, y, o st. vy, vo); jüngere Bildungen sind *orkta*, *yrkta*, *orktr*, *yrktr* nach *styrkja* stärken und ähnlichen,

þekkja erkennen, *þátta*, *þætta* (kk < nk, tt < nhþ),

þykkja dünken, meinen, *þótta*, *þætta*, *þóttr* (kk < nk, ótt < unht), daneben sehr früh schon þikkja und häufig *þikja*, *þykja*, 3. sg. oft *þykki* (*þykki-mér* st. *þykkirmér* wie *gefu-vér* st. *gefum vér?* oder ist *þykki* opt. wie nhd. *däuchte* st. *dauchte?*),

kaupa kaufen, praet. *keypþa*, im Praes. nach der 3. Klasse.

Hierher gehören die Praeterita der Praeteritopraesentia. Über ht st. kt s. § 9, oht st. uht § 7. 1.

§ 116. Zweite Klasse.

Paradigma: kalla kallaða kallaðr.

Praes.			Praet.		
ind.	opt.	imp.	ind.	opt.	part.
kalla	kalla, e	kalla	kallaða	kallaða, -i	kallaðr
kallar	kaller	kalleð	kallaðer	kallaðir	kǫlluð
kallar	kalle	inf.	kallaðe	kallaði	kallat
kǫllum	u. s. w.	kalla	kǫlluðum	kallaðim	pl. kallaðer
kalleð		part.	kǫlluðuð, -t	kallaðið, -t	u. s. w.
kalla		kallande	kǫlluðu	kallaði	

Med. kǫllumsk kǫlluðumsk
kallask kallaðesk u. s. w.

Es ist daran zu erinnern, dass statt *kǫlluðum* u. s. w. sich auch *kǫlloðum*, *kǫllǫðum*, *kǫllǫðom* u. s. w. findet.

Hierher gehören eine grosse Zahl von Verbis, so ætla glauben, atla ausführen, akta achten auf-, anda hauchen, med. andask sterben, auka vermehren, bana töten, betrask sich bessern, bifask beben, blanda mischen, fasta fasten, vakna erwachen, tendra anzünden (< **tandirón*), sǫðla satteln (< **saðulón*) u. s. w. u. s. w.

Auslautendes a des Stammes wird mit a der Endung kontrahiert, also fá zeichnen (< **fáha*, vom selben Stamm auch *faga*), *fá*, *fǫ́m*, *fáða*, *fáðr*, spá wahrsagen (< **spaha*), strá streuen (< *strava*?).

Auslautendes i des Stammes wird j, a durch »Umspringen der Quantität« > á, so in

fjá hassen (< **fija*), part. *fjande* und *fjánde*, þjá peinigen, tjóa helfen (vgl. tœja oben § 114 a. E.) kann ó + a in o kontrahieren.

Auslautendes v nach Konsonant bleibt, oft auch vor u: bǫlva verfluchen, *bǫlva*, *bǫl(v)um*, *bǫlvaða*, *bǫl(v)uðum*, ebenso ǫrva anreizen, stǫðva Halt machen, vokva bewässern.

Auslautendes j nach Konsonanten fällt nur vor e:

herja heeren, pl. *herjum*, *hereð*, ebenso byrja beginnen, syfja einschläfern, þefja riechen. (Alte iō-Stämme scheinen z. B. mikla vergrössern, sigla siegeln.)

Wechsel nach anderen Konjugationen ist häufig, so geht ferja auch nach temja, statt tjóa auch tœja, týja nach der 1. Kl. u. s. w.

§ 117. Dritte Klasse. Nur wenige Spuren der ursprünglichen Konjugation, Abwechslung von j und e (< ai) sind erhalten. S. § 119.

Die Mehrzahl der Verba hat neben den Formen, die aus dem starken Verbum entlehnt sind, nur e (i): sg. ind., imperat., das Praeteritum ohne Umlaut im ind.; part. praet. ð- und að-. Bis auf den Umlaut und den imper. in e stimmt ihre Konjugation im Praesens mit der der ia-Stämme.

§ 118. Paradigma: spara sparða sparaðr.

Praes.			Praet.		
ind.	opt.	imp.	ind.	part	Med.
spare	spara, -e	spare	sparða	sparðr	spǫrumsk
sparer	sparer	spareð	u. s. w.	spǫrð, s. § 12.	u. s. w.
spare	u. s. w.	inf.	opt.	sparat	
spǫrum		spara	sperða, -i		
spareð		part.	u. s. w.		
spara		sparande			

(d. d. þ. t im Praeteritum wie in der 1. Konj.)

Hierher gehören z. B. brosa lächeln, *brosþa*, *brosta*, gapa gähnen, horfa sich wenden, sama sich ziemen, trúa glauben, pl. *trúm*, vaka wachen, þola dulden, opt. praet. *þolða* und *þylða*.

Ferner die vokalisch endigenden Stämme: ná erreichen (< **nåhra*).

náe, nǫ́m, náðe, ljá leihen (< *léa* < **līhva*), *lé* (st. *lée* < **lihvē*), *ljǫ́m*, opt. *ljá*[1]), *léða, léðr,* tja zeigen (< **tīha*), *té, tjá*[1]), *léða*.

§ 119. Spuren der alten Flexion haben sich erhalten 1) in Umlaut des Praesens bei unumgelautetem Praeteritum, 2) in Erhaltung von j, 3) in der Endung er, e bei kurzsilbigen (scheinbaren ia-) Stämmen.

Hierher gehört hafa haben, die Konjugation ist (die organischen Formen vorausgestellt, in ( ), wo sie verloren sind):

Praes. ind.	opt.	imp.	Praet.
hef, hefe	(hefja) hafa	(hafe) haf	hafða
(hafer) hefer, hefr	hafer	hafeð	u. s. w.
(hafer) hefer, hefr	hafe	inf.	part.
(hefjum) hǫfum	hafem	(hefja) hafa	hafðr
hafeð	hafem	part.	(hafaðr?)
(hefja) hafa	hafe	(hefjande) hafande	

segja sagen: Umlaut im Praesens überall, j an den ursprünglichen Stellen, imper. ohne e, also

ind.	opt.	Praet.
seg, sege	segja	sagða
seger, segr	seger u. s. w.	u. s. w.
seger, segr	imp.	part.
segjum	seg	sagðr u. (selten)
segeð	inf.	sagaðr
segja	segja	

Ebenso þegja schweigen, doch ohne die Formen **þeg*, **þegr*, dafür *þege, þeger*; praet. *þagða*.

In smyrva salben, fyrva ebben ist der Umlaut in das ganze Praesens gedrungen: aus den Formen mit j hat sich ein neues Praesens *smyrja, fyrja* (wie *telja*) gebildet, aus den Formen in -e ein Praesens *smyrre, smyrrer*, opt. *smyrea* (imp. *smyree?*), wie *spara*, ebenso *fyrre* u. s. w.; praet. alt: *smurða, furða*.

In gorva thun sind die Formen mit j ganz verschwunden, auch v fällt sehr früh ab, doch wechseln hier noch durch i umgelautete Formen (*gør-, ger-*) mit unumgelauteten (*gǫr-*); die umgelauteten dringen in das Praeteritum *gørða* neben dem älteren *gǫrða* ein, letzteres nimmt

1) Die Formen mit ja werden wie beim starken Verbum oft verallgemeinert: opt. *ljáe* neben *lé*, imp. *ljá* neben *lé*, ebenso *tjáe, tjá*.

meist das palatale g des Praesens an, daher gewöhnlich *gjǫrða*[1], part. praet. *gǫrr* und *gorr* (*gerr*), dekliniert wie *fǫlr*, also pl. *gǫrver*, *gorver*.

Neuer sind die Formen mit gj vor o und e; gor(v)a mit o durchaus, praet. gorða gleicht vollständig einem ia-Stamm.

Praes.

ind.	opt.	imp.
gǫrve, gorve, gore, gere	gǫrva, e	gǫr u. s. w.
gǫrver u. s. w.	u. s. w.	(gǫrve?)

Praet.

ind.	opt.	part.
gorða, gerða, gjǫrða	gorða	gǫrr, gǫr, gǫrt
		gorr, gor, gort
		gjǫrr u. s. w.

Über kaupa, keypþa s. oben § 115.

C. Praeteritopraesentia.

§ 120. Eine Anzahl von Verbalstämmen ist nur in Perfektform (ohne Reduplikation) mit Präsensbedeutungen vorhanden, dazu ist meist von der schwächsten Stammform ein neues schwaches Präteritum in ða (ohne Bindevokal) gebildet, selten ein part. praet. Der Infinitiv hat oft die Endung u. Die Flexion des Präsens ist die der starken Perfekta, nur treten hier und da an die Stelle von uð, u die Endungen eð, a des Präsens; hierher gehören:

Praes. ind.	Praes. opt.	Praet. ind.	
1) má mag, kann (< **mag*)	mega, -i	mátta	(tt < ht)
mátt (tt < ht)	megir u. s. w.	opt.	
má	inf.	mætta	(tt < ht)
megum	mega	part.	inf.
meguð, -eð, -t	part.	mátt	mǫttu.
megu, a	megande		

Bemerkung. *megum* zu **mag* mit 1. Vokalstufe wie *hulpum* zu *halp*, nicht **mógum*, weil hier keine Reduplikation stattfand; über ht > tt s. Lautlehre.

2) kná kenne, wie *má*, doch fehlen einige Formen, inf. part. (< **knage-*? hierzu *knáða*).

3) kann kann wie *brann* zu *brenna*, inf. *kunna*; praet. *kunna* (< **kunþa*), opt. *kynna*, part. *kuðr*, *kunn*, *kunt* und *kunnaðr*.

1) Fraglich ist, ob nicht neben *gorr-* auch *gerr-* vorauszusetzen ist, *gjǫrð-* wäre dann einfache Brechung; im Praesens wäre *gorr-* neben *gjǫrr-* daraus zu erklären, dass vor i und j Brechung überhaupt nicht eintritt, sondern e > i wird oder bleibt, s. *gjalla* : *gall* oben § 103.

4) þarf darf, wie *kann*; praet. *þurfta, þyrfta, þurft.*

5) skal soll	opt.	skula		Praet.
skalt und skall		skyla	ind.	skulda
skal	inf.	skolo, skulu		skylda u. s. w.
skolom, skulum	part.	skolande	opt.	skylda
u. s. w.		skulande	inf.	skyldu.

				Praet.	
6) mon, mun, man werde	opt.	mona	ind.	monda	
mon(t) u. s. w.		muna		munda	inf.
mon		møna		mønda	møndu
monum, munum		myna		mynda	myndu
u. s. w.	inf.	mono	opt.	mønda	mundu
		muno		mynda, i	

8) man erinnere mich, praes. wie *kann*: *munum*, *muna*, praet. *munda* (selten *manða*), *mynda*, part. *munat*.

9) ann liebe, wie *kann*: *unnum*, *unna*, praet. *unna*, *ynna* (und *unða*, *ynða*), *unt* oder *unnat*.

10) á habe (< **aih*)	opt.	eiga, i	Praet.	átta (< **aihta*)
átt (< **aiht*)		eigir	opt.	ætta u. s. w.
á		u. s. w.	part.	áttr u. eigenn.
eigum	inf.	eiga		
eiguð	part.	eigande		
eigu, a				

10) veit weiss	opt.	vita, i	Praet.	vissa
veist, veizt		vitir		visser u. s. w.
veit		u. s. w.	opt.	vissa
vitum	imp.	vit		vissir u. s. w.
vituð	inf.	vita	part.	vitaðr (u. viss).
vitu, a	part.	vitande		

11) vil will	opt.	vilja	Praet.	vilda, e
vill, vilt		vilir		vilder u. s. w.
vill		u. s. w.	opt.	vilda, i
viljum	inf.	vilja		vildir
vilið	part.	viljande	inf.	vildu
vilja			part.	viljat.

Bemerkung: *vil* scheint in älterer Zeit nur im opt. gebraucht worden zu sein; *vill* (< *vilr*) ist zu *viljum*, *vilið* gebildet, wie (*telr*) *tell* zu *teljum* gehört; danach wohl auch *skall* st. *skalt*. Andere lassen *vill* < *vilu* entstehen.

Über em, ert s. oben § 109.

Anhang I.

Andeutungen über die Wortbildung.

§ 121. **A. Das Substantivum.** Es sind zunächst zu unterscheiden einfache und abgeleitete Nominalstämme. Vom nordischen Standpunkt aus darf manches Substantivum als einfach gelten, was die vergleichende Grammatik als abgeleitet erweist.

1) Die einfachen Stämme erscheinen mit verschiedener Vokalstufe und mit verschiedenem (indogerm.) Accent. Ein Deklinationsvokal fehlt entweder ganz oder er ist a, e, a, o, i oder u.

Beispiele: masc. *fōt-* Fuss (*fótr*), fem. *eik-* Eiche (*eik*); — masc. *daga-* Tag (*dagr*), fem. *sagō-* Sage (*sǫgn*), neutr. *landa-* Land (*land*); — masc. *mati-* Speise (*matr*), fem. *nauđi-* Notwendigkeit (*nauđr*); — masc. *limu-* Glied (*limr*), *tegu-* (< *dekú*) Zehner (*tigr*), fem. *handu-* Hand (*hand* st. *hǫndr*), neutr. *fehu-* Vieh (*fé*).

2) Ableitungen werden gebildet durch Vokale, Halbvokale und Konsonanten oder durch Verbindungen von solchen.

a) Vokale und Halbvokale: an den einfachen Stamm tritt i- (nach langer Silbe), j- (nach kurzer Silbe), v-; Accent und Vokalstufe wechseln.

i-: masc. *bēti̯a-, -ia-* Besserer (*batir*), fem. *heiđia-* Heide (*heiđr* acc. *heiđi*), *mawi-, ia* (< *magwia*) Mädchen (*mær*), neutr. *krađia-, -ia-* [illegible] (*krađ*[illegible]).

j-: masc. *harja-, -ja-* Heer (*herr*), fem. *awja-* Insel (*ey*), neutr. *kunja-, -ja-* Geschlecht (*kyn*).

v-: masc. *harwa-, -wa-* Flachs (*horr*), fem. *arwa-* Pfeil (*ǫrr*), neutr. *hrewa-, -wa-* [illegible] (*hræ*).

Anmerkung. Z[illegible]

b) Konsonanten: n: masc. *sefan-* [illegible], *wagna-* Wagen [illegible] *barna-* Kind (*barn*) [illegible] *lækna-, -ia-* Arzt (*læknir*).

þ (dafür t. ð, d nach § 24). fem. *mahti-* Macht (*mǫtt*). *listi-* Kunstfertigkeit (*list*), *flóði-* Flut (*flóðr*); masc. *rehtu-* Recht (*réttr*). *graftu-* Gruft (*grǫftr*). *varðu-* Wacht (*vǫrðr*). *setsa-* Sitz (< *set-þa*, *sess*).

l: masc. *stóla-* Stuhl (*stóll*). fem. *krislā-* Zweig (*krisl*).

m: masc. *heima-* Heimat (*heimr*). *arma-* Arm (*armr*).

r: masc. *aldra-* Alter (*aldr*). *angra-* Kummer (*angr*).

s: masc. *hálsa-* Hals (*háls*). neutr. *linhsa-* Licht (*ljós*).

þr (ðr, tr): masc. *austra-* Schöpfen (*austr*). *arðra-* Pflug (*arðr*).

str: masc. *bakstra-* Backerei (*bakstr*). *blómstra-* Blume (von *bló-*. *blómstr*).

c) Vokale mit Konsonanten:

-n: masc. in *-an-*, *-en-*: *hanan-* Hahn (*hane*). s. § 70. *-jan-*: *viljan* Wille (*vile*). fem. in *ān*, *ūn-*: *tungān-* Zunge (*tunga*). s. § 70. in *-jān-*: *bulgjān-* Woge (*bylgja*). in *in-*: *alþīn-* Alter (*elli*). neutr. in *an-*, *ūn-* *augan-* Auge (*auga*).

-n-: masc. *wÓðena-* Eigenn. (*Óðenn*). *etuna-* Riese (*jǫtunn*). *himena-* Himmel (*himinn*). *arfōnan-* Erbe (*ǫrfune*): fem. *iðuni-* Eigenn. (*Iðunn*). *skipōni-* Anordnung (*skipun*). *efōni-* Zweifel (*efon*). (Stämme in *-an-* und *-in-* sind mit den *-n-*Stämmen zusammengefallen. *-īn-*-Stämme zu *-in-*Stämmen geworden.) *vulfunjān-* Wölfin (*ylfynja*).

-ð-: fem. *sunīðā-* Sünde (*synð"*). *heiliðā-* Ruhe (*heild"*). *viðiðā* Weite (*vídd"*). neutr. *hafuða-* Haupt (*haufuð*).

-r-: masc. *hamara-* Hammer (*hamarr*). *fetora-* Fessel (*fjǫturr*). fem. *vimorā-* Flussname (*Vimur*). neutr. *sumara-* Sommer (*sumar*): masc. *dōmaria-* Richter (*dómeri*).

-l-: masc. *kaðala-* Krummstab (*kaðall*). *lukila-* Schlussel (*lykill*). *ekula-* Gletscher (*jǫkull*): fem. *gandalā* Eigenn. (*Gǫndul*): neutr. *ōðala-* Erbgut (*óðal*): fem. *hundilān-* Hündchen (*hyndla*).

-s- **-z-**: masc. *sigos-* Sieg (*sigr*): neutr. *rekvas-* Finsternis (*røkkr*). *siðus-* Sitte (*siðr*).

-ng-: masc. *konunga-* König (*konungr*). *burðinga-* Lastschiff (*byrðingr*). *lausingjan-* Freigelassener (*leysingi*): von abgeleiteten Substantiven: *hafuðingjan-* Häuptling (*hǫfðingi*): fem. *launanga-* Verleihung (*launung"*).

-nd-: *hafanda-* Verfasser (*hǫfundr*). *baranda-* Haut (*bǫrand*) u. *kvikvandia-* Geschöpf (*kykvendi*). *rehtundia-* Recht (*réttyndi*).

-sl-: fem. *fōðislan-* Nahrung (*fœzla*): neutr. *beitisla-* Zaum (*beisl*). *smurisla-* Salbe (*smyrsl*). *raukailsia-* Raucherwerk (*reykelsi*).

u. s. w. u. s. w.

Von längeren Ableitungssilben sind noch hervorzuheben: *nōdu-nōði-* (an. *-noðr*); *ninga-* (*-ningu*); *-linga-*, *lingō-* (*-lingr, lingu*); *iskān-* (*iska*); *arnia-* (*erni*); *ōstan* (*asta*) u. aa.

Beispiele: *fǫgnoðr* Freude, *dróttning* Königin, *oðlingr* Besitzer, von *óðal*, *kerling* altes Weib, *mælska* Beredsamkeit, *faðerni* Vaterschaft, *þjónasta* Dienst.

Anmerkung. Je nachdem die einfachste Stammgestalt bei Verbis oder bei Nominibus sich findet, werden die Stämme als Verbal- oder Nominalstämme bezeichnet: *setning* als Verbalableitung wegen *sitja, sat*, *brœðrungr* Geschwisterkind als Nominalableitung wegen *bróðer*; vom Nordischen allein ausgehend wird man mancherlei Irrtümern verfallen. In vielen Fällen liegt dem Verbum und dem Substantivum dieselbe abgeleitete Form zu Grunde, z. B. *dynja-* (*dynr*) Getöse, *dynja-* tosen. Von abgeleiteten Substantiven werden neue Ableitungen gebildet, z. B. *konungdómr*, *hofðingi*.

3) Durch Komposition bildet das Altn. entweder Substantiva (meist Abstrakta) oder modifiziert ihre Bedeutung. Zu ersteren Gattungen gehören die masc.-Kompositionen von Adjektiven mit *-leikr* und *-leike*: *kærleikr* Liebe, von Substantiven mit *-skapr*: *vinskapr* Freundschaft, mit *-angr*: *farangr* Fahrt, in *-dage*: *bardage* Kampf; *dómr* -tum ist in ältester Zeit noch nicht mit dem betr. Adjektiv verschmolzen, so *kristinn dómr* Christentum, später *kristindómr*, *konungdómr*; fem. in *-úð* (< *-hugð*) und *-ýðgi* von Substantiven und Adjektiven: *harðýðgi* und *harðúð* Härte (der Gesinnung), in *-kunn*: *miskunn* Gnade; neutr. in *-æfi*: *auðæfi* Reichtum; [in *-orð* (< *-oðr*?): *vitorð* Klugheit] (die neutr. in *-læti*, die fem. in *-semi* sind von komponierten Adjektiven abgeleitet).

Zur zweiten Gattung gehört die grosse Zahl von Kompositis, in denen das zweite Glied die Bedeutung trägt, die durch das erste nur modifiziert oder näher bestimmt wird; meist ist das erste Glied ein Substantivum im Genitiv: *aldartal* Jahrzahl, *dróttinsdagr* Herrentag, d. i. Sonntag; *graftól* Grabwerkzeug, *grágáss* Graugans, *gestgjafe* Gastgeber. (Zu unterscheiden sind auch hier substantivische Komposita und Ableitungen von komponierten Adjektiven: *ránleysi* Hoffnungslosigkeit von *ránlauss*, *glámsýni* Zustand des *glámsýnr*.)

Hierher gehören auch diejenigen substantinischen Komposita, bei welchen das erste Glied eine Präposition oder ein untrennbares Präfix ist: so *ádrykkja* Zutrinken (von *drykkja*), *afbarðr* Auszeichnung, *fyrirheit* Verheissung, *orlǫg* pl. Schicksal, *torveldi* Schwierigkeit, *óráð* schlimmer Rat.

§ 122. B. Das Adjektivum.

Die Bildung der einfachen Adjektiva vom Stamm ist die gleiche wie die der Substantiva [1]); nur sind hier i- und u-Stämme nicht mehr im Nordischen zu finden.

1) a-Stämme: *djúpr* tief, *langr* lang, *stórr* gross, dazu die schwachen (-n̈-) Bildungen *djúpe*, *lange*, *stóre*.

2) va-Stämme: *fǫlr* fahl. *mœrr*, *mjǫrr* (< **mævar*) schlank, dazu *fǫlve*, *mæve*, *mjóve*.

3) -ia-Stämme: *ríkr* reich, *frægr* berühmt.

4) -ja-Stämme: *miðr*, medius, *nýr* neu (< **nivjar*).

Konsonantische Bildungselemente sind:

ð: hierher gehören alle schwachen Participia des Prät. *taliðr*, *heyrðr*, *kallaðr*, *sóttr* (< **sók* + *ðaz*), ferner *dauðr* tot u. aa.

n: hierher gehören alle starken Partic. des Prät. *gefenn*, *gripenn*, *fólgenn*, ferner *feginn* erfreut, *eiginn* eigen u. aa.: *forn* alt, *grœnn* (< **gróniar*) grün.

nd: alle Part. Präsent.: *gefande*, *teljande*, im Sing. ist -nd- > -nden- erweitert (schwache Form).

l: *gamall* alt, *vesall* elend, *gjafall*, *gjǫfull* freigebig, *mikill* gross.

r: *bitr* gen. *bitrs* beissend, *digr* gen. *digrs* dick, *vitr* weise.

m: *varm* warm.

Von Substantiven (und Adjektiven) werden durch Ableitung neue Adjektiva gebildet mit

-g: *blóðegr* blutig, *móðegr* mutig, *siðugr* wohlerzogen, *mǫ́ttugr* mächtig.

-isk: *bernskr* kindlich (<**barniskar*), *mælskr* beredt, *danskr* dänisch, *himneskr* himmlisch (*-neskr* ist wohl nur durch einen Irrtum von Formen wie *himneskr*, wo n zum Stamm gehört, abstrahiert und zu Neubildungen wie *jarðneskr* irdisch verwendet worden).

-ótt (< **uht-**): *skjǫldóttr* getüpfelt, *bǫllóttr* rund.

Mit ursprünglich selbständigen Suffixen, die aber ganz den Charakter von »Endungen« angenommen haben, werden von Substantiven und Adjektiven neue Adjektiva gebildet, die Bedeutung liegt hier einzig im ersten Glied, so in

-legr, -ligr: *fróðligr* (*frollegr*) wissbegierig, *líkamligr* leiblich, *árligr* jährlich: *kostuligr* kostbar (Adjekt. in *-ulegr*, *-ilegr* gehen teilweise auf Formen mit *-ugligr*, *-igligr* zurück).

-samr: *friðsamr* friedsam, *iðjusamr* geschäftig.

1) masc. und neutr. in -a (< o gr. os. on) entsprechen fem. in a, o (gr. α, η).

Komposita, deren zweites Glied ein Substantivum ist, lassen dies entweder unverändert als Adjektivum fungieren[1], oder geben ihm die Endung -ia-: das zweite Glied hat hier eine selbständige individuelle Bedeutung, die durch das erste näher bestimmt ist; solche Komposita sind z. B.

bægifótr lahm, *ferfœtr* vierfüssig, *fagreygr* schönäugig, *fámennr* schwach besucht, in geringer Zahl.

Sehr häufig sind Komposita mit Adjektiven an zweiter Stelle, das erste Glied ist entweder eine Präposition, ein Adverbium, untrennbares Präfix oder ein Substantivum. Häufig sind die Komposita mit

-gengr: *arfgengr* erbberechtigt, *ógengr* ungangbar.

-sæll: *sigrsæll* siegreich.

-fœrr: *þingfœrr* im Stande das Thing zu besuchen, ferner mit

-rœðr, **-gjarn**, **-fullr** u. aa.

Über Komparation und Bildung der Adverbia s. oben bei der Flexion der Adjektiva und Pronomina.

§ 123. C. Das Verbum.

Über die Bildung der einfachen Verba, der schwachen Verba s. ob. in der Flexionslehre. Hier ist hervorzuheben:

1) Die Bildung eigener Präsensstämme zu starken Verbis:

a) durch **j**: *hefja* heben, *sverja* schwören, *biðja* bitten, *liggja* liegen zu den Stämmen *haf-*, *svar-*, *beð-*, *leg-*;

b) durch **n**: *standa* stehen, *fregna* fragen, zu *stað-*, *frek-*;

c) durch **ð**?: *bregða* brechen zu *breg-*?

2) Die Bildung schwacher Verba von Nominibus und Verbis durch besondere Suffixe[2]: so durch

n: *samna* sammeln (< *saman*), *fagna* erfreuen, *brotna* brechen;

l: *hǫndla* handeln, *sǫngla* trällern;

g: *nauðga* nötigen, *vingask* Freund werden, *kvángask* sich verheiraten;

k: *grœnka* grünen, *þerka* trocknen.

Komposita mit untrennbaren Präfixen sind selten, da diese (§ 12) meist beseitigt sind. Verba mit ó- sind von Nominibus gebildet, ebenso die mit tor- und or-. Bei den mit Präpositionen zusammengesetzten (í fyr eptir u. s. w.) können diese meist als Adverbia behandelt und vom Verbum getrennt werden, á at und einige andere werden fast nie mit dem Verbum verbunden; *ábyrgja* und ähnliche Bildungen sind von komponierten Substantiven abgeleitet.

1) Zumal in Beinamen.

2) Die sich teilweise auch beim Nomen schon finden.

Anhang II.

Verzeichnis der gebräuchlichsten Präpositionen und Konjunktionen.

§ 124. Präpositionen. Die Mehrzahl derselben ist mit Sicherheit auf Nomina zurückzuführen, ein Teil derselben hatte ursprünglich (und im Nordischen noch) Adverbialbildung.

1) mit Genitiv:

til zu (eigentl. Substant.?)
ǫn ohne (auch mit acc. dat.)
innan innerhalb } Adverbia
utan ausserhalb }
(*á*, *í*) *miðlim*, *millum* } mitten in, zwischen
„ *miðli*, *meðal* }
í stað anstatt (*staðr* Stelle)
(*at*) *auk* ausser (*auk* ursprünglich wohl subst. neutr. Vermehrung = nhd. auch)
und andere Nominalbildungen.

2) mit Dativ:

at ad
af von
frá von
ór, *ýr*, später *úr* aus
með, *meðr* mit (auch mit acc.)
undan fort von }
nær(r), *nærri* nahe bei } Adverbia
fjarre ferne von }
hjá bei
ásamt samt
(*í*) *gegn* gegen
(*á*, *í*) *mót*, *móti* gegen
und andere Nominalbildungen.

3) mit Akkusativ (und Dativ)

umb, *um* dafür auch *of* um (auch mit Dat.)
of dafür auch *um* über („ „)
fyr, *fyri*, *fyrir*, *fir* u. s. w. *fur* u. s. w. für, vor (auch m. Dat.)
eft, *eftir* nach (mit Dat. hinter)
við, *viðr* wider (auch m. Dat.)
und, *under* unter (auch m. Dat. wie im Deutschen)
(*of*) *yfir* über („).

Verbindungen von Präpositionen mit Adverbien wie *um fram, fyrir ofan* haben gewöhnlich den Akkusativ nach sich.

§ 125. Konjunktionen.

ok (älter *auk*) und (*bæði — ok* et — et)

eða, eð jünger *eðr* oder (*hvárt sem — eða* vel — vel)

en aber

þó doch, *þeygi* doch nicht

at dass (*svát, svá at*, so dass, *því at*, selten und alt *þvít* weil, *til þess at* damit, *með því at, af því at, fyr því at*, da, weil, *þó(a)t* obwohl

þá er als

sem wie

ef wenn, ob

hvárt ob, *hv. — eða* ob — oder

nema, útan wenn nicht

u. aa.

Chrestomathie.

A. Normalisierte Texte.

Aus der Njálssaga.

Kap. 93—113.

Vorbemerkung. Þráinn Sigfússon hatte die Söhne des Njáll, des gesetzkundigsten und angesehensten Mannes der Insel, in Norwegen in grosse Verlegenheit und Gefahr gebracht und wurde von ihnen nach der Rückkehr nach Island im Kampfe erschlagen.

Ketill í Mǫrk átti Þorgerði dóttur Njáls, en var bróðir Þráins, ok þóttiz hann við vant um kominn.[1] Hann reið til Njáls ok spurði, hvárt hann vildi nǫkkut bœta víg Þráins. Njáll svaraði: »Bœta vil ek svá at vel sé; ok vil ek, at þú leitir þess við brœðr þína, þá er bauga eigu at taka[2], at þeir taki sættum.« Ketill kvaz þat vildu gøra gjarna. Var þat þá ráð þeira, at Ketill skyldi fara ok finna þá alla er gjǫld áttu at taka, ok koma á griðum. Síðan reið Ketill heim.[3] Ketill ferr nú at finna brœðr sína ok stefndi þeim ǫllum saman til Hlíðarenda. Tekr hann þar umrœðu við þá, ok var Hǫgni[4] með honum í allri umrœðu. Ok kom svá, at menn váru til gerðar teknir ok lagðr til fundr ok váru gǫr manngjǫld fyrir víg Þráins, ok tóku þeir allir[5] við bótum, sem lǫg stóðu til. Síðan var mælt fyrir trygðum ok búit um sem trúligast. Greiddi Njáll fé alt af hendi vel ok skǫruliga. Var þá kyrt um stund.

Einu hverju sinni reið Njáll upp í Mǫrk, ok tǫluðu þeir Ketill dag allan. Reið Njáll heim um kveldit, ok vissi engi maðr, hvat í ráðagørð hafði verit. Litlu síðar fór Ketill til Grjótár.[6] Hann mælti til Þór-

1) Wegen des Todes des Þráinn erg. *vera*. 2) d. s. wohl die ehelichen s. Grágás § 113. 3) d. i. von Bergþórshvál nach Mǫrk, beide im Südland in den Rangárvellir, nahe bei beiden ist Hlíðarendi. 4) Der Besitzer von Hlíðarendi. 5) Die sog. *baugamenn*. 6) Über die Markarfljót und Þverá; in Grjótá hatte der erschlagene Þráinn gewohnt.

gerðar[1]): »Lengi hefi ek mikit unt Þráni bróður mínum, mun ek enn þat sýna: þvíat ek vil bjóða til fóstrs Hǫskuldi syni Þráins.« »Gora skal[2]) þér kost á þessu, segir hon, þú skalt veita þessum sveini alt þat er þú mátt, þá er hann er rǫskinn ok hefna hans, ef hann er með vápnum veginn, ok leggja fé til kvánarmundar honum. Ok skalt þú þetta alt sverja.« Hann játtaði þessu ǫllu. Ferr Hǫskuldr nú heim með Katli ok er með honum nǫkkura hríð.

(94) Einu hverju sinni ríðr Njáll upp í Mǫrk, ok var tekit honum vel, ok var hann þar um nóttina. Um kveldit gekk sveininn at honum, ok kallaði Njáll á hann. Gekk hann þegar til hans. Njáll hafði fingrgull á hendi ok sýndi sveininum. Sveinninn tók við gullinu ok hugði at ok dró á fingr sér. Njáll mælti: »Vill þú þiggja gullit at gjǫf?«

»Þiggja vil ek víst« segir sveinninn.

»Veizt þú, s. N., hvat fǫður þínum varð at bana?«

Sv. svarar: »Veit ek, at Skarpheðinn vá[3]) hann, ok þurfu vit ekki á þat at minnaz, er sættz hefir á verit ok fullar bætr hafa fyrir komit.«

»Betr er svarat, s. N., en ek spurða, ok munt þú verða góðr maðr.«

»Góðar þykkja mér spásǫgur, s. H., þvíat ek veit, at þú ert forspárr ok ólyginn.«

N. m.: »Nú vil ek bjóða þér fóstr, ef þú vill þiggja.« Hǫskuldr kvaz þiggja vilja bæði þann góða ok annan þann sem hann gjǫrði honum. Urðu þær málalyktir, at Hǫskuldr fór heim með Njáli til fóstrs. Hann lét sveininum ekki í mein ok unni mikit. Synir Njáls leiddu hann eptir sér ok gjǫrðu honum alt til sóma. Nú líðr þar til er Hǫskuldr er frumvaxti. Hann var bæði mikill ok sterkr, manna fríðastr sýnum[4]) ok hærðr vel, manna bezt vígr, blíðr í máli, ǫrlátr, stiltr vel, orðgóðr til allra manna ok vinsæll. Njálssonu ok Hǫskuld skildu hvártki á orð né verk.

Nu er þar til máls at taka, at Njáll talaði við Hǫskuld fóstra sinn: »Ráðs vilda ek þér leita fóstri, ok kvánfangs.« Hǫskuldi kvez þat vel at skapi[5]) ok bað hann fyrir sjá. »Eða hvar vill þú helst á leita?« Njáll svarar: »Kona heitir Hildigunnr ok er Starkaðar dóttir, Þórðarsonar Freysgoða.[6]) Þann veit ek kost beztan.«

1) Glúms Tochter, Witwe des Þráinn. 2) sc. ek, was öfter fehlt. 3) v. vega. 4) Dativ a. d. Fr. in welcher Hinsicht? 5) erg. vera. 6) Maðr er nemndr Flosi. Hann var sonr Þórðar Freysgoða. Flosi bjó at Svínafelli ok var hǫfðingi mikill, hann var mikill vexti ok styrkr, manna kappsamastr. Bróðir hans hét Starkaðr. Hildigunnr hét dóttir Starkaðar. Hon var skǫrungr mikill ok kvenna fríðust sýnum. Hon var svá hǫg, at fár konur váru jafnhagar. Hon var allra kvenna grimmust ok skaphǫrðust, en drengr góðr þar sem vel skyldi vera. Kap. 95.

Hǫskuldr mælti: »Sjá þú einn fyrir, fóstri minn. Þat skal mitt ráð, sem þú vill vera láta.« »Hér munu-vit á leita« s. N.

Lítlu síðar kvaddi Njáll menn til ferðar með sér. Fóru þeir Sigfúss synir[1]) ok synir Njáls allir ok Kári Sǫlmundarson.[2]) Þeir ríða austr til Svínafells.[3]) Fá þeir þar góðar viðtǫkur. Um daginn eptir ganga þeir Njáll ok Flosi á tal. Þá koma niðr ræður Njáls, at hann segir svá: »Þat er ørindi mitt hingat, at vér fǫrum bónorðsfǫr ok mælum til mægða við þik, Flosi, en til eiginorðs við Hildigunni bróðurdóttur þína.«

»Fyri hvers hǫnd?« segir Flosi.

»Fyri hǫnd Hǫskulds Þráinssonar fóstra míns« s. N.

»Vel er slíkt stefnat, s. F., en þó hafi-þér mikit í hættu hvárir við aðra — eða hvat segir þú frá Hǫskuldi?«

»Gott má ek frá honum segja, s. N., ok skal ek svá fé til leggja, at yðr þykki sæmiliga, ef þér vilið þetta mál at álitum gøra.«

»Kalla munu vér á hana, s. F., ok vita, hversu henni líz maðrinn.«

Var þá sent eptir henni, ok kom hon þangat. Flosi segir henni bónorðit. Hon kvaz vera kona skapstór »ok veit ek eigi, hversu mér er hent við þat, er þar eru svá menn fyrir[4]), en þat þó eigi síðr, at sjá maðr hefir ekki mannaforráð[5]); ok hefir þú þat mælt, at þú myndir eigi gipta mik goðorðslausum manni.«

»Þat er ærit eitt til, s. F., ef þu vil eigi giptaz Hǫskuldi, at þá mun ek engan kost á gøra.«

»Þat mæli ek eigi, s. hon, at ek vilja eigi giptaz Hǫskuldi, ef þeir fá honum mannaforráð. En elligar mun ek engan kost á gøra.«

Njáll mælti: »Þá vil ek bíða láta mín um þetta mál þrjá vetr.«

Flosi svaraði, at svá skyldi vera.

»Þann hlut vilda ek til skilja, s. Hildigunnr, ef þessi ráð tækiz, at vit værim austr hér.«[6])

1) Ketill und seine Brüder, die Konstruktion ist: *þeir, S. s. ok s. N.*; ähnlich aber auffallender sind die häufig gebrauchten Wendungen wie *Þeir Njáll* sie (nämlich die Anderen und) Njáll; um verschiedene Geschlechter zusammenzufassen wird *þau* (das neutr., in dieser Verbindung aber wohl ein alter Dual) verwendet: *þau Njáll*: sie (die Frau, Tochter u. s. w. und) Njáll. 2) Njáls Schwiegersohn. 3) Flosis Hof, eine ziemliche Strecke ostwärts, gerade unter dem Vatna-jǫkull. 4) Verb. *er þar fyrir* — *hvarfyrir*. 5) Ein *goðorð* ist gemeint, d. h. eine Art Patronat über eine Tempelgemeinde das sich auf den Besitz des Tempels gründete. Bis zu der im Folgenden erzählten Neuschöpfung von Goðorden waren im Ganzen 39 auf der Insel, im Nordviertel 12, in den übrigen je 9, und ebensoviele den Goðorden entsprechende Thinggemeinschaften, über denen das *alþing* als einzige gemeinschaftliche Repräsentation stand. S. K. Maurer, Island S. 65—68, 142—220. 6) Nach der Heirat zu ständigem Aufenthalt.

Njáll kvaz þat vilja skilja undir Hǫskuld. En Hǫskuldr kvaz mǫrgum vel trúa en engum betr en fóstra sínum. Nú ríða þeir austan. Njáll leitaði Hǫskuldi um mannaforráð, ok vildi engi selja sitt goðorð. Líðr nu sumarit til alþingis. Þetta sumar váru þingdeildir miklar; gorði þá margr sem vant var at fara til fundar við Njál.[1]) En hann lagði þat til mála manna, sem ekki þótti líkligt, at eyddiz sóknir; ok varð af því þræta mikil, er málin máttu eigi lúkaz ok riðu menn heim af þingi ósáttir. Líðr nú þar til, er komr annat þing. Njáll reið til þings. Ok er fyrst kyrt þingit alt þar til er Njáll talar, at mǫnnum væri mál at lýsa sǫkum sínum. Margir mæltu at til lítils þætti þat koma, er engi kvæmi sínu máli fram, þó at til alþingis væri stefnt, »ok vilju-vér heldr, segja þeir, heimta várt mál með oddi ok eggju.« »Svá má eigi vera, s. N., ok hlýðir þat hvergi at hafa eigi lǫg í landi. En þó hafið þér mikit til yðars máls um þat; ok komr þat til vár, er lǫgin kunnum ok þeim skulum stýra. Þykki mér þat ráð, at vér kallimz saman allir hǫfðingjar ok talim um.« Þeir gengu þá til lǫgréttu.[2]) Njáll mælti: »Þik kveð ek at þessu Skapti Þóroddsson[3]), ok aðra hǫfðingja, at mér þykkir sem málum várum sé komit í ónýtt efni, ef vér skulum sækja mál í fjórðungs-dómum[4]), ok verði svá vafit, at eigi megi lúkaz né fram ganga. Þykki mér þat ráðligast, at vér ættim hinn fimta dóm ok sæktim þar þau mál, er eigi megu lúkaz í fjórðungsdómi.«

»Hversu skalt þú, sagði Skapti, nemna fimtardóminn er fyri forn goðorð er nemndr fjórðungsdómr, þrennar tylftir í fjórðungi hverjum?«

»Sjá mun ek ráð til þess, s. N., at taka upp ný goðorð þeir er bezt eru til fallnir ór fjórðungi hverjum; ok segiz þeir í þing með þeim, er þat vilja.«

»Þenna kost vilju-vér, s. S., eða hversu vandar sóknir skulu hér vera?«

»Þau mál skulu hér í koma, s. N., of alla þingsafglǫpun, ef menn bera ljúgvitni eða ljúgkviðu. Hér skulu ok í koma vefangsmál ǫll þau er menn vefengja í fjórðungsdómi ok skal þeim stefna til fimtardóms. Svá ok, ef menn bjóða fé eða taka fé til liðs sér. Í þessum dómi skulu vera allir hinir styrkjustu eiðar ok fylgja tveir menn hverjum eiði, er þat skulu leggja undir þegnskap sinn, er hinir sverja. Svá skal ok[5]), ef annarr ferr með rétt mál, en annarr með rangt: þá skal eptir þeim

1) Nämlich um ihn in Streitigkeiten um (juristischen) Rat zu fragen. 2) *lǫgrétta*, die gesetzgebende Versammlung, in welcher ausser den 39 Goden 105 Beisitzer sassen, unter ihnen hier Njáll, der kein goðorð innehatte. 3) Er wird als bester Jurist der Insel bezeichnet i. d. Kristnisaga c. 12. 4) d. i. in den vier koordinierten Richterkollegien am Alþing mit je 36 Richtern, die von den Goden ernannt wurden. 5) sc. *dómr dœma, dómr* oder ein allgemeines Subjekt („man") ist auch zum folgenden *skal*, wie oft, zu ergänzen.

dœma, er rétt fara at sókn. Hér skal ok sækja hvert mál sem í fjórðungsdómi, utan þat, er nemndar eru fernar tylftir í fimtardóm, þá skal sækjandi [1]) nemna sex menn ór dómi en verjandi [1]) aðra sex. En ef hann vill eigi ór nemna, þá skal sækjandi nemna þá ór sem hina. En ef sækjandi nemnir eigi ór, þá er ónýtt málit; því at þrennar tylftir skulu um dœma. Vér skulum ok hafa þá lǫgréttuskipun, at þeir, er sitja a miðjum pǫllum [2]), skulu réttir [3]) at ráða fyri lofum ok lǫgum; ok skal þá velja til þess, er vitrastir eru ok bezt at sér. Þar skal ok vera fimtardómr. En ef þeir verða eigi á sáttir, er í lǫgréttu sitja, hvat þeir vilja lofa eða í lǫg leiða, þá skulu þeir ryðja lǫgréttu [4]) til, ok skal ráða afl með þeim. En ef sá er nǫkkurr [5]) fyrir utan lǫgréttu, at eigi nái inn at ganga eða þykiz borinn vera máli, þá skal hann verja lýriti svá at heyri [6]) í lǫgréttu, ok hefir hann þá ónýtt fyri þeim ǫll lof þeira ok alt þat er þeir mæltu til lǫgskila, ok varði lýriti. Eptir þat leiddi Skapti Þóroddsson í lǫg fimtardóm ok alt þetta er nú var talit. Eptir þat gengu menn til lǫgbergs. [7]) Tóku menn þá upp ný goðorð. Í norðlendinga fjórðungi váru þessi ný goðorð: Melmannagoðorð í Miðfirði ok Laufæsingagoðorð í Eyjafirði. Þá kvaddi Njáll sér hljóðs ok mælti:

»Þat er mǫrgum mǫnnum kunnigt, hversu farit hefir með oss sonum mínum [8]) ok Grjótármǫnnum [9]), at þeir drápu Þráinn Sigfússon, ok var sættz á málit, ok ek tók við Hǫskuldi syni Þráins. Hefi ek nú ráðit honum kvánfang, ef hann fær goðorð nǫkkut. En engi vill selja sitt goðorð. Vil ek nú biðja yðr, at þér leyfið, at ek taka upp nýtt goðorð á Hvítanesi [10]) til handa Hǫskuldi.«

Hann fekk þat lof af ǫllum. Tekr Njáll nú upp goðorðit til handa Hǫskuldi, ok var hann síðan kallaðr Hǫskuldr Hvítanessgoði. Eptir þetta ríða menn heim af þingi. Njáll dvalðiz skamma stund heima, aðr hann reið austr til Svínafells ok synir hans ok Hǫskuldr ok vekr bónorðit við Flosa. En hann kvez efna mundu ǫll mál við þá. Var

1) st. *sækjandinn. verjandinn.* 2) Drei Bänke waren es, auf der mittleren sassen bisher die Goden und 9 ihnen hier gleichgestellte gewählte Männer. Der Vorschlag, nunmehr die Mittelbank durch Wahl (aus den 144 Mitgliedern) zu besetzen, ist, der obigen Erzählung widersprechend, nicht angenommen worden, wohl aber der zweite, Stimmrecht nur der Mittelbank zuzuerkennen. 3) sc. *vera.* 4) »Ein eigentümliches Verfahren .... welches dazu dient, die Meinungsverschiedenheiten bei der Abstimmung teils festzustellen, teils auch wo möglich zu beseitigen«. K. Maurer, Beiträge 183 A. 2. 5) Appos. zu *sá.* 6) sc. *menn.* 7) Seine Lage wird verschieden bestimmt, neuerdings hat die isländische archäologische Gesellschaft umfassendere Untersuchungen anstellen lassen, die nicht veröffentlicht sind. Das *lǫgberg* war der Hügel, von dem aus die öffentlichen Bekanntmachungen zu erlassen waren. 8) für *oss mér ok s. m.*, s. ob. S. 163 A. 1. 9) die Verwandten des erschlagenen Þráinn. 10) nicht mehr bekannt, doch in der Rangárvella sýsla gelegen.

þá Hildigunnr fǫstnuð Hǫskuldi ok kveðit á brúðhlaupsstefnu; ok lýkr svá með þeim. Ríða þeir þá heim. En í annat sinn riðu þeir til brúðhlaups. Leysti Flosi út alt fé Hildigunnar eptir boðit ok greiddi vel af hendi. Fóru þau til Bergþórshváls ok váru þar þau missari, ok fór alt vel með þeim Hildigunni ok Bergþóru. Um várit eptir keypti Njáll land í Vǫrsabæ[1]) ok fær þat Hǫskuldi, ok ferr hann þangat bygðum sínum. Njáll réð honum hjón ǫll. Ok svá var dátt með þeim ǫllum saman, at engum þótti ráð ráðit, nema þeir réði allir um. Bjó Hǫskuldr í Vǫrsabæ lengi svá at hvárir studdu annarra sæmð, ok váru synir Njáls í ferðum með Hǫskuldi. Svá var ákaft um vináttu þeira, at hvárir buðu ǫðrum heim hvert haust ok gáfu stórgjafar. Ferr svá lengi fram.

(98) Maðr hét Lýtingr. Hann bjó á Sámsstǫðum.[2]) Hann átti þá konu er Steinvǫr hét. Hón var Sigfússdóttir, systir Þráins. Lýtingr var mikill maðr vexti ok styrkr ok auðigr at fé, illr viðreignar. Þat var einu hverju sinni, at Lýtingr hafði boð inni á Sámsstǫðum. Hann hafði þangat boðit Hǫskuldi Hvítanessgoða ok Sigfússonum. Þeir kvámu þar allir. Þar var ok Grani Gunnarsson ok Gunnarr Lambason ok Lambi Sigurðarson.[3]) Hǫskuldr Njálsson[4]) átti bú í Holti ok móðir hans, ok reið hann jafnan til bús síns frá Bergþórshváli, ok lá leið hans um garð á Sámsstǫðum. Hǫskuldr átti son, er Ámundi hét. Hann hafði blindr verit borinn. Hann var þó mikill vexti ok ǫflugr. Lýtingr átti bræðr tvá. Hét annarr Hallsteinn en annarr Hallgrímr. Þeir váru hinir mestu óeirðarmenn, ok váru þeir jafnan með Lýtingi bróður sínum; því at aðrir menn kvámu ekki skapi við þá. Lýtingr var úti lǫngum um daginn, en stundum gekk hann inn. Hann gekk til sætis síns. Þá kom kona inn, er úti hafði verit. Hon mælti:

Of fjarri váru-þér úti at sjá er ofláitinn reið um garð.

Hverr ofláti var sá, segir Lýtingr, er þú segir frá?

1) Nordwestl. von Bergþórshváll, jens. der Þjórsá. 2) Nordl. der Þverá an d. Fljótshlíð nahe der Grjótá. 3) Die Verwandtschaft dieser Männer ergiebt sich aus folgender Stammtafel:

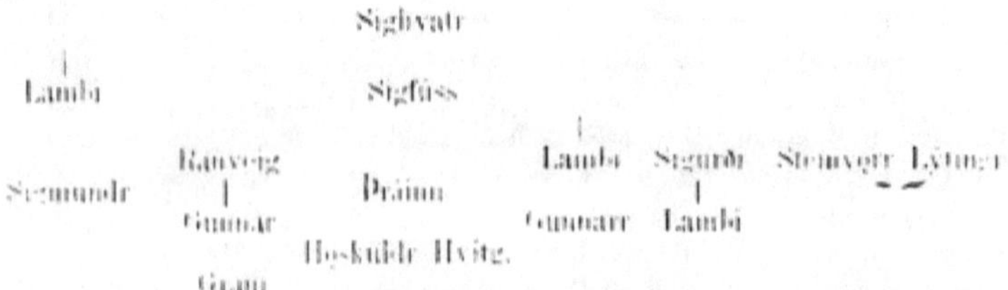

4) Unehelich geborener Halbbruder des Skarphedinn, Grimr, Helgi, Sohn der Hroðný.

»Hǫskuldr Njálsson reið hér um garð« segir hon.

Lýtingr mælti: »Opt ríðr hann hér um garð ok er mér eigi skapraunarlaust, ok bjóðumk ek til þess, Hǫskuldr mágr[1]), at fara með þér, ef þu vill hefna fǫður þíns ok drepa Hǫskuld Njálsson.«

»Þat vil ek eigi, segir Hǫskuldr, ok launa[2]) ek þá verr, en vera skyldi, Njáli fóstra mínum; ok þrífz þú aldri fyrir heimboð.«

Ok spratt upp undan borðinu ok lét taka hesta sína ok reið heim. Lýtingr mælti þá til Grana Gunnarssonar: »Þú vart hjá, er Þráinn var veginn, ok mun þér þat minnisamt, ok svá þú, Gunnarr Lambason, ok þú, Lambi Sigurðarson. Vil ek nú, at vér ráðim at Hǫskuldi Njálssyni ok drepim hann í kveld, er hann ríðr heim.« »Nei, segir Grani, ekki mun ek fara at Njálssonum ok rjúfa sætt þá er góðir menn gjǫrðu.«

Slíkum orðum mælti hverr þeira ok svá Sigfússsynir, ok tóku þat ráð allir at ríða í braut. Þá mælti Lýtingr, er þeir váru í brautu: »Þat vitu allir menn, at ek hefi við engum bótum tekit eptir Þráin, mág minn[3]); skal ek ok aldri una því, at engi komi mannhefnd eptir hann.« Síðan kvaddi hann til ferðar með sér bræðr sína tvá ok húskarla þrjá. Þeir fóru á leið fyrir Hǫskuld ok sátu fyrir hónum norðr frá garði í gróf nǫkkurri ok biðu þar til þess er var miðr aptann. Þá reið Hǫskuldr at þeim. Þeir spretta þá upp allir með vápnum ok sækja at honum. Hǫskuldr varðiz svá vel at þeir fá lengi eigi sóttan hann. En þar kom um síðir, at hann særði Lýting á hendi en drap heimamenn hans tvá ok fell síðan. Þeir særðu Hǫskuld sextán sárum, en eigi hjoggu þeir haufuð af honum. Þeir fóru í skógana fyrir austan Rangá of fálu sik þar. Þetta kveld hit sama hafði smalamaðr Hróðnýjar fundit Hǫskuld dauðan ok fór heim ok sagði Hróðnýju víg sonar síns. Hon mælti: »Ekki mun hann dauðr vera eða var af honum haufuðit?«

»Eigi var þat« segir hann.

»Vita mun ek, ef ek sé, segir hon, ok tak þú hest minn ok akfæri. Hann gjǫrði svá ok hjó um með ǫllu. Ok síðan fóru þau þangat, sem Hǫskuldr lá.[4]) Hon leit á sárin ok mælti: Svá er, sem mik varði, at hann myndi ekki dauðr með ǫllu; ok mun Njáll græða stærri sár. Síðan tóku þau ok lǫgðu hann í vagarnar ok óku til Bergþórshváls ok báru þar inn í sauðahús ok láta hann sitja upp við vegginn. Síðan gengu þau heim bæði ok drápu á dyrr; ok gekk húskarl einn til dura. Hon snarar þegar inn hjá honum ok ferr þar til er hon komr at hvílu

1) Hvítanesgoði, Nj. Pflegesohn, Lýtings Neffe. 2) conflit. ich würde l., wie oft. 3) er gehörte auch nicht zu den *brennumenn*. 4) zu *leggja*.

Njáls. Hon spurði, hvárt Njáll vekði. Hann kvez sofit hafa þar til en nú em ek vaknaðr, eða hví ert þú hér komin svá snimma?«

Hróðný mælti: »Statt[1]) þú upp ór binginum frá elju minni ok gakk út með mér ok svá hon ok synir þínir.«

Þau stóðu upp ok gengu út. Skarpheðinn[2]) mælti: »Tǫku-vér vápn vár ok hǫfum með oss.« Njáll lagði ekki til þess ok hljópu þeir inn ok gengu út vápnaðir. Ferr Hróðný fyrir til þess er þau koma at sauða húsinu. Hon gengr inn ok bað þau ganga eptir. Hon vatt upp skriðljósi ok mælti:

»Hér er nú, Njáll, Hǫskuldr son þinn ok hefir fengit á sér sár mǫrg ok mun hann nú þurfa lækningar.«

Njáll mælti: »Dauðamǫrk sé ek á honum en eigi lífsmǫrk, eða hví hefir þu eigi veitt honum nábjargir, er opnar eru nasarnar?«

»Þat ætlaða ek Skarpheðni« segir hon. Skarpheðinn gekk at ok veitti honum nábjargir. Skarpheðinn mælti þá við fǫður sinn:

»Hverr segir þú at hann hafi vegit?« Njáll svarar: »Lýtingr af Sámsstǫðum mun hafa veginn ok bræðr hans.«

Hróðný mælti: »Þér fel ek á hendi, Skarpheðinn, at hefna bróður þíns. Ok vænti ek, at þér muni vel fara, þó at hann sé eigi skilgetinn, ok þú munir mest eptir ganga.« Bergþóra mælti: »Undarliga er yðr farit er þér vegið víg þau er yðr rekr lítit til en meltið slíkt ok sjóðið fyrir yðr svá at ekki verðr af; ok mun hér koma skjótt Hǫskuldr Hvítanessgoði ok biðja yðr sætta, ok munuð þér veita honum þat, ok er nú til at ráða, ef þér vilið.«

Skarpheðinn mælti: »Eggjar móðir oss nú lǫgeggjan.«

Síðan hljópu þeir út allir. Hróðný gekk heim með Njáli ok var þar um nóttina.

(99) Nú er at segja frá þeim[3]) Skarpheðni, at þeir stefna upp til Rangár.

Skarpheðinn mælti: »Stǫndu-vér nú ok hlýðum til.«

Þeir gerðu svá.

Síðan mælti hann: »Fǫru-vér nu hljótt; þvíat ek heyri mannamál upp með ánni; eða hvárt vili-þit heldr eiga við Lýting einn eða við bræðr hans báða?«

Þeir kváðuz heldr vilja eiga við Lýting einn.

»Í honum er þó veiðrin meiri,« segir Skarpheðinn, »ok þykki mér illa ef undan berr[4]), en ek treysti mér bezt um, at eigi dragi undan.«

1) zu *standa* wie *gekk* zu *ganga*, *vatt* zu *vinda*. 2) Die Betten der sämmtlichen Familienmitglieder standen in dem einen Saal oft durch Wände von einander getrennt (*lokrekkjur*). 3) plur., s. ob. S. 163. Anm. 1. 4) sc. *hann* (acc.).

»Til skulu-vit svá stefna, segir Helgi, ef vit komumz í færi, at eigi reki undan.«

Síðan gengu þeir þangat sem Skarpheðinn hafði heyrt manna málit ok sjá, hvar þeir Lýtingr eru við læk einn. Skarpheðinn hleypr þegar yfir lækinn ok í melbakkann ǫðrummegin. Þar stóð Hallgrímr á uppi ok þeir bræðr. Skarpheðinn hǫggr á lærit Hallgrími, svá at þegar tók undan fótinn, en þrífr Hallkel annarri hendi. Lýtingr lagði til Skarpheðins. Helgi kom þá at ok brá við skildinum, ok kom þar í lagit. Lýtingr tók upp stein ok laust Skarpheðin, ok varð Hallkell lauss. Hallkell hleypr þá upp á melbakkann ok komz eigi á upp annan veg en hann skýtr niðr knjánum. Skarpheðinn slæmir til hans øxinni Rimmugýgi ok hǫggr í sundr í honum hrygginn. Lýtingr snýr nú undan, en þeir Grímr ok Helgi eptir ok komr sínu sári á hann hvárr þeira. Lýtingr komz út á ána undan þeim ok svá til hrossa ok hleypir til þess er hann komr í Vǫrsabæ. Hǫskuldr var heima. Lýtingr finnr hann þegar ok segir honum verkin.

»Slíks var þér ván, segir Hǫskuldr, þú fórt rasandi mjǫk. Mun hér sannaz þat sem mælt er, at ‚skamma stund verðr hǫnd hǫggvi fegin'. Þykki mér sem þér þykki nú ísjávert, hvárt þú munt fá haldit þik fyri Njáls sonum.«

»Svá er víst, segir Lýtingr, at ek kvámumz nauðuliga undan; en þó vilda ek nú, at þú kvæmir mér í sætt við Njál ok sonu hans ok mætta ek halda búi mínu.«

»Svá skal vera,« segir Hǫskuldr.

Síðan lét Hǫskuldr sǫðla hest sinn ok reið til Bergþórshváls við hinn sétta mann.[1]) Þá váru synir Njáls heim komnir ok hǫfðu lagiz til svefns. Hǫskuldr fór þegar at finna Njál, ok gengu þeir á tal.

Hǫskuldr mælti til Njáls: »Hingat em ek kominn at biðja fyri Lýtingi mági mínum. Hefir hann stórt af gjǫrt við yðr, rofit sætt ok drepit son þinn.«

Njáll mælti: »Lýtingr mun þykkjaz mikit afhroð goldit hafa í láti bræðra sinna. En ef ek gori nǫkkurn kost á, þá mun ek þin láta at njóta. Ok mun ek þó þat skilja fyri sættina: at bræðr Lýtings skulu óhelgir fallit hafa. Lýtingr skal ok ekki hafa fyri sár sín, en bæta Hǫskuld fullum bótum.«

»Þat vil ek, s. H., at þú einn dæmir.

Njáll svarar: »Þat mun ek nu gora sem þú vill.

»Vill þú nǫkkut, s. H., at synir þínir sé við?

1) konstr.: zog mit ihm als sechstem Mann, selbsechst, mit 5 anderen.

N. s. »Ekki mun[1]) þá nær sættinni en áðr; en halda munu þeir þá sætt, er ek gori.«

Þá m. H.: »Lúku-vit þá málinu, ok sel þú Lýtingi grið fyri sonu þína.«

»Svá skal vera, s. N. Þat vil ek, at Lýtingr gjaldi tvau hundruð silfrs fyri víg Hǫskulds, en búi á Sámsstǫðum. Ok þykki mér þó ráðliga, at hann seli land sitt ok ráz í braut. En eigi fyri því: ekki mun ek rjúfa trygðir á honum né synir mínir; en þó þykki mér vera mega, at nǫkkurr risi sá upp í sveit, at honum sé viðsjávert. En ef svá þykkir, sem ek gora hann heraðssekjan, þá leyfi ek, at hann sé hér í sveit. En hann ábyrgiz mestu til.«

Síðan fór Hǫskuldr heim. Þeir vǫknuðu Njálssynir ok spurðu fǫður sinn, hvat komit hefði. En hann sagði þeim at Hǫskuldr var þar fóstri hans.

»Hann mundi biðja fyri Lýtingi« segir Skarpheðinn.

»Svá var« segir Njáll.

»Þat var illa« s. Grímr.

»Ekki myndi Hǫskuldr hafa skotit skildi fyrir hann, s. N., ef þú hefðir drepit hann, þá er þér var þat ætlat.«

»Telju-vér ekki á fǫður várn.« s. Sk.

Nú er at segja frá því, at þessi sætt helz með þeim síðan.

(106) Sá atburðr varð þrimr vetrum síðar á Þingskálaþingi[2]), at Ámundi hinn blindi var þar, son Hǫskulds Njálssonar. Hann lét leiða sik búða[3]) í meðal. Hann kom í búð þá er Lýtingr var inni af Sámsstǫðum. Hann lætr leiða sik inn í búðina ok þar fyrir, sem Lýtingr sat.

Hann mælti: »Er hér Lýtingr af Sámsstǫðum?«

»Já, segir Lýtingr, eða hvat vill þú mér?«

»Ek vil vita, s. Á., hverju þú vill bæta mér fǫður minn. Ek em laungetinn, ok hefi ek við engum bótum tekit.«[4])

»Bætt hefi ek fǫður þinn fullum bótum, s. L., ok tók við fǫðurfaðir þinn ok fǫðurbræðr; en bræðr mínir váru ógildir. Ok var bæði, at ek hafða illa til gǫrt, enda kom ek allhart niðr.«

»Ekki spyr ek at því, s. Á., at þú hefir bætt þeim. Veit ek, at þér eruð sáttir. Ok spyr ek at því, hverju þú vill mér bæta.«

»Als engu« s. L.

1) erg. *vera, koma*. 2) Eines der Thinge, die im Frühjahr und Herbst von je drei Goden (desselben Landviertels), *samþingisgoðar*, gehalten wurden; die *þingskálar* lagen an der äusseren (westl.) Rangá. 3) Ständige Buden aus Stein und Rasen, die während des Thinges »gezeltet«, d. h. mit einer Tuchdecke überspannt wurden. 4) Nach dem Gesetz.

»Eigi skil ek, s. Á., at þat muni rétt fyri guði, svá nær hjarta sem þú hefir mér hǫggvit.[1]) Enda kann ek at segja þér, ef ek væra heileygr báðum augum, at hafa skylda ek annat hvárt fyri fǫður minn fébætr eða mannhefndir. Enda skipti guð með okkr.«

Eptir þat gekk hann út. En er hann kom í búðardyrnar, snýz hann innar eptir búðinni. Þá lukuz upp augu hans. Þá mælti hann: »Lofaðr sér þú, guð dróttinn minn. Sé ek nú hvat þú vill.« Eptir þat hleypr hann innar eptir búðinni þar til er hann komr fyri Lýting ok hǫggr með øxi í hǫfud hanum, svá at hon stóð á hamri, ok kippir at sér øxinni. Lýtingr fellr áfram ok var þegar dauðr. Ámundi gengr út í búðardyrnar ok er hann kom í þau hin sǫmu spor, sem augu hans hǫfðu upp lokiz, þá lukuz nú aptr, ok var hann alla æfi blindr síðan. Eptir þat lætr hann fylgja sér til Njáls ok sona hans. Hann segir þeim víg Lýtings.

»Ekki má saka þik um þetta, segir Njáll, því at slíkt er mjǫk á kveðit, en viðvǫrunarvert, ef slíkir atburðir verða, at stinga eigi af stokki við þá er svá nær standa.«[2]) Síðan bauð Njáll sætt frændum Lýtings. Hǫskuldr Hvítanessgoði átti hlut at við frændr Lýtings, at þeir tæki sættum. Ok var þá lagit mál í gorð, ok fellu hálfar bætr niðr fyri sakastaði þá er Ámundi þótti á eiga. Eptir þat gengu menn til trygða ok veittu frændr Lýtings Ámunda trygðir. Menn riðu heim af þingi, ok er nú kyrt lengi.

(107) Valgarðr hinn grái kom þetta sumar út. Hann var þá heiðinn. Hann fór til Hofs[3]) til Marðar sonar síns ok var þar um vetrinn. Hann mælti til Marðar: Riðit hefi ek hér um bygðina víða, ok þykki mér eigi mega kenna, at hin sama sé. Kom ek á Hvítanes, ok sá ek þar búðartoptir margar ok umbrot mikil. Ok kom ek á Þingskálaþing, ok sá ek þar ofan brotna búð vára alla, eða hví sæta firn slík?«

Mǫrðr svarar: »Hér eru tekin upp ný goðorð ok fimtardómslǫg, ok hafa menn sagt sik ór þingi frá mér ok í þing með Hǫskuldi.[4])

V. m. Illa hefir þú launat mér goðorðit, er ek fékk þér í hendr, at fara svá ómannliga með. Vil ek nú, at þú launir þeim því, at þeim dragi ǫllum til bana. En þat[5]) er til þess, at þú rægir þá saman, ok

1) Soviel als *at þú hefir mér svá nær hj. h.* 2) wie Ámundi. 3) zwischen den beiden Rangár. 4) Der Übertritt aus dem einen goðorð in das andere war (gewisse Formalien vorausgesetzt) den Thingleuten vollkommen frei gestellt. Die neuen Goden hatten ihre besonderen Thinge, und bildeten nicht wie die alten je drei zusammen eine *þingsókn*. 5) *þat* weist auf das folgende *at*, während *þess* sich auf den vorhergehenden Satz bezieht.

drepi synir Njáls Hǫskuld. En þar eru margir til eptirmáls um hann, ok munu þá Njálssynir af þeim sǫkum drepnir verða.«

»Eigi mun ek þat gǫrt geta« s. M.

Ek skal leggja ráðin til, s. V., þú skalt bjóða Njálssonum heim ok leysa þá út með gjǫfum. En svá fremi skalt þú rógit frammi hafa, er orðin er vinátta með yðr mikil ok þeir trúa þér eigi verr en sér. Mátt þú svá hefnaz við Skarpheðin þess er hann tók féit af þér eptir lát Gunnars. Munt þú svá fremi taka hǫfðingskap er þessir eru allir dauðir.«

Þessa ráðagorð festu þeir með sér, at sjá skyldi fram koma. Mǫrðr mælti: »Þat vilda ek faðir, at þú tækir við trú, þú ert maðr gamall.«

»Eigi vil ek þat, segir Valgarðr, heldr vil ek, at þú kastir trúnni, ok sjá, hversu þá fari.«

Mǫrðr kvaz þat eigi gora mundu. Valgarðr braut krossa fyri Merði ok ǫll heilǫg tákn. Litlu síðar tók Valgarðr sótt ok andaðiz, ok var hann heygðr.

(108) Nǫkkuru síðar reið Mǫrðr til Bergþórshváls ok fann þá Skarpheðin. Hann sló á mikit fagrmæli við þá, ok talaði hann dag allan ok kvez við þá mart vilja eiga. Skarpheðinn tók því ǫllu vel en kvað hann ekki þess leitat hafa fyrr. Sva gorðiz, at hann kom sér í svá mikla vináttu við þá, at hvárigum þótti ráð ráðit nema við aðra réðiz um. Njáli þótti ávalt ilt, er Mǫrðr kom þangat, ok fór svá jafnan, at hann amaðiz við. Einu hverju sinni var þat, at Mǫrðr kom til Bergþórshváls. Hann mælti til þeira Njálssona: »Veizlu hefi ek þar stofnaða ok ætla ek at drekka erfi [1]) eptir fǫður minn. En til þeirar veizlu vil ek bjóða yðr Njálssonum ok Kára ok því heita, at þér skuluð eigi gjafalaust í braut fara.« Þeir hétu at fara. Ferr Mǫrðr nu heim ok býr veizluna.

Hann bauð þangat mǫrgum bóndum ok var veizla sú fjǫlmenn. Koma þangat Njálssynir ok Kári. Mǫrðr gaf Skarpheðni gullsylgju mikla en Kára silfrbelti, en Grími ok Helga góðar gjafar. Þeir koma heim ok hrósa gjǫfum þessum ok sýna Njáli. Hann segir at þeir mundu fullu keypt hafa ok hyggið at því at þér launið eigi því sem hann mundi vilja.

(109) Litlu síðar hǫfðu þeir heimboð með sér Hǫskuldr ok Njálssynir ok buðu þeir fyrri Hǫskuldi. Skarpheðinn átti hest brúnan fjǫgurra vetra gamlan bæði mikinn ok sjáligan. Hann var graðr ok

1) Über das »Erbbier«, als die ursprünglich unerlässliche Bedingung für den Antritt der Erbschaft, schweigen die isl. Rechtsbücher; in den sǫgur ist es häufig erwähnt; s. Weinhold, S. 500; Keyser, Privatl. S. 129.

hafði ekki verit fram leiddr. Þann hest gaf Skarpheðinn Hǫskuldi ok með hross tvau. Allir gáfu þeir Hǫskuldi gjafar ok mæltu til vináttu. Síðan bauð Hǫskuldr þeim í Vǫrsabæ. Hann hafði þar marga fyriboðsmenn ok mikit fjǫlmenni. Hann hafði látit taka ofan skála sinn. En hann átti útibúr þrjú, ok váru þau búin mǫnnum at sofa í. Þeir koma þar allir er hann hafði boðit. Veizlan fór allvel fram. Ok er menn skyldu heim fara, valði Hǫskuldr mǫnnum góðar gjafar ok fór á leið með Njálssonum. Sigfússsynir fylgðu honum ok fjǫlmennit alt. Mæltu hvárir, at engir skyldi í millim þeira komaz. Nǫkkuru síðar kom Mǫrðr í Vǫrsabæ ok kallaði Hǫskuld til máls við sik. Þeir gengu á tal. Mǫrðr mælti: »Mikill verðr manna munr með yðr Njálssonum. Þú gaft þeim góðar gjafar, en þeir gáfu þér gjafar með miklu spotti.«

»Hvat færir þú til þess?« s. H.

»Þeir gáfu þér hest, er þeir kǫlluðu vánfola ok gorðu þat til spots við þik; því at þeim þóttir þú ok óreyndr. Ek kann ok þat at segja þér, at þeir ǫfunda þik um goðorðit. Tók Skarpheðinn því upp á þingi, er þú komt eigi til þings á fimtardómsstefnu.[1]) Ætlar Skarpheðinn ok aldri laust at láta goðorðit.«

»Eigi er þat, s. H., ek tók við á leiðmóti[2]) í haust.«

»Njáll hefir því valdit þá,« s. M.; »þeir rufu ok, s. M., sætt á Lýtingi.«

»Ekki ætla ek þat þeim at kenna« s. H.

»Eigi munt þú mæla í móti því, s. M., þá er þit Skarpheðinn fóruð austr at Markarfljóti, fell ox undan belti honum, ok hafði hann ætlat at drepa þik.«

»Þat var, s. H., viðarox hans, ok sá ek, er hann lét undir belti sér: ok er hér svá skjótt frá mér at segja, s. H., at þú segir aldri svá ilt frá Njálssonum, at ek muna því trúa. En þó at því sé at skipta, ok segir þú þat satt[3]), at annat hvárt sé, at ek drepa þá eða þeir mik, þá vil ek miklu heldr þola dauða af þeim, en ek gora þeim nakkvat mein. En þú ert maðr at verri, er þú hefir þetta mælt.«

Síðan fór Mǫrðr heim. Nǫkkuru síðar ferr Mǫrðr at finna Njálssonu. Hann talar mart við þá bræðr ok Kára.

»Sagt er mér, s. M., at Hǫskuldr Hvítanessgoði hafi mælt, at þú

1) Es ist unklar, was eine f. mit der Aufrichtung des Godordes zu thun haben sollte, oder welche st. gemeint ist; vielleicht ist an die Errichtung des *fimtardóms* selbst gedacht, bei der vielleicht Hǫskuldr wirklich nicht zugegen war; *tók því upp* kann nur bedeuten »erklärte ein Godord (mit d. Thingstätte in Hvítanes) errichten zu wollen.« 2) Das l. wurde von je drei Goden (*samþingisgoðar*) unter dem Vorsitz des einen abgehalten und diente hauptsächlich der Publikation der vorher am Althing erlassenen Beschlüsse. 3) zu *saðr, sannr*.

Skarpheðinn hafir rofit sætt á Lýtingi. En ek varð þess víss, at honum þóttir þú hafa haft við sik fjǫrráð, er þit fóruð austr til Markarfljóts. En mér þykkja þau ekki minni fjǫrráð, er hann bauð þér til veizlu ok skipaði þér í útibúr þat er first var húsum — ok var þar borinn at viðr alla nóttina ok ætlaði hann at brenna yðr inni. En þat bar við at Hǫgni Gunnarsson kom um nóttina ok varð þá ekki af því at þeir gengi at: því at þeir hræddus hann. Síðan fylgði hann þér á leid ok mikill flokkr manna. Þá ætlaði hann þér aðra atgǫngu at veita ok setti þá til Grana Gunnarsson ok Gunnar Lambason at vega at þér. En þeim varð bilt, ok þorðu þeir eigi á þik at ráða.«

En er hann hafði þetta mælt þa mæltu þeir fyrst í mót. En þar kom at þeir trúðu. Ok gjǫrðuz þá i fáleikar af þeira hendi til Hǫskulds ok mæltu nær ekki við hann, hvar sem þeir funduz. En Hǫskuldr gaf þeim lítit tillæti. Ok fór svá fram um hríð. Hǫskuldr fór austr til Svínafells um haustit at heimboði ok tók Flosi vel við honum. Hildigunnr var þar ok. Flosi mælti til Hǫskulds:

Þat segir Hildigunnr mér, at fáleikar sé miklir með yðr Njálssonum. Ok þykki mér þat illa. Ok vil ek bjóða þér, at þú ríðir eigi vestr. Ok mun ek fá þér bústad í Skaptafelli[1]), en ek mun senda Þórgeir bróður minn at búa í Vǫrsabæ.

Þat munu þá sumir menn mæla, s. H., at ek flýja þaðan fyri hræzlu sakir ok vil ek þat eigi.

»Þá er þat líkara, s. F., at stórvendræði leiði af.«

»Illa er þat, s. H., því at heldr vilda ek vera ógildr, en margir hlyti ilt af mér.«

Hǫskuldr bjóz heim fám nóttum síðar. En Flosi gaf honum skarlatsskikkju ok var hlaðbúinn í skaut niðr. Reið Hǫskuldr heim í Vǫrsabæ. Er nú kyrt um hríð. Hǫskuldr var maðr svá vinsæll at fáir váru hans óvinir. En hin sama er óþykt með þeim allan vetrinn.

Njáll hafði tekit til fóstrs son Kára[2]), er Þórðr hét. Hann hafði ok fóstrat Þórhall son Ásgríms[3]) Elliðagrímssonar. Þórhallr var rǫskr maðr ok harðgǫrr í ǫllu. Hann hafði numit svá lǫg at Njáli, at hann var hinn þriði mestr lǫgmaðr á Íslandi.[4]) Nu várar snimma um várit, ok færðu menn snimma niðr sæði sín.

1) Zwischen Svínafell und d. Markarfljót. 2) Kári Sǫlmundarson hatte Njals Tochter Helga zur Frau, auf Wikingerfahrten hatte er die Njalssöhne kennen lernen, s. Kap. 84. 3) Schwiegervater des Helgi Njalsson, s. Kap. 26. 4) Die ersten Skapti Þóroddsson und Njall oder Markús Skeggjason, letzterer ist gemeint, wenn *lǫgmaðr* hier nach norwegischer Terminologie = *lǫgsǫgumaðr* ist, d. i. Gesetzsprecher, der gewählte Vorsitzende des Althinges, s. Maurer, Island, S. 213 ff.)

(110) Þat var einn dag, at Mǫrðr kom til Bergþórshváls. Þeir gengu þegar á tal Njálssynir ok Kári. Mǫrðr rægir Hǫskuld at vanda sínum ok hefir nú enn margar nýjar sǫgur ok eggjar einart Skarpheðin ok þá at drepa Hǫskuld ok kvað hann mundu verða skjótara at bragði ef þeir færi eigi þegar at honum.

»Gøra skal þér kost á þessu, segir Skarpheðinn, ef þú vill fara til með oss ok gøra at nakkvat.«

»Þat vil ek til vinna« s. M.

Ok bundu þeir þat með fastmælum ok skyldi hann þar koma um kveldit. Bergþóra spurði Njál: »Hvat tala þeir úti?« »Sjaldan var ek þá frá kvaddr, er hin góðu[1]) váru ráðin.« Skarpheðinn lagðiz ekki niðr um kveldit ok ekki bræðr hans né Kári. Þessa nótt hina sǫmu kom Mǫrðr ofanverða. Tóku þeir þá vápn sín Njálssynir ok Kári ok riðu í braut. Þeir fóru þar til er þeir kvámu í Vǫrsabæ ok biðu þar hjá garði nǫkkurum. Veðr var gott ok sól upp komin.

(111) Í þenna tíma vaknaði Hǫskuldr Hvítanessgoði. Hann fór í klæði sín ok tók yfir sik skikkjuna ‚flosanaut‘.[2]) Hann tók kornkippu ok sverð í aðra hǫnd ok ferr til gerðisins ok sár niðr korninu. Þeir Skarpheðinn hǫfðu þat mælt með sér at þeir skyldi allir á honum vinna. Skarpheðinn spratt upp undan garðinum. En er Hǫskuldr sá hann, vildi hann undan snúa. Þá hljóp Skarpheðinn at honum ok mælti. »Hirð eigi þú at hopa á hæl, Hvítanessgoðinn«[3]) ok hǫggr til hans ok kom í hǫfuðit ok fell Hǫskuldr á knéin. Hann mælti þetta við, er hann fell: »Guð hjálpi mér en fyrigefi yðr.« Hljópu þeir þá at honum allir ok unnu á honum. Eptir þat mælti Mǫrðr: »Ráð komr mér í hug.«

»Hvert er þat?« segir Skarpheðinn.

»Þat er ek mun fara heim fyrst. En síðan mun ek fara upp til Grjótár ok segja þeim tíðendin ok láta illa yfir verkinu. En ek veit víst, at Þórgerðr mun biðja mik at ek lýsa víginu.[4]) Ok mun ek þat gøra, þvíat þeim megu þat mest málaspell verða. Ek mun ok senda mann í Vǫrsabæ ok vita, hversu skjótt þau taki til ráða. Ok mun sá spyrja þar tíðendin, ok mun ek láta sem ek taka[5]) af þeim.«

»Far þú svá með víst« segir Skarpheðinn.

Þeir bræðr fóru heim ok Kári. Ok er þeir kvámu heim sǫgðu þeir Njáli tíðendin.

»Hǫrmuleg tíðendi eru þetta, segir Njáll, ok er slíkt ilt at vita:

1) Selten ist das neutr. eines adj. im plur. substantiv. gebraucht. 2) S. oben S. 174. 3) Der Artikel beim Vokativ nicht selten. 4) Über die gesetzmässige *víglýsing* s. Grágás 87, 88 (Staðhb. c. 282. S. 313). 5) erg. *tíðendin*.

því at þat er satt at segja, at svá fellr mér þetta nær um trega, at mér þætti betra at hafa látit tvá sonu mína, ok lifði Hǫskuldr.«

»Þat er nǫkkur várkunn, s. S., þú ert gamall maðr ok er ván, at þér falli nær.«

»Eigi er þat síðr en elli, s. N., at ek veit gørr en þér, hvat eptir mun koma.«

»Hvat mun eptir koma?« s. S.

»Dauði minn, s. N., ok konu minnar ok allra sona minna.«

»Hvat spár þú fyri mér?« s. Kári.

»Erfitt mun þeim veita at ganga í mót giptu þinni, s. N., því at þú munt þeim ǫllum drjúgari verða.«

Sjá einn hlutr var svá, at Njáli fell svá nær, at hann mátti aldri óklokkvandi um tala.

(112) Hildigunnr vaknaði ok fann, at Hǫskuldr var í brautu ór rúminu. Hón mælti: »Harðir hafa draumar verit ok eigi góðir, ok leiti-þér at honum, Hǫskuldi.« Þeir leituðu hans um bæinn ok fundu hann eigi. Þá hafði Hildigunnr klædda sik. Ferr hon þá ok tveir menn með henni til gerðisins ok finna þar Hǫskuld veginn. Þar kom þá ok at smalamaðr Marðar Valgarðssonar ok segir henni at þeir Njálssynir hefði farit neðan þaðan »ok kallaði Skarpheðinn á mik ok lýsti víginu á hǫnd sér.« »Karlmanligt verk væri þetta, sagði Hildigunnr, ef einn hefði at verit.« Hon tók skikkjuna ok þerði með blóðit alt ok vafði þar í innan blóðlifranar ok braut svá saman ok lagði niðr í kistu sína. Nú sendir hon mann upp til Grjótár at segja þangat tíðendin. Þar var Mǫrðr fyrir ok hafði sagt áðr tíðendin. Þar var ok kominn Ketill ór Mǫrk. Þórgerðr mælti til Ketils: »Nú er Hǫskuldr dauðr, sem vit vitum. Ok mun þú nú, hverju þú hézt þá er þú tókt hann til fóstrs.«

»Þat má vera, segir Ketill, at ek hafa þá ærit mǫrgu heitit, því at ek ætlaða ekki, at þessir dagar myndi verða, sem nú eru orðnir. Enda em ek við vant um kominn, því at náit er nef augum, þar sem ek á dóttur Njáls.«

»Hvárt vill þú, segir Þórgerðr, at Mǫrðr lýsi víginu?«

»Eigi veit ek þat, s. K., því at fleirum þykki mér sem ilt leiði af honum en gott.«

En þegar er Mǫrðr talaði við Ketil þá fór honum sem ǫðrum, at svá þótti sem Mǫrðr myndi honum vera trúr. Ok varð þat ráð þeira, at Mǫrðr skyldi lýsa víginu ok búa mál at ǫllu til þings. Fór Mǫrðr þá ofan í Vǫrsabæ. Þangat kvámu níu búar þeir er næstir bjoggu vættvangi. Mǫrðr hafði tíu menn með sér. Hann sýnir búum sár Hǫskulds ok nemnir vátta at benjum ok nemnir mann til hvers sárs nema eins.[1]) Þat lét hann eigi sem hann vissi[2]), hverr því hefði sært, en því hafði hann sjálfr sært. En hann lýsti víginu á hendr Skarpheðni en sárum á hendr brœðrum hans ok Kára. Síðan kvaddi hann heiman vættvangsbúa[3]) níu til alþingis.[4]) Eptir þat reið hann heim. Hann fann nær aldri Njálssonu. En þó var styggt með þeim þá er þeir funduz, ok var þat ráðagørð þeira. Víg Hǫskulds spurðiz um allar sveitir ok mæltiz illa fyrir. Þeir Njálssynir fóru at finna Ásgrím Elliðagrímsson ok báðu hann liðveizlu. »Þess megu-þér ván vita, segir hann, at ek mun yðr veita á ǫllum hinum stærrum málum. En þó segir mér þungt hugr um málin, þvíat margir eru til eptirmáls, en víg þetta mæliz allilla fyrir um allar sveitir.« Nú fara Njálssynir heim.

In der That wird Hǫskulds Ermordung die Ursache von Njáls und seiner Angehörigen Verbrennung. Die Thingverhandlung nahm einen äusserst aufgeregten Verlauf, so dass es nicht zur Aussöhnung der Parteien kam. Die Verwandten Hǫskulds, Flosi voran, überfallen bald darnach Bergþórshváll bei Nacht und verbrennen die ganze Familie, nur Kári entkommt und rächt später Njáls Tod.

Chronologie zur Njála
(nach G. Vigfússon).

996	n. Chr.	Þráins Tötung.
1000	„ „	Einführung des Christentums.
1004	„ „	„ „ fimtardómr.
1006	„ „	Tod Hǫskulds, des Sohnes Njáls.
1007	„ „	Tod Lýtings.
1009	„ „	Heimkehr Valgarðs.
1011	„ „	Tod des Hǫskuldr Hvitanessgoði, Mordbrand in Bergþórshváll.

Sverrissaga.[5])
(Flateyjarbók 2. S. 606 ff. Kap. 72—82.)

Vorbemerkung: König Sverrir[6]) war im Sommer 1183 nach Drontheim gesegelt und hatte eine Anzahl grosser Schiffe während des Winters bauen lassen. Die Bevölkerung Norwegens steht zum grossen Teil noch auf König Magnus' Seite.

(Kap. 72) *Sigling Sverris konungs ór Kaupangs.*

Um várit[7]) eftir páscha bjóz Sverrir konungr norðan ór Kaupangi[8]) ok hafði þrjú skip ok tuttugu ok flest stór. Þar var þá með honum

1) s. Grág. 87 (S. 152). Staðh. 280, S. 310, über die *rettvangsbúar* ebd. 2) st. *lét h. sem h. e. r.* 3) d. i. die *búar er nestir bjoggu vettvangi.* 4) S. Grág. 98, S. 174 St. 301. 5) Die Formen der Handschr. (um 1380) sind meist beibehalten, jedoch sind Längezeichen eingesetzt, die Orthographie konsequent geregelt (ǫ für o, au, đ für d); für vó- der Hdschr. ist das ältere vá geschrieben. 6) Sverrir, angeblicher Sohn des Königs Sigurðr Munnr, kam 1176 von den Färöern nach Norwegen und trat gegen König Magnús Erlingsson als Kronprätendent auf. 7) 1184. 8) d. i. Drontheim, damals Niðaróss genannt.

Eirekr konungssun[1]), Úlfr af Laufnesi, Úlfr Flý, Bárðr Guthormssun, Ívarr Selki, Hávarðr Jarlssun. Sverrir konungr hafði þá Maríusúðina.[2]) Þar var talit á CC manna ok LXXX. Konungr lét bera a skipit út þrjár kistur ok báru fjórir menn hverja. Þóttuz menn úgerla vita hvat í mundi vera. Eirekr konungssun hafði Óskmeyna[2]) ok var hon hálfþrítug. Sverrir konungr fór suðr með landi. Í Steinavági hafði konungr húsþing ok sagði svá, at hann hefði einga frétt til Magnúss konungs, svá at þeim væri bráðs úfriðar ván. Bað menn vera spaka ok friðsama, frétta vandliga hvat við sik væri um tal manna, hvárt er væri meiri fyrir sér eðr minni ok kunna at segja honum allar nýlundur þó þeim þætti lítid til koma. Hann talaði skamt ok snjalt. Í Hereyjum hafði konungr annat húsþing ok talaði alt sem áðr. Þaðan sigldi hann austr fyrir Stað[3]) ok fengu hvast veðr ok hǫfðu raskott fyrir stálinu ok varð Maríusúðin klokk ok skaut lykkjunum. Sneri konungr inn til Úlfasunda. Ok þá er hann lá þar urðu menn við varir hvat í hafði verit þeim enum miklum kistum, er konungr lét bera út á skipit. Var þar í reksaumr ok skipsaumr. Fekk konungr þá í hvert hálfrými fjǫlða reksaums; bað þá varðveita er þar byggi[4]) ok þá til taka er þyrfti. Sverrir konungr fór nú þar til er hann kom suðr at Sognsjó.[5]) Þá sagði hann liðinu at hann vill snúa inn í Sogn ok heimta gjǫld eftir menn sína, þá er Sygnir[6]) hǫfðu af tekit. Þá beidduz menn at fara til Bjǫrgynjar[7]), þeir er erendi þóttuz eiga. Nú fyri því at konungr vissi sér enskis ván bráðligs háska, þá lofaði hann ǫllum þeim er beidduz at fara. Þrjú skip fara suðr; réd fyrir því liði Svínapétr; skiftuz menn milli skipanna; fóru þeir suðr er erendi áttu.

(Kap. 73) *Sverrir brendi í Sogni.*

Sverrir konungr sneri inn í Sogn ok hafði XX skip; lá fyst í Ruslum ok sendi boð inn í Sóknadal[8]) at bændr skyldu koma til hans ef þeir vildi sættaz ok lagði þeim stefnu í Hvamsey; fór þá konungr inn. Þangat kvámu þar bændr ok festu honum gjald, en konungr dæmdi á hendr þeim XV merkr gulz ok lagði þeim þriggja nátta stefnu at gjaldit skyldi fram koma. Fóru bændr heim ok sǫgðu sína ferd slíka sem var. Gera þá bændr ráð sitt allir samt. Ok kom þat ásamt at þeir nýta sér stundina þá er konungr hafði gefit þeim. Flytja nú fé sitt alt á fjǫll ok merkr ok eyda alla bygdina. En er konungr finnr

1) d. i. angeblicher Sohn desselben Königs Sigurðr Munnr. 2) ein Schiff. 3) gefürchtetes Vorgebirg. Hereyjar = Hero. Úlfasund südlich von Stað (Statland). 4) von *búa*. 5) d. i. der Eingang des Sognfjordes, jetzt Sogn Sø. 6) die Bewohner von Sogn. 7) Bergen. 8) Sóknadal an einem Nordausläufer des Sognfjordes.

at bœndr vilja rjúfa stefnulagit ok liðin var stund sú er ákveðin var, þá leysir konungr flota sinn ok siglir inn eftir firði. En er hann kemr þar sem firðir skiljaz þá gerir hann frá sér Úlf af Laufnesi ok Þjóðólf rympil með VI skipum ok bað þá elda þeim þar baðstofur ok taka fé at verðkaupum slíkt er þeir fengi. Nú er þat at segja af þeirra ferð at þeir koma til Lúsakaupangs[1]) ræntu þar fé ǫllu því er þeir fengu, en brendu kaupstaðinn, en fengu ekki af mǫnnum. Sverrir konungr sneri inn í Nórafjǫrð XIV skipum ok lagðiz inn við Sóknadal. Var þat fimtadaginn at aftni. Fǫstudag at morni lét konungr blása liðinu tils tals ok sagði ætlan sina, bað liðit vápna sik ok ganga upp í dalinn þar II, er einn þeirra sveitungr[2]) var eftir at gæta skipanna. Lét þá til skifta af ǫllum skipunum. Hann mælti: fari menn gætiliga, þeir er upp ganga; þá er menn fara nær skógum eðr þar er leyni er fyrir, at menn fái eigi mein af skotum. Drepit ok eigi menn nema þeir sæti áhlaupum við yðr, takit fé þar sem þér megit; en ef bœndr forðaz fund yðvarn ok várn ok vilja eigi sættaz þá skulu-vér svá heðan fara at bœndr skulu þar eiga bakelda ok smíðarkol er nú eru bæir þeirra. Látið aldri kot eftir standa, nema gætið kirkna ef svá má. Farið nú hermanliga er yðr er þat boðit, þvíat fara[3]) svá úspakliga, at þeir mætti refsing fyrir taka, þá er þeim er bannat, margir af mínu liði. Nú lætr hann setja upp merkit ok svá á leið. Þá geystiz allr múgrinn eftir. Litaðiz þá konungr um ok sá at fátt eitt var eftir hjá skipunum. Þá kallar hann, bað eigi svá á land ganga »at eyða skipin undir oss, þvíat vér fengum þau með starfi ok mannhættu«. En svá var fólkit geyst at fátt eitt lét sem heyrði þat sem konungr mælti. Þá sneri konungr sjálfr ofan til skipanna ok er hann sá at þar var fátt lið þá lét hann heimta skipin út undir strengi. En er Birkibeinar gengu upp, urðu þeir ekki við menn varir ok engan búsmala ok auð váru ǫll hús þar sem þeir koma. Ganga þá Birkibeinar upp eftir dalnum ok um nóttina eftir[4]) ok fundu einn mann þann er þeim sagði þau tíðindi at alt fólk ok fé hafði flýit á fjǫll ok heiðar. Um morguninn þegar í sólarroð viku Birkibeinar ofan eftir dalnum ok þa er einshverir koma til þess bæjar er þeir fundu efstan í dalnum, þa skjóta þeir í eldi ok brenna. Ok er þat sá aðrir liðsmenn þeir er neðar váru staddir gerðu þeir slíkt et sama. Ok nú gera svá hverir at ǫðrum, leggja nú eld í hús hverir sem fyst mega ná. Þá var lítill vindr en svá reykmikit, er náliga logaði ǫll bygðin senn í dalinum at hverr reykrinn tók annann. Fóru

1 An der Nordseite des Sogneff (j. Kaupanger), durch eine schmale Landzunge von Sóknadalsfjǫrðr und Sóknadalr (s. unt.) getrennt. 2) d. i. so dass von 3 immer 2 auszogen, einer zurückblieb. 3) Subj ist *margir.* 4) zeitlich d. i. in der folgenden Nacht.

Birkibeinar svá alt ofan eftir bygðinni, síðazt brendu þeir á Steðja[1]) ok dvǫlðuz þeir þar mjǫk lengi, þvíat eldinn vildi leggja at kirkjunni. Þeir báru fyrir segl ok vættu, ok þá er húsin váru fallin fara þeir til skipa. Tíu tigi bæja brendu þeir ok var þat fǫgr bygð. Lét þá konungr brott leggja skipunum ok yfir[2]) til Haugarstrandar ok lǫgðu þar at sem heitir Fossreik.

(Kap. 74) *Frá Magnúsi konungi.*

Frá Magnúsi konungi er þat at segja, at hann var um vetrinn í Danmǫrk ok fór um várit sunnan til Víkrinnar.[3]) Ásbjǫrn Jónsson kom fjórða dag páscha til Konungahellu ok var þar móts kvatt. Talaði hann ok kvað til bæjar ván Magnúss konungs ok »samir yðr vel við honum at taka. Hann vill vingaz við alt fólk þat er honum vill sæmd veita eðr nokkura lotningc. Segir at Danakonungr hefir styrkt hann með miklu liði ok heitit honum sínum styrk, en konungr væntir vinganar at ǫllum hǫfðingjum þeim er eru austr í land. Heitr þeim í móti lén ok trausti ef hans ríki megnaz.« Talaði snjalt.

(Kap. 75) *Magnús konungr kom til Bjǫrgynjar.*

Dróttinsdaginn eftir páschaviku kom Magnús konungr fjórum skipum ok tuttugu til bæjarins ok var gjǫr processia á mót honum. Gekk hann þá í bæinn ok drakk í garði Ragnhildar.[4]) Þar váru þá með honum margir lendir menn: Ormr konungs broðir[5]), Munán Gautssun, Hallkell Jónssun, Ásbjǫrn Jónssun, Haraldr sun Inga konungs ok mart annarra ríkismanna. Konungr átti oftliga húsþing ok talaði. Hann var vel máli farinn. Oftazt var hann skamtalaðr. Allir tóku vel hans máli. Þar var hann fjórar vikur ok fór þaðan til Túnsbergs.[6]) Af Konungahellu hafði hann tvau Íslandsfǫr, hét annat Keipa en annat Vallabuzsa. Í Túnsbergi fekk hann góðar viðtǫkur. Kom þar mart lið af landi ofan. Átti hann þar húsþing ok mælti:

»Kunnigt mun yðr vera, hvert válk ok vandræði vér hǫfum í ríkinu.

1) j. Stedje am Strand. 2) d. i. über den Fjord an dessen östliches oder südliches Ufer, wohl an den Fuss des jetzt Storhoug genannten Berges; statt Fossreik ist vielleicht Fimreiti zu lesen, j. Fimreite, welches an einem Vorsprung ganz nahe an der Mündung des Sogndalsfjordes in den Hauptfjord liegt. 3) Landschaft Viken um den Kristianiafjord und bis zum Götaelf, an dem Konungahella lag. 4) s. Schwester. 5) Sohn der Königin Ingerid, also Bruder der Könige Sigurd, Ingi, Eystein, Magnús; Mutter war Kristina, Tochter des Sigurd (m. d. Bein. Jorsalafari). 6) Tønsberg am Kristianiafj.

Vildum vér beiðaz af yðr nokkurs styrks, at vér mættim ná ríkinu. En ek skal yðr eigi oft beiða heðan af. En eigi er undarligt, þótt mǫnnum leiðiz at róa leiðangra með oss, þvíat skaðsamir verða. En fyri því at ek var smurðr ok kórónaðr til lands þessa, þá þorir[1]) ek eigi fyrir guði at rjúfa þá eiða er þar fylgja, ok vil ek heldr sækja til lands þessa með oddi ok eggju meðan mér endiz líf til ok landsmenn vilja fylgja mér, en sé ek þat ráð, er mér er meira hóglífi ok minni mannhætta at taka lén ok veizlur af Valdamar konungi[2]) frænda mínum. Menn gerðu mikinn róm at máli hans ok mæltu allir sem eins munni, at honum vildu[3]) þjóna ok fylgja ok betra væri at deyja með honum réttum konungi en þjóna presti[4]) þeim, er enga ætti rétta tiltǫlu, at vera konungr. Túnsbergs menn fengu honum langskip vel skipat af bæjarmǫnnum. Konungrinn dvalðiz þar hálfan mánuð, fór þá norðr ok byrjaði seint. Þeir lágu viku í Unnardys ok Lista.[5]) Ok er þeir fóru þaðan lágu þeir tvær nætr eðr þrjár í sama hǫfn. Menn Magnúss konungs váru kátir ok mjǫk í leikum, en konungr var oftazt fálátr. Þeir lágu í Karmsundi[6]) tvær nætr ok spurðu af Sverri af byrðings mǫnnum er norðan fóru. Þá gerði konungr á njósn til Bjǫrgynjar Eilíf Arasun ok Klement af Grafdal. Þeir kvámu aftr ok sǫgðu, at Birkibeinar váru í bænum þrimr skipum ok Svínapétr var fyrir þeim. Magnús konungr bað reka af sér[7]) tjǫldin: »Birkibeinar eru í Bjǫrgyn ok munu vilja hafa gǫngudrykkjur ok mun þeim þikkja sem þér ættið at skenkja.« En er liðit heyrði þetta, drógu þeir seglin ok reru undir. Veðr var vátt ok þvert. Magnús konungr hafði Skeggjann, Ormr konungsbróðir Skjaldmeyna[8]), Nichulas kúfungr hafði Eikisúðina[8]) er erkibyskup hafði gefit honum tvítugsessa. Munán Gautssun hafði Hreininn[8]), en Gestir Fleyit mikla[8]); þat var austrfararskip. Á skipi Munáns brotnaði tréit ok varð maðr fyrir ok fekk bana. Tók þá veðrit at vaxa. Þóraldi Þrymr hét maðr er var í stafni á konungsskipi. Hann mælti: Vátt gerir á þiljum frammi ok drífr um sǫxin ok þætti frambyggjum betra at sigla minna. Konungr svaraði ok stóð upp: »Ek vissi eigi at eld skyldi taka fram á saxinu ok skal eigi svifta, beri[9]) á hvert reip sem harðast. Þórsdaginn um miðmunda skeið sigldi konungr inn á fjǫrðinn, ok lǫgðu þegar at bryggjum ok hlupu upp. Þeir váru Birki-

1) = älterem *þori*. 2) Valdamar I von Dänemark. 3) sc. *þeir*. 4) d. i. Sverrir, der als Kleriker erzogen war. 5) Südwestecke von Norw. 6) b. Stavanger. 7) d. i. von den Schiffen, gemeint sind die auf dem Verdeck befindlichen Zelte, die vor der Schlacht immer entfernt wurden. 8) Kriegsschiffe. 9) sc. *menn* als Subj., *segl* als Obj., oder es ist vielleicht der Sinn, man soll den Wind so stark (*harðast*) auf die Segel wirken lassen, als es die Segeltaue aushalten (ohne zu reissen); Egilsson: *quemque rudentem quam maxime intendi*.

þeimum vágestir, þvíat þeir hǫfðu ekki spurt til ferða Magnúss konungs. Hljóp upp hverr sem staddr var, sumir til vápna, en allir ór bænum þeir er lifit þágu. Svá var at sjá í fjallit upp sem á loga séi, er roðaði á skjǫlduna. Drepit[1]) var nær þrír tigir manna í bænum en sumt fyrir ofan. Heklungar[2]) flettu líkin. Magnús konungr mælti, at engi skyldi vera svá djarfr at lið þeirra græfi fyrr en hann kvæmi aftr, en lét þó bezt fallit[3]), at þeir bíði þar hunds ok rafns. Konungr lét blása til húsþings ok mælti svá: »Vér væntum styrks ok fultings af yðr. Hafi þér svá fyrr gert bæði við mik ok fǫður minn. Var hér heimili mitt jafnan þá er vér áttum kyrrsæti; eru hér flestir frændr mínir ok fóstrbræðr. Nú mun ek leita fyrst, ef fund várn Sverris[4]) berr saman. En eftir skilnat[5]) várn ætla ek hingat til yðvar ok koma þá með friði ok fagnaði ǫllum oss.« Þá var mikill rómr at máli hans ok mæltu allir: Guð láti yðr heila aftr koma ok alt þat fá er þér vilið. Sneri þá konungr til skipa sinna. En svá margar krákur váru á konungsskipinu at hvert reip var þakit ok hǫfðu menn eigi fyrr séit slík undr. Magnús konungr fór um kveldit ór bænum ǫllu liðinu nema Gestafleyit; þat hafði fjarat uppi ok fóru þeir um nóttina ór bænum. Magnús konungr sigldi norðr um sund leid sína, veik inn um Sognsæ ok hǫfðu litinn byr. En er Sygnir kendu ferð hans, þa reru margir menn á bátum út til konungs. Gengu margir þeir á skipin upp ok slóguz í ferð konungs. Þeir sǫgðu þau tíðindi at »Sverrir konungr hafði gert frá sér flest liðit ok þat alt er harðast er, en hann lá í Nórafirði með fá skip ok hafði þar gert mart ilt.« Þessum tíðindum urðu menn fegnir, ok sǫgðu margir »at nú mundi á guðs vilja steypt verða þessum úaldarflokki, er svá mart ilt hafði gert í Noregi at seint mundi landit bætr bíða.« Ívarr elda hét gǫfugr maðr er bjó á Sýrstrǫnd.[6]) Hann sat yfir borð þá er sén var sigling Magnúss konungs. Hann stóð þegar upp ok gekk til skips ok reri út til flotans ok gekk upp á konungsskip; fagnaði konungr honum vel. Fór Ívarr með honum. Hann sigldi inn þar til at firðir skilðuz ok fór þá inn í Nórafjǫrð. Hann hafði VI skip ok tuttugu ok flest stór, ǫll vel skipuð at vápnum ok mǫnnum.

(Kap. 76) *Tala Sverris.*

Nú er at segja frá Sverri konungi at frjádaginum eftir er hann hafði brent í Sóknadal lá hann við Haugastrǫnd þar sem heitir Fjórleiti[7])

1) Der sing. statt des plur. öfter, wo das Prädikat voran steht. 2) Die Anhänger des Magnús, benannt nach der Kapuze (*hekla*) einer Betlerin, deren Inhalt (Silber war eingenäht) sie sich angeeignet hatten. 3) sc. *vera*. 4) d. i. von uns (den Heklungar) und Sverrir. 5) st. *skilnað*. 6) i. d. Nähe von Lekanger, Sognefj. nördliche Seite, bekannter durch die Fridthjofssage. 7) l. wohl Fimreiti.

ok mataðiz þar at nóni. Hann hafði tólf skip, en tvau lágu inn við Sóknadal. En er menn hǫfðu mataz heyrði konungr at varðmenn þóttuz sjá mǫrg skip sigla utan eftir Sognsjó; váru stundum at sjá sex eða sjau, en þá er meirr bar í sundr ok dreifara fór, þá sá þeir tíu eða tólf. Varðmenn mæltu sín á millum, hvat skipum vera mundi. Sǫgðu sumir at væri ferjur Sygna ok hefði samflot sunnan ór Bjǫrgyn, en sumir kváðu líkara langskipa seglum. En er konungr heyrði þetta, stóð hann upp ok gekk þangat er varðmennirnir váru ok margir menn með honum; gat síns hverr til. Sverrir konungr stóð um hríð ok leit á ok mælti: »Ekki er at dyljaz við, at úfriðr er.« Lét þegar blása ǫllu liðinu til landgǫngu. Ok er liðit var alt saman komit, tók konungr til orða ok mælti:

»Svá kann vera um oss Birkibeina, at sé sem fyrr, at vér eigim starf fyrir hǫndum, þvíat mér sýniz, at ekki þurfi at dyliaz við, at Magnús konungr muni brátt koma at vitja vár. Ok er yðr þat kunnigt, at lið várt er mikit á brottu, sumt til Bjǫrgynjar suðr ok ráði guð, hvert erendi þeirra hefir þangat vorðit, en sumt inn til Kaupangs at brenna þar. Nu væntir mik ef vér bíðum hér Magnúss konungs, þó oft hafi mikill liðsmunr verit, þá muni þó aldri meiri hafa verit. Nú vil ek at vér gerim ráð várt allir samt hvárt vér skolum veita viðtǫku með þessu liði sem nú hǫfum vér, eðr sýniz yðr at missa skipa ok ganga á land. Ok mun þat þó líkara þikkja at vér hǫfum ekki mjǫk vingaz við þá er fyrir búa hér í Sogni ok mun auðsærr várr kostr, at Magnús konungr ok herr hans ok þeir er hér búa í Sogni munu eftir fara ok reka oss ok þar með als lands múgi, hvar sem vér komum. Nú er þat at segja yðr, at mér þikkir líkara, at ek ráða eigi oftar til skipanna í Noregi, ef ek missi þessarra; myklu hefir[1]) mik þau meira kostat ok mun þá verða hverr at leita fyrir sér. Nú vil ek eigi með einræði mínu leiða yðr í svá mikit vandrædi, ef allir þikkjaz sjá at eigi muni hlýða.«

Ok er hann lauk málinu, þóttuz menn vita, hvat er hann vildi, ok svǫruðu náliga allir: »senn, kváðuz, beriaz vilja ok leggja aldri á flótta at ǫllu úreyndu.[2]) Sǫgðu at ekki vætta mundi til saka, kváðuz oft hafa bariz við mikinn liðsmun ok unnit sigr. Sverrir konungr svarar: »Nu hafi-þér þat kjorit[3]) er mér er skapfeldra ok nú kann ek þat at segja yðr, ok verðit við at drengiligar ok beriz því betr at nú munu þér konunginn í hel setja. Þat orð fekk mǫrgum áhyggju, hvárr konungrinn sá mundi vera. Konungr bað menn reka af sér tjǫldin ok

1) Der sing. statt des plur. s. S. 182, Anm. 1. 2) absol. *omnibus rebus intemptatis.* 3) = *koret.*

róa inn með landi.[1]) »En skúta ein skal róa sem ákafast inn til Sóknadals eftir liði váru en vér róum í móti þeim. Siti maðr við ár á hverju skipi, en annarr í hverju hálfrými, rói bátum inn til lands ok flyti út[2]) grjót þar með allir þeir er lausir eru, búiz um ok víggyrðli skip sín.«

Var svá gert; tóku nú reksauminn þann er konungr hafði fengit þeim ok festu svarðlykkjur alt innan í borðum ok settu þar í stuðla ok festu þar við víggyrðla. En þeir er inn reru á skútunni mætti sínum félǫgum er innan kómu ok sǫgðu þeim þenna kur. En þeir bregða við skjótt, ljósta árum í sjó, sækja út í móti liðinu, brjóta árarnar.[3]) Þá kallar konungr; bað snúa at landi, segir at þar skal bíða Magnúss konungs. Kvað, bera skyldu út[4]) skútfestar á hverju skipi, en snúa út framstǫfnum[5]), leggja árar til róðrar. Lá konungsskipit yzt við strǫndina. Konungr bað menn, vápnaz ok skipaz í rúmum. Sverrir konungr gekk á land þar er einn bekkr flaut, ok lét gefa sér handlaug ok strjúka klæði sín sem hann skyldi til veizlu ganga. Hann hafði ǫll brúnuð klæði. Eftir þat gekk hann ofan á bergit, þar sem skip hans lá ok talaði þá enn nokkurum orðum ok tók um skipstafninn en menn hans tóku af hendrnar, þvíat bráðit var eigi þornat á brandinum. Konungr mælti:

»Ekki munu-vér tengja skip vár; þess skolu-vér njóta ef hlýða skal, at vér hǫfum borð há, snart lið ok kænt við orrostu. Vér eigum einn útveg þann[6]) er vér megum halda lífi: at stíga yfir hǫfuð fjándmǫnnum várum, en hvárki dugir oss at flýja né friðar at biðja. Gætið vápna yðvarra ok berit eigi fyrir borð at únýtu. Hlífið yðr fyrst, gæti hverr yðvar annars, en guð allra vár. Setið upp merkin.«

Litið klepparnes gekk fram fyrir utan ok sá þeir ekki út á fjǫrðinn. Lét hann róa skútu eina at sjá til liðs Magnúss konungs, ok er þeir hǫfðu fá vǫrru róit frá landi, þá reru þeir hálfu harðara aftr ok sǫgðu at þá fór flotinn at þeim. Var þá þegar blásit, tóku þar Birkibeinar at róa út ǫllum skipunum í móti ok æptu heróp. Þórðr Finngeirs bróðir stýrði Maríusúðinni.

(Kap. 78) *Tala Magnúss konungs.*

Magnús konungr sótti inn í fjǫrðinn eftir Birkibeinum; ok þá er þeir vissu at skamt var í milli, þá hlóðu þeir seglunum ok létu renna

1) d. i. weiter in den Fjord hinein. 2) nämlich auf die Schiffe. 3) gegenseitig durch zu scharfes Aneinanderstossen, wie andere Handschriften zeigen. 4) an das Land. 5) also zum Auslaufen bereit und gegen den ansegelnden Feind gerichtet. 6) auf welchem.

skipin at viðum ok fóru mjǫk samfast. Váru þá herklæddir ok búnir til orrostu. Þa talaði Magnús konungr ok mælti svá:

»Kaupskip þessi en stóru er vér hǫfum hér, þar má lítt róa á; þau skal tengja milli skipa okkarra Orms[1]) ok skolum vér flytjaz á enum miklum skipunum ok festa þau saman, ok mundi ek þat vilja, at þau væri eigi í sundr leyst fyrr en ǫnnur hvár væri hroðin. Ok veit ek at þat mun vera margra manna skaplyndi, at sá órskurðr fengiz at vit Sverrir þyrftim eigi oftar at krefja þessa starfs ok vel ætta ek þess nú guð biðjanda[2]) at svá yrði ok nær er þat mínu skapi ok hugboði. Ek var fimm vetra gamall er hǫfðingjar ok landsfolk þetta gaf mér konungs nafn, en sjau vetra, þá er legatus af Rómaburg ok Eysteinn erchibyskup vígðu mik til konungs ok með þeim allir byskupir þessa lands. Var ek þá svá ungr ok bernskr, at ek kunna hvárki at ráða fyrir orði né eiði ok betra þótti mér þá at vera í leikum með ungum sveinum en sitja á milli hǫfðingja; eigi keptumz ek til konungsdómsins, ok lítið yndi ok hóglífi hefir ek haft í konungdóminum. Nú hefir ek átta vetr ok XX ok á þessum átta er nú hafa liðit, hefir ríki mitt vorðit bæði minn skaði ok þar með allra lands manna. En guð launi mínum mǫnnum ok hǫfðingjum ok allri alþýðu ástsamliga fylgð er þér hafið mér veitt í mǫrgum raunum. Ekki þarf ek mjǫk áeggjanarorð til at leggja við yðr; sjá megu allir nauðsýn vára til þess at hverr dugi sem mannligazt. Ok eru nú ærin efni till þess, þvíat lið skortir oss eigi, ok sé guð þess lofaðr, þvíat hvar sem ver kómum við land þá hefir lið til vár drifit. En Sverrir hefir dreift liði sínu hingat ok þangat ok hefir nu fátt eitt eftir; eru nú ok luktir fyrir óss í firðinum. Láti guð ok svá lúka þessum fundi, at vér megim síðan hafa frið ok frelsi fyrir úvinum várum, hvárt sem vér erum lífs eðr dauðir.«

Varð nú mikill rómr at máli hans ok mæltu allir senn: »Mæl þú allra konunga heilastr ok guð láti þik steypa þínum úvinum.« Þá mælti Ormr konungsbróðir:

»Þat væri mitt ráð herra, at ver legðim fyrst at smáskipunum ok mun þar verða lítil vǫrn. En et mikla skip ætla ek verða torunnit meðan þeir hafa nógan liðskost á ǫðrum skipum.«

Konungr svarar:

»Mér þikkja ǫll unnin ef et mikla skip er unnit.«

Nú var svá gert, sem konungr mælti. Váru þá saman tengd fjegur skip. Fór konungs skipit næst suðrlandinu. Ásbjǫrn Jónsson lagði fram skipi sínu hjá Orms skipi ok lét þar við tengja. Þá mælti Ásbjǫrn:

1) d. i. zwischen das Orms und das meinige. 2) sc. *vera*, abhängig von *ætta*.

(Kap. 78) *Tala Ásbjarnar Jónssonar af hendi Heklunga.*

„Nú er sá dagr kominn er vér hǫfum langat til, er Sverrir ok þeir Birkibeinar eru hér nú fyrir oss svá reknir sem sauðir í kví ok er nú lokit brǫgðum hans ok slægðum, þvíat nú mun sá bregðaz honum er hann trúir á ok hefir ǫll ráð af tekit, en þat er fjándinn sjálfr, ok er hann svá vanr við sína vini at gera, at fá þeim framgang um hríð, en bregðaz þeim á endadǫgum lífs þeirra. Sverrir er nú ráðlauss. Hann sendi frá sér Svínapétr til Bjǫrgynjar ok hafði hann þangat skapnaðar erendi[1]; inn í Sogn eru þeir sendir, er verstir eru fjándalimirnir, gestirnir ok einn sá er flest ilt hefir gert Úlfr þorpara sunrinn. Sverrir hefir nú ok á aukit um illvirki ok hervirki. Hann hefir nú eytt kristit land; þat eina ilt hefir hann áðr úgert, svá sem nú skal hann þess gjalda. Sækjum nú at Birkibeinum, tveir eðr þrír at einum, ef þat þikkir betra. Hǫggum nú stórt þat er at oss horfir, hirðum eigi hvar á kemr, úvant er oss at brytja mat fyrir ǫrn eðr úlf. Vísi Sókndælir sálum þeirra."

Mikill rómr varð at máli hans, mæltu allir at þetta væri vel talat. Þá tengdu þeir skipin fjǫgur eðr fimm saman ok var róit á útborða enum yztum.[2] Rendu nu ǫll jafnfram inn eftir firðinum, ok fóru nær synnra landi. Magnús konungr hafði hálfskiftan kyrtil af rauðu skarlati hálfan, en af hvítu hálfan. Með sama lit ok klæði hafði kyrtil Magnús mangi, son Eireks stagbreiz; konungrinn hafði þat sverð er hann kallaði Fiskhrygg, allra sverða bitrast.

(Kap. 79) *Bardagi Sverris konungs ok Magnúss konungs.*

Nú er at segja nekkura atburði þá er gerðuz í fundi þessa tveggja konunga, er nú var áðr frá sagt; er þar til at taka er Birkibeinar reru frá landi, ok er þeir sá at floti Magnúss konungs rendi at þeim ok þat með at svá var at líta á sjóinn, sem þá er stórt rean er í [illegible]. Þessi skip lið sá um yfir ok var þat ǫrvadrífa ok þurfti þá skjǫldu við. Maríusúðin reist langan krók, áðr henni varð snúit. Þá renna saman skipin; kom Magnúss konungs skip á hlýrit ok sík flatri við Maríusúðinni. Stafnar Magnúss konungs skipa horfðu á. Ok lá Skeggini at framan austanverð ok svá hvert fram sem rúm hafði. Tókz nú orrosta. Váru Magnúss konungs menn mjǫk ákafir en Birkibeinar hlífðu sér

[illegible]

Sveif ǫllum saman flotanum inn með landinu. Úgreitt tókz Birkibeinum; atlaga var svá, sem Maríusúðin yrði á millum þeirra.[1]) Þá hljóp Sverrir konungr á bát ok einn maðr með honum ok reru til skips Eireks konungssonar. Kallaði konungr ok kvað þá illa fara ok údjarfliga; bað þá róa út um et mikla skip ok leggja þar til er smæri skip váru ok vita hvat þeir gæti þar at gert. Sverrir konungr rær enn til annars skips ok svá til hvers frá qðru ok eggjaði menn sína ok sagði þeim. hvar þeir skyldu at leggja. Urðu Birkibeinar vel við orð hans ok lǫgðu fram djarfliga ok gerðu harða hríð. Alt slíkt þágu þeir í mót. Létu þá hvárirtveggju alt ganga þat er til vápna var. Konungr reri þa aftr til skips síns ok var lostið ǫru í bátstafninn yfir honum. Þegar kom ǫnnur fyrir kné honum. Konungrinn sat ok bráz ekki við. en sá maðr er honum fylgði sagði: »hætligt skot herra!« Konungr svarar: »Þá kemr nær, er guð vill.« Þá sá konungr at svá var þykt vápnaburðrinn ok grjótflaugin yfir Maríusuðinni, at eigi mátti hann ná skipinu. Reru þá í brott ok inn til landz. Munán Gautsson lagði skip sitt at landi. Hljópu þeir upp ok báru stórt grjót út á Maríusúðina alt um fyrirrúmit ok fram til ins eftra austrrúms ok fengu þeir allilt slag frambyggjarnir, urðu þeir mest fyrir atsókn Heklunga. Mæltu þeir þat sín á milli at þeir fyrirrúms menn skyldu launa konungi mjǫðinn ok kyrtilsklæðin. Þá hétu skutbyggjar á stjórnbyrðinga at þeir skyldu róa fram: ok þeir gerðu svá. Drógu fram skipit svá at Skegginn lá við et eftra austrrúm. Hǫfðu þá allir bakbyrðingar ok fyrirrúms menn ærit at vinna. Þvíat þá lágu XIIII skip á þat borð. Heklungar létu þá ganga skotkesjur ok harðsteina grjót er þeir hǫfðu ór Skiðunni[2]) austan ok var þat enn mesti manzváði. Þeir kǫstuðu handsǫxum ok pálstǫfum. en eigi bar þá svá nær at hǫggum mætti við koma. Birkibeinar hlífðu sér ok máttu ekki fleira gera ok fellu þó margir. en náliga allir (váru) sárir bæði af vápnum ok grjóti. Svá váru þeir barðir ok þreyttir. at þeir váru sumir dauðir at[3]) annathvárt hǫfðu lítið sár eðr ekki. En fyrir þá sǫk dvalðiz uppgangan Heklunga, at þeim var úhægt við at komaz. er þeir áttu at sækja fram um stafn á skipum sínum. en ef þeir hefði síbyrt við. þá mundu aðrirhvárir hafa upp gengit.

(Kap. 80) *Orrosta ok sókn Eireks konungssonar.*

Nú mun þikkja þeim sem tilhlýða sem eigi sé líklig frásegnin. er sagt er frá lyktum orrostunnar; en þó skal þat inna hvat mest bar til með hamingjunni er svá sneriz sigrinn til. sem úvænna þótti horfa.

1) Nämlich die Schiffe des Magnus. 2) Skiða j. Skien im Süden v. Norwegen.
3) = indem.

Eirekr konungsson með þau XIIII skip Birkibeina, er laus fóru, reru út um et mikla skipit, svá sem fyrr greinir ok lǫgðu þeir at þeim XIIII skipum er laus váru ok eigi hǫfðu lagt at Maríusúðinni. Váru þau ǫll smæst af Magnúss konungs skipum. Varð þar en snarpasta orrosta. Hǫfðu Birkibeinar þar stærri skip ok fleira lið; sóttu at hart ok vígmannliga. Heklungar gerðu harða viðtǫku ok bǫrðuz snarpliga, svá at engi maðr þóttiz vita hvárt fyrr mundi um skifta þar með þeim eðr mundi et mikla skipit verða unnit. Fjǫlði var báta er Sygnir hǫfðu ok lágu í skotmáli við Birkibeina ok skutu á þá. Eirekr konungssun lagði sitt skip síbyrt við þat skip er yzt lá þeirra er tengd váru ok hafði hann þar myklu meira borð. Varð þar firna hǫrð orrosta, þvíat Heklungar tóku vaskliga á mót. En er sóknin Eireks hafði staðit um hríð urðu Heklungar ofrliði bornir; fellu sumir, en sumir eyddu hálfrúmin. Þá sneriz Eirekr ok hans menn til uppgǫngu; Bendikt hǫfuð bar merki Eireks ok gekk fystr upp ok þá stafnbúar. En er Heklungar sá þat, sóttu þeir at í móti ok drápu Bendikt ok enn fleiri, en ráku alla ofan. Þá eggjaði konungssun lið sitt ok réð til í annann tíma sjálfr ok nokkurir fáir menn með honum ok gátu þegar fengit merkit. Sóttu þá svá ákafliga, at Heklungar áttu engan kost annan en hrokkva undan ok hlaupa á þat skip er næst þeim lá. En konungssun með fylgðarmǫnnum sínum sótti eftir með ópi ok eggjan. Varð þá svá sem oftazt verðr þegar felmtr á mennina í orrostunni at sjaldan verða flóttamenn góðir aftrhvarfs, þótt rǫskvir sé í viðtǫkunni. Nú var hér á þessu skipi minni viðtaka en á hinu fyrra ok hlupu allir af því skipi ok enn á þat er þeim var næst ok þá hvert af ǫðru. En Eirekr konungssun ok Birkibeinar eftir þeim með kalli ok lúðraþyt; hjoggu þá ok drápu alt þat er fyrir þeim varð. En magnit flóttans geystiz inn á stórskipin, þá hlupu þeir á kaf af konungs skipinu, þvíat þat lá næst landinu, en ǫnnur fjǫgur þau er stærst váru, sukku niðr undir mannmúginum. Þat var Orms skip ok Ásbjarnar skip ok Gestafleyit.

(Kap. 81) *Raðar Sverris konungs.*

Sverrir konungr var á landi, ok er hann sá þessi tíðindi gekk hann ofan til bátsins ok með honum Pétr, son Róa byskups. Þá reri þar at utan skúta ok ætluðu þar til landgǫngu. Sverrir konungr kallaði á þá ok mælti: Snúið aftr, sjái-þér nú, at þeir flýja. En þeir á skútunni gerðu ok svá. Sneru þá út aftr ok sá þá þessi tíðindi: lustu í[1]) árum ok reru út eftir firði. Pétr mælti til konungs: Kendu-

1) í ist adv. — *í sjó, árum* abhängig von *lustu* (zu *ljósta*).

þér þá herra, eðr hví mæltu-þér svá?« Konungr svarar. »Mundi eigi þat eína til [1]) at mæla svá, hvárir sem væri?« Fór konungr þá út til skips síns ok gekk aftr í lyftingina, hóf upp kirial ok fagnaði sigri sínum ok allir sungu.

(Kap. 82) *Fall Magnúss konungs.*

Magnús konungr hljóp fyri borð af skipi sínu ok alt þat lið er honum hafði fylgt. Týndiz þar allr fjǫlði hersins. Birkibeinar hlupu upp á landit ok taka við þeim í fjǫrunni, er til landsins leituðu; kom fyrir því engi fjǫlði hersins til lands. Nokkurar skútur reru út eftir firðinum ok kómuz þær undan. Birkibeinar reru út á smábátum ok drápu mennina á sundi ok sumum gáfu þeir grið. Allir fengu grið er náðu konungs fundi. Lendir menn Sverris konungs ok aðrir skipstjórnarmenn gáfu grið frændum sínum ok vinum.

Mágús saga jarls. [2])

Kap. XV. ed. Cederschiöld.

(cod. AM. 580 B, 4°. um 1300.)

Þat vard til tídenda um einn dag, at keisari [3]) geck til dagverdar dryckiu med hirð sinni, at þeir sáu, hvar maðr geck mikill ok sterkr, hvítr fyrir hærum. Hann geck fyrir keisara ok qvaddi hann. Keisari tók því vel ok spurdi hverr hann væri? Hann qvez Vídfǫrull heita. Keisari spurdi, hvé gamall madr hann væri? Herra, segir hann, þat er ecki hægt í einu orði at segia, þvíat ek em nú víst gamall. Enn ek em þó nú á þeim mánadi, er ek em vanr at kasta ellibelginum [4]): ok verd ek þá ungr. Hirdin skeldi upp ok hló ok qvádu engan mann verit mundu hafa svá diarfan í heiminum, at slíkt mundi þora at segia á sik fyrir slíkum hǫfdingia. Keisari mælti: hefir þetta þér nǫckut fyrri ordit? Opt, segir Vídfǫrull, »eda vili-þér, herra, at ek dveliumz hér nǫckura stund?« Fyrr enn keisari gæti hér um nǫckuru svarat geck at honum hirdin ǫllum megin ok bádu at hann skyldi kosta ok láta hann vera þar til þess er þetta væri reynt sem hann sagdi. Keisari lét svá vera, sem þeir bádu.

1) sc. *vera*. 2) Die handschriftliche Form ist im Ganzen beibehalten. Accente und Gleichmässigkeit der Lautbezeichnung (ǫ für ο, au, v für u u. s. w.) sind von mir eingeführt. 3) Der fingierte Kaiser Eduard in Worms (Jatvarðr i Verminzoborg). 4) Über ähnliche Vorstellung s. K. Maurer: Die Bekehrung des norwegischen Stammes. II. § 56. S. 97 ff.

Víðfǫrull mælti: »Hvar vísi-þér mér til sess?«

Keisari mælti: »Sit þar, sem mætisk hirð mín ok gestir.«

Víðfǫrull mælti: »Vera skal ek hér heldr enga nótt, en ek vilia sitia utarr en hiá ǫndugis manni, þvíat ek hefi ecki verit með þrælum skipaðr fyrri; ok ecki skal ek heðan frá hiá þeim sitia.«

Keisari brosti at ok qvað svá vera skyldu. Gengu þeir til dagverðar dryckiu. Vilhiálmr hét ǫndugis maðr keisara ok var hann ráðgiafi hans með Ubba [1]), síðan Úlfr fór í brott, hann frétti Víðfǫrul margs ok svá hirðin. Víðfǫrull mælti: »Aldri hefi ek enn verit þræll fyrir þrælum hǫfðingia ok skal enn svá. Þurfi-þér ecki at ætla at ek muna segia nǫckut þat, er yðr er fræði í. Skolu-þér þess gialda, er þér hafit minna mannvit numit enn ek.«

Vilhiálmr segir: »Þótt þú sér stolz ok stórr, at þú vilir mér ecki segia, þá muntu segia keisara.«

Keisarinn heyrði þetta; hann kallaði Víðfǫrul til sín ok mælti: »Ertu miǫg gamall maðr?«

Hann segir: »Gamall víst, en þá megi-þér vita þat, ef ek tíni aldr minn. Enn ecki vil ek standandi segia yðr; hefi ek setit hit næsta þvílíkum hǫfðingium sem þér eruð.«

Keisari brosti ok qvað svá vera skyldu; hann bað þá þoka, er næstir honum sátu, ok bað Víðfǫrul niðr setiaz. Hann gǫrði svá; hann þurfti tveggia manna rúm, svá var hann digr; hann var siau alna hár; hann var eldiligr ok þó hinn þrifligsti.

Víðfǫrull mælti þá: »Fyrst, herra, segir hann, hafða ek þriú hundruð vetra, ok þá kastaða ek ellibelginum; ok var ek þá ungr; ok þá lifða ek tvau hundruð vetra; þá kastaða ek enn ellibelginum. Nú síðan hefi ek lifat þenna hinn fyrsta vetr ok tuttugu annars hundraðs, ok tekr mér nú mikit at þyngiaz; enda eru nú fáir dagar til þess er ek á ellibelginum at kasta.«

»Þú munt muna marga hina fyrri menn« segir keisari.

Víðfǫrull mælti: »Marga. Ek man Þiðrek konung [2]) ok alla kappa hans; með honum var ek lengi vel metinn. Ek man Attila konung ok Iron Iarl [3]), Gunnar konung ok Hǫgna [4]) ok bræðr þeirra. Ek man Ísung konung ok alla sonu hans ok Sigurð svein. [5])

Keisari mælti: »Gamall madr ertu víst; eða mantu nǫckut Hálf konung eða recka hans?« Víðfǫrull segir: »Var ek með Hálfi konungi. [6]) Ok vid [7]) várum bræðr ok Útsteinn Jarl hinn frækni.

1) Jarl von Speier, Erzieher des Kaisers. 2) Dietrich von Bern ist gemeint. 3) d. i. Iring. 4) Gunther und Hagen. 5) Sigfrid. 6) wohl Hjǫrleifsson; demselben Kreis gehört Útsteinn, d. i. Steinn Gunnlaðarson und Hrókr, an. 7) d [illegible] 1. s. § 29 b.

Keisari mælti: »Hálfr mundi mikill afreks madr.«[1])

Vídfǫrull mælti: »Engan hefi ek slíkan sét, ok hefi ek farit um allan heiminn. Hann var svá mikill sem risar; at ek fæ ydr eitt mark um sagt, at, þá er ver gengum fiórir saman, Hálfr konungr var hǫfdi hæri enn Hrókr hinn svarti; enn Útsteinn, bródir minn tók ei betr enn í ǫxl Hrók, enn ék tók eigi betr enn undir hǫnd Útsteini, ok em ek siau alna.«

Keisari mælti: »Risa kalla ek þá verit hafa eda hálftrǫll.« Vídfǫrull brosti at ok mælti: »Ek vilda at þér hefdit séd Hálf konung, ok mundi ydr hann ótrǫlzligr sýnaz; ok eigi mundu-þér kunna, herra, þótt ydr væri þat vald gefit at kiósa hversú þér værit skapadir, þá mundu-þér eigi kunna ǫdru vís at kiósa ydr at ǫllu skapada, enn hann var. Hann hafdi numit allar íþróttir þær er í heiminum eru; ok hann kunni at kasta ellibelginum ok hann kendi mér þá íþrótt. Ok hans hef ek svá mist, at mér hefr mest þótt, ok sídan unat[2]) hvergi ok farit land[3]) af landi.«

Mart sagdi Vídfǫrull keisara fleira frá Hálfi konungi. Keisari mælti: »Hvern veg var Þidrekr konungr í hátt?«

Vídfǫrull mælti: »Hann var mikill maðr at því, sem nú er mannfólk, nær at vexti ok ék em; hafdi mikit andlit ok bleikt; harðligr ok grimmligr, þá er hann var reidr.«

Keisari mælti: »Hverninn var Gunnarr konungr í hátt?« »Ecki var hann mikill maðr, s. V., en náliga allra manna frídaztr sýnum ok vel at íþróttum búinn; en harpslátt hafdi hann fyrir hvern mann annann fram þann er honum var samtída uppi. En Hǫgni var manna liótaztr ok ǫskufǫlr at lit en þó var hann hermadr mikill.«

Keisara þótti mikit gaman at þessu. Hann mælti þá: »Hvárr þótti þér meiri fyrir sér Ísungr konungr eda Þidrekr konungr?« Vídfǫrull mælti: »Þat skolut þér meta, herra! Annarr valdi sinn mann af hveriu landi náliga, þann sem hann feck fræknastan: enn annarr tók einn mann til annann enn sonu sína.[4]) Ok mundu þeir þó hafa allir skǫmm bedit, ef eigi hefdi M i m m u n g r, sverd Vídga[5]), dugat þeim.«

Keisari qvad þat satt vera: »Ok þat mundi mikil skemtan vera, ef madr mætti nǫckura líking siá gǫrva eptir þeim.«

Vídfǫrull strauk um ennit ok hreyfdiz í sætinu ok mælti: »Verit mundi þat hafa um skeid, herra, segir hann, þá er ek hafda kastat um

1) erg. *verit hafa.* 2) erg. *hefi ek.* 3) Acc. des entfernteren Objektes, ähnlich wie deutsch: Land aus, Land ein. 4) d. i. unum virum alium praeter filios suos: verb. ***annann enn s.***: nur éin Mann seiner Begleitung war nicht ein Sohn von ihm. 5) d. i. Wittich.

sinn ellibelginum, at mér mundi lítið fyrir, at gǫra líking þá, er nockuð mætti af slíku siá.«

En hirðin (hlióp) upp með því ópi ok hlátri, sem af vitinu mundi ganga; ok mæltu allir svá sem með eins munni ok báðu at keisari skyldi þetta láta fram fara, ef hann fengi þat gǫrt. Keisari var ungr ok þótti[1]) at mǫrgu gaman ok[2]) þó miǫg eptirlátr hirðinni. Hann bað Víðfǫrul, at hann skyldi leita við þetta, þó at nú verði minni líkendi á, enn fyrr mundi orðit hafa.

Víðfǫrull dvelz þar nockura hríð, áðr en hann hverfr í brǫttu. Hann var í brǫttu fióra daga svá at engi maðr vissi, hvat af honum var orðit. Enn þá er þat var liðit, ok keisari geck um morgin einn til kirkiu með hirð sína, þá siá þeir, hvar komit var tré eitt mikit ákafliga undir borgar vegginn. Þá var Víðfǫrull kominn í ferð með keisara; hann var svá kátr, at hann lék við fingr sér. Keisari fagnar honum vel ok spurði, hvat til bar er hann var svá kátr. Víðfǫrull mælti: »Eigi mundu-þér þat undraz, ef þér vissit þat, er ék veit; því at nú er sá dagr kominn, er ek kasta ellibelginum.« Keisari dvalðiz at kirkiu þar til, er tíðir vǫru[3]) sungnir; geingr[4]) síðan heim til hallar. Víðfǫrull vizt[5]) þá at tré nu því enu mikla, hann vefr at hǫfði sér feld er hann var í. Keisari var nær staddr ok ǫll hirðin. Víðfǫrull leggz þá niðr fyrir trés endann, ok liggr þar nǫckura hríð. Því næst dragnar hann at trénu ok inn í endann ok alt þar til er hann hverfr inn í tréit. Keisari geck þá til ok ǫll hirðin, ok hugðu at, ok sýndiz heilt tréit sem áðr. Þeir tǫluðu þá um, hvat af þessum manni mundi orðit.[6]) Sumir sǫgðu, at vera mundi trǫll ok mundi horfinn í iǫrð niðr. Því næst heyrðu þeir brǫkun ógurliga í tréit; ok síðan kómu út fætrnir á Víðfǫrli ór trénu ór þeim enda, sem hann hafði eigi í farit; ok því næst líðr hann ór trénu þar til, er hann er allr í brǫttu. Ok hefir hann þá enn feldinn á hǫfði sér, ok lá nǫckura stund hiá trénu. Því næst stóð hann upp ok rak af sér feldinn. Ecki var hann þá elliligri at siá, enn honum var sprottin grǫn; hann var þá fríðr sýnum. Hann geck fyrir keisara ok qvaddi hann. Keisari tók því vel ok horfði á hann. Víðfǫrull mælti: »Nú skolu-þér, herra, ganga í dag hér it næsta; ok vil ek siá landz leg.« Keisari qvað svá vera skyldu. Þeir geingu alt þar til, er þeir kómu at dal einum diúpum: þar var þyckr skógr umhverfis; þar var sléttr vǫllr ok grænn í dalnum: þat var skamt frá Rín.[7]) Víðfǫrull mælti: »Ecki munum vér fara leingra.« Síðan sneru þeir heim.

1) erg. *honum*. 2) erg. *var*. 3) über ǫ́ nach v s. § 15. A. 2. 4) über ei vor ng s. § 17. A. 4. 5) zu *vinda* st. *vinz*. 6) sc. *hafa*. 7) Rhein.

Kap. XVI.

Því næst hverfr Víðfǫrull í brǫtt. Hann var í brǫttu þriár vikur; síðan kom hann aptr. Keisari spurði, hvar hann hefði verit. Víðfǫrull qvez þat ecki í einu orði segia mega: »Enn nú skolu-þér í dag fara með mér, herra, ok allir yðrir menn.«

Hirðin fagnar þessu miǫg. Keisari geck til steinhúss þess er Markvarðr[1]) var í. Hann fagnar honum vel. Keisari segir, hvat at skyldi hafaz um daginn. Markvarðr bað at fara með honum. Keisari mælti: »Þá skaltu vera undir skickiu minni hiá mér í dag; því at ek vil ecki, at Ubbi siái þik.« Markvarðr gǫrði svá.

Nú ferr keisari ok ǫll hirðin alt þar til, er þeir koma at þeim sama dal, sem fyrr var sagt. Þar var múgi mannz, þvíat þetta hafði víða frézt. Þar var ok kominn Ubbi Jarl. Þá var ok komin breytni nǫckur yfir dalinn; þar var kominn yfir glerhiminn; undir honum stóðu fimm stólpar upp ór dalnum. Þat þóttiz hann skilia keisari, at stólparnir mundu allir holir innan.[2]) Víðfǫrull sat hiá keisara ok hafðiz ecki at. Því næst heyra menn brǫkun mikla í þann stólpann, er til austrs var í dalnum; þeim þótti því líkast, sem þá er riðit er aliárnuðum hestum á svelli. Því næst sá þeir, at menn kómu upp á glerhimininn; þeir riðu allir; þeir stigu af hestum ok settuz niðr; þetta var mikil sveit manna. Keisara þótti undarlikt, at glerhimininn, svá þunnr ásýndar, skyldi standa undir svá micklum þunga. Þessir menn tóku skraf með sér. Víðfǫrull mælti: »Þickiz þér, herra, nǫckut kenna þessa menn?« Keisari mælti: »At vísu þickiumz ek þeckja hér at frásǫgn Gunnar konung ok Hǫgna, bróður hans.«

Víðfǫrull mælti: »Svá er, herra, segir hann, ok eru-þér ecki óglǫggþeknir.«

Því næst heyrðu þeir brǫkun mickla ok meiri en fyrr; ok því næst koma menn upp á glerhimininn; þessir vǫ́ru tólf saman; þeir vǫ́ru bæði micklir ok sterkiligir; þessir kómu upp ór þeim stólpa, er vestr var í dalinn; þeir stigu af baki ok settuz niðr. Víðfǫrull spurði keisara, hvárt hann kendi nǫckut þessa menn.

Hann segir: »Þat hygg ek at vera muni Ísungr konungr ok synir hans; ok þat mun vera at frásǫgn Sigurðr sveinn, er sitr hit næsta honum.«

Víðfǫrull qvað svá vera.

1) Der Schwager des hier in falscher Gestalt als Víðfǫrull auftretenden Magus, Jarls von Strassburg. 2) org. *vera*.

Því næst kom svá mikil brǫkun, at Ubba þickir alt af ærnu; ok koma menn upp á glerhimininn: þeir ridu ór þeim stólpa er til suðrs var; þeir vǫru tólf saman; þeir stigu af baki ok settuz nidr; þeir vǫru allir gráir fyrir iárnum.

Víđfǫrull mælti: »Þecki-þér nǫckut þessa menn, herra?«

Keisari mælti: »Hér kenni ek at frásǫgn Þiðrek konung ok þar Viðga hinn sterka næst honum.«

Víđfǫrull mælti: »Svá er, sem þér segit, herra.« Því næst kom ógurlíkt brak ok micklir brestir; þá kómu upp á glerhimininn sex tigir manna; þessir menn eru gráir fyrir iárnum, sem á eina ísmǫl sæi. Víđfǫrull mælti: »Kenni-þér nǫckut þessa menn?«

Keisari mælti: »Kenni ek at frásǫgn Hálf konung ok recka hans; ok eigi þicki-mér þú ofsǫgum hafa frá sagt, hvé sterkligr ok rǫskligr hann er, Hálfr konungr.«

Víđfǫrull qvað svá vera, sem hann sagđi.

Því næst hvarf Víðfǫrull frá keisara; ok litlu síđarr sér keisari, at hann er kominn upp á glerhimininn. Þat heyrir hann at Víđfǫrull ferr eigi allgóðmannliga; hann berr róg millum þeirra Gunnars konungs ok Ísungs konungs. Svá fær hann um stilt, at hvárir tveggiu tóku til vápna, ok því næst slær í bardaga. Þeir beriaz svá ákafliga, at braka tekr í glerhimninum. Skýtr nú skelk í bringu ǫllum þeim, er miđr[1]) vǫru hugađir; svá gǫrdiz brǫkun mikil, at Ubbi Jarl flýr ok mart lid med honum. Keisari sitr eptir ok horfir á bardagann; þann sér hann þótt Ísungr konungr hefđi lid minna, at þeir ganga svá fast at, at Gunnarr konungr hrockr fyrir ok þangat á glerhimininn sem Þiðrekr konungr sat fyrir; hann[2]) sér þetta ok biðr sína menn upp standa ok veita lid Gunnari konungi; þeir gǫra svá. Nú gǫriz ei allítið um; ferr nú, sem vǫn er, at Ísungr konungr lætr undan. Hann horfar þangat á glerhimininn, sem fyrir er Hálfr konungr ok lið hans; hann mælti þá: Hrókr hinn svarti, ber framm merki mitt, ok Útsteinn ok Innstein gangit undir merkium, ok alt várt lid gangit fram vel ok veitum lid Ísungi konungi! Þeir gǫrðu svá. Nú taka til sterklig hǫgg ok stórir brestir svá at þat var eingis vert, er fyrr var, ok keisari ætlar nú, at þá ok þá muni glerhimininn bresta ofan; ok er þetta er sem mest um, þá heyra þeir svá ógurligan gný í þann stólpann er í midium var dalnum, at yfir bráz alt þat brak ok bresti, er vard af orrostunni. Hann sér, at upp ór þeim stólpa koma fiórir risar; þat þickiz hann kenna at frásǫgn, at þar ferr fyrstr Aspilian[3]) risi, þá

1) = *minnr.* 2) d. i. Þiðrekr. 3) d. i. Asprian; auch er und die folgenden sind der deutschen Sage entlehnt, vgl. des einen Beinamen *mittumstangun* = mit der Stange.

Aventróð, bróðir hans, þá Eggeirr risi. Síðazt kemr upp Viðolfr mittumstangan; hann hefir stǫng sína i hendi; hann ok bræðr hans slóguz í leikinn; þeir kǫlluðu með svá mikilli rǫddu ok ógurligri, at keisari þóttiz eingi slík ódæmi heyrt hafa. Ok nú er þat iafnsnemma, at keisari ætlar upp at standa ok flýia, sem hann gørði, ok [1]) Viðolfr mittumstangan lýstr stǫng sinni á glerhimininn, ok svá mikill brestr verðr af, at keisara helt við, hvárt hann skyldi standaz mega eða eigi. Þá sér keisari, at ofan fellr glerhimininn ok allir hans stólpar, ecki minkar keisari ferðina við slíkt, ok ei gefr hann gaum at Markvarði.

Kap. XVII.

Þá er keisari er í brǫttu, verdr Markvardr einn eptir. Hann sér, hvar maðr geingr, ok kennir, at þar er Mágús. Hann geingr til móts við Markvard; hann fagnar vel Mágús. Hann mælti: »Nú skaltu verða í ferd med mér.« Markvardr qvað svá vera skyldu. Þeir fóru þar til er þeir fundu Einar [2]); hann fagnar þeim vel. Síðan stíga þeir á hesta sína ok ríða heim til Stransborgar. Líkar þeim bræðrum nú vel við Mágús ok Makthildi. [3])

Nú er at tala um keisara. Hann saknar þá Markvarðar; snýr aptr ok leitar hans, ok finnr hann eigi. Þickiz keisari nú siá alt eptir, at þetta er af ráðum Mágúss. Ferr keisari heim. Nú er miǫg fjǫlrætt um, hverr siónhverfingar þessar mun gǫrt hafa; renna menn nú grunum á, at Víðfǫrull þessi mun verit hafa Mágús, ok allra helzt síðan menn vissu, at Markvardr var aptr kominn til bræðra sinna.

B. Litterale Abdrücke.

Isländisches Homilienbuch. [1])

(Cod. Holm. 15. 4°. geschrieben um 1200.) S. 143 (65 b) f. der Ausgabe von Wisen.

Fra uphafe heims hefer þetta líf sva otrútt veret at þat veler alla oc ma enge þui trva. Oc eige at eíns lýgr þat at vinom sínom heldr dregr þat þa til allra synþa . þetta líf eggiar galésa menn til ofáts oc

1) d. i. verb. *jafnsnemma — ok.* 2) ein Verwandter des Magús. 3) Frau des Magus. Schwester des Markvarðr. 1) Man beachte eo — ø, œ; æ — au, ǫ; ø, ǫ auch — ǫ (u-Umlaut von á).

ofdryckio . oc hordoms menn til saúrlífess . minner þat þiófenn at hann stele . en reiþan at hann vege . en scrócmann at hann liúge . þetta lif . sár[1]) velldr skilnaþe meþal hiúna oc georer sundrþykce meþ vinom . oc þrǽtor meþ friþsamom oc stygþ meþ bróþrom . þetta lif teer réttléte fra domǫndum oc hagleic fra smiþom . oc hófseme fra siþom . En bróþer vegr bróþor eþa faþer banar syne sinom . eþa sonr foþor . eþa hveriage[2]) odáþer er gorvar ero . þa verþr þat allt gort af tráste oc fyrertalo þessa lifs . oc gorese þa hatr meþ mǫnnom er þeir elsca þetta lif meir en rétt er. Til hvess heria vikingar a caupmenn eþa illvirkiar a brauttingia . eþa til hvess tefia sælingar ǫ́gǫfga menn . nema til þess at þeir þiona þesso life . oc váétta þeir þess at þeir mone lenge nióta ástar þessa lifs . En þetta lif eggiar glóþa menn oc býþr osiþo . oc teyger menn til odáþa . en siþan sel[r] þat þ[i]ona sína oc vine til eilifs dáþa. Af þesso life gorþese eilifr dauþe a þeire tíþ er hiner fyrsto menn þiónoþo lǫsta sínom oc girnþ augna sinna . oc urþo þeir þaþan reener i þetta dauþa heraþ . er áþr vóro scapþer til lifs . en nu urþo þeir þaþan reener til helvites. oc hœfþo etke meþ sér nema synþer einar . Nu eǫstom góþer menn hyggiom at hvat eoss hófer oc miþlom viþ æma menn fiárhlute vára . eoss þycker nu fagrt goll oc gorsemar haller góþar oc boer góþer . oc eiga ór œnnor . hyggiom at hverso fagrar þær haller ero . er skína œll sǽte i golle oc gimsteinom . þar fǫlnar eige blóme grasa . þar hrorna eige alden scóga . þar falla hunangsfliotande lóker . a eí grónom vœllom . þar hilma œll grǫs sem it dýrsta reykelse . þar skínn liós ǽn seugga . oc biart heiþ ǽn þoco . oc eilifr dagr ǽn myrkre . þar bannar etke fognoþ ne eraser . þar es alldrege heýrþr grátr ne stynr . ne enge leiþeleg rodd . þar ma etke siá liótt . ne svart ne sauroet ne hræþeleet . þar ero aller hluter i fegrþ oc i hreíno lióse . þar má etke siá ne heýra þat er hugr hræþese . þar hreýster organa songr . sa er englar syngva lof guþe . þar gnyia eige reiþar þrymor . þar fliuga eige elldingar . þar es eige beiseleier ne illr daúnn . þar bera viþer a sér hin dýrsto smyrsl . þar georer eige fótsla saur i quiþe mannz . Svásem heýro[3]) fagna goþom tiþendom oc nasar góþom ilm en ǽgo fagryndom sva er oc þar fótsla hunangsfliotande . oc sva hveriom þockoþ i munne sem honom licar batst . en af þeire feótslo er eige saúrr ne synþ . En hvatke er œnd mannz girnese þar. þa þióna aller hluter þegar girnþom hans þaiat sa er her i dauþlego life berse igegn munuþom sínum . þa mun hann þár þar finna óbrugþnar oc hirþslar af guþe . Guþ scapaþe menn oc leyste þa . oc sette hann hrǽtslo dauþans a mót munuþom þeira . at þeir es fýstese at lifa .

1) *sá er* 2) *hveriarge.* 3) *d. i. eyru.*

leitaþe annars lifs þess er eige þyrfte þar at hræþase dauþann. þar es réttláter hafa eilifan veg. en rangláter eilifa pining. En es maþr reýner at þesser hluter ero svasem sagþer ó[1]). þa ma hann þess spyria til hvess guþ scapaþe marga fagra hlute oc unaþsamlega her i heime. ef þui scal ollo hafna. eþa til hvess honom var at scapa holdlegar girnþer oc fýse munuþlífess i licǫmom manna. ef þeir verþa seker oc eilífra pininga verþer er at munuþom lifa. Til hvess ero mér auþófe veitt af guþe queþr maþr ef ec scal hafna þeim ? [2]) Elske(þ) sva auþeófe yþor at ér megeþ of vallt nióta þeira. þuiat þau mego eige coma epter yþr deyiondom. en þau mego fara fyrer yþr lifondom. ef ér vileþ siálver. Fegiarn maþr. oc síngiarn acrkarl. annar selr manne fé sitt at leiga. at hann take hólfo meira a móte. en annar selr iorþo sáþ sitt. at hann take þar hunndraþfallt a móte es hann sore[3]) einfallt. oc gelldr sculldar maþr enn fé meþ leigom. en iorþen gelldr acrkarle sæþe meþ hundraþ folldo. fyr hui er eige ohæft at ætla þat at guþ myne eige giallda þer meþ miklom avexte þau auþófe es guþ gefr honom.[4]) Til hvess gaf guþ mer auþofen queþr þu. ef ek scal þegar giallda þau ? Guþ sellde þer auþofen at þu meger vita huerso mikit unaþ at þeim má vera. Ef þu hefer óst meþ auþofom þínom. oc seler þau til tryggrar hirþslo. Ef þu vill þat eige. þa mon ofát ok ofdrykcia eþa lostaseme take fra þér auþeofe þín eþa ella mon til coma bráþr daúþe. oc gripa þau fra þér. svát[5]) þu meger þau alldrege hafa siþan ne siá. Ef þu maþr feorer þar es illvircia være vón a gǫto þinne. oc fynder þu vin þinn þann es þér hefþe fé gefet. oc bæþe hann þic selia sér til hirþslo fé þat es hann gaf þer. þuiat illvirkiarner vilia ræna þic eþa bana þer. fyr hui myndir þu eige falla til fota honom. oc biþia hann at hann tóke viþ féno. þar es þu visser víst at hann meonde þer selia féet meíra an hann teóke viþ. oc mætter þu þa forþase fiándr þína. Af þvi er oss nauþsynleet at selia criste auþófe or. Ef ver elscom auþofe ór eþa craser. þa seliom ver þeim þaú til varþveitslo er þau hirþer oss til handa óbrugþ-en. þar es ver megom nióta þeirra ei oc ei. Ef vér viliom neýta auþ-ofa várra i þesso life. þa megom ver eige ná þiónosto þeirra i oþrom heime. Fyr þui lǫtom vér aura vára þióna her aúmom monnom oc þurfǫndom oc þeim er i myrqvastofom ero eþa á heiþnom londom. at ver megem lenge nióta þionosto þeirra i dyrþ sona guþs. Oll munoþ fyrferse eige ef hon er hirþd til óorþens lifs. þuiat maþr má eige mikit goll varþveita. nema hann fele þat i iorþo. en hann má þui orygglegar hirþa goll sitt sem hann felr vandlegar.

1) d. i. *sagþer ero.* 2) Fragezeichen d. Handschr. 3) zu *sá.* 4) wohl verschrieben, für ?, auch sonst scheint der Satz entstellt. 5) d. i. *svá at.*

Snorra Edda.

(Cod. Upsal. geschr. um 1300.)[1]

Band II. S. 271 der Arnamagn. Ausgabe.

Her segir fra asa loka.[2]

(Kap. 21.) Sa er einn talþr með asvm er svmir kalla rogbera asanna eða frvmqueþa flærþar ok vamm allra gvþa ok manna. sa er nefndr l o k i eða l o p t r. son f a r b a v t a iotvns. Moþir hans heitir l a v f e y eða n a l. bræþr hans heita b y l e i p t r ok h e l b l i n d i. loki er friþr ok fagr synvm. illr i skaplyndi miok fiolbreytinn at háttvm. hann hevir þa speki miok vm framm aþra menn er slægþ heitir ok velar til allra hlvta. hann kom asvm iafnan i fvllt vendræþi. ok opt leysti hann þeirra vendreþi með velvm. kona hans het s i g v n. sonr hans het n a r i eða n a r f i. Enn atti loki fleiri born. A n g r b o ð a heitir gygr i i o t v n h e i m v m. við henni gat loki. iij. born. eitt er f e n r i s v l f r. annat er i o r m v n g a n d r þat er miþgarþz ormrinn. þriþia er h e l. En er þessi. iij. systkin born loka fæddvz vpp i iotvnheimvm ok gvþin ravkto til[3]) spadoma at af þessvm bornvm mvndi þeim mikit vhapp standa. ok þotti ollvm illz af ván fyrst af moþernino en verra af favþrnvm.[4]) Þa sendi alfaþir gvþin eptir bornvnvm ok let fera ser. ok er þav komv til hans. þa kastaþi hann orminvm i inn divpa sæ. er liggr vm lond oll. ok ox sa ormr sva at hann liggr vm lond oll. i miþio havi ok bitr i sporþ ser. hel kastaþi hann i n i f l h e i m ok gaf henni valld yvir nio heimvm at hon skylldi. skipta vistvm með þeim er til hennar koma. en þat ero sottdavþir menn ok ellidavþir. hon a þar mikla bolstaþi ok ero garþar hennar forkvnnliga havir en grindr storar. E l i v ð n i r heitir salr hennar. h v n g r diskr. s v l l t r knifr. g a n g l a t i þrell. g a n g l o þ[5]) ambatt. f a l l a n d a f o r a ð grind. þ o l m o þ n i r þreskolldr er inn gengr. k a v r sæing. b l i k i a n d a b a v l er salr hennar eða tialld. hon er bla half. enn half með havrvndar lit. þvi er hon avþkend. ok helldr gnvpleit ok grimlig.

Fra fenris-vlfi ok asvm.

(Kap. 22.) Vlfinn fæddo æsirnir heima. ok hafþi t y r einn til diorfvng at gefa honvm mat. en gvþin sa hve mikit hann ox hvern

1) Man beachte v [illegible] e und n, av [illegible] au und [illegible] g; v st. f. Komposita sind oft getrennt geschrieben. 2) Über Loki und seine Berührung mit Lucifer s. Bugge, Studien über die Entst. der nord. Götter- und Heldensage, S. 70 (73). 3) ads. [illegible] *til þess.* 4) l. *feþernino* oder *farþurnum.* 5) þ st. [illegible]

dag ok allar spar savgþo at hann mvndi vera lagþr til skaþa þeim. þa fengo æsirnir þat raþ at þeir gerþv fiotr[1]) allsterkan er þeir kolloþv lęþing ok baro hann til vlfsins ok baþo hann reyna afl sitt viþr fiotvrinn. en vlfi þotti ser þat ecki ofrefli. ok let þa fara með sem þeir villdo. en it fyrsta sinn er hann spyrndi við. brotnaþi fiotvrrinn ok leystiz hann sva or leþingi. þvi næst gerþv æsirnir annann fiotr[1]) halfo sterkara er þeir kolloþv droma ok baþo vlfinn reyna enn þenna fiotr. ok tolþv hann verþa mvndo agetan af afli ef slik storsmiþi mætti eigi hallda honvm. en vlfrinn hvgsaþi at þessi fiotvrr var sterkr miok. ok þat með at honvm hefir vaxit afl siþan er hann bravt læþing. kom þat i hvg at hann mvndi verþa at leggia sik i hættv ef hann skal frægr verþa. ok lætr leggia a sik fiotvrinn ok er ęsirnir tavllþvz bvnir[2]). þa hristi vlfrinn sik ok lavst fiotrinvm a jorþina ok knvþiz at fast. spyrnir at fast ok bravt fiotvrinn sva at fiarri kom[3]) niþr hlvtirnir. sva drap hann sik or droma. þat er siþan orþtak at leysi or læþingi eða drepi or droma. þa er einnhverr hlvtr er akafliga sottr. Eptir þat ottvþvz æsirnir at þeir mvndi eigi fa bvndit hann. þa sendi alfoþr þann mann er skirnir het i svartalfa heim til dverga noekvrra ok let gera fiotvr þann er gleipnir heitir. hann var giorr af .vj. hlvtvm. Af dyn kattarins. ok af skeggi konvnnar. Af rotvm biargsins ok sinvm biarnarins. af anda fiskins ok af raka[4]) fvglsins. en þo at þv vitir eigi aþr þessi tiþindi. þa mattv nv finna her skiott savnn dæmi at eigi er logit. at þer mvnvð seð hava at konan hevir eigi skegg. ok engi dynr verþr af hlavpi kattarins ok eigi ero rætr vndir biargi. ok þat veit trva min at iamsatt er þat allt er ek hevi sagt þer. þott þeir se svmir hlvtir er þv mátt eigi reyna. Þa mælti Gangleri.[5]) Þetta ma ek at viso sia er nv segir þv fra ok þv hevir nv til dæma tekit. en hvernig varþ fiotvrinn smiþaþr. har segir. Þat kann ek þer vel at segia. Fiotvrr var slettr ok blavtr sem silki ræma. en sva travstr ok sterkr sem nv mattv heyra. þa er fiotvrinn var færþr asvm. þa þockvþv þeir vel sendimanninvm sitt eyrindi. þa foro æsirnir vt i vatn þat er amsvarnir heitir i holm þann er lyngvi er kallaþr. ok kolloþv með ser vlfinn. syndo honvm silki bandit ok baþo hann slita. koþv vera mvndo noekvro travstara en likindi þotto a vera fyrir digrleiks sakir. ok selldi hverr oþrvm ok treysti með handaflino ok slitnaþi eigi. en þo kvoþv þeir vlfinn mvndo slita. þa svarar ulfrinn. Sva lizt mer a þenna dregil sem enga frægþ mega ek af hliota þo at ek slita i svndr sva miott band. en

1) st. *fiotur*. so auch unten. 2) erg. *vera*. 3) sing. auf den folgenden plur. bezogen, wie öfter. 4) l. *hraka*. 5) Der angenommene Name des Schwedenkönigs Gylfi, der zu den Asen gezogen ist, um Weisheit zu suchen. 6) Har, einer der drei Könige in Ásgarðr, die Gangleri befragt. Jafnhár, Þriði sind die beiden anderen.

ef þat er gert með list eða vel þott band syniz litiþ. þa kemr eigi band a mina fætr. Þa svoroþv æsir at hann mvndi skiott i svndr slita svá miott silki band er hann hafþi skiott i svndr brotiþ sterka iarnfiotra. en ef þv fær eigi skiott i svndr brotiþ, þa mvntv ecki hrætt fa gvþin skvlo ver þa leysa þik. Vlfrinn svarar. ef þer bindit mik, sva at ek fæ eigi leyst mik, skil ek at ek mvn seint taka af yþr lavsn, em ek vfvss at lata þat band a mina leggi. en helldr en þer fryit mer hvgar. þa retti einn hverr yþarr hond sina i mvnn mer at veþi. at þetta se falslavst gert. en hverr asanna sa til annars ok þottv nv vera tvó vendræþi ok villdi engi sina hond framm selia. fyrri en tyr let fram ena hægri hond sina. ok let i mvnn vlfinvm. Þa tokv þeir festina or fiotrinvm er gellgia heitir. ok drapo[1]) henni i gegnvm hello mikla sv heitir gioll. ok festv hellvna langt i iorþ niþr. Þa tokv þeir enn mikinn stein er þviti heitir ok skvto honvm en lengra niþr. ok hofþv hann fyrir festar hæl. Þa er æsirnir sa at vlfrinn var bvndinn með fvllo ok er hann spyrndi við þa harþnaþi bandit. ok þvi harþara er hann bravzt vm. þvi skarpara var bandit. Þa hlogv allir nema tyr hann let hond sina. Vlfrinn gapti akafliga. ok villdi bita þa. ok fekz vm miok. Þeir skvto i mvnn honvm sverþi nockvro. nema hiolltin við neþra kioptinn. en (við) inn efra gominn bloþrefillinn. þat er gomsparri hans. hann greniar illiliga ok slefa renn or mvnni hans. þat er a sv er vam heitir. þar liggr hann til ragna ravckrs. þa mælti Gangleri. Fvrþo illa barna eign gat loki. en avll þessi systkin ero mikil fyrir ser. en fyrir hvi drapo æsirnir eigi vlfinn er þeim er illz af honvm van. har segir. Sva mikils virþo gvþin ve sin ok griþa staþi at eigi villdo þav savrga þa með bloþi vlfsins þot sva segþi sparnar fyrir at hann mvndi verþa at bana oþni.

Grænlendinga þáttr.

[Aus der Óláfssaga Tryggvasonar, Flateyjarbók (zw. 1370 und 80 geschrieben) nach der Ausgabe von Unger und Vigfússon I. 538 ff.[2])]

Þat er nu þessu næst at Biarne Heriulfsson kom vtan af Grænlande a fund Æireks jalls[3]) ok tok jall vid honum vel. sagde Biarne fra ferdum sinum er hann hafde lond set ok þotti monnum hann verit hafa vforvitinn er hann hafde ekki at segia af þeim londum ok fek

1) v. l. *drógu* zogen. 2) Bemerk.: vo [illegible] vá, o. au auch [illegible] ø, ei [illegible] ei; eine st. eng. d auch [illegible] ð, g im Auslaut st. k, ll für rl. 3) Eirekr Sohn des Jarl Hákon hatte nach König Ólafr Tryggvasons Tod Norwegen mit König Ólafr von Schweden geteilt.

hann af þvi nokkut amæli. Biarnne gerdizst hirdmadr jalls ok for vt til Grænlandz um sumarit eftir. Var nu mikil vmræda vm landalæitan. Leifr son Æircks rauda ór Brattahlijd[1]) for a fund Biarna Heriulfssonar ok keyfte skip at honum ok red til haseta sva at þeir voru halfr fiorde tògr manna saman. Leifr bad fodur sinn Æirek at hann munde enn firir vera fòrinne. Æirekr taldizt helldr undan kvetzt þa vera hnigimn j alldr ok kvetzst minna mega vid uose aullu en var.[2]) Leifr quedr hann enn mundu mestri heill styra af þeim frændum. ok þetta let Æirekr eftir Leifi ok ridr heiman þa er þeir eru at þui bunir ok var þa skamt at fara til skipsins drepr hestrinn fæti sa er Æirekr reid ok fell hann af bake ok lestist fotr hans. Þa mællti Æirekr. ekki mun mer ætlat at finna lònd fleire en þetta er nu byggium ver. munum mer nu ekki leingr fara aller samt. For Æirekr heim j Brattahlid. en Leifr redzst til skips ok felagar hans med honum halfr fiorde tògr manna. þar uar sudrmadr æinn j ferd er Tyrker het. Nu binggu[3]) þeir skip sitt ok sigldu j haf þa er þeir voru bunir ok fundu þa þat land fyst er þeir Biarnne fundu sidazst.[4]) Þar sigla þeir at lande ok kostudu akkerum ok skutu bate ok foru a land ok sa þar æigi gras. ioklar mykler voru allt hit efra en sem æin hella væri allt til ioklanna fra sionum ok syndizst þeim þat land vera gædalaust. Þa mællti Leifr. æigi er oss nu þat ordit um þetta land sem Biarna at ver hafim eigi komit a landit. nu mun ek gefa nafnn landinu ok kalla Helluland. Sidan foru þeir til skips. eftir þetta sigla þeir j haf ok fundu land annat. sigla enn at lande ok kasta akkerum. skiota sidan bate ok ganga a landit. Þat land uar slett ok skogi vaxit ok sandar huitir vida þar sem þeir foru ok osæbratt. Þa mællti Leifr. af kostum skal þessu lande nafnn gefa ok kalla Markland[5]) foru sidan ofan aftr til skips sem fliotazst. Nu sigla þeir þadan j haf landnyrdings uedr ok uoru vti ij dœgr adr þeir sa land ok sigldu at lande ok komu at ey einne er la nordr af landinu ok geingu þar upp ok sazst vm j godu uedri ok fundu þat at dògg uar a grasinu ok uard þeim þat firir at þeir toku hondum sinum j dòggina ok brugdu j munn ser ok þottuzt ekki iafnnsætt kent hafua sem þat var. sidan foru þeir til skips sins ok sigldu j sund þat er la mille eyiarinnar ok ness þess er nordr gek af landinu. stefndu j uestrætt firir nesit. þar uar grunnsæfui mikit at fioru siofar ok stod þa uppi skip þeirra ok var þa langt til siofar at sia fra skipinu. en þeim uar suo mikil foruitni a at fara til landzsins at þeir nentu æigi þess at bida

1) In Grönland. Eirekr raudi ist der Entdecker Grönlands. 2) allgemein statt *hann mælti fyrri.* 3) zu *búa.* 4) über diese Fahrt s. Flatb. I. 434 f. Bjarni kam auf der Fahrt nach Grönland vom Wege ab nach Nordamerika. 5) d. i. Waldland (*mork* f. Wald).

at siorr felle undir skip þeirra ok runnu [1]) til landz þar er a æin fell ór uattne æinu. en þegar siorr fell undir skip þeirra þa toku þeir batinn ok reru til skipsins ok fluttu þat upp j ána sidan j uattnit ok kostudu þar akkerum ok baru af skipe hudfót sin ok gerdu þar budir. toku þat rad sidan at buazst þar vm þann uetr ok gerdu þar hus mikil. huorke skorti þar lax j anne ne j uattninu ok stærra lax en þeir hefde fyrr set. Þar uar suo godr landzkostr at þui er þeim syndiz at þar munde æinge fenadr fodr þurfa a uetrum. þar kuomu æinge frost a uetrum ok litt renudu þar graus. Meira uar þar iafnndęgri en a Grænlande edr Islande. sol hafde þar eyktarstad ok dagmalastad um skamdegi. [2]) En er þeir hofdu lokit husgerd sinne þa mællti Leifr vid foruneyti sitt. nu uil ek skifta lata lide voru j .ij. stade ok uil ek kanna lata landit ok skal helmingr lids vera vit skala heima en annarr helmingr skal kanna landit ok fara æigi leingra en þeir komi heim at kuellde ok skilizst æigi. Nu gerdu þeir suo vm stund. Leifr gerde ymizst at hann for med þeim edr uar heima at skala. Leifr uar mikill madr ok sterkr manna skǫruligazstr at sia vitr madr ok godr hofsmadr um alla hluti.

(Leifr hinn hepne fann menn i skeri a hafi.) A æinhverin kuellde bar þat til tidenda at mannz uar vant af lide þeirra ok var þat Tyrker sudrmadr. Leifr kunne þui storilla þuiat Tyrker hafde leinge verit med þeim fedgum ok elskat miog Leif j barnæsku. talde Leifr nu miog a hendr forunautum sinum ok biozst til ferdar at læita hans ok xij. menn med honum. en er þeir voru skamt komnir fra skala þa gek Tyrker j mot þeim ok uar honum vel fagnat. Leifr fann þat bratt at fostra hans var skapgott. hann var brattlæitr ok lauseygr smaskitligr j andliti litill vexti ok uesaligr en jþrottamadr a allzskonar hagleik. Þa mællti Leifr til hans. hui vartu suo sæinn fostri minn ok fraskile foruneytinu. Hann talade þa fyst leinge a þyrsku ok skaut marga uega augunum ok gretti sig. en þeir skildu æigi hvat er hann sagde. hann mællti þa a norrænu er stund leid. ek uar gæinginn æigi myklu læingra en þit. kann ek nokkur nynæme at segia. ek fann vinvid ok vinber. Mun þat satt fostri minn [3]) quad Leifr. At visu er þat satt quad hann þuiat ek var þar fæddr er huorke skorti uinvid ne vinber. Nu suofo þeir of þa nott. en vm morguninn mællti Leifr vid haseta sina. nu skal hafua tuennar syslur fram ok skal sinn dag huort lesa vinber edr hoggua vinvid ok fella mǫrkena [4]) suo at þat verde farmr til skips mins. Ok þetta var rads tekit. Suo er sagt at eftirbatr þeirra

1) Natürlich in einem Boote. 2) d. h. die Sonne ging ca. 8 Uhr auf und gegen 4 Uhr unter. 3) Frage. 4) d. h. wohl: immer einen Tag soll man Weintrauben sammeln und den andern Holz fällen.

var fylldr af vinberium . nu var hogginn farmr a skipit . ok er uorar þa biugguzst þeir ok sigldu burt ok gaf Leifr nafnn landinu eftir landkostum ok kallade Vinland . sigla nu sidan j haf ok gaf þeim vel byri þar til er þeir sa Grænland ok fioll undir ioklum . þa tok æinn madr til mals ok mællti vid Læif . hui styrir þu suo miog undir uedr skipinu . Læifr svarar . ek hygg at stiorn minne en þo enn at fleira edr huat seai þer [1]) til tidenda. Þeir kuoduzt ekki sea þat er tidendum sætti. Ek ueit æigi segir Leifr huort ek se skip edr sker. Nu sea þeir ok quodu sker vera . hann sa þui framar en þeir at hann sa menn j skerinu . nu uil ek at ver beitim undir uedrit segir Leifr suo at naim til þeirra ef menn eru þurftugir at na uorum funde ok er naudsyn a at duga þeim . en med þui at þeir se æigi fridmenn þa æigum ver allan kost vndir oss en þeir ekki undir ser. Nu sækia þeir undir skerit ok lægdu segl sitt. Kostudu akkeri ok skutu litlum bati ödrum er þeir höfdu haft med ser . þa spurde Tyrkr huerr þar rede firir lide . sa kuetzt Þorir heita ok vera norænn madr at kyne edr huert er þitt nafnn. Leifr segir til sin. Ertu son Æireks rauda ór Brattahlid segir hann. Leifr quad suo vera . nu uil ek segir Leifr bioda ydr ollum a mitt skip ok femunum þeim er skipit ma vid taka. Þeir þagu þann kost ok sigldu sidan til Æireks fjardar med þeim farmi þar til er þeir komu til Brattahlidar . baru farminu af skipe . sidan baud Leifr Þori til vistar med ser ok Gudride konu hans ok .iij. monnum audrum en fek uistir audrum hasetum będe Þori ok sinum felögum . Leifr tok . xv. menn or skerinu . hann uar sidan kalladr Leifr hinn hepni . Leifi vard nu będe gott til fiar ok mannuirdingar . þann uetr kom sott mikill j lid Þoriss ok andadizt hann Þorir ok mikill hluti lids hans. Þann uetr andadizst ok Æirekr raude. Nu uar umræda mikil vm Uinlandzfór Leifs ok þotti Þoruallde brodur hans of vvida [2]) kannat hafa verit landit. Þa mællti Leifr uit Þorualld . þu skalt fara med skip mitt brodir ef þu uill til Vinlandz ok uil ek þo at skipit fari adr eftir uide þeim er þorir atti j skerinu. Ok suo var gert.

(Þorualldr for til Vijnlandz.) Nv biozst Þorualldr til þeirrar ferdar med . xxx . manna med umrade Leifs brodur sins . sidan biuggu þeir skip sitt ok helldu j haf ok er æinge frasögnn vm ferd þeirra fyrr en þeir koma til Vinlandz til Leifsbuda ok biuggu þar vm skip sitt ok satu um kyrt þann uetr ok ueiddu fiska til matar ser . en vm uorit mællti Þorvalldr at þeir skylldu bua skip sitt ok skyllde eftirbatr skipsins ok nokkurir menn med fara firir uestan landit ok kanna þar vm sumarit . þeim syndizst landit fagurt [3]) ok skogótt ok skamt mille

1) *spiri-þer.* 2) d. i. *uida.* 3) ur st. r s. § 6. S. 36.

skogar ok siofar ok huitir sandar. þar var eyiott miog ok grunnsæfui mikit. þeir fundu huerge manna vistir ne dyra en j eyiu æinne uestarliga fundu þeir kornnhialm af tre. æigi fundu þeir flæire mannauerk ok foru aftr ok quomu til Leifsbuda at hausti. en at sumri ǫdru fór Þorualldr firir austan med kaupskipit ok hit nyrdra firir landit þa gerde at þeim uedr huast firir anndnese einu ok rak þa þar upp [1]) ok brutu kiolinn undan skipinu ok hǫfdu þar langa duol ok bættu skip sitt. Þa mællti Þorualldr vit forunauta sina. nu uil ek at uer ræisim her upp kiolinn a nesinu ok kallim Kialarnes. Ok suo gerdu þeir. sidan sigla þeir þadan j braut ok austr firir landit ok inn j fiardarkiafta. þa er þar uoru næstir ok at hofda þeim er þar gek fram hann var allr skoge uaxinn. þa leggia þeir fram skip sin j lægi ok skiota bryggium a land ok geingur Þorualldr þar a land upp med alla forunauta sina. Hann mællti þa. her er fagurt ok her uillda ek bæ minn ræisa. Ganga sidan til skips ok sia a sandinum inn fra hofdanum .iij. hæder ok foru til þangat ok sea þar hudkeipa .iij. ok .iij. menn undir huerium. Þa skiptu þeir lide sinu ok hǫfdu hendr a þeim ollum nema æinn komzst j burt med keip sinn. þeir drepa hina. viij. ok ganga sidan aftr a hǫfdanum ok siazst þar vm ok sia inn j fiordinn hæder nokkurar ok ætludu þeir þat vera bygdir. eftir þat slo a þa hofga suo miklum at þeir mattu æigi uoku hallda ok sofna þeir aller. þa kom kall yfir þa suo at þeir uoknudu aller. suo segir kallit. uaki þu Þorualldr ok allt foruneyte þitt ef þu vill lif þitt hafa ok far þu a skip þitt ok aller menn þiner ok farit fra lande sem skiotazst. þa for innan eftir firdinum vtal hudkæipa ok lǫgdu at þeim. Þorvalldr mællti þa. ver skulum færa vt a bord vigflæka ok veriazst sem bezst en uega litt j mot. Suo gera þeir en skrælingar [2]) skutu a þa vm stund en flyia sidan j burt sem akafazst huerr sem matti. Þa spurde Þorvalldr menn sina ef þeir uære nokkut sarir. þeir kuoduzst æigi sarir vera. ek hefir fæingit sar undir hendi segir hann ok flo ǫr mille skipbordzsins ok skialldarins under hond mer ok er her orin. enn mun mig þetta til bana leida. nu ræd ek at þer buit ferd ydra sem fliotazst aftr a læid en þer skulut færa mik a hofda þann er mer þotti byggiligazst vera. ma þat vera at mer hafui satt a munn komit at ek muni þar bua a vm stund. þar skulu þer mik grafa ok setia kross a hofdum mer ok at fotum ok kallit þat Krossanes iafnan sidan. Grœnland var þa kristnat en þo andadizst Eirekr raude firir kristni. [3]) Nu andadizst Þorualldr en þeir gerdu allt eftir þui sem hann

1) Auf eine Klippe oder den Strand. 2) Über diesen Namen s. Isleud. bók cap. 6: þjóþ es Vinland hefir bygt ok Grœnlendingar kalla Scrælinga. 3) Leifr war in Norwegen bekehrt worden, s. Flatb. I. S. 430.

hafde mælt ok foru sidan ok hittu þar forunauta sina ok sògdu huorir ôdrum slik tidende sem vissu ok biuggu þar þann uetr ok fengu ser vinber ok vinvid til skipsins. nu buazst þeir þadan vm uorit eftir til Grenlandz ok kuomu skipe sinu j Æircksfiord ok kunnu Læifi at segia mikil tidende.

— —

(Fra Vinlandzferdum Þorfinnz ok þeirra felogum). Þat sama sumar kom skip af Noregi til Grænlandz. sa madr het Þorfinnr kallzefni er þui skipe styrde. hann var son Þordar hesthofda Snorrasonar Þordarsonar fra Hôfda. Þorfinnr kallzefni var storaudigr at fe ok var vm uetrinn j Brattahlid med Leifui Æirckssyne. bratt fellde hann hug til Gudridar ok bad hennar. en hon ueik til Læifs suðrum firir sig. sidan var hon honum fostnut ok gert brudhlaup þeirra a þeim uetri. Hin sama var vmræda a Uinlandzfôr sem fyrr ok fystu menn Kallzefni [1]) miog þeirrar ferdar bæde Gudridr ok adrir menn. nu var radin ferd hans ok red hann ser skipveria .lx. kalla ok konur .v. þann maldaga gerdu þeir Kallzefni ok hasetar hans at iofnum hondum skylldi þeir hafa allt þat er þeir fengi til gæda. þeir hôfdu med ser allzkonar fenat þuiat þeir ætlodu at byggja landit ef þeir mętti þat. Kallzefni bat [2]) Leif husa a Uinlande en hann kuetzt lia mundu husin en gefa æigi. Sidan helldu þeir j haf skipinu ok komu til Leifsbuda med heilu ok holldnu ok baru þar upp hudfôt sin. þeim bar brátt j hendr mikil fông ok god þuiat reydr uar þar upprekin będe mikil ok god. foru til sidan ok skaru hualinn. skorti þa æigi mat. fenadr gek þar a land upp. er þat uar bratt at gradfe vard urigt ok gerde mikit vm sig. þeir hofdu haft med ser gridung æinn. Kallzefni let fella vidu ok telgia til skips sins ok lagde vidinn á biarg eitt til þurkanar. þeir hofdu oll gæde af landkostum þeim er þar voru będe af vinberium ok allzskonar ueidum ok gędum. Eftir þann uetr hinn fysta kom sumar þa urdu þeir uarir vit Skrælingia ok for þar ór skógi fram mikill flokkr manna. þar uar nærr nautfe þeirra en gradungr tok at belia ok gialla akafliga hatt en þat hręddnzst Skrælingar ok lôgdu undan med byrdar sinar en þat uar granara ok safuali ok allzskonar skinnauara ok snua til bæiar Kallzefnis ok uilldu þar inn j husin en Kallzefni let ueria dyrnnar. huorigir skildu annars mal. þa toku Skrælingiar ofan bagga sina ok leystu ok budu þeim ok uilldu uopn hellzst firir en Kallzefni bannade þeim at selia uopnin ok nu læitar hann rads med þeim hætti at hann bad konur bera vt bunyt at þeim ok þegar er þeir sa bunyt þa villdu þeir kaupa þat en ekki annat. nu uar su kaupfôr Skrælingia

1) d. i. *Kallzefni ok hans menn.* 2) d. i. *bad.*

at þeir baru sinn varning j brott j mǫgum sinum en Kallzefni ok forunautar hans hǫfdu eftir bagga þeirra ok skinnauðru. foru þeir vid suobuit j burt. Nu er fra þui at segia at Kallzefni lętr gera skidgard ramligan vm bę sinn ok biugguzst þa vm. J þann tima fædde Gudridr sueinbarnn kona Kallzefnis ok het sa sueinn Snorre. A aundnerdum odrum uetri þa kuomu Skrælingiar til motz vid þa ok voru myklu fleire en fyrr ok hofdu slikan varnnat sem fyrr. þa mællti Karlzefni vid konur. nu skulu þer bera vt slikan mat sem fyrr uar rifazstrr[1]) en ekki annat. Ok er þeir sa þat, þa kostudu þeir boggunum sinum inn yfir skidgardinn en Gudridr sat j dyrum inne med uǫggu Snorra sonar sins. þa bar skugga j dyrrin ok gek þar inn kona j suortum namkyrtli helldr lag ok hafde dregil um hofut ok liosiðrp a har folleit ok miog eygd suo at æige hafde iafnnmikil augu set j einum mannz hause. hon gek þar at er Gudridr sat ok mællti. huat hæitir þu segir hon. Ek hæiti Gudridr edr huert er þitt hæiti. Ek hæiti Gudridr segir hon. þa retti Gudridr husfreyja hond sina til hennar at hon sæti hia henni en þat bar allt saman at þa heyrde Gudridr brest mikinn ok uar þa konan horfin ok j þui var ok ueginn æinn Skrælingi af æinum huskalle Kallzefnis þuiat hann hafde uiliat taka uopnn þeirra. ok foru nu j brott sem tidazst en klæde þeirra lagu þar eftir ok varningr. æinge madr hafde konu þessa set utan Gudridr æin. Nu munum ver þurfa til rada at taka segir Kallzefni þuiat ek hygg at þeir mune vitia uor hit þridea sinne med vfride ok fiolmenni. nu skulum ver taka þat rad at .x. menn fari fram a nes þetta ok syne sig þar en annat lid uert skal fara j skog ok hoggua þar riodr firir nautfe voru þa er lidit kemr fram ór skoginum. uer skulum ok taka gridung uornn ok lata hann fara firir oss. En þar var suo hattat er fundr þeirra uar ætladr at uatn uar audru megin en skogr a annan ueg. Nu voru þessi rad hofd er Kallzefni lagde til. Nu komu Skrælingiar j þann stad er Kallzefni hafde ætlad til bardaga. nu uar þar bardage ok fell fiollde af lide Skrælingia. einn madr uar mikill ok uænn j lide Skrælingia ok þotti Kallzefni sem hann munde vera hǫfdinge þeirra. nu hafde æinn þeirra Skrælingia tekit upp ǫxi eina ok leit a um stund ok reidde at felaga sinum ok hio til hans. sa fell þegar daudr. þa tok sa hinn mykle madr vit ǫxinne ok leit a vm stund ok uarp henni sidan a sioinn sem leingst matti hann. en sidan flyia þeir a skoginn suo huerr sem fara matti ok lykr þar nu þeirra vidskiftum. Voru þeir Kallzefni þar þann uetr allan. en at vore þa lyser Kallzefni at hann uill eigi þar vera leingr ok vill fara til Grænlandz. nu bua þeir ferd sina ok hofdu þadan morg gæde j vinnide ok

[1]) d. h. den Augen der Skrælinger.

berium ok skinnavoru. nu sigla þeir j haf ok kuomu til Æireksfiardar skipe sinu heilu[1]) ok voru þar vm uetrinn.

[Die nächste Fahrt unternimmt Freydís, Leifs Schwester, mit zwei Norwegern; in Vinland angekommen lässt sie diese samt ihrer ganzen Mannschaft umbringen und nimmt deren grosses Schiff in Besitz und segelt nach Grönland zurück.]

Nu er at segia fra þui er Kallzefni byr skip sitt ok siglde j haf. honum forst uel ok kom til Noregs med heilu ok holldnu ok sat þar vm uetrinn ok sellde uarnning sinn ok hafde þar gott yfirlæti ok þau będe hion af hinum gofgauztum monnum j Noregi. en vm uorit eftir bio hann skip sitt til Islandz. ok er hann var albuinn ok skip hans la til byriar firir bryggiunum þa kom þar ad honum sudrmadr einn ættadr af Brimum ór Saxlande hann falar at Kallzefni husasnotru hans. Ek uil æigi selia sagde hann. Ek mun gefa þer uit halfa mork gullz segir sudrmadr. Kallzefni þotti uel vid bodit ok keyftu sidan. for sudrmadr j burt med husasnotruna en Kallzefni visse æigi huat tre var. en þat var mausurr komin af Vinlande. Nu sigler Kallzefni j haf ok kom skipe sinu firir nordan land[2]) j Skagafiord ok uar þar upp sett skip hans vm uetrinn en vm uorit keyfti hann Glaumbæiarland ok gerde bu a ok bio þar medan hann lifde ok uar hit mesta gofugmenni ok er mart manna fra honum komit ok Gudride konu hans ok godr ættbogi. Ok er Kallzefni uar andadr tok Gudridr uid bus uarduæitzslu ok Snorre son hennar er fęddr var a Uinlande. ok er Snorre uar kuongadr þa for Gudridr vtan ok gek sudr[3]) ok kom vt aptr til bus Snorra sonar sins ok hafde hann þa latit gera kirkiu j Glaumbę. sidan uard Gudridr nunna ok æinsetu kona ok uar þar medan hon lifde.

Nun folgen die Stammbäume

1) absol. Dativ, wie im Lat. der Ablativ. 2) d. i. Island. 3) d. i. nach Rom.

Norwegisches Homilienbuch.

[Ed. Unger S. 146. Nach der Handschrift cod. Am. 619. 4° (um 1200).[1])]

In die sancti Olaui regis et martiris.

Norðarla ligr land þat í hæimsbygð þesse, er Noregr hæitir. Þat var bygt til scamrar stundar mykilli villu oc margskonar ósið; fylgdi folc þat fiandans villu, oc truðu faer á guðs miskun, fyrir þvi at fianden hafde cafða þa í utru mykilli oc undir sic lagt með ofmetnaðar riki. Sva sem hinn helgi Ysaias spamadr guðs hermir holneorð anscota oc sægir os: Ec man sętia hosæti mit yfir oll himintungl, oc mon ec sitia í vitnisfialle guðs oc ráða norðre oc likiase hinum ágæzta guði. En hinn hælgi guð oc sa lofsæle droten, er timbrar hina hælgu borg oc eflir af syndugum oc armscapaðum monnum, hann þiddi þann myccla þela or brioste þæim með mykillæic hins hælgasta, oc eldi hug harðhugaðra manna með astar hita hinnar hælgu tru. Nu sendi vár droten til þeirra trufasta menn at snua þæim fra hæiðnum blotum, hét þæim ollum er á guð truði endalaus lif oc æ veranda fagnaðe, en ognaðe illgiornum oc udaðamannum domadags ræzlo oc guðs dóme oc hælvitis pinslum.

En þa réð fyrir Norege hinn hælgi Oláfr konongr, hann var mykil guðs dyrlingr, mildr at sannu oc miscunsamr, sannsyn um alla luti, þa er til gozsco horfðe. I Norege var hann fodr oc þaðan var hann æzscaðr, en á Englande toc hann á guð at trua, oc í borg þæirri er Rom[2]) hæitir, þar let hann cristna sic. Nu þegar hann var þvegin[3]) hinni hælgu skírn, þa gerðise hann allr annar maðr, oc sva sem hinn helgi Pául postole segir, hann drap oc doydi ókynni sin fyrir guðs sakar, oc hafnaðe hæimi þema[4]) oc likams girnd, oc gerðiz fyrirgangsmaðr um trufylgiu. Liot þotte honum veraldar glys, oc litils virði hann mote guðs astum þessa hæims dyrð. Hann syndi sic litillatan í konongsdóme sinum oc í margfallre áhyggiu er hann hafðe. Hugleiddi hann iafnan um allt himnesca dyrð. Hann firði sic hvivitna, þvi er guðs log banna, en þat vann hann með myccłum astar hita, er þau bioða: oc æigi vildi hann sér æinum í þvi biarga, allt þat folc, er guð hafðe hanum á hendi folget, vildi hann giarna með mykilli andvaocu til guðs læiða, oc var hann, sem fatit er, baðe konongr þæirra at landráðum oc fyldi postolanna iðn með hælgum áminningum. Morgum com hann or fiandans hondum með fortolu sinni, oc læiddi til handa almatkom

1) Beachte: æ steht oft für e, é; l-, r- für hl-, hr-; einfache Konsonanz für doppelte; der u-Umlaut fehlt oft; [illegible] ę, o. 2) Rouen. 3) zu *þvá*. 4) = *þeim*.

gudi. Swa myccla spæct oc orðgnótt hafðe vár drotenn lét hinum hælga Olaue konongc, at við orð hans oc fortaulu oc metfor þa dyrlego, er hann hafðe, iðraðosc marger menn sinna synda oc hafnaðo hæiðnum dóme. Þa risu í mote hanum margir illir menn, rikir oc illgiarnir, með diofuls áeggian, gengo móte guðs boðorðum of ollu afle oc svivirðu hans hælgu læreng. En þat bar hinn hęlgi Oláfr konongr þolenmoðlega allt fyrir guðs sakar, oc var þa myccło staðfastare gott at kenna hverium manne, en fyrr hafðe hann veret, oc vildi hældr lif sit lata oc riki með fyrir guðs sacar, oc oðlaz sva endalausan fagnað, en liggia undir fiandans villu oc dofa í hæiðnum dome. Mykin floc oc goðan á litilli stundu dró hinn hælgi Olafr konongr til miscunnar við guð oc alla hælga menn. Þa braut hann oc brendi hæiðin hot oc ræisti kirkiur i stað, oc scipaðe til prestum ok kennimonnum at vinna þæim cristni oc alla þionastu. Siðan snerez folc allt til astar við guð með mykilli iðran, nittu þa hæiðni oc alsconar villu.

Engi maðr fær þat oðrum sagt, hvessu mykil fagnaðr fylgði þæim goða manne oc var á þvi, er hann sa Noregs menn venda fra heidni oc anscotans villu oc ganga til miscun(n)ar almatigs scapara. Hann bað þa oc talde fyrir þæim arla oc silla guðs pinslir oc hæilagra manna ferdir, reð þæim astraδ, loccaðe gamla menn oc unga, ávitaðe þrioscomenn oc harðhugaða gaf sér mykin cost til at coma þæim ollum í vingan við guð. Nu eptir þat þa setti hann log manna á millum, þau er yfir allt land hafa siðan halden veret, at rikir menn ræne æigi hina er fatokre ero, hældr rade hverr sinu sem ret er, oc uni þvi er guð hefir lét honum. Þat setti hann (i) logum sinum, hvat lærdir menn æigu at væita ulærðum monnum af guðs hendi, birtir hann oc þvi, hveriar þaccer oc vegsemd þæir[1]) sculu af þæim fyrir hafa. Stillir hann oc kononga oc konongs menn, lastar ofdramb þæirra oc of mykin yfirgang, oc lægr við sectir, ef þæir ganga yfir hit sanna. Þar ma finna ef læita vil í logum þæim, hversu trur hann var á guð, hvessu trygr oc hæilraðugr ollu landzfolkeno, hvessu miscunsamr oc aumhiartadr hann var við alla vesla menn.

Þar fær ængi maðr oðrum sagt, hvessu mykit sa hinn helgi maðr botte fyrir monnum, meðan hann réd fyrir lande oc logum. En þvi mæiri gozsco er hann téde þæim af sinni hendi, þvi ollu verri oc utryggri varo þæir honum. Þa gengo í mote honum villumenn oc illzco fullir með anzscotans afle oc myccłum flocce, oc stoc hann þa undan þvi éle austr í Garða, oc vildi æigi at þvi sinni illu scipta við lanzmenn

1) Die *lærðir menn*.

sina. Værne engi maðr Oláf hinn hælga þvi or lande faret hafa, at hann þorðe æigi við vánda menn oc illgiarna vápnum at scipta, hældr scal hit til virða, er mycclo er sannare, at hann vildi cristni sinni í [1]) þyrma oc lifi þæirra, er honum fylgðu cristni at fremia oc til landvarnar. Nu fór hann á hændr kononge noccorom í Garða austr, er Jerczellauus hét, oc var með honum marga daga í mykilli somd, frægr varð hann þar ollu folke af tru sinni, æst oc gozseu, er hann hafðe bæðe við guð oc við alla menn.

En eptir þat þa vendi hann aptr til lannz oc til rikis sins hit æystra um Sviðioð, sagðe honum oc sva hugr um siolfum, at guð moyndi vilia calla hann sciotla til mæira metnaðr oc rikis, oc bió hann sic þa til holmgongu sem raustr ridare. Nu bryniaðe hann sic fyrst með hæilagre tru, en með traustí guðs þa lifdi hann sér, gyrðr þvi sverði er guðs orð hæitir, snarpæggiaðo oc sarbæitu, talde fyrir hverium manne hæilog boðorð, buin at láta lif sit fyrir guðs sacar oc hæita oc vera frumvátr í Norege hins hæsta konongs. En þegar er fiandr hans oc uvinir frágo þat, at hann var í land aptr comenn oc í riki sit, þa samnaðosc þeir aller saman í mote honum, oc vildu með svic hann af lifi taka. En forenge fyrir þvi liði þa var nændr Cálfr Arna sonr, maðr eynstór, illr oc utrur, sem aller verða drotens svicarar. Sa hinn illi maðr var í svicum við hann oc com i mote honum með mycclum flocce, oc vann hann þa niðingsværc á sinum lánardrotne, er hann var fámennastr fyrir staddr. En einni not fyrir aðr en þeir berðiz eptir um dagenn, þa syndisc honum vár droten i svofne, oc sette til hans stiga sva hafan, at til himna toc, oc mælte sva við hann: Min goðe vinr, cum [2]) til mín brát oc til samnæytis hæilagra manna, oc scal nu gera þer fyri starf oc ærfeðe þit dyrlega corona, lif endalaust, fagnað oc gleði himnesca. Siðan eptir er hann vacnaðe, þa sagðe hann þa fogru syn sinum astvinum oc þaccade guði almatcom holæitlega dyrlect hæimboð. En um morgen eptir þa fylkti hann liði sinu i Veradals heraðe, þar sem Sticclastader hæitir [3]), oc barðesc hann þar mykin luta dags við þa illu menn, sina uvini oc guðs andscota. Þa vard hann scoten i kne um sidir oc á kin hoggvin aðr en hann felle, oc let hann lif sitt þegar samdogres. En þa var miðvicudagr oc þat mund árs [4]), er nu halda aller cristnir menn hotið hans siðan, er vér callum Olafs messo hina fyrri. En fra þvi er guð let berasc í hæim þenna oc til pinslardags hins hælga Olafs konongs, þa er sva at

1) d. i. *í þer.* 2) *kom.* 3) östlich von Levanger, einem Städtchen am Fjord von Drontheim. 4) d. 29. Juli 1030.

hugt at vera myni .x. hundrað vettra oc .iiii. vetr oc .xx.[1]) Nu er yðr cunt gort, hveria pinsl hinn hælgi Oláfr konongr þolðe fyrir guðs sakar í þema hæimi.

Þiðrikssaga (Norwegisch).

Kap. 167—168, S. 168 ff. der Ausgabe von Unger.

(Nach der Handschr. cod. holm. 4 fol., um 1250.)

Nv er Æckiharð vti oc ser hvar Sigvrðr ferr. oc gengr til meistara sins oc mællti. Ja herra, nu ferr Sigurðr heim oc hæuir hœfuð ormsins i hændi ser. oc man hann haua drepit hann.[2]) Oc er nu ængi annarr[3]) til en nu forði huerr ser. firir þui þott uer sem nu her .xii.[4]) oc þo at uer sém halfu fleiri. þa hæfði hann þo oss alla i hæliu. sua er hann nu reiðr. Oc nu laupa þeir allir til skogar ok fæla sie. En Mimir gengr æinn saman i moti Sigurði oc biðr hann nu uel kominn. Nu suarar Sigurðr. Ængi yðarr skal uera uel kominn. firir þvi at þetta hœfuð skalltu gnaga sem hundr. Nu suarar Mimir. Æigi skalltu þat gera er nu mælir þu. oc skal ec hælldr bœta þer. ef ek hefi þat gort er þer likar illa. Ek man geua þer hialm æinn oc æinn skiolld oc æina bryniu. þau uapn hæui ec gort minni hændi Hertnið konungi i Holmgarði[5]). oc eru allra uapna bæzt. oc æinn hæst uil ek geua þer er heitir Grani. sa er i stoði Brynilldar. oc æitt suerð er heitir Gramr. þat er allra suerða bazt. Nu suarar Sigurðr. þessu ma ec iata. ef þu efnir þat sem þu heitr. Oc nu ganga þeir heim baðir saman. Nu teer Mimir iarnhosur oc fær honum. oc hann uapnar sic með. oc þui næst æina bryniu. harða sem stal. oc stœypir hann hænni yfir sik. sidan fær hann honum hialm þann er hann sætr a hofuð ser. oc nu gefr hann honum skiolld. oc eru nu þessi uapn oll sua goð. at traut matte finna onnur iamgoð. Nu sælr hann honum æitt sverð. oc er Sigurðr teer vid suerðinu bregdr hann þvi oc syniz allgott uapn. oc nu reidir hann þat suerd sem hardast ma hann oc hœgr Mimi banahogg.

(168) Nv gengr Sigvrðr i brott. oc ferr þa leið sem honum er uisat til borgar Brynilldar. Oc er hann kemr þar til borgarliðs. er þar

1) Andere Quellen geben auch 1028 an. 2) Sigurðr war, von seinem Lehrer Mimir ausgeschickt, von dessen Bruder, dem Landwurm, angegriffen worden, hatte ihn aber erlegt. Vögel hatten ihm darauf Mimirs Hinterlist geoffenbart. Er kehrt heim, um Mimir zu bestrafen. Ekkiharðr ist einer der Schmiedegesellen Mimirs. 3) sc. *kostr*. 4) es sind 12 *sveinir* in der Schmiede. 5) Russland.

firir iarnhurð . oc ængi maðr er nu þar honum upp at luka. Nu rindr hann þeirri hurðu sua hart . at i sundr ganga iarnslarnar . er hurðen uar lukt með. Oc nu gengr hann i borgina . oc þa koma þar a moti honum . vii . varðmenn . er geta skylldu borgarliðs . oc þickir nu illa er hann hæuir brotit upp borgarliðet . oc firir þetta uilia þeir drepa hann. Oc nu bregdr Sigurðr sinu suerði . oc æigi lettir hann fyrr en hann hæuir drepit þessa þionostumenn alla. Oc nu uerda uarir vid þetta riddarar . oc laupa nu til vapna sinna oc ueita honvm atgongu . en hann verr sec uel oc drengilega. Þessi tiðændi spyr Brynilldr þar sem hon sitr i skemmu sinni . oc mælir. Þar man uera kominn Sigurðr Sigmundar sonr . oc þott þar hæfdi hann drepit .vii. riddara mina . er nu hævir hann drepit .vii. þræla . þa skylldi hann þo vel kominn með oss. Oc nu gengr hon ut oc þar til er þeir beriaz . oc bidr þa hætta . Nu spyrr hon. Hverr er sa maðr er her er kominn. En hann nefnir sic oc kvaz heita Sigurðr. Hon spyrr hver ætt hans er. En hann lez þat æigi vita at sægia hæuni. Þa mælir Brynilldr . Ef þv veitz æigi at sægia mer . þa kann ec at sægia þer . at þv ert Sigvrðr Sigmundar son konungs oc Sisibe . oc skalltu her vel kominn með oss . eða hvert hevir þu ætlad ferd þina. Nv svarar Sigvrðr . Hingat hævi ec ætlat mitt orendi . þvi at Mimir minn fostri visadi mer hingat til hæstz æins er Grani heitir . er þv att . Nv villda ec hann þiggia , ef þu villt veitt haua. Þiggia mattu æinn hæst af mer ef þv villt . oc þott fleiri vilir þu . en heimill er varr beini . sa er þer vilit hava. Nv fær hon til menn at taka hestinn . oc erv þeir at allan daginn at taka hæstinn . oc geta æigi tekit . oc fara heim um kuelldit uid sva bvit. Oc er Sigurðr þa nott i goðum beina. En at morni fær hon til .xii. menn . oc ferr hann nu sealfr en .xiii.[1]) Oc nu fara þeir .xii. til oc æltaz lengi vid hæstinn oc fa æigi tecit . oc aðr lettir biðr Sigurðr fa ser beislit . oc gengr hann nu til hæstzens . en hæstrenn gengr at moti honum . oc tekr hann nu hæstinn oc leggr vid beisl oc stigr a bac . Nv riðr Sigurðr a braut oc þackar uel Brynilldi sinn beina. Nu er hann alldrigi þar adra nott sem hann er æina . þar til er hann kemr a Bertangaland . þar rædr firir sa konungr er heitir Isvngr. Hann a .xi. syni . Isvngr er allra kappa mestr oc allir hans synir. Hann teer vid Sigvrde oc gerir hann sinn raðgiava oc mercismann . oc þyckiz hann nu uel kominn.

1) *enn þrettándi.*

Anhang.

Runendenkmäler.

a. Inschriften mit den älteren Runen, 250—650 n. Chr.

I. Horn von Gallehus (Tondern), Jütland:

ek hlewagastiz holtingaz horna tawido

Altnord. (d. i. altisl.): Ek Hlégestr Holtingr horn táða.

Holtingr: Patronymikon zu einem Mannsnamen Holti.
horna: acc. sing. des neutr. horn, es ist das goldene Horn gemeint, das die Inschrift trägt (trug).
tawido, wohl tawidǫ: Praet. eines schwachen Verbums taujo ich mache, got. tauja, ahd. zawju.

II. Stein von Tune in Smaalenene (Südostnorw.):

ek wiwaz after woduride witadahalaiban worahto r(unoz)

d. i.: Ek Vér eftir (Óðride vitaðhleifa) orta rúnar.

wiwaz: von S. Bugge verglichen mit -vivus in Alavivus u. aa.
after: altisl. eigentlich aftr, eftir setzt eine Form aftir(i) voraus.
woduride: Bugge leitet den Namen von vōd- wut- und rīd- reit- (vgl. Guðriðr) her.
witadahalaiban: unsicher ist Bugges Erklärung: vitōdahlaiban, vitōd- (Kriegs)dienst, hlaiban- = got. gahlaiba Kamerad, also w. = Kriegskamerad, und zwar dat. sing.
worahto: d. i. worhtǫ »würkte«, machte.
runoz: d. i. runǭz, Konjektur, zu lesen ist kaum noch das r.

Von den übrigen Worten des Steines ist nur arbinga (dazu nom. pl. arbingan) = altisl. erfingi Erbe und dohtriz = altisl. dœtr Töchter, staina = stein Stein acc. mit Sicherheit zu erklären.

III. Istaby in Blekingen, um 650:

Afątz hariwulafą haþuwulafz haeruwulafiz wąrait runaz þaiaz

d. i. eft Herjólf Hǫðúlfr Hjǫrúlfingr reit rúnar þær.

ą ist hier meist Hilfsvokal zwischen zwei Konsonanten.
afątz = aftr (Bedeutung = isl. eftir), z statt r bei einigen Worten sehr früh.

Hariwulfą: hari- Stamm des isl. subst. herr Heer, -wulfą acc. sing. = isl. úlf; das erste ą Hilfsvokal, das zweite Stammauslaut.

Haþu- = isl. hǫð- Kampf, vgl. ahd. Haduolf.

Haeruwulfiz: ae st. e, iz für ingz (Bugge), Nasale sind oft ausgelassen: trik für dreng auf jüngeren Inschriften.

wąrait: praet. zu writō schreibe.

runāz: = runoz der vorigen Inschrift, a hier jünger als ō.

þaiaz: schwerlich Grundform für þær, was auf þāz < þōz zurückgeht.

IV. Tanum in Bahus-Len (Schweden).

Þrawingan haitinaz was

d. i.: Þráinga heitinn vas.

Þrawingan: gen. oder acc. des Patronymikons þrawingō zu *þrawaz, vom selben Stamm isl. þráinn.

haitinaz: geheissen, zu ergänzen wohl stainaz der Stein.

b. Inschriften aus der Übergangszeit, um 750.

I. Sölvesborg in Blekingen:

ruti swa(i . . .) (aft) ąsmut sunu sin

d. i.: Róte sveinn eft Ásmund sun sín.

ąsmut: ą nunmehr = älterem an, t = t und d, n wie häufig unterdrückt, der Stammauslaut a schon beseitigt.

sunu: acc. u noch bewahrt.

sin: gen. sing. oder = sinn, seinen.

II. Räfsal in Bahus-Len:

hariwulfs svainaz (od. stainaz)

d. i.: Herjúlfs sveinar (oder steinar).

c. Jüngere Inschriften mit 16 Runenzeichen.

I. Kallerup, Seeland, um 800.

hurnbura stain suiþks

d. i.: Hornbora steinn Sviðings.

hurnbura: u, o, v nicht unterschieden; gen. sing.: Hornbori's.

stain: st. stainn < stainz.

suiþks: k und g nicht mehr unterschieden, -in- ausgelassen; gen. sing. eines Patronymikons.

II. Helnæs, Seeland, um 800:

rhuulfz sati stain nuzakuþi aft kuþumut bruþur sunu sin

truknaþu . . . ąvair faþi

d. i.: Hrólfr setti stein Nóragoði eft Guðmund bróðurson sinn

. . . Aveirr fáði.

rhuulfz: rh = hr, uu = óu (hróð-ulf-), z hier schon r zu sprechen, aber von altem r noch verschieden.
sati: das regelrecht gebildete Praeteritum zu setja (nur t statt tt), 3. sing.
nuzakuþi: k für g, u für o (guði im Isl. selten), Apposition zu rhuulfz, das erste Glied ist wohl ein Eigenname (Ortsname? Personenname?), das zweite = isl. goði ursprünglich Priester, dann Tempelherr, also Gode von Nórar oder dgl.
kuþumul = Guðmund acc., u in -þum- wohl Hilfsvokal, n ausgelassen, wie oben.
truknaþu: wohl zu drukna (t f. d) ertrinken, man erwartet truknaþi oder truknaþąn.
quair: gotländisch ist der Name Awair.
faþi: = fáði, von fá zeichnen.

III. Glavendrup, Fünen, um 900:

rakuhildr sati stain þąnsi auft ala saulva kuþa uia aiþuiarþan þiakn ala sunir karþu kubl þausi aft faþur sin auk hąns kuna auft uar sin in suti raist runaz þasi aft trutin sin þur uiki þasi runaz at rita sa uarþi is stain þansi ailti iþa aft ąnąn traki

d. i.: Ragnhildr setti stein þansi eft Ála Sǫlvagoða véa eiðverðan þegn, Ála synir gǫrðu kumbl þausi eft fǫður sínn ok hans kona eft ver sínn, en Sóti reist rúnar þærsi eft dróttin sínn. Þórr vígi þási rúnar. At ? sá verdi, es stein þansi elti, eða eft annann dragi.

saulvakuþa: goði von Sǫlvi, s. oben *nuzakuþa.*
uia: gen. pl. von vé Heiligtum, abh. von þiakn.
aiþuiarþan: acc. gewissenhaft, getreu (Wimmer), von aiþ Eid; ia Brechung von e nach v, vielleicht aber nur für e geschrieben, ebenso ia in þiakn.
ku(m)bl: n. pl. Grabhügel.
uarþi at rita: enthält eine Verwünschung: werde unstäter Flüchtling (Wimmer)?
ailti: = elti, von elta fortjagen, hier wälzen, beschädigen (Wimmer).
traki: draga eig. ziehen, d. h. fortnehmen, um ihn für einen Anderen (aft ąnnąn) zu verwenden.

Der Umlaut fehlt (ist nicht angedeutet) in sati, sunir, karþu, faþur; ar statt er in uar, uarþi.

IV. Jællinge (Vejle, Jütland) I. um 1000:

kurmr kunukr karþi kubl þusi aft þurui kunu sina tanmarkar but

d. i.: Gormr konungr gǫrði kumbl þausi eft Þyrvi konu sína, Danmarkar bót.[1])

[1]) Über Königin þyry (þyri) und ihren Beinamen Danmarkar bót s. Flatb. I, 101.

Umlaut fehlt (ist nicht angedeutet) in karþi, þurui; u = u, o, y; i = e, i; je ein Zeichen für t und d, p und b, k und g, die zwei r nicht mehr konsequent geschieden.

V. Jællinge II, um 1050 (ebd.):

haraltr kunuk*r* baþ kaurva kubl þausi aft kurm faþur sin auk aft þąurui muþur sina sa haraltr ias są*r* uan tanmaurk ala auk nuruiak (alan) auk tan(amuk lit) kristną

d. i.: Haraldr konungr bað gǫrva kumbl þausi eft Gorm fǫður sinn ok ept Þyrvi móður sína; sá Haraldr es sá, er van Danmǫrk alla ok Norveg (allan) ok Dana múg lét kristna.

Sprache und Orthographie ähnlich wie in IV, auffallend ist þąurui st. þurvi; múgr masc. Volk.

VI. Aus der Inschrift von Rök in Götland, um 1100:

raiþiaurik*r*hinþurmuþistilir | flutnastrąntuhraiþmara*r*siti*r*nukaru*r* | kutasinumskialtiubfatlaþ*r*skatimarika

d. i.: raiþ þiórikr hinn þormóði stillir | sitir nú garur á guta sinum
flutna strandu Hraiþmarar | skjaldi ub fatlaþr skati mæringa.

þjórikr < þjóðrikr Volksherr; þormóðr zu þora: mutig; stillir Ordner, Lenker; flotna g. pl. zu flote Schiffsmann; strandu, strǫndu dat. abhängig von ræþ, d. i. réð herrschte; hraiþmarar gen. zu hraiþmarr, d. i. hreiðmarr, Meer (marr masc.) der Hreiðgotar; sitir = sitr sitzt; garur = gǫrr: u ist wohl aus (v)a entstanden wie e in hirðer < (i)a; guta = gota zu gote m. Pferd; skjaldi dat. = skildi zu skjǫldr Schild; ub = of, yfir: fatlaþr gefesselt, d. i. an einem Riemen über die Schulter tragend; skati m. Häuptling; mæringa g. pl. von mæringr freigebiger Mann. Nach S. Bugge, von dem alle Erklärungen oben entnommen sind, wird in den letzten Zeilen der im Grabe auf dem Rosse sitzende König geschildert (Tolkning af runeindskriften på Rökstenen .... Stockholm 1878).

Die Orthographie der Inschrift ist ähnlich wie in den vorausgehenden Inschriften: Doppelkonsonanten sind vermieden: der Umlaut ist nicht angedeutet.

VII. Kirchenthürinschrift von Valþjófsstaðir in Island, um 1200[1]:

(se en) rikia konong her gravin er ua dreka ðenna

d. i. sé enn ríkja konong hér grafinn, er vá dreka þenna.

---

1) Mit der jüngsten erweiterten Form des Runenalphabetes, wo e und i, o und u, d und t u. s. w. wieder unterschieden sind.

Glossar.

Reihenfolge der Buchstaben: a (á, æ), b, d, đ (ð[1] unter þ wo es im Anlaut steht), e (é), f, g, h, i (í), k (kv), l, m, n, o (ó, ǫ, ǫ́, ø, œ), p, (q s. kv), r, s, t, u (ú), v, x, y (ý), z, þ (ð). Die Angaben über die Flexion der Nomina und Verba sind leicht zu verstehen; zu bemerken ist, dass wo eine Angabe fehlt, das Nomen nach der a-Deklination geht. Die Abkürzungen sind leicht verständlich. Hervorheben will ich St. = Stamm, sp. = später, st. = statt. ðs, z suche man unter ts, ebenso ð nach tonlosen Lauten unter þ; á wo ursprünglich u, v folgte unter ǫ́, æ wo es aus œ entstand unter œ, pt unter ft u. s. w. Die mit -< angefügten (erschlossenen) vorlitterarischen Formen wollen nur die Zurückführung stark veränderter Wortteile auf die germanische Grundform erleichtern, nicht aber diese selbst (mit der germanischen Endung) darstellen. Die Bedeutungen in » « sind zunächst buchstäbliche, etymologische Übertragungen, in ( ) wo sie begrifflich ungenau oder unrichtig sind.

1) đ und ð ist natürlich identisch.

Eigennamen,

deren Flexion und Nominativ sich aus den Texten selbst nicht ergeben.

Árne, m. (*an*).
Brimar, pl. Bremen.
-fjǫrðr, m. (*u*), in Miðfjǫrðr, Eyjafjǫrðr u. aa.
Garðar, m. pl. Russland.
-hildr, f. (*ia*), in Maktildr u. aa.
Hǫfðe, m. (*an*).
Kaupangr, m.
Liste, m. (*an*).
Mǫrðr, m. (*u*).
Róe = *Hróe*, m. (*an*).
Rusler, pl. f.
Sámsstader, pl. m.
Saxland, n. Deutschland.
Skegge, m. (*jan*).
Sǫlmundr, m. (*i*).
Steðjar, m. pl. (*jan*).
-strǫnd, f.
-sund, n. sg. und pl.
Snæfell, n.
-vágr, pl. *-vágar* in Steinavágr u. aa.
Viðga, m. (*an*).
Vík, f. (cons.).
Þórir, m. (*ia*).
Þóroddr, m.

A, Á, Æ.

(á s. auch unter ǫ́, æ unter œ.)

á (< *ana)*, prp. m. dat., an, auf, zu; statt des Genitives bei Körperteilen *fœtr á einum* die Füsse jemandes. m. acc. gegen.

á adv. statt *á þvi*, *á þessu*, *á þat;* s. die einzelnen Verba.

æ = ei (< air-), immer; in Zusammensetzungen = immerwährend.

ábyrgja s. **byrgja*.

áðr, adv. vorher, früher; *áðr en*, prius-

áðr, conj. = *áðr en*. [quam, bis.

á-eggjun, *-an* f. Aneifrung.

af, prp. m. dat. von, aus, in Folge von.

afhroð s. *afráð*.

æfi, f. (*-in*), Zeit, Lebenszeit, Leben, *f < r*.

afl, n. Kraft; Übermacht; Stimmenmehrheit.

af-ráð, *afroð*, *afhroð*, n. Verlust; *gjalda a.* bussen.

á-fram, adv. vorwärts; kopfüber.

af-rek, n. *(af = of)*, hervorragende Eigenschaft, That.

aftann, m. Abend, Nachmittag *(kveld* ist der spätere Teil des *aftann)*.

aftr, adv. zurück, hinten.

aftr-hvarf, n. Rückkehr; *góðr a-s* geneigt. geschickt zur R.

á-gætr (*ia)*, cp. *-re*, *-str*, hervorragend, herrlich.

á-hlaup, n. Anlauf, Angriff.

á-hyggja, f. (*-jan*), Nachdenken, Besorgt-

aka, *ók*, *ekenn*, fahren. [heit, Sorge.

á-kafleya, adv. ungeheuer, sehr, zu

á-kafr, heftig, comp. *-are*, *-astr*; *er ákaft um* — es steht vortrefflich mit —.

ak-fœri, n. (*-ia*), Fuhrwerk (zu *aka* und

akkeri, n. (*ia < ankari-*), Anker. [*fara)*.

akr, m. Acker. St. *akr-*.

akr-karl, m. Ackermann, Landmann.

á-kveðenn s. *kveða*.

alden, n. Baumfrucht (dat. *aldene; < aldain-?)*.

aldr, m. Alter, Leben. St. *aldr-*.

aldre, dat. zum vorigen =

aldre-gi, adv. nie (*-gi* Negationssuffix).

alen, *ǫln*, f. Elle. (Lehnwort.)

al-, ganz (vor Adjektiven; s. *all-*).

al-faðer, *al-fǫðr*, m. Allvater.

álfr, m. Elfe.

á-lit, n. (auch pl.) Aussehen, Ansehen; Betrachtung; *gorva at álitum*, ins Auge fassen, überlegen. *lit < vlit*.

al-járnaðr, adj. ganz gepanzert (in Eisen).

all-, sehr (vor Adjektiven, s. *al-*), z. B.

allgóðmanlegr, sehr gutmütig.

allr, *ǫll*, *alt*, aller, jeder, ganz.
at, *með ǫllu*, ganz und gar, *als* dass.; *all þar*, dahin vgl. deutsch allhier, alldort, alsdann.

alskonar s. *konar*.

al-þingi, n. (*ia*), das Althing, die Volksversammlung auf dem Thingplatz (*Þingvellir*) im SW. Islands, gehalten im Sommer, Ende Juni.

al-þjóða, f. (*ian < þiuðian-*), Gesamtvolk.

ama, *aða*, med. *rið-*, an etwas Anstoss nehmen.

á-mæli, n. (*-ia*), Tadel. zu *mæla*.
ambǫtt, ambótt, ambátt, f. Magd.
á-minning, f. Erinnerung, Mahnung, Warnung.
andask, aðask, med., sterben.
ande, m. (*-an*), Atem, Geist.
and-lit, n. (< *-vlit*), Antlitz.
and-nes, n. (*ja*), Landspitze.
an(d)-skote, m. (*an*), Gegner. zu *skjóta*.
and-vaka, f. (*un*), Wachsamkeit. zu *vaka*.
annarr, ǫnnur, annat, pl. *aðrer* u. s. w. (< *anþar-*), anderer; *a.* — *a.* der eine — der andere.
annarrhvárr, -hvǫr, -hvárt, alteruter; *a.* — *eða*, entweder — oder.
ár, n. (< *jār*), Jahr.
árla, adv. frühe.
armr, arm.
arm-skapaðr, »arm ge- oder beschaffen«, elend.
ár-salr, m. Bettvorhang.
áss s. *ǫss*, Ase.
ást s. *ǫst*.
ást-ráð, n. »Rat der Liebe«, freundlicher Rat. zu *ǫst*. ebenso
ást-samlegr, freundlich, gewogen. und
ást-vinr, m. lieber Freund.
á-sýnd, f. Ansehen, Anblick; gen. *ásýndar* als adv. anzusehen, von Ansehen.
at, prp. m. dat., zu, bei, an, in Bezug auf; entsprechend, wegen, gegen; *at sér*, bei Attributen von Personen, *beztr at sér*, eine vortreffliche Persönlichkeit; *at því* (*sem*), im Vergleich damit (wie); *hverr at ǫðrum*, einer nach dem Anderen; zur Bildung von Adverbien wird *at* häufig mit dem Neutr. von Adjektiven verbunden: *at ónýtu*, unnötiger Weise.
at adv. = *at því, at honum*, zu, hinzu.
at vor comp. desto; vor infin. zu, umzu.
at conj. dass, so dass, s. *þó*.
at-burðr, m. (*i*). Ereignis. zu *berask at*, sich »zutragen«.
at-ganga, f. (*an*). Angriff.
ætla, *aða* (< *ahtilon*). denken, meinen; *einum*, einem etwas zudenken.
at-laga, f. (*ān*). Anlegen (eines Schiffes an ein feindliches zum Angriff).
ætlun, *-an*, f. Meinung. zu *ætla*.
at-sókn, f. Angriff. zu *sœkja*.
ætskaðr, herstammend von, aus —. zu *ætt*.
ætt, *ǿtt*, f. (*i*), Geschlecht, Herkunft. zu *eiga*?

átta (< *ahtau*), 8.
ættaðr, abstammend von, gebürtig. zu *ætt*.
ættboge, m. (*-an*), Stammbaum. zu *boge*, Bogen, Biegung.
auð-, leicht.
auðegr, -ugr, reich; an — *at* —.
auð-kendr, leicht gekannt, — zu kennen.
auð-œfi, n. (*ia*), Reichtum; von *hœfi*, n. (gutes) Befinden.
auðr, öde, leer.
auð-sœrr (*ia*), leicht zu sehen. zu *sjá* (< *-sāhriaʀ*).
auga, n. (*-an*), Auge.
auka, jók, aukenn, vermehren; *á einn*, etwas.
aumr, arm.
aum-hjartaðr, mildherzig. zum vorig. und *hjarta*, Herz.
aurar s. *eyrir*.
austan, von Osten, d. i. nach Westen.
austr, adv. im Osten, nach Osten.
austr, n. der Osten.
austr-fǫr, f. Ostfahrt (nach Russland). *austrfararskip*, Russlandfahrer.
austr-rúm, n. Schöpf-, Pumpraum im Schiff. zu *ausa*, schöpfen.
ávalt, ofalt, immer, durchaus.
á-vǫxtr, m. (*u*). Zuwachs; Zins.

B.

báðer, báðar, bæði, beide; *bæði* — *ok*, et — et.
bað-stofa, f. (*ān*), »Badstube«.
bagge, m. (*an*). Gepäck.
bak, n. Rücken, Pferderücken.
bak-byrðingr, m. Bakbordsmann. zu *borð*.
bak-eldr, m. Back-, Herdfeuer; pl. dss.
bana, *aða*, c. dat. töten.
bana-hogg, n. Todeshieb, -streich. zu *hǫggva*.
band, n. Band, Fessel.
bane, m. (*an*). Tod, Todesursache; Töter.
banna, *aða*, verbieten; *einum eitt*, einem etwas.
bardage, m. (*an*), Kampf. zu *berja*.
barn, n. Kind. zu *bera*.
barneskja, barnæskja, f. (*iān*). Kindheit.
bátr, m. Boot, kleineres Schiff.
batre, comp. = *betre*.
baugr, m. Ring. (Ringe von Edelmetall als Zahlungsmittel benützt, speziell zu Wergeldszahlungen, daher): Wergeld, Busszahlung. zu *bjúga*, biegen.

beggja, zu *báðer*.

beiða, *dda* (*i*), und med. bitten, begehren.

beine, m. (*an*), gastliche Verpflegung, Bedienung.

beiskleikr, m. Bitterkeit. zu *bita*, beissen; ebenso

beisl, n. Zaum.

beita, *tta* (*i*), die Segel wenden (um zu lavieren).

bekkr, m. (*ja*), Bach.

belja, *aða* (< *baljō-*), »bellen«, brüllen.

belti, n. (*ia*), Gürtel.

ben, f. (*jō*), Wunde. zu *bana*.

bera, *bar*, *borenn*, tragen; gebären; werfen, bringen; belasten, übervorteilen; *b. vitni*, Zeugnis ablegen; unpers. *berr við*, es trägt sich zu, *b. til* (mit oder ohne *tíðenda*) dss., *b. til*, es trägt bei, — *saman*, es trifft sich zu gleicher Zeit (etwas, acc.), es kommt zusammen d. i. zu stande (etwas acc.); *b. einn* (acc.), es geht eine Bewegung vor mit —, z. B. *undan*, jemand entkommt.

berja, *barða* (*j*), schlagen, med. sich schlagen, kämpfen.

bernskr (< *barniskr*), kindlich, kindisch.

betr, adv. zu [zu *barn*.

betre, *batre*, comp. zu *góðr*, besser; sup. *baztr*, *beztr*.

bíða, *beið*, *beðenn*, c. gen. warten auf —, c. acc. dulden.

biðja, *bað*, *beðenn*, bitten, *einn eins*, einen um etwas; *einn vel komenn*, willkommen heissen.

bilt, adj. n. *verðr einum b.*, es wird jmd. stutzig.

binda, *batt*, *bundenn*, binden, sancire.

bingr, m. Bett.

birta, *ta* (*i*, < *berhtia-*), klar machen, [erklären.

biskup s. *byskup*.

bitr, cmp. *bitrare*, *-rastr*, beissend, scharf.

bjarg, n. Fels, Berg.

bjarga (< *berga*), *barg*, *borgenn*, c. dat. bergen, schützen.

bjartr (< *berht-*), hell.

bjóða, *bauð*, *boðenn*, bieten, gebieten; *b. heim*, zu sich entbieten; laden; *einum til eins* oder *eitt*, jmd. etwas anbieten; veranlassen.

blár(r), *blǫ́*, *blátt* (< *blar-*), dunkelfarben (nicht »blau«).

blása, *blés*, *blásenn*, blasen.

blautr, weich.

bleikr, bleich.

bliðr, freundlich.

blikja, *bleik* u. *blikþa*, blinken.

blindr, blind. neutr. *blint*, nicht **blitt*.

blóð, n. Blut.

blóð-refill, m. Schwertspitze, eigentl.?

blóme, m. (*an*), Blüte, Blume.

blót, n. Opfer.

boð, n. Gebot, Gastgebot, (Hochzeits-) Fest.

boðorð, n. Gebot. beide zu *bjóða*.

bǫl, n. (*-va*), Unglück.

ból-staðr, m. (*i*), Wohnstätte. zu *búa*.

bón, *bœn*, f. (*i*), Bitte, Gebet.

bónorð, n. Gesuch, Werbung.

bónorðs-fǫr, f. Fahrt zum *bónorð*.

bœr, *býr*, m. (*ia*), Haus, Hof. zu *búa*.

borð, n. Rand, Schiffsrand, Bord; *fyri b.*, über Bord; Tisch; *yfir b.*, bei Tische.

borg, f. (pl. *ir*), Burg.

bót, f. pl. *bœtr* u. *bótir*, »Busse«, Besserung; Bussgeld. davon

bœta, *-tta* (*i*), »büssen«, bessern, Busse zahlen, für einen, *einn*, an jmd. *einum*.

bráð, n. getheertes Holz.

bráðr, *brǫð*, *brátt*, schnell, baldig.

bráðlegr, plötzlich.

bragð, n. momentum; Streich, That. zu *bregða*.

brak, n. Krach (v. etwas »Brechendem«).

braka, *aða*, krachend brechen, krachen.

brandr, m. verzierte Spitze des Schiffes.

bratt-leitr, mit hochgehaltenem Haupt. zu *líta*.

braut, *brǫt*, *brott* (*burt* ist jung), fort; *á br.*, *í br* dss., *á* oder *í brautu*, abwesend, ferne; *leggja braut*, aufbrechen.

braut(t)enge, m. (*-jan*), Wanderer, armer Reisender.

bregða, *brá*, *brugðenn*, brechen; *óbrugðenn* ungebrochen, ungeschwächt, unverkürzt; schwingen *sverðe*, ubh. schnell bewegen, *við*, entgegen; *við bregða*, sich erheben, aufmachen; med. *bregðask einum*, sich abkehren von jemand; *br. við* —, sich kümmern um —, *br. yfir*, übertreffen, grösser sein.

brenna, brenda, (*i*), brennen, verbrennen, *eitt*, etwas; — *inni*, in u. mit der Wohnung verbrennen; abs. Feuer anlegen, mit F. Verwüstungen anrichten.

brenna, älter *brinna, brann, brunnenn*, brennen (intrans.).

bresta, brast, brostenn, bersten.

brestr, m. (*i* und *u*), Krach, lauter Schlag.

breytni, f. (*in*), »Bruch«, Aenderung. zu *brjóta*.

bringa, f. (*ān*), Brust.

brjóta, braut, brotenn, brechen, *eitt*, etwas, — *saman*, zusammenfalten; med. *brjótask. um* sich mühen, um zu zerbrechen.

bróðer, m. (cons.) Bruder.

brǫkun, gen. *brakanar*, f. Getöse, Gekrache.

brosa, -*þa* (*aj*), lächeln.

brotna, aða, brechen, zerbrochen werden. zu *brjóta*.

brullaup, brúð-hlaup, n. Hochzeit. zu *brúð*, f. »Braut«, junge Frau.

brúllaups-stefna, f. (*ān*), Hochzeitstag.

brúnaðr, dunkelfärbig. zum folg.

brúnn, braun. St. *brún-*.

bryggja, f. (*jān*), Brücke, Landungsbrücke.

brynja, f. (*jan*), Brünne, dazu

brynja, aða (*-jōn*), mit einer Br. panzern.

brytja, aða (*-jōn*), zerkleinern, *mat*, vorschneiden. zu *brjóta*.

bú, n. Wirtschaft, Wohnung, dazu

búa, bjó, bjuggum, buenn, »bauen«, wohnen, sich aufhalten; herrichten. *búenn*, fertig; *b. um* —, verfahren mit, versehen, ausrüsten mit; *búa fyrir*, anwesend sein; abs. *við svá búet*, unter den Umständen, auf solche Weise. — med. sich rüsten, sich zum Aufbruch anschicken; — *um*, sich häuslich niederlassen, es sich bequem machen.

búande, bónde, pl. *búendr, bændr*, partc. zu *búa*. Bauer, Hausvater.

búð, f. (pl. *er*), Bude; zumal an der Thingstätte.

búðar-tóft, f. (pl. *er*), die Mauern der Bude (ohne Dach, das erst während der Thingzeit übergespannt wird).

búe, m. (*an*), Bauer.

bú-nyt, f. (*ja*), in der Ökonomie gewonnene Milch (eigentl. »Hausertrag«).

burt s. *braut*.

bú-smale, m. (*an*), Hausvieh. (*smale* Vieh.)

bú-staðr, m. (*i*), Wohnstätte.

buza, f. (*ān*), Handelsschiff. (Lehnwort.)

bygð, f. (pl. *ir*, ≺ *buggriðu*), Besiedlung, pl. Wohnsitz. wie

byggileyr, comp. *arc*, *astr*, wohnlich, zu einem Bauplatz passend. zu

byggja u. *byggva*, *bygða* (*ri*), ansässig sein; bewohnen. zu *búa*.

býr s. *bœr*.

byrða, f. (*ān*), Bürde, Last.

byrðings-maðr, m. Kaufmann. zu *byrðingr*, m. Last, Fracht.

byrðr, f. (*iā*), Bürde. alle zu *bera*.

á-byrgja, ða (*i*), med. Bürgschaft, Verantwortung übernehmen, *til* —, für —.

byrja, aða, unpers. es geht ein Fahrwind, *b. seint*, es geht ein leichter, schwacher Wind. zu

byrr, m. (*ja*), Segelwind. St. *burj-*.

byskop, biskup, m. Bischof.

D (Ð s. unter Þ).

dag-mála-staðr, m. Stelle wo die Sonne beim *dag-mál*, d. i. 8–9 Uhr Vorm., steht.

dagr, m. Tag. *í dag*, heute.

dag-verðr, dǫgurðr, m. (*u*), Frühmahlzeit. vgl. *vist*.

-dœll (*i*), -thaler (in geographischen Namen). zu

dalr, m. (pl. *ar*, jünger *er*), Thal.

dátt, n. eines adj. *dárr*, inniges Einvernehmen, *með* —, zwischen.

dauða-mark, n. Todeszeichen.

dauðe, m. (*an*), Tod.

dauð-legr, sterblich, zeitlich.

dauðr, tot.

daunn, m. Geruch. St. *daun-*.

deyða, dda (*i*), töten. zu *dauðr*.

deyja, dó, dáenn (St. *dor, dau*), sterben.

digr, digr, digrt, dick.

digr-leikr, m. Dicke.

diskr, m. Platte, flache Schüssel.

djarfr, djǫrf, djarft, (»derb«) keck, dazu

djǫrfung, f. Keckheit.

djúpr, tief.

dofe, m. (*an*), Lähmung; Torheit.

dǫgg, f. (*va*, *ggvr*) ≺ *eru*, Tau.

dægr, n. Tag. zu *dagr.*

dœma, đa u. *da (i),* urteilen; *einum á hendr,* jemand zu etwas verurteilen.

dóma-dagr, m. Tag des Gerichtes.

dómande, m. *(an,* pl. *-endr),* Richter.

dœmi, n. *(ia),* Beispiel, Beweis.

dómr, m. Gericht; Eigenschaft; -tum; *heiđenn d.,* Heidentum.

dótter, f. (cons. < *dohter),* Tochter.

draga, dró, dregenn, traho, ziehe, trans. u. intrans. *segl,* aufziehen (um zu segeln); — *undan,* entkommen; unpers. *dregr einum til,* es nimmt mit einem eine Wendung zu —, schlägt ihm aus zu —.

dragna, ađa, ziehen, sich schleppend, kriechend bewegen.

draumr, m. Traum.

dregill, m. Band. zu *draga.*

dreifa, đa, zerstreuen.

dreifr, comp. *are, astr,* zerstreut.

drekka, drakk, drukkenn, (< *drinka*), trinken; die Gelegenheit des feierlichen Trunkes im acc.

drengr, m. *(ja* pl. *jar),* Bursche. davon

drengi-legr, männlich, mutig; adv. *-lega,* comp. *-legar.*

drepa, drap, drepenn, »treffen«, schlagen, töten; an etwas schlagen um es zu zerbrechen oder festzumachen. *d. sik ór,* sich gewaltsam aus etwas herausraffen.

drífa, dreif, drifenn, »treiben«, sich (schnell) bewegen; überspülen.

drjúgr, fest, stark; comp. *drjúgare,* überlegen.

dróttenn, jünger *drottenn,* m. Herr.

drykkja, f. *(jān),* Trinken, Trunk.

duga, đa, (aj), taugen, sich bewähren; helfen.

dvelja, dvalđa (j), sich aufhalten. med. dss., sich verzögern.

dvergr, m. Zwerg.

dvǫl, f. Aufenthalt. zu *dvelja.*

dylja, dulđa (j), verbergen; — *viđ,* dss.

dynr, m. *(ja),* Geräusch (z. B. beim Auftreten).

dýr, n. (< *diuz*), Tier.

dýrđ, f. (< *diuridu*), Ehre, Herrlichkeit. zu *dýrr.*

dýrlegr, herrlich, rühmlich; heilig.

dýrlingr, m. verehrungswürdiger Mann, Heiliger. zu

dýrr (ia), »teuer«, kostbar.

dyrr, f. u. n. pl. (cons.), Thüre. gen. *dura.*

E, É.

(s. auch æ, ǫ.)

eđ, eđa jünger *eđr,* oder. in Fragen: nun aber.

ef, »ob«, wenn. oft mit optat.

efla, da (i), stärken; aufrichten, errichten. zu *afl.*

efna, da (i), leisten, ausführen.

efni, n. *(ia),* Gegenstand, Lage; Gelegenheit; in Zusammensetzungen *—efni,* Stoff für —, beanlagt für; *manns-efni,* einer der verspricht, ein (tüchtiger) Mann zu werden.

efre, s. *ofre.*

eftir, prp. m. dat. nach, hinter; entlang; entsprechend, ähnlich wie; nach = um zu holen; m. acc. nach (tempor.); *upp eftir—,* hinauf; *inn(ar) eftir,* einwärts in —.

eftir, adv. = *eftir þri, e. þeim* u. s. w., darnach, hinterdrein; zurück, rückwärts; *vera e.* übrig sein.

eftir-bátr, m. Nebenboot, Hilfsboot.

eftir-látr, nachgiebig, gefällig.

eftir-mál, n. »Nachrede«; Klage infolge einer That; *um einn,* wegen eines (Getöteten).

eftre, comp. *efstr* supl., hintere, hinterste; spätere.

eggja, f. *(ān),* Schneide; Schwert.

eggja, ađa, anspornen. davon

eggjun, -an, f. Aufmunterung.

ei, æ, adv. (< *aiv-*) je, immer. s. *eigi.*

eiđr, m. Eid.

eiga, á, átta, v. prp. m. dat. haben; Eigentümer sein; zur Ehe haben; *e. viđ —,* zu thun haben mit —, verkehren; *e. at gorra,* thun müssen, dürfen.

eigi, später *ei,* nicht. zu *ei. -gi,* nicht.

eiginorđ, n. Eigentum, Besitz; Ehe.

eign, f. Eigentum, Besitz.

eik, f. (conj.), Eiche.

ei-lifr (ia), sempervivus, ewig.

einart, adv. (gleichmässig), fortwährend.

einn, ein, eitt, ein; allein; *eigi at eins.* nicht nur.

einn-hverr, einshverr, irgend einer. pl. einige.

ein-rœði, n. (*ia*, zu *ráð*), Eigenmächtigkeit.
ein-setu-kona, f. (*ān*), Einsiedlerin. zu *sitja*.
ek, *ék*, ich.
ekki = *etki*, neutr. zu *engi*, nichts, nicht.
él, n. Schneeschauer; Aufruhr.
elda, *da* (*i*), Feuer machen; anzünden, erwärmen.
elli-legr, ältlich (von Ansehen).
elding, f. Blitz.
eldr, m. Feuer.
elja, f. (*jān*), Nebenweib; Nebenbuhlerin.
ella, adv. andernfalls, sonst.
elli, n. (*ia*) Alter. *ll* < *lþ*, dazu
elli-belgr, m. (*ja*, urspr. *i*), »Altersbalg«, Greisengestalt.
elli-dauðr, an Altersschwäche gestorben.
elli-gar, adv. ausserdem, sonst. zu *eegr*?
elska, *aða*, lieben. [s. *ella*.
elta, *ta* (*i*), jagen. med. sich bemühen um (*við* —).
en, aber; nach comp. als. dafür oft *enn*.
enda, adv. (< *en-þau*?) sogar, und (bei Anfügung einer Steigerung).
enda, *da* (*i*), beenden; med. ausreichen.
enda-dagr, m. Tag, Zeit des Endes.
enda-lauss, endlos.
ende, m. (*an*), Ende.
engi, *eingi*, n. *etki*, *ekki*, s. § 93. 5, keiner.
engill, m. Engel. St. *engil*-.
enn, noch, noch einmal. sogar. dafür oft *en*.
enn, *en*, *et*, s. *hinn*.
enni, n. (*ia*, *nn* < *nþ*), Stirne.
ér, *þér*, ihr. pr. pers.
er, *es*, Relativpartikel statt des Relativpronomens, welcher, welche, welches u. s. w.; *er* — *fyrir*, wofür; *er* — *at*, woran. *er* — *i*, worin u. s. w.
er, temp. = als, wann.
er, loc. wo, wohin.
er, conj. dass.
erfi, n. (*ia*) Erbe; *drekka e.* das »Erbbier« trinken, die Erbschaft formell antreten.
erfiði, *erfeðe*, n. (*ia*), Mühe.
erfiðr, mühsam.
erkibyskup, *-biskup*, archiepiskopus.
ey- s. *o*.
ey, f. (*jā*, < *aujā*), Insel.
eyða, *dda* (*i*), veröden, leermachen. med. zunichte werden. zu *auðr*.
eygóttr, »inselicht«, d. i. inselreich.
eykþar-staðr, m. Stelle, wo die Sonne in der *eykþ*, d. i. 3—4 Uhr Nachm., steht.
eyra, n. (*ān*), Ohr. < *auzā*.
eyrir, m. (*ia*, pl. *aurar*), eine Münze. < *aureus*.
eystre, schw. adj. östlich; *hit eystra*, ostwärts. zu *austr*.

F.

fá, *fekk*, *fingenn* u. *fengenn* (< *fanha*-), »fangen«, bekommen; *einum eitt*, einem etwas geben; *eitt i* —, thun in —, mit part. prt. erreichen; *f. heyrt*, zu hören bekommen. med. *fásk um* —, sich bemühen um.
faðer, m. (cons.), Vater. davon
faðerni, n. (*ia*), Vaterschaft.
fagna, *aða*, sich freuen, über dat.; *einum*,
fagnaðr, s. *fǫgnoðr*. [begrüssen.
fagr, schön. St. *fagr*-.
fagr-mæli, n. (*ia*), schöne Rede.
fagryndi, *-indi*, *-endi*, n. (*-ia*), Schönheit.
fala, *aða*, feilschen, etwas feil machen.
fá-látr, sich »wenig einlassend«, wortkarg.
-faldr, mit Zahlwörtern: -fältig, -fach.
fá-leikr, m. kurzes, kühles Benehmen. pl.
fall, n. Fall. [dasselbe.
falla, *fell*, *fallenn*, fallen; ptc. *fallenn til*, passend zu; strömen, *sjór fellr under skip*, die See hebt das Schiff vom Boden; *niðr f.* wegfallen (v. Summen). *f. nær*, nahe, zu Herzen gehen; unpers. *fellr vel*, es trifft sich gut.
fals-lauss, ohne Falsch; *-laust* adv.
fá-mennr, *-menðr* (*ia*), mit wenig Mann-
fang, n. Fang. zu *fá*. [schaft begleitet.
far, n. Schiff. *Íslandsfar*, Islandsfahrer.
fár(r), *fǫ*, *fát(t)*, wenig. (< *far*-.)
fara, *fór*, *farenn*, fahren, ziehen, reisen. aufbrechen; verfahren; unpers. es geht. med. dass.; *f. at einum*, angreifen; — *fram*, vor sich gehen; *vel farenn*, gut beschlagen, beschaffen. *fyr-farask* s. d.
farmr, m. Fracht. zu *fara*.
fast-mæli, n. (*ia*) Gelöbnis, feierliches Versprechen. s. *festa*.
fastna, *aða*, verloben (»zufestigen«). zu
fastr, fest, entschieden. adv. *fast*.

fá-tœkr (*ia*), arm. zu *taka*.
fá-tíðr, wenig erwähnt, selten.
fé, n. gen. *fjár* (*u*). »Vieh«, Geld, Vermögen. < *fehu*.
fé-bót, f. (cons.), Geldbusse. s. *bót*.
feðgar, m. pl. Vater und Sohn. zu *faðer*.
fegenn, erfreut, über. dat. zu *fagna*.
fé-gjarn, begierig nach Besitz, habsüchtig. zu *gjarn*, begierig.
fegrð, f. Schönheit. zu *fagr*.
fela, *fal*, *fólgenn*, verbergen; emp»fehlen«. (< *felha*).
fé-lage, m. (*an*), Geschäftsgenosse, Kamerad.
feldr, m. (*i*), Mantel, Kapuze. zu *falda*, falten?
fella, *da* (*i*), fällen; e. Richtung geben, *f. hug*, seinen Sinn wenden nach —.
felmtr, m. plötzlicher Schrecken.
fé-muner, m. pl. Wertgegenstände, Habseligkeiten.
fénaðr, m. (*i*), Vieh.
fer-, in Kompositis vier—.
ferð, f. Fahrt, Reise; Weg; Reiseergebnis. *koma í f. með einn*, zu jmd. stossen.
ferja f. (*jān*), Fähre, Transportschiff. zu *fara*.
ferner, pl. je 4.
festa, *ta* (*ia*), festmachen, bestimmen, ausmachen, versprechen.
festar-hæll, m. Pfahl zum Anbinden; Querholz am Ende eines Seiles, um dies am Gleiten durch ein Öhr zu verhindern. [St. *-hæl-*.
festr, f. (*iā*), Seil. zu *fastr*.
fimm, 5. *mm* < *mf*.
fimta-dagr, m. fünfter Tag, d. i. Donnerstag.
fimtar-dóm-stefna, f. (*ā*), Ladung vor den
fimtar-dómr, m. Fünftgericht, fünfter Gerichtshof am isl. Althing.
fimte, schw. adj. der fünfte.
fingr, m. (*u*, cons.), Finger.
fingr-gull, n. Fingerring von Gold.
finna, *fann*, *fundenn* u. *funnenn*, finden. *nn* < *nþ*.
firn, n. Sonderbarkeit, Überraschung. pl. dasselbe.
firna-, wunderbar; *firna-harðr*, ausserordentlich hart.
firre, *first*, comp. sup. zu *fjarre*, fern.
firra, *ða* (*i*), entfernen, befreien, ledig machen, *einn einu*.
fiskr, m. Fisch.

fjall, n. Gebirg.
fjánda-limr, m. (*i*), Glied, Angehöriger des Teufels.
fjánde, *fjande*, m. (cons.), Feind; Teufel.
fjara, f. (*ān*), Ebbe; während der Ebbe trockener Seeboden.
fjara, *aða*, ebben; —*uppe*, »aufebben«, d. h. in der Ebbe auf Grund geraten.
fjarðar-kjaftr, m. Mündung eines Meerbusens (*fjǫrðr*). pl. dass.
fjár-hlutr, m. Vermögensanteil, Besitz. zu *fé*.
fjarre, adv. fern. *ja* < *e*.
fjǫl-breytenn, vielgestaltig, veränderlich. *fjǫl* < **felu*, viel. hierzu
fjǫlðe, m. (*an*), Menge.
fjǫl-menni, n. (*ia*), grosse Menge. dazu
fjǫl-mennr, *-meðr* (*ia*), zahlreich besucht.
fjǫl-rœddr (*ia*), vielbesprochen.
fjórðe, *fjorðe*, schw. adj. der vierte.
fjǫrðr, *fjarðar*, *firði*, m. (*u*), Fjord, Meerbusen.
fjórðungr, m. Viertel. dazu
fjórðungs-dómr, m. Viertelsgericht; Gericht für ein (isl.) Landesviertel am Althing.
fjórir, *fjórar*, *fjogur*, jünger *fjǫgur* (< *feg-ror-*), 4.
fjǫr-ráð, n. Rat, Anschlag gegen das Leben (zu *fjǫr*, n. < *ferra-* Leben).
fjǫturr, m. Fessel. St. *fetur-*.
flærð, f. Falschheit.
flatr, flach, von der Breitseite e. Schiffes.
fleire, *flestr*, zu *margr*, viel.
fletta, *tta* (*i*), plündern.
fley, n. Art v. Schiffen.
fljóta, *flaut*, *flotenn*, fliessen, von Schiffen schwimmen.
fljótr, »fliessend«, schnell. zu *fljóta*.
fljúga, *fló*, *flogenn*, fliegen.
flœja, *flýja*, *flœða*, *flýða* (*i*), fliehen.
flokkr, m. Haufen, Schar von Leuten.
flote, m. (*an*), Flotte; Fahrzeug.
flótte, m. (*an*), Flucht, fliehendes Heer. < *fluhtan-* zu *flœja*.
flýja s. *flœja*.
flytja, *flutta* (*j*), (»flötzen«), fortbringen. med. sich wegbegeben, fortbewegen, fahren.
fœða, *dda* (*i*), gebären, »füttern«, nähren; aufziehen. zu

fóðr, n. Futter.
fǫður-bróðer, Pflegebruder.
fǫður-faðer, Pflegevater.
fogl, später *fugl*, m. Vogel.
fǫgnoðr, *fagnaðr*, m. (*u*, *i*). Freude.
folk, n. Volk, Kriegsvolk, Bevölkerung.
fǫl-leitr, fahl, bleich von Angesicht.
fǫlna, *aða*, fahl, bleich werden. zu
fǫlr, *fǫl*, *fǫlt* (*ra*), fahl.
fǫr, f. Fahrt.
fœra, *ða* (*i*), führen, bringen; *—til*, auslegen in einer Richtung, auf etwas beziehen; *f. niðr sæði*, aussäen. zu *fara*.
forað, n. gefährlicher Platz, Abgrund.
forða, *aða*, helfen; med. entkommen, einem *einn*.
forenge, m. (*jan*), Leiter, Führer, eigentl. der »vorn« ist.
fœri, n. (*ia*), Möglichkeit, Bereich.
for-kunlegr, merkwürdig, hervorragend. zu *kunna*.
forn, *forn*, *fornt*, alt; früher, bisherig.
for-spárr, *-spǫ́*, *-spátt* (< *spaha-*), der Zukunft kundig.
for-tala, f. (*ān*), Zusprache, Mahnung; pl. dasselbe.
fǫru-neyti, n. (*ia*). »Fahrtgenossenschaft«, Reisegesellschaft.
for-vitni, f. (*īn*), Vorwitz, Neugierde.
fóstr, n. (< *fód-tra-*), Ernährung, Erziehung (in fremder Familie, auf Island sehr gewöhnlich), Adoption behufs der Erziehung.
fóstra, *aða*, in *fóstr* nehmen, haben.
fóstr-bróðer, m. Pflegebruder.
fóstre, m. (*an*), männlicher Pflegeverwandter (Sohn, Vater, Bruder).
fǫstu-dagr, m. Fasttag, d. i. Freitag, von *fasta*, *u*. Fasten.
fótr, m. (*u*. cons.). Fuss.
fœtsla, *fœþsla*, *fœðsla*, *fœzla*, f. (*-islan*). Nahrung.
frá, praep. m. dat. von; in Betreff. (<*fram*).
frá, adv. = *frá því*, *þessum*, davon, darüber.
frægð, f. Berühmtheit. zu
frægr (*ia*), berühmt. zu *fregna*.
fram(*m*), adv. vorn, vorwärts, weiter, fort. comp. *framar*(*r*), *-ast*.
fram-byggjar, m. (*jan*). Bewaffnete am Vorderteil des Schiffes. zu *bygge*. Bewohner, Insasse.
fram-gangr, m. Vorwärtsgehen, Erfolg.
framme, adv. vorwärts. *hafa* (*i*) *framme*, zur Hand haben, ins Werk setzen.
fram-stafn, m. Vordersteven.
frænde, m. (*an*, cons. st. *frjénde*?), Verwandter (nicht »Freund«).
frá-skile, schw. adj. getrennt.
frá-sǫgn, f. Erzählung, Bericht. zu *segja*.
fregna, *frá*, *fregenn*, erfragen, erfahren.
frelsi, n. (*ia*), Befreiung, Freiheit. zu *frjáls*.
fremi, adv. weit; *svá f.* insoweit, *—er*, als = erst dann, wenn.
fremja, *framða* (*ja*), fördern. zu *fram*.
fremre, *fremst*, vordere, vorderst. zu *fram*.
frétt, f. Frage, Nachricht. *til—*von. <*freh-t* zu *freg-na*. dazu
frétta, *ta* (*ia*), fragen, erfragen.
frið-maðr, m. Freund. gewöhnl. pl. zu
friðr, m. (*u*), Friede. in Eigenn. *-freðr*.
fríðr, schön von Ansehen. [*frœðr*.
frið-samr, friedsam.
frjádagr, m. Freitag (Lehnwort).
frjáls, frei. < *frí-hals*, mit freiem Hals.
frœði, n. (*ia*), Kenntnis; Verständnis. zu
fróðr, klug, erfahren.
frœkn, comp. *are*. *astr*, mutig.
frost, n. Frost. zu *frjósa*, frieren.
frum-krede, m. (*an*). Veranlasser (durch Reden). *frum-* vgl. lat. primus.
frum-váttr, m. der erste Zeuge, Märtyrer.
frum-vaxte u. *-vaxta*, schw. adj. erwachsen.
frýja, *frýða* (*i*), mit gen. in Frage ziehen, absprechen; klagen über.
fullr, voll, vollständig; *fult*, *at fullu*, völlig. adv.
fulting, n. Hilfe.
fundr, *fyndr*, m. (*i*). »Fund«, Begegnung, Zusammenkunft. *fara til fundar við*, besuchen.
furða, f. (*ōn*). Wunder, Ungeheuer. *furðu-* in Zusammensetzungen sehr, wunder-.
fúss, bereit. < *funs-*, St. *fús-*.
fylgð, f. Heeresfolge. dazu
fylgðar-maðr, m. Gefolgsmann. von
fylgja, *ða* (*i*) folgen, begleiten, geleiten, einen *einum*, *eiðe*, einen Eid durch Mitschwören bekräftigen.

fylkja, *þa* (*i*), in Schlachtordnung aufstellen. zu *fylki*, Schar, Bezirk.

fylla, *ða* (*ia*), füllen, erfüllen.

fyr (alt *fur*), *fyri*, *fyrir*, *firi*, *firir*, praep. 1) mit acc. für, vor, nach (um zu finden), wegen. *austr f.* — östlich von; *f. ofan*, mit acc. oben an —; *f. einn fram*, mehr als einer. 2) mit dat. für, entgegen, vor, wegen. zur Umschreibung des dat.; *góðr fyri sér*, gut an sich, eine gute Persönlichkeit.

fyrir, *fyri* u. s. w., adv. vor, voran, für — *f. þri* u. s. w.; *er mér litit f.*, es fällt mir nicht schwer; *vera fyrir*, an der Spitze stehen.

fyr-, *fyri-* u. s. w., in Kompos. vor-, für-.

fyrir-boðsmaðr, m. geladener Gast. (*fyrboð*, Ladung.)

fyrir-farask, zu Grunde gehen. zu *fara*.

fyrir-gangsmaðr, m. Führer.

fyrir-gefa, vergeben. s. *gefa*.

fyrir-rúm, n. Vorderraum (im Schiff).

fyrir-tala, f. (*ān*), Überredung. pl. dss.

fyrr, *fy(r)st*, früher, frühest. adv. zu

fyrre, *fy(r)str*, früher, frühester, erster.

fýsi, f. (*īn*), Begierde. zu *fúss*.

fýsask, *-ask* (*i*), streben nach.

G

(gj- s. auch unter g-).

Gá-lauss, achtlos, sorglos. zu *gá* beachten, bewachen.

gamall, *gǫmul*, *gamalt*, alt, d. Jahre im gen.

gaman, n. Unterhaltung, Vergnügen.

ganga, *gekk*, *gingenn*, *gengenn*, gehen. *at* — angreifen; *eftir* — einer Sache nachg., sie betreiben, *á tal*, eine Unterredung halten.

gang-latr, lässig, träg im Gange.

gapa, *þa* (*aj*), gähnen, den Mund öffnen, schnappen nach etwas.

garðr, m. Hof, Haus; Umzäunung d. Hofes.

gata, f. (*ān*), Strasse.

gæta, *tta* (*i*), achtgeben, bewachen; etwas gen. dazu

gæti-legr, sorgsam.

gaumr, m. Aufmerksamkeit, Achtsamkeit; *gefa g. at* , merken auf —.

gefa, *gaf*, *gefenn*, geben.

gegn, adv. gegen. *í g.* dss.

gegnum, *gǫgnum*, mit oder ohne *í*, durch. hindurch. m. acc. durch.

gerði, n. (*ia*), eingezäuntes Grundstück.

gestr, m. (*i*), »Gast«, Klasse von Dienstleuten am norw. Königshofe.

geta, *gat*, *getenn*, erreichen; erwähnen, *til eins*, etwas; erzeugen; vermuten, raten, *til eins*; mit part. prt. = *fá*, zu Stande bringen, dass.

geysask, *þask* (*i*), in Bewegung kommen; sich begeben. *geystr*, aufgeregt.

gifta, f. (*ān*), Glück.

gifta, *ta* (*i*), vergeben an (ein Mädchen [zur Ehe).

gim-steinn, m. gemma.

girnask, *ða* (*i*), begehren. dazu

girnð, f. Begierde.

gjald, n. »Geld«, Zahlung. pl. Busszahlungen. *eftir*, für.

gjalda, *geld*, *galt*, *goldenn*, zahlen; *eins*. etwas entgelten, büssen.

gjalla, *gella*, *gall*, *gollenn*, »gellen«, schreien. [lärmen.

gjarna, adv. gerne. zu *girna*.

gjǫf, f. (plur. *er* u. *ar*), Gabe, Geschenk.

gjǫll, f. Lärm. zu *gjalla*. [*jǫ* < *e*.

glaðr, *glǫð*, *glatt*, fröhlich. dazu

gleði, f. (*īn*), Freude.

gler-himinn, m. Glashimmel. *gler*, n. Glas. < *glaz*.

(g)líkendi, *-indi*, n. (*ia*), Wahrscheinlichkeit.

(g)líkjask, *þask* (*ia*), gleichen.

glæpr, m. (*i*), Schlechtigkeit; *glæpa-maðr*, m. Übelthäter.

glys, n. (*ja*), Glanz. Flitter.

(g)naga, *aða*, nagen.

(g)nógr, genug, genügend.

gnúpleitr, mit gesenktem Haupte. grämlich.

gnýja, *gnúði* (*i*), tönen, brausen. dazu

gnýr, m. (*i*, *ia*). Getöse. *y* < *ir*?

goð s. *guð*.

gæða-lauss, ohne etwas Gutes; heillos, trostlos. zu

gæði, n. (*ia*), Gut, Vorteil. Gewinn; *fá til gæða*, profitieren. zu *góðr*.

goðe, m. (*an*), Gode, Tempelbesitzer und Thingherr.

góðe, m. (*an*), Gutthat, Wohlthat. zu *góðr*.

goðorð, n. Würde des *goðe*.

góðr, *góð*, *gótt*, jünger *gott*, gut.

gǫfugr, vornehm, angesehen, zu *gefa*. davon

gǫfug-menni, n. Inbegriff eines angesehenen Mannes.

goll, sp. *gull*. n. Gold. < *golþ*. in Kompos. *goll-*, golden.

gómr. m. Rachenwand; Gaumen.

góm-sparre. m. (*an*), »Rachensperrer«. Knebel.

gǫngu-drykkja. f. (*riān*). Abschiedstrunk.

gørð, jünger *gjǫrð*. f. Handlung. Verhandlung. *leggja mál í g.*, eine Sache in V. bringen, in Beratung nehmen; Vollendung, Entscheidung. zu *gørra*.

gǫrr (< *garva-*), *gørr* (< *gerva*? *garri-*?), fertig, vollständig, bereit. als part. prt. zu *gørra*, gemacht.

gørr, adv. comp. besser.

gør-semi, *-symi*, *-simi*, f. (*in*). Kleinod.

gør(r)a, *gǫra*, *gjǫra*. *ða* (*aj*). ptc. *gørr*. *gǫrr*. später *gjǫrðr*, machen, thun. *mikit um sik*. viel aus sich machen, grossen Lärm machen; *af sér*. abordnen; *til*. abfertigen, senden. med. werden, gelangen; *gørrask í*. eintreten; *—um*. sich geltend machen.

gøtska. f. (*ān*). Güte. zu *góðr*.

grœða, *dda* (*ia*), heilen.

grað-fé, n. männliches (nicht verschnittenes) Tier. von

graðr, m. unverschnitten.

graðungr, m., s. *griðungr*.

grafa, *gróf*, *grafenn*. begraben.

grár(r), *grǫ*, *grátt* (*grar-*), grau.

gras, n. Gras.

grátr, m. Weinen.

grá-vara, f. Pelzwerk.

greiða, *dda* (*i*). erledigen; auszahlen.

grein, f. (pl. *ar*, *er*). Zweig. davon

greina, *da* (*i*). teilen; auseinanderlegen. -setzen; erzählen; *greinir*. man erzählt.

grenja, *aða*, heulen, bellen.

grettask, *ttask* (*i*), (»grinzen«), ein wütendes Gesicht machen.

grið, n. Friede, Waffenruhe; Friedensstätte. pl. dss.

griða-staðr. m. Asyl, Schonplatz, geheiligte Friedensstätte.

griðungr, *graðungr*, m. Stier.

grim-lyr, grimmig. zu

grimmr, grimm, grausam.

grind, f. (cons.). Gitterthor.

gripa, *greip*, *gripenn*, greifen, reissen.

grjót, n. »Gries«, kleine Steine.

grjót-flaug, f. Fliegen, Hagel von Steinen.

gróf, f. »Grube«.

grǫn, f. (Schnurr-)Bart.

grœnn (*ia*), grün. St. *grœni-*.

gruðr, *grunnr*. m. Grund. < *grunþ-*.

grunn-sævi, n. (*ia*). See mit Grund, seichte Stelle.

grunr, m. (*i*), Verdacht. *renna grunum á —*, mit Verdachtsgründen kommen auf —, vermuten.

guð, m. Gott (christlicher); n. gewöhnlich i. d. Form *goð*, Heidengott, Götze.

gull s. *goll*, Gold.

gýgr, f. (*ia*), Hexe.

gyrða, *da* (*i*), gürten.

H

(hj- unter h).

hæð, f. Höhe. zu *hǫrr*.

haf, n. Meer.

hafa, *ða* (*aj*), haben; *mikit til*. guten Grund haben zu, viel für sich haben bei; *fram*. ausführen; *hafask at*, etwas vornehmen, thun.

hafna, *aða*. c. dat. sich enthalten, abkehren von.

hag-leikr, m. Geschicklichkeit. zu

hagr, *hǫgr*, *hagt* (*hakt*), geschickt.

halda, *helt*, *haldenn*, halten, erhalten; s. Kurs nehmen, halten auf —; *fyrir einu*. vor etwas bewahren; unpers. *heldr einum við*, e. bleibt stehen vor, wird zweifelhaft wegen —. *haldenn*, erhalten, *með hǫldnu*. wohlbehalten.

hálfr, halb. *hǫlfu*, um die Hälfte.

hálf-rúm, n. und

hálf-rými, n. (*ia*), der Raum vom Bord bis zur Mitte des Schiffes zwischen je zwei Ruderbänken.

hálf-skiftr, (»halbschichtig«), zweifarbig.

hálf-trǫll, n. halber Troll, d. i. von einer Seite (Vater oder Mutter) trollischer Abkunft.

hálf-þritøgr, *-tugr*, 25 (Ruder, Jahre etc.) zählend.

hæll, m. Ferse. *á hæl*, rückwärts. St *hal-*.

hamarr, m. Hammer; dicke Seite der Axt beim Öhr.

hamengja, f. (*jān*), Glück.

hand-afl, n. Kraft der Hand.

hand-sax, n. Handschwert, kurzes Schwert.

hand-laug, f. Waschwasser für die Hand.

hann, *hón*, er, sie.

hæra, f. (*ān*) graues Haar. pl. dss.

harð-gǫrr, strenge, energisch.

harð-legr = *harðr*.

harðna, *aða*, erhärten, hart werden. zu

harðr, *hǫrð*, *hart*, hart, grausam, gefährlich, n. adv. hart, sehr; schnell.

hærðr, behaart, von *hár*, n. Haar.

harð-steina-grjót, n. kleine harte Steine, Kiesel.

harð-hugaðr, harten Sinnes.

harla, st. *harðla*, adv. sehr.

harp-slǫttr, m. (*u*), Harfenspiel. zu *harpa*, Harfe; *slá*, schlagen.

há-sete, m. (*an*), Matrose. zu *hár*, m. Ruderpinne.

háske, m. (*an*), Gefahr. zu *hætta*. ebenso

hæt-legr, gefährlich.

hatr, n. Hass. < *hatiz*.

hatta, *aða*, anordnen.

hætta, *ta* (*i*) aufhören.

hætta, f. (< *hrōtiān?*), Gefahr; *hafa i hættu*, riskieren, auf das Spiel setzen.

haufuð, *hǫfuð*, n. Haupt.

hauss, m. Schädel. St. *haus-*.

haust, n. Herbst.

heðan, jung *hjeðan*, von hier, von jetzt ab. *h. frá* dss. *h. af* dss.

hefja, *hóf*, *hafenn* u. *hafiðr*, heben. *h. upp*, aufheben.

hefna, *da* (*i*), m. gen. rächen.

heið, n. heiterer, heller Himmel.

heiðenn, heidnisch.

heiðni, f. (*in*), Heidentum.

heiðr, f. (*ia*), »Heide«, Hochfläche im Gebirg.

heilagr, *heilǫg*, *-ug*, *heilagt*, *-akt*, heilig.

heil-eygr (*ia*), heiläugig, gesund an den Augen.

heill, f. Heil, Glück. (*ll* < *lz?*)

heill, heil, unversehrt. *með heilu*, wohlbehalten.

heil-rǫðugr, guten, rettenden Rat gebend.

heim, adv. heim, ins Haus, *heima*, daheim, bei sich; *heiman*, von daheim. *stefna h.*, eine Ladung in der Wohnung des zu Ladenden anbringen.

heima-maðr, m. im Hause wohnender (freier) Diener.

heim-boð, n. Einladung in sein Haus.

heimili, n. Heimat.

heimill, *-oll*, adj. zu Hause, zur Verfügung stehend.

heimr, m. das Heim; Welt.

heims-bygð, f. bewohnte Gegend der Erde; Land.

heimta, *ta* (*i*), (»heimsen«), heimholen, einfordern; *sitt mál*, sein Recht sich holen.

heita, *hét*, *heitenn*, heissen, genannt werden, befehlen; versprechen, *einu*, etwas.

heiti, n. (*ia*) Name.

hel, f. (*jā*) Hölle, Tod. *hafa i helju*, totschlagen. *setja i hel*, dss.

heldr, comp. adv. potius, ziemlich; conj. sondern. sup. *helzt*, potissimum.

hella, f. (*ia*), Stein (bes. flacher).

helmingr, m. Hälfte. zu *hálfr* (< *halfning-?*).

hel-viti, n. (*ia*), Höllenstrafe, Hölle.

hentr, passend. *er einum hent eið eitt*. es geht jmd. an, passt für j.

hepinn, glücklich.

hér, hier, da.

herað, n. Gau, Gebiet. zu *herr*, ebs.

heraðs-sekr (*ja*), geächtet innerhalb eines bestimmten Distriktes.

herja, *aða*, heeren; *á*, auf Raub ausziehen gegen —.

her-klæddr, in Kampfrüstung. zu *herr*.

herma, *ða*, *da* (*i*), berichten.

her-maðr, m. Kriegsmann. zu *herr*. ebenso

her-mannlegr, kriegerisch. und

her-óp, n. Kriegsruf.

herr, m. (*ja*), Heer. St. *harj-*.

herra, m. (*an*), Herr (Lehnwort).

her-virki, n. (*ia*), Verheerungswerk.

hestr, m. »Hengst«, Pferd. (< *hehst-*).

heygja, *ða* (*i*), in einem *haugr*, Grabhugel, beisetzen.

heyra, *ða* (*i*), hören.

hilma = *ilma*, duften.

himinn, m. Himmel.

himin-tungl, n. Himmelsgestirn.

himneskr, himmlisch.

hingat, hierher. (< *hinn-vey-at?*)

hinn, *hin*, *hitt*, *hit* (*enn*, *inn* s. Gramm. § 90), dieser.

hirð, f. Gefolge, Hofgesinde. dazu

hirda, *da* (*i*), bewachen, bewahren; besorgen. in Umschreibungen: *hirð eigi at gora*, noli facere.

hirð-madr, m. Mann aus der *hirð*.

hirtsla, *hirþsla*, *hirzla*, f. (*ān*), Vorwahrung.

hite, m. (*an*), Hitze.

hitta, *tta* (*i*), treffen, begegnen, einem acc.

hjá, prp. mit dat. bei. neben, an — vorbei. zu *hjon*? adv. == *hjá þrí*, *þeim*, dabei.

hjálmr, m. Helm.

hjálpa, *help*, *halp*, *hólpenn*, helfen.

hjalt, n. Knopf od. Parierstange am Schwertgriff, dieser selbst. *ja* < *e*.

hjarta, n. (*ān*), Herz. *ja* < *e*.

hjón, *hjún*, n. pl. Eheleute. familia. Hausvolk.

hlada, *hlóð*, *hladenn*, laden, beladen; *seglum*, die Segel einziehen.

hlad-búenn, mit Gold (*hlað*) verbrämt.

hleja (< *hlahja*). *hló*, *hlegenn*, lachen. dazu

hlátr, m. (*i*), Gelächter. st. *hláttr-*, < *hlahtr-*.

hlaup, n. Lauf. dazu

hlaupa, *hljóp*, *hlaupenn*, laufen. dazu

hleypa, *þa* (*i*), zum Laufen bringen, antreiben.

hlið, n. Eingang. Thorweg.

hlifa, *ða* (*i*), schützen, bedecken. *einn*, etwas.

hljóð, n. Zuhören, Stille. dazu

hljóðr, leise. n. *hljótt* adv.

hljóta, *hlaut*, *hlotenn*, erloosen, erhalten. zu *hlutr*.

hlute, m. (*an*) —

hlutr, m. (*i*), »Loos«, Teil; Umstand, Ding. *eiga hl. at*, sich beteiligen an —; *eið* —, sich zu thun machen bei, etwas übernehmen.

hlýða, *dda* (*i*), horchen. auf *til*; *til-hlýða*, zuhören.

hlýða, *dda* (*i*), gelingen; von Nutzen sein.

hlýr, n. Wange, Seite. pl. dass.

hniga, *hné*, *hnigenn*, neigen: *hnigenn*, gebeugt, bejahrt.

hof, n. Tempel.

hœfa, *ða* (*i*), ziemen. zu *hóf*, n. rechtes Mass.

hǫfðe, m. (*an*), vorspringender Berg.

hǫfðingi, m. (*jan*), Häuptling.

hǫfge, m. (*an*), Schwere; Schlaf. von *hǫfugr*, schwer. zu *hefja*?

hǫfn, f. Hafen.

hóf-semi, n. (*in*), Mässigkeit, Besonnenheit.

hófs-madr, m. gerechter, ordentlicher Mann. s. *hœfa*.

hǫfuð, n., s. *haufuð*.

hǫgg (*hogg*?), n. (*ra*), Hieb, Schlag. zu

hǫggva, *hogg*, *hjó*, *hǫggvenn*, hauen.

hóg-lifi, n. behagliches Leben. zu *hag-*.

hœgr (*ia*), behaglich, bequem, leicht. zu *hag-*. comp. *hœgre* sc. *hǫnd*, recht.

hold, n. Fleisch.

hold-legr, fleischlich.

hǫ-leitlegr, aufwärts blickend.

hǫll, f. (pl. *er*, *ar*), Halle, Königshof.

hólm-ganga, f. (*ān*), »Inselgang«, d. i. Zweikampf.

hólmr, m. Insel.

hœlni-orð, n. Prahlrede. zu *hól*, Prahlerei.

holr, hohl.

hǫnd, f. (*u*, cons.), Hand; zur Umschreibung von Personen; *fyrir hǫnd eins*, zu Handen jemands, für, im Namen von jemand; *af hendi honom* — *af honum*, *á h.* ebs. *lýsa á h. eins*, jemandem zuschreiben; *greiða af hendi*, bar bezahlen; *hafa hendr á* —, die Hand an jmd. legen; *jǫfnum hǫndum*, zu gleichen Teilen.

hopa, *aða*, ausweichen.

hór-dómr, m. Hurerei, Unzucht.

horfa, *ða* (*aj*), sich wenden, gehen, seinen Blick wenden auf, ansehen; *at* — angreifen; *til* —, sich beziehen auf, gehören zu.

hǫrmu-legr, harmvoll, traurig.

hǫr(r), *hǫ*, *hǫtt*, hoch (< *hauhr-*), comp. *hœr(r)e*, *hœstr*.

hǫrund, f. Fleisch.

hǫ-sæti, n. (*ia*), Hochsitz, Thron; Ehrensitz des Hausvaters, Gastes.

hǫttr, m. (*u*), »habitus«, Betragen, Aussehen, Art.

hræða, *dda* (*ia*), erschrecken; med. sich fürchten, *einn*, vor einem; *fá hrætt einn*, Furcht bekommen vor.

hræði-legr, schrecklich.

hráke, m. (*an*), Speichel.

hrætsla, f. (*ān*) Schrecken. zu *hræða*.

hraustr, tapfer.

hreinn, m. Renntier.

hreinn, *hrein*, *hreint*, rein.

hreyfask, *ðask* (*i*), sich rühren, bewegen.

hreysta, *ta* (*i*), mutig machen, begeistern. zu *hraustr*.

hrinda, *hratt*, *hrundenn*, stossen, schlagen.

hrið, f. Angriff; Zeit; *um hr.* einige Zeit.

hrista, *ta* (*i*), schütteln.

hrjóða, *hrauð*, *hroðenn*, leeren, plündern; v. Schiffen kampfunfähig machen.

hrøkkva, *hrǫkk* u. *hrøkþa*, *hrokkenn*, zurückweichen. *fyrir*, vor.

hrørna, *aða*, vergehen.

hrósa, *aða*, rühmen. *eins*, etwas.

hross, n. Ross, sp. Stute.

hryggr, m. (*ja*). Rücken, Rückgrat.

húð-fat, n. Lederbehälter, Hängematte? von Leder (*húð*, Haut).

húð-keipr, m. Lederboot.

hugaðr, gesinnt, gestimmt, mutig.

hug-boð, n. Vorahnung.

hug-leiða, *dda* (*i*), bedenken.

hugr, m. (*i*), Sinn; Mut.

hugsa, *aða*, denken. < **hugisō-*.

hunangs-fljótande, von Honig fliessend.

hundr, m. Hund.

hundrað, n. 100, 120; 100 Ellen *vaðmál* (Wollenstoff) = 2½ Mark; *h. silfrs* 2½ Mark in Silber.

hundrað-faldr, hundertfach.

hungr, m. (g. *hungrs*), Hunger.

hurð, f. Thor.

hús, n. Haus.

húsa-snotra, f. (*ān*). Holzwerk als Hausschmuck?

hús-freyja, *-preyja*, f. (*ian*), Hausfrau, Gattin.

hús-gørð, f. Hausbau.

hús-karl, m. Hausarbeiter, Dienstmann.

hús-þing, n. berufene Versammlung der Dienstmannschaft.

hvar, wohin, wo. *h. sem*, quocunque. nach Verbis der Wahrnehmung conj. = wie, dass.

hvárigr = *hvárrgi*.

hvar-gi, *hver-gi*, nirgends. zu *hvar*.

hvárr, *hvǫ́r*, *hvárt*, welcher, jeder v. beiden, uter, uterque. < *hvaharr*, < *hvaþar-*; *h. annann*, einander. *hvárr sem*, utercunque. s. *hvárt*.

hvárrgi, *hv(ǫ́)rgi*, *hvár(t)ki*, neuter. *hvár(t)ki — ne*, neque — neque.

hvárt, utrum, ob; in direkten Fragen etwa, wohl. *h. sem — eða*, ob — oder. zu *hvárr*.

hvass, scharf; heftig, stürmisch. St. *hvass-*.

hvat, n. zu *hverr*, was.

hver- = *hvar-*.

hverfa, *hvarf*, *horfenn*, sich begeben, gehen.

hvergi = *hvargi*, nirgends.

hvernig = *hvern veg* (?), wie?

hverninn = *hvern vegenn* (?), wie?

hverr, *hver*, *hvert* (adj.) u. *hvat* (subst.). (*ja*), welcher; jeder. *hvat*, m. dat. was für ein; *hverr er*, qui.

hverrgi, jeder. zu *hverr*.

hversu, *hvorsu*, wie.

hvert, wohin.

hvíla, f. Ruhestätte, Bett.

hvíla, *da* (*i*), ruhen, weilen.

hvítr, weiss.

hyggja, f. (*jān*), Verstand, Gedanke.

hyggja, *hugða* (*j*), denken, achten; *at.* beobachten, betrachten. zu *hugr*.

I, Í.

Í, prp. m. dat. in; mit acc. in; temp. *í dag*. heute; *í kveld*, am (selben) Abend; *í haust*, im (letzten) Herbst, *í þenna tíma*. um diese Zeit.

í, adv. = *inn*, *inne*, *í því*, darin.

iðn, *iðn*, f. Verpflichtung, Aufgabe, Geschäft.

iðra, *aða*. reuen; *eins*, etwas bereuen. dazu *iðron*, *iðran*, f. Reue.

ígegn s. *gegn*.

ill-gjarn, das Üble liebend. zu *illr*.

illr, übel, schlimm (< *ȳfile*), c. gen. in adv. *illa*. comp. *verre*, *verstr*.

il(l)ska, f. (*an*), Schlechtigkeit.

ill-virke, m. (*jan*), Übelthäter, Räuber. Strolch.

illvirki, n. (*ia*), Übelthat.

ilma, *ða*, *da*, (*i*), duften.

ilmr, m. (angenehmer) Geruch.

inn, adv. hinein.

inna, *in(s)ta* (*i*). berichten.

innan, von innen; innen.

innar, comp. weiter innen. sup. *inst*.

inne, innen, darin; bei Ortsnamen: daheim.

í-sjárverðr, beherzigenswert. zu *sjá*, sehen.

ís-mǫl, f. gebrochenes Eis, Eisstücke.

í-þrótt, f. (pl. *er*), Kunst, Fertigkeit.

í-þrótta-maðr, m. in ritterlichen Künsten geübter Mann.

J.

Já, ja.

jafn, *jǫfn*, *jafnt* (*jamn*, *jamt*), »eben«, gleich. *jafn-*, *jam-*, ebenso —. davon

jafnan, adv. (eigentl. wohl acc. sg. masc. zu ergänzen *kost* oder ein ähnl. Subst.), immer, gewöhnlich.

jafn-dœgri, n. (*ia*), Gleichheit der Tage.

jafn-fram, in gleicher Linie (nach vorn gerichtet).

jafn-snemma, sogleich, im selben Moment.

jam = *jafn*.

jarl, *jall*, m. dux, Fürst.

járn, n. Eisen (< *îsarn-*).

járn-hosa, f. (*ān*), Beinschienen (»Eisenstrümpfe«).

játta, *aða*, ja sagen, einwilligen; *einu*, in etwas.

jǫkull, m. Gletscher. *jǫ* < *e*.

jǫrð, f. Erde.

jǫtun-heimar, m. plur. Riesenwelt. zu

jǫtunn, m. Riese.

K, C, Q

(kj s. auch unter k).

kaf, n. Untertauchen, Tiefe; *hlaupa á kaf*, in das Wasser springen.

kall, n. Ruf; Stimme. dazu

kalla, *aða*, rufen; *á einn*, anrufen.

kanna, *aða*, erforschen. zu *kunna*.

kapp, n. contentio, Wetteifer, Bemühung.

kapp-samr, eifrig. comp. *are*, *astr*.

kappe, m. (*an*). Kämpe. *pp* < *mp*.

karl, m. Mann (Gegensatz *kona*).

karl-mannlegr, mannhaft.

kasta, *aða*, m. dat. werfen, abwerfen.

kátr, vergnügt.

kaupa, *keypta* (*aj*), kaufen, *at einum*, bei, von jmd.; abs. ein Kaufgeschäft abschliessen.

kaup-angr, m. Handelsplatz. auch Ortsname.

kaup-fǫr, f. Kauffahrt.

kefja, *kafða* (*ja*), versenken. s. *kaf*.

keisare, m. (*an*), Kaiser.

kenna, *da* (*ia*), kennen, erfahren; *einum eitt*, einem etwas zutrauen, nachsagen; lehren. zu *kunna*.

kenni-maðr, m. Prediger, Geistlicher.

keppa, *pa* (*i*), streiten; sich bemühen, *til*, um. zu *kappe*.

keypta s. *kaupa*.

kinn, f. (cons.), Wange.

kippa, *pa* (*i*), reissen, abreissen.

kirial, n. kyrie eleison.

kirkja, f. (*jān*), Kirche (Lehnwort).

kista, f. Truhe, Sarg.

kjǫftr, m. (*u*), Rachen, Kinnlade.

kjǫlr, m. (*u*), Kiel. *jǫ* < *e*, *i*.

kjósa, *kaus*, *kørenn*, *korenn*, »küren«, wählen, sich heraussuchen.

klæða, *dda* (*i*), kleiden.

klæði, n. (*ia*), Kleid, Tuch.

kleppar-nes, n. (*ja*), klippige Landzunge.

klokkr (*va*), biegsam; v. e. Schiff schlingernd, schaukelnd.

klokkva, *klǫkk* (*klokkenn*), schluchzen. weinen.

kné, n. (*u*), Knie.

knífr, m. Messer.

knýja, *knúða* (*i*), schlagen; drücken.

koma, *kom*, *kvam*, *komenn*, 1) kommen; *niðr*, herabkommen, vorkommen, sich ergeben, (gut, schlecht) wegkommen; *fyrir*, eingehen (von Geldern); aufkommen für; *til*, zukommen, angehen, von Interesse sein; *til litils*, wenig erreichen; helfen; *koma skape við einn*, in seiner Stimmung, Denkungsart jmd. nahe kommen, sich mit ihm vertragen; unpers. *komr svá*, es kommt dahin; *k. einu í* —, es kommt mit etwas zu —. 2) mit dat. bringen, *á griðum*, Frieden, Waffenruhe bewirken; *fram*, etwas vorbringen, zu stande, Ende bringen. med. gelangen.

kona, f. (*an*, gen. pl. *kvenna*), Weib, Frau.

konar, defect. gen. masc., generis, *als-konar*, jeder Art.

kœnn (*ia*), (»kühn«), erfahren. zu *kunna*.

konungr, *konongr*, *kóngr*, m. König.

konungsdómr, m. Königtum.

kǫr, f. Krankenbett.

korn, n. »Korn«, Getreidekorn, Getreide.

korn-hjálmr, m. helmartiges Schutzdach für Getreide.

korn-kippa, f. (*an*), Getreidebündel? Gefäss mit Saatgetreide.

kóróna, f. (*an*), Krone, Kranz.

kóróna, *aða*, krönen.

kosta, *aða*, kosten.

kosta, *aða*, versuchen. zu

kostr, m. (*u*, *i*), Wahl; Bedingung; Lage; Aussichten, Partie (zur Heirat); Kosten. *gørva kost á einu*, eine Bedingung an etwas knüpfen; unter einer B. etwas erlauben; Aussichten eröffnen in, bei —; *gefa sér k.*, sich Mühe geben.

kot, n. kleine Hütte.

kǫttr, m. (*u*), Katze.

kráka, f. (*ān*), Krähe.

krás, f. (pl. *er*), Schleckerei.

krefja, *krafða* (*j*), c. gen. fordern, ausgehen auf.

kristinn, christlich, dazu

kristna, *aða*, christlich machen, bekehren. u.

kristni, f. (*īn*), Christentum, Bekehrung.

krókr, m. Biegung, Krümmung.

kross, m. Kreuz. (St. *kross-*.)

kúfungr, m. Schale einer Seeschnecke; Beiname.

kunna, *kann*, *kunna*, können; kennen, verstehen; *einu vel*, wohl zufrieden sein mit.

kunnegr, kundig (*nn* < *nþ*.)

kurr, m. Gekurre, Gemurmel; Gerücht. (St. *kurr-*).

kvánar-mundr, m. von dem Manne an die Braut zu zahlende Summe, Mundschatz. zu *kvǫn*.

kván-fang, n. Heirat. zu *kvǫn*. ebenso

kvángaðr, »beweibt«, verheiratet.

kveða, *kvað*, *kveðenn*, *koðenn*, sagen; — *á* bestimmen, *ákveðet*, von vornherein bestimmt, sicher. med. sagen.

kveðja, *kvadda* (*j*), berufen; anreden; begrüssen. *einn at einu*, aufmerksam machen; sich an jemand mit der Versicherung wenden. *sér eins*, sich ausbitten; *þings*, ein Thing berufen. *frá*, wegweisen.

kveld, n. Abend (s. *aftann*).

kvenna s. *kona*.

kví, f. (pl. *ar*), Pferch.

kviðr, m. (*u*), Leib, venter.

kvǫn, *kvæn*, gen. *kvánar*, f. (*i*), Weib.

kyn, n. (*ja*), Geschlecht.

kyn-stórr, von grossem, mächtigem Geschlecht.

kyrr, ruhig. St. *kyrr-*.

kyr(r)-sæti, n. (*ia*), ruhiger Sitz, friedlicher Aufenthalt.

kyrtill, m. Mantel.

L (s. auch Hl).

læðingr? Name einer Fessel.

lag, n. Ordnung; Hieb, Stich; *koma í l.*, auffangen. zu *liggja*.

lægi, n. (*ia*), Landungsplatz. zu *liggja*?

lægja, *ða* (*i*), niedrig machen; *segl*, einziehen. von

lágr, niedrig, klein.

lækning, f. Heilung.

lánar-dróttenn, m. Lehensherr, Herr. v.

* *lǫn*, Lehen.

land, n. Land.

landa-leitun, f. Aufsuchung von Ländern, Entdeckungsreise.

land-ganga, f. (*ān*), Landung.

land-kostir, pl. m. Landesprodukte. zu *kostr*.

land-nyrðingr, m. Nordostwind (von Norwegen aus; eigentlich vom Norden und vom Festland aus); *l-sveðr*, dss.

land-rǫð, pl. n. Landesregierung. zu *ráð*.

lands-lag, *-leg*, n. Beschaffenheit eines Landes, einer Gegend.

land-vǫrn, f. Schutz des Landes.

langa, *aða*, sich sehnen; *til* —, nach.

langr, lang; *langt*, n. adv. weit, comp. *lengra*; *lǫngu*, n. dat. lange, *lǫngum*, dss. *lengi*, adv. lange, diu, *lengr*, diutius.

langskip, n. navis longa.

lær, n. Schenkel.

læra, *ða* (*ia*), lehren; *lærðr*, gelehrt. *r* < *z*. dazu

læring, f. Lehre.

lasta, *aða*, tadeln.

lát, n. Verlust; Tod.

láta, *lét*, *látenn*, lassen; verlieren, *einu*, etwas; *einum í mein*, jmd. in Schaden (kommen) lassen; *l. í*, in etwas thun, stecken, *under*, unter etwas; *eftirláta*, nachsehen, zugeben etwas; *undan*, nachlassen, nachgeben, weichen; *l. sem*, thun als ob, *at*, sich dafür aussprechen dass.

launa, *aða*, lohnen.

laun-getenn, heimlich d. i. unehelich geboren.

laus-eygr (*ia*), mit losen, beweglichen, unstäten Augen.

lausn, f. Erlösung. zu

lauss (St. *laus-*), los, lodig, nicht beschäftigt.
lax, m. Lax.
leggja, *lagða* (*j*), legen; setzen, festsetzen; *l. fund*, einen Termin für eine Zusammenkunft anberaumen; *l. fé til*, mit Geld beitragen zu; *nokkut til*, mit etwas in eine Sache eingreifen (mit Worten oder Werken), eine Bemerkung machen zu.
leggr, m. (*ja*), Bein, Arm-, Schenkelknochen.
leið, f. (pl. *er*), Weg. *setja á l.*, in Bewegung setzen. zu *líða*, gehen. s. *leiðmót*.
leiða, *dda* (*i*), leiten, führen; *einn eftir sér*, sich anschliessen lassen, an sich ziehen; *í lǫg*, in das Gesetz einführen, aufnehmen; *fram*, vorführen; *af*, sich herleiten von, sich ergeben, eintreten. zu *líða*, gehen.
leiðask, *ddask* (*i*), verleiden.
leiðangr, m. (St. *-angr-*), Kriegskontingent; pl. dss., *róa á l.*, Heeresfolge zu Schiffe leisten.
leiði-legr, leidend, traurig.
leið-mót, n. = *leið*, f. Herbstthing der einzelnen 13 *þingsóknir*, s. S. 173.
leiga, f. (*ān*), Zins. zu *ljá*.
leiga oder *leigja*, *ða* (*ia* und *aj*), leihen.
leika, *lék*, *leikenn*, spielen. zu
leikr, m. Spiel. *í leikenn*, um die Wette.
leita, *tta* (*i*), suchen. m. gen.; *við einum*, bei jmd. zu erreichen suchen; *l. við*, versuchen; *um eitt*, nach etwas sehen, untersuchen; *l. á*, aufragen; *l. einum ráðs*, jmd. zu einem Unternehmen (Beschluss) veranlassen; *einum um eitt*, für jmd. etwas suchen.
lén, n. Belehnung mit Land, Amt das mit der Belehnung verbunden ist. s. *veitsla*.
lendr, mit »Land« (*veizla*) belehnt. *lendir menn*, Landherrn, Klasse von königlichen Dienstleuten in Norwegen.
lengi, adv. lange, diu.
lesta, *ta* (*i*), verletzen.
létta, *ta* (*i*; *étt* < *eht*), erleichtern; aufhören; *áðr* (*en*) *lettir*, vor dem Aufhören, zuletzt.
leyfa, *ða* (*i*), erlauben.
leyni, n. (*ia*), Schlupfwinkel (*leyna*, verbergen).
leysa, *þa* (*i*), »lösen«, öffnen; solvere, zahlen; *skip*, die Schiffe auslaufen lassen. *út* dss., *einn með* — jmd. sich erkaufen, verbindlich machen durch —.
lið, n. Glied; Gefolge; Parteinahme, Hilfe.
líða, *leið*, *liðenn*, gehen, hingehen; unpers. es nimmt einen — Verlauf; es geht die Zeit hin; *yfir*, vorbei gehen.
liðs-kostr, m. (*u*, *i*), Vorrat von Leuten, Unterstützung, Reserve.
liðs-munr, m. Unterschied in der Truppenzahl.
lið-veitsla, f. Hilfsgewährung (vor Gericht).
lifa, *ða* (*aj*), leben.
líf, n. Leben; *vera lífs*, am Leben sein.
lifr, f. Leber, leberartige Masse, *blóð-l.* geronnenes Blut.
liggja, *lá*, *legenn*, liegen.
lík, n. Leiche, Leib.
líka, *aða*, gefallen = *glíka*.
lík-ame, m. (*an*), Leichnam. *ame* st. *hame*.
líking, f. Nachahmung, Nachbildung — *glíking*.
lík-legr, wahrscheinlich; normal, passend. = *glíklegr*.
líkr = *glíkr*, »gleich«, ähnlich, wahrscheinlich. comp. *are*, *astr*.
líkyndi, *-indi*, n. Wahrscheinlichkeit = *glíkyndi*.
list, f. (pl. *er*). »List«, Kunst. zu *lera*.
líta, *leit*, *litenn*, schauen, *á* auf. med. videri; gefallen. *lítsk mér á eitt*, es kommt mir vor, gefällt mir. < *vlíta*.
lítask, *aðask*, sich umsehen. zum vorigen.
lítill, klein, wenig, n. *lítt* adv. wenig; *litlu*, bei compar. um weniges. St. *lítil-*.
lítil-látr, demütig; leutselig, herablassend.
litr, m. (*i*), (Aussehen), Farbe. zu *líta*.
ljá, *léða* (*i*), leihen. < *lihvia*.
ljós, n. Licht. < *liuh(a)s*. dazu
ljós-jarpr, hellbraun. *ja* < *er*.
ljóss, licht, hell (St. *ljós-*).
ljósta, *laust*, *lostenn*, schlagen, treffen.
ljótr, hässlich, comp. *are*, *astr*.
ljúga, *ló*, *logenn*, lügen, *at einum*, anlügen.
ljúg-kviða, f. (*ōn*), Lügenaussage.
ljúg-vitni, n. (*ia*), Lügenzeugnis.
lof, n. Erlaubnis, pl. Privilegien; Lob.
lofa, *aða*, erlauben, als Privileg verleihen; loben.

lof-sæll (*ia*), sich Lobes erfreuend, berühmt, herrlich.
lǫg, n. pl. Gesetz.
loga, *aða*, lohen, aufflammen.
lǫg-berg, n. »Gesetzeshügel«, s. S. 165.
loge, m. (*an*), Lohe, Flamme.
lǫg-eggjun, *-an*, f. gesetzmässige Anreizung, d. i. Anreizung zu etwas was das Gesetz fordert, erlaubt.
lǫg-maðr, »Gesetzesmann«, d. i. tüchtiger Jurist.
logn, n. Windstille.
lǫg-rétta, f. (*ān*), Ausschuss am Althing. s. S. 164. zu *rétta*, richten, bessern.
lǫgréttuskipun, f. Verfahren, Einrichtung der *l.*
lǫg-skil, n. pl. rechtliche Entscheidung.
lokka, *aða*, locken.
lækr, m. (*ja*), Bach.
losta-semi, f. (*in*), Lüsternheit. von
loste, m. (*an*), Lust.
lotning, f. Verehrung.
lúðra-þytr, m. (*ja*), Trompeten- (*lúðr*, m.) -klang.
lúka, *lauk*, *lokenn*, schliessen, zu Ende führen.
lyfting, f. erhöhte Stellung im Schiff (Art Kommandobrücke).
lykja, *lukþa* (*j*), schliessen, einschliessen. zu *lúka*.
lykkja, f. (*jān*), Lücke; Biegung, Schwankung.
lykþ, *lykt*, f. Schluss. pl. *lykþer*, dss.
lýriti, n. (*ia*), *lýritr*, m. Eigentumsrecht; Verbot auf Grund dieses; *verja l.* (dat.), Protest einlegen gegen. (< *lýð-rétti*, Volksrecht, allgemein anerkanntes Recht.)
lýsa, *þa* (*i*), klar machen; verkündigen, *einu; á hǫnd sér*, von, für sich verkündigen, *einu*, sich zu etwas bekennen.

M.

maðr, pl. *menn*(*r*). (cons.) m. Mann, Mensch. st. *mannr*. St. *mann-*.
mægð, f. Schwägerschaft, Heirat in eine Familie. pl. dss. zu *mágr*.
mage, m. (*an*), Magen.
magn, *megin*, n. Macht, Stärke; Hauptmacht; Mehrzahl.
mágr, m. Verwandter (durch Heirat, Schwager, Schwiegersohn u. s. w.).
mál, n. Rede, Gespräch; Redegegenstand. Gegenstand, Sache; caussa, Prozess, im Prozess angestrebtes Recht. *hafa mikit til síns máls um eitt*, viel für sich haben bei seiner Rede von —. < *maþl*.
mál, n. Zeit, Termin.
mæla, *ta* (*i*, *l* < *hl*), sprechen; *fyrir* m. dat. aussprechen; erklären, beschwören; besprechen, beurteilen; *til eins*, in Bezug auf etwas sprechen, unterhandeln wegen.
mála-spell, Vereitlung einer Klage, Anlass zum Verlust eines Prozesses.
mál-dage, m. (*an*), Vertrag.
mánaðr, *mǫnuðr*, m. (*i*, *u*, cons.), Monat.
Mange, m. (*an*), Koseform zu *Magnús*.
manna-forráð, n. »Herrschaft über Leute«. = *goðorð*.
mann-fólk, n. Menschengeschlecht.
mann-gjǫld, n. pl. Busse für ein Menschenleben, Wergeld.
mann-hætta, f. (*an*), persönliche, Lebensgefahr.
mann-hefnd, f. persönliche Rache, d. i. Blutrache. pl. dss. Gegens. Wergeld: *fébætr*.
mann-vit, n. Menschenverstand, Klugheit.
mann-virðing, f. persönliches Ansehen.
marg-faldr, mannigfach. zu
margr, *mǫrg*, *mar*(*g*)*t*, mancher, viel.
mark, n. = *merki*, Zeichen, Beispiel.
mart, n. zu *margr*.
mata, *aða*, speisen. zu
matr, m. (*i*), Speise.
með, *meðr*, prp. m. dat. mit, bei, inter, m. acc. mit, in Begleitung von; entlang.
með, *meðr*, adv. = *með því*, *með þeim*, damit; dazu, obendrein.
meðal, *miðil*, adv. mitten in, inzwischen; m. gen. zwischen. *á meðal*, m. gen. zwischen — herum. *á* oder *í millum*, *millim*, *milli*, zwischen.
meðan, conj. während, solange als.
með-fǫr, f. Betragen. zu *fara*.
mega, *má*, *mátta*, »mögen«, vermögen, können, mit neg. dürfen.
megin s. *magn*.
megen, adv. in *ǫðrum*(*m*)*egen*, jenseits. *ǫllum*(*m*)*egen*, allerseits; in Gesamtheit
megnask, *aða*, sich kräftigen. zu *magn*.

meinn, schlimm, schädlich. St. *mein-*.
mein, n. Schaden.
meire, *mestr*, comp. zu *mikill; mestu* als adv. am meisten.
mel-bakkr, m. (*an*), sandiger Abhang (Ufer). von *melr*, Sandbank.
melta, *ta* (*i*), verdauen; bildl. kauen, d. i. bei sich überdenken.
merki, n. (*ia*), Zeichen, Feldzeichen: *ganga under merkjum*, die Feldzeichen tragen, oder als Bedeckung den Standartenträger begleiten.
merkis-maðr, m. Fahnen-, Standartenträger.
messa, f. (*ān*), Messe; Heiligentag.
mestr s. *meire*.
meta, *mat*, *metenn*, messen, schätzen.
metnaðr, m. (*i*, cons.), Ehre, Ruhm.
mið-garðr, m. die (vom Meere eingeschlossene) Welt. zu *miðr*.
miðla, *aða*, teilen. zu *meðal*.
mið-munde, m. (*an*), Mittag. zu
miðr, (*ja*), mittler.
mið-riku-dagr, m. Mittwoch.
mikil-leikr, m. Grösse.
mikill od. *mykill*, gross, bedeutend, n. *mikit*, viel, sehr; tüchtig in seiner Art.
mildr, mild. freigebig.
mille, *millim* s. *meðal*.
minka, *aða*, vermindern. zu *minne*.
minna, *ta* (*i*), erinnern. *minnask á* sich
minne, *minstr*, kleiner, minor. [an etwas.
minnisamr, erinnerlich.
minnr (*miðr*), *minst*, adv. weniger, am wenigsten.
mis-kunn, f. Vergebung, Gnade; eigentl. »Misskennen« d. i. Übersehen eines Fehlers. *kunn* < *kunþ*.
missa, *þa* (*i*), missen, verlieren, vermissen, sich sehnen, nach etwas *eins*.
missari, *misseri*, n. (*ia*), Halbjahr. (aus
mjǫðr, m. (*u*), Met. [*semester?*)
mjǫk, *mjǫg*, adv. sehr. (< *miku* zu *mikill*.)
mjór(r), *mær* (*va*), dünn, schlank.
móðer, f. (cons.), Mutter.
móðerni, n. (*ia*), Mutterseite.
mono, *mon*, *monda* s. *mun*.
morgenn, *morgunn*, m. Morgen. dat. *morne*
mǫrk, f. (cons.), Wald. [am Morgen.
mǫrk, f. (cons.), Mark (Silber, Gold, erstere ca. 12 M. Reichsw., letztere ca. 96 M.
morne s. *morgenn*. [Reichsw.).
mǫsurr, m. Maserholz.
mót, n. Begegnung; Versammlung, städtisches Thing. *í mót*, *í móte*, entgegen. davon
mœta, *tta* (*i*), begegnen, *sik*, an einander stossen, grenzen. [*nn* < *nþ*).
muðr (*munnr*), *munns*, Mund (*ðr* < *nþr*.
múge, m. (*an*), *múgr*, Menge, Volk.
muna, *man*, *munda*, sich erinnern, an acc.
mund, n. Moment, Zeitpunkt.
munr, m. (*i*), Unterschied.
munu (*monu*), *man* (*mon*, *mun*), *monda* u. s. w., im Begriffe sein, werden; *vera* wird darnach oft ausgelassen; umschreibend um eine Behauptung zu mildern, *ek mon sjá*, ich sehe wohl, glaube zu sehen.
munuð (*munúð?*), f. Vergnügen, Lust. davon
munuð-líf, n. Leben in Lust.
mykill s. *mikill*.
myrkr, n. Finsternis. [nis«, Gefängnis.
myrkva-stofa, f. (*an*), »Stube der Finster-

N.

ná, *ða* (*aj.* < *nahraj-*), nähern, *til;* mit dat. erreichen, bekommen.
ná-bjarger, pl. f. »Leichenhilfe«, d. i. letzter Liebesdienst, Schliessen der Augen, des Mundes und der Nase eines Sterbenden oder Gestorbenen. *nár*, m. (*i*). < **nahrir*, Leichnam.
ná-lega, adv. fast. zu *nærr*.
nemna, *ða*, *da* (*i*), benennen.
nám-kyrtill, m. Wamms von *nám* (einem nicht näher bekannten Stoff).
nær(r), adv. nahe, nahezu, fast. < *nahrir*.
nær(r), adv. comp.; sup. *næst*, näher. am nächsten; *þrí næst*, demnächst, darauf. sup. auch *hit næsta*, am nächsten, an einem ganz nahen Platz.
nær(r)e, *næstr*, adj. comp. superl. näher, nächster.
nauðu-legr, notwendig; *-lega* adv. mit Not.
naut-fé, n. Rindvieh.
nautr, *m*. als zweites Glied von Kompositis bezeichnet den Geber: *Flosanautr*, Geschenk des Flosi.

né in *hvártki* — *né*, weder — noch.
neðan, adv. von unten, aufwärts.
neðar(r), comp. *neða(r)st*, sup. weiter, am weitesten unten.
neðre, comp. der untere.
nef, n. (*ja*), Nase. *náit er nef augum*, sprichw. es handelt sich nun um Feindschaft zwischen nahen Verwandten.
nefna, *nemna*, *da* (*i*), nennen, erwähnen, ernennen; *ór dóme*, rekusieren.
nei, nein. < *ne aiv-*.
nema, *nam*, *nomenn*, *numenn*, nehmen, sich aneignen; lernen; *við*, reichen an, anstossen an.
nema, conj. wenn nicht; nur, ausser. < *neran?*
nema, prp. m. gen. ausser.
nemna s. *nefna*.
nenna, *ta* (*i*), wagen, sich entschliessen. *nn* < *nþ*.
nes, n. (*ja*), »Nase«, Vorgebirge.
neyta, *ta* (*i*), geniessen, *eins*, etwas.
níðings-verk, n. hinterlistige, verruchte That.
niðr, nieder (in Kompos. auch *nið-*).
nifl, n. Nebel.
nita, *tta* (*i*), negare.
níu, 9, st. **ní?*
njósn, f. Kundschaft. < *neuhs-*.
njóta, *naut*, *notenn*, »geniessen«, Vorteil haben, von *eins*.
nógr = *gnógr*, genügend; »genug«.
nokkverr, *nekkverr*, *nakkvarr*, *nǫkkurr*, *nokkurr*, »ich weiss nicht wer«, d. i. irgend einer s. § 93. 2, n. *nokkvat*, *nokkut*, etwas, in Fragen wohl, etwa.
nón, n. *nona*, ungefähr 3 Uhr Nachmittags.
norðan, adv. von Norden, südwärts.
norðarla, adv. im Norden.
norðlendingr, m. Nordländer.
norðr, adv. nördlich, nordwärts.
norðr, n. der Norden.
norðre, *nyrðre*, comp. nördlich.
nor-rœnn (*ia*), nordgermanisch. < *nord-rœnia-*.
nǫs, f. Nase.
nǫtt, *nótt*, f. (cons.). Nacht.
nú, nun, jetzt.
nunna, f. (*an*), Nonne.
ný-lunda, f. (*an*), Neuigkeit.
ný-nœmi, f. n. Neue Kunde. zu
nýr(r), *ný*, *nýtt* (*ja*), neu. *y* < *ir*.
nýta, *tta* (*i*), benützen, ausnützen. *ý* < *iu*. zu *njóta*.

O, Ó, Œ (Ø), Ǫ, Ǫ́.

ǫ́, f. contr. Wasser, Fluss. < *ahvō*.
ó-, *ú-*, un- (< *un*).
ó-aldar-flokkr, m. Unheilsschar. *ó-ǫld*, Unheil.
oddr, m. Spitze, Speer(spitze). *dd* < *zd*.
ó-djarflegr, »unkeck«, unentschieden.
œðlask (*øðlask?*), *aðask*, gewinnen.
ó-dǫ́ð, f. Unthat. davon
ó-dáðamaðr, m. Bösewicht.
ó-dœmi, n. pl. (*ia*), beispiellose Dinge, Ereignisse, Wunder. zu *dœmi* n. Beispiel.
ǫðrum(m)egin s. *megen*.
ó-eirðar-maðr, rücksichtsloser Mensch. von *eirð*, Rücksicht.
of, älter = *um*, urspr. = ob-, über; zu, zu sehr, auch in Kompositis; dafür auch *af-*, *ofr-*.
ofan, von oben, nieder; mit prpos. oben. *ofan á*, hinauf.
ofan-verðr, adj. oben; später, *o. nótt*, vorgerückte Nacht. *verðr*, vgl. deutsch wärts.
of-át, n. Übermass im Essen.
of-dramb, n. Hochmut, Übermut.
of-drykkja, f. (*jan*), Übermass im Trinken.
of-láte, schw. adj. hochmütig, übermütig.
ǫflugr, stark. zu *afl*.
of-metnaðr, m. (*i*, *u*), Übermut.
ó-forvitenn, nicht »vorwitzig«, nicht wissbegierig.
ofr-efli, n. (*ia*), Überlegenheit an Kraft; etwas, was die Kraft eines (dat.) übersteigt.
ofre, *efre*, comp. *ofst*, sup. zu *of*, obere; *hit ofra*, auf der oberen, der Binnenlandseite.
ó-friðr, m. (*u*), Unfriede, Kampf.
ofr-lið, n. Überzahl (eine Truppe).
of-saga, f. (*an*), Übertreibung in der Rede.
oft, oft.
oftlega, dss.
ǫf-unda, *aða*, beneiden. *ǫf* < *uf-*.
of-valt, *ávalt*, ad. immer.
ó-gildr, ungezahlt, ungebüsst.

ó-glogg-þekn (*ia*), nicht scharfsinnig. zu *gloggr*, *þekkja*.
ógna, *aða*, drohen. *einum einu*.
ó-gǫfugr, nicht angesehen; arm.
ó-gǫrr, *-gorr*, ungethan; adv. *ó-gǫrla*, unvollständig, nicht recht.
ó-greiðr, unbequem, unangenehm.
ógur-legr, schrecklich.
ó-hæfr (*i*), unpassend. zu *hafa*.
ó-hægr (*ia*), unbequem. zu *hag-*
ó-happ, n. Unglück.
ó-heilagr, unheilig, d. i. ohne Anrecht auf Recht und Rache, wie ein Geächteter.
(*ǫk*) *ok*, und, auch; nach Ausdrücken der Ähnlichkeit wie (lat. atque); als Einleitung des Nachsatzes so. < *auk*.
okkarr, pron. poss. uns beiden gehörig. *okk-* < *unk*.
ó-kynni, n. (*ia*), Unwissenheit, Irrtum. zu *kunn-* < *kunþ-*.
ó-lyginn, nicht verlogen. zu *ljúga*.
ó-mannlegr, unmännlich, eines Mannes unwürdig. zu *maðr*.
ǫ́n, ohne. < *ánu*.
ǫnd, f. (cons.), Geist.
ǫnd-vegi, *-ugi*, n. (*ia*), Platz gegenüber dem Hochsitz in der Halle (ein Ehrenplatz); *ǫndugis-maðr*, Inhaber dieses Platzes.
ǫnd-verðr, beginnend, *ǫ-um vetre*, am Anfang des Winters.
ó-nýta, *tta* (*i*), unnütz, ungültig machen. von
ó-nýtr (*ia*), unnütz; heillos; ungültig; *mál*, verlorne Klagsache. zu *njóta*.
ó-orðenn, noch nicht geworden, zukünftig.
óp, n. Ruf, Schlachtruf. < *róp*. davon
œpa, *þa* (*i*), rufen.
openn, offen.
ór, *ýr*, später *úr*, prp. m. dat. aus; adv. daraus. *r* < *z*.
ǫ́r, f. Ruder.
ǫr, f. (*va*), Pfeil.
orð, n. Wort. *o* < *ro*.
orð-gnótt, f. (*i*), Beredsamkeit. zu *gnótt* (< *gnáht*), Überfluss.
orð-góðr, gut, freundlich in der Rede.
orð-tak, n. Sprichwort.
ó-reyndr, unversucht. zu *reyna*.
organ, n. Orgel. (Lehnwort.)

œrindi, *erendi*, *eryndi*, n. (*ia*), Botschaft, Geschäft; Thätigkeit. zu *ǫ́rr*, m. Bote.
œrinn, *ýrinn*, *yfrinn*, übrigs genug; *œrit*, *ýrit*, sehr, ganz. *vera af œrnu* = *r*. *œrit*. (*ufrinn* > *uhrinn* > *örinn* > *œrinn*, und *ufrinn* > *yfrinn*).
ǫr-látr, bereitwillig; freigebig (von *ǫrr* dss.).
ormr, m. »Wurm«, Drache.
ǫrn, m. (*u*), Adler.
órr = *várr*, unser.
orrosta, f. (*ān*), Schlacht.
ór-skurðr, m. (*i*), Entscheidung. zu *skera*.
ǫrva-drifa, f. Pfeilschauer, Pfeilregen. zu *ǫr*.
orygg-legr = *oruggleyr*, furchtlos.
ó-sæ-brattr, nicht steil zur See abfallend.
ó-siðr, m. (*u*), »Unsitte«, Sittenlosigkeit.
ósk-mær, f, »Wunschmaid«, Walkyre.
ǫsku-fǫlr, (*va*), aschfahl. zu *aska*, Asche.
ó-spaklega, adv. unklug.
ǫ́st, f. Annehmlichkeit, Lieblichkeit; Huld, Liebe. < *anstu-*.
ó-tal, n. Unzahl.
ó-trǫls-legr, einem Troll unähnlich.
ó-trú, f. (contr.), Unglaube.
ó-trúr, untreu, unzuverlässig.
ótta, *aða*, med. sich fürchten. *tt* < *ht*.
ó-vandr, unschwer, leicht.
ó-vænn (*ia*), unerwartet. comp. *óvænne*, *óvænstr*. St. *vāni-*.
ó-viða, adv. »unweit«, beschränkt.
ox, *ex*, f. (*iā*, < *akwisiā-*), Axt. st. *øxr*.
oxl, f. (pl. *er*), Achsel.
ó-þykþ, f. Mangel an Einverständnis, Zwietracht. zu *þykkja*.

P.

pallr, m. Bank.
pál-stafr, m. schwerer Speer.
páskar, pl. m. Ostern (Pascha).
pining, f. Peinigung.
pinsl, *pisl*, f. Peinigung.
prœssia, f. (*aa*), Prozession.

R.

(s. auch hr).

ráð, n. Rat, Beschluss; Unternehmen; pl. dss.; *r. til*, Rat für. *taka til ráða*, zu einem Entschluss kommen.
ráða, *réð*, *ráðenn*, raten, beraten; massgebend sein, herrschen; bewirken, ver-

schaffen, *einum eitt; fyrir*, beschliessen, entscheiden über; *á einum*, angreifen; *til*, in Angriff nehmen, Hand an das Werk legen; versuchen, in Besitz nehmen. *ráðask*, sich verfügen, begeben.

ráða-gorð, f. Beratung. *er eitt í r.* etwas ist Gegenstand der B.; Beschluss, Übereinkommen; s. *gorð*.

ráð-gjafe, m. (*an*), Ratgeber. zu *gefa*.

ráð-legr, rätlich.

rafn. *ramn*, m. Rabe.

rœma, f. (*iān*), Band.

ram-legr, stark. zu *rammr*, dss.

rœna, *ta* (*i*), berauben. < *rahnia-*. *einn*, einen; rauben, *einu*, etwas.

rang-látr, schlecht, gottlos. *r* < *vr*.

rangr, schlecht. < *vrangr*.

rasa, *aða*, eilen, »rasen«.

raskott, n. *rǫskóttr*?? hoher Seegang?

rauðr, rot.

raun, f. Versuch, Gefahr.

refsing, f. Strafe.

regin, n. pl. Götter.

regn, n. Regen.

reið, f. Donner.

reiða, *dda* (*i*), zum Schlagen ausholen; [mit acc.

reiðr, zornig. *r* < *er*.

reip, n. Tau, Segeltau, Takelwerk überh.

reisa, *þa* (*i*), aufrichten.

reka, *rak*, *rekenn*, treiben, antreiben, verfolgen, vertreiben; reissen; wegnehmen: *upp*, ans Land treiben. unpers. *rekr einn* (acc.) *undan*, es gelingt einem zu entkommen.

rekja, *rakþa* (*j*), ausbreiten; aufschlagen [(von Büchern).

rekkr, m. Recke.

rek-saumr, m. collectiv., grosse Nägel, eigentl. »Schlagnagel«.

réna, *aða*, schwinden, abnehmen.

renna, *rann*. *runnen* und *renda*, rennen, eilen.

rét(t)-læti, n. (*ia*). Rechtlichkeit, Gerechtigkeit. zu

rét(t)-látr, rechtschaffen. von *réttr*.

rétta, *tta* (*i*), richten; ausstrecken. *tt* < *ht*. von

réttr, recht, richtig, berechtigt. comp. [*are*, *astr*.

reyðr, f. (*ia*). Walfischart.

reykelsi, n. Räucherwerk. (*reykr*, Rauch.)

reyk-mikill, stark an Rauch; *er reykmikit*, es giebt starken R.

reyna, *da* (*i*), erproben.

ríða, *reið*, *riðenn*, reiten.

riðare, *riddare*, m. (*an*, *ian*), Ritter.

rífr, reichlich. comp. *are*, *astr*.

ríki, n. (*ia*), Macht. zu *ríkr*.

rikis-maðr, m. mächtiger, angesehener [Mann.

ríkr (*ia*), reich, mächtig.

rimma, f. (*ūn*), Schlacht.

rísa, *reis*, *risenn*, sich erheben.

rise, m. (*an*), Riese.

rísta, *reist*, *ristenn*, schneiden; scharfe Bewegungen machen. *krók*, eine Wendung, Biegung machen.

rjóðr, n. Reutung, freie Stelle im Walde. (*rjóða*, reuten, ausroden.)

rjúfa, *rauf*, *rofenn*, »zerraufen«; *mál*, brechen.

róa, *rœ*, *rera*, *róenn*, rudern. St. *rór-*.

roða, *aða*, röten, *á* — etwas.

rœða, f. (*iān*), Rede.

rǫdd, f. Stimme. *dd* < *zd*.

róðr, m. (*u*), das Rudern. St. *róðr-*.

róg, n. Verleumdung, Gezänke, Streit. davon

rœgja, *ða* (*i*), verleumden, durch Verl. aufhetzen. *saman*, gegen einander.

róg-bere, m. (*an*), diabolus, Verleumder. zu *bera*.

rokkr, n. Dämmerung. < *rekraz*.

rómr, m. Lärm von Stimmen.

rǫskenn, *roskenn*, erwachsen.

rǫskr, (*ea*), »rasch«, kühn.

rǫsklegr, von kühnem Aussehen.

rót, f. (cons.), Wurzel. *r* < *vr*.

rúm, n. Raum, Binnenraum, Bettstelle; Zwischenraum zwischen zwei Ruderbänken s. *hálfrými*.

ryðja, *rudda* (*j*), roden, leeren, räumen. s. *rjóðr*.

rympill, m. Beiname: Polterer? Runzel?

S.

Sá, *sú*, *þat*, der, die, das. *því*, dat. n. deshalb, dadurch, vor Kompar. desto. *þess*, gen. n. deshalb.

sá, *sera* (*sáenn*) und *sáða*, *sáðr*, säen. [*einn*, etwas.

sáð, n. Saat. zu *sá*.

sæði, n. (*ia*), dss.

saðr und *sannr*, *sǫnn*, *satt*, wahr. eigentl. »seiend«. St. *sanþ-*.
safale, m. (*an*), Zobel. (Lehnwort.)
saga, f. (*ān*), »Sage«, Erzählung.
saka, *aða*, anklagen, tadeln.
sakar-staðr, m. (*i*), Klagtitel, Stellung unter den Klagberechtigten.
sakna, *aða*, vermissen; *eins*.
sála, f. (*ān*), Seele. *á* < *aiv-?*
sælingr, m. gesegneter, reicher Mann. zu *sæll* (*ia*), selig, glücklich. St. *säli-*.
salr, m. Saal.
sam-, in Kompositis con-, zusammen-, [gleich-.
sama, *ða*, *da* (*aj*), geziemen.
saman, adv. zusammen, miteinander. *einn-saman*, allein für sich, »einsam«.
sam-dægris, gen. adv. desselben Tages. (*-dægri*, n. Tag, 24 Stunden.)
same, schw. adj. seltener *samr*, gleich, *hinn same*, derselbe.
sam-fastr, verbunden, enge beisammen, in geschlossener Reihe.
sam-flot, n. gemeinsame (See-)Fahrt.
samna, *safna*, *aða*, sammeln. med. sich sammeln. zu *saman*.
sam-neyti, n. (*ia*), Verkehr, Gesellschaft, Vereinigung.
samr s. *same*. *samt*, zusammen; *á s.*, dss. *koma á s.*, »zusammenkommen«, d. i. zu stande, überein kommen.
sam-tíða, schw. adj. gleichzeitig.
sandr, m. Sand; pl. Sandfläche.
sanna, *aða*, bewahrheiten. med. sich bestätigen. zu *saðr*.
sann-sýnn (*ia*), das Richtige erkennend, gerecht.
sær, *sjǫr*, *sjár*, *sjór* (*va*), See, Wasser.
sár — *sá er*.
sár, n. Wunde. davon
særa, *ða* (*i*), ver»sehren«, verwunden.
sár-, sehr.
sár-beittr, sehr scharf.
sárr, versehrt, verwundet. zu *sár*.
sæta, *tta* (*i*), nachstellen; auf etwas hindeuten. *hví sætir þat*, worauf läuft das hinaus? zu *sitja?*
sæti, n. (*ia*), Sitz. zu *sitja*.
sætt, *sǫtt*, f. (*i*), Vertrag, Versöhnungsvertrag. pl. dass. *tt* < *uht*. dazu
sætta, *tta* (*i*), versöhnen; med. *sættask á*, beilegen.
sáttr, versöhnt. *á* einig über —.
sauðr, m. (*i*), Schaf.
sauða-hús, n. Schafstall.
saurga, *aða*, verunreinigen. zu *saurr*.
saur-lífr, n. (*ia*), schmutziges, unheiliges Leben. von
saurr, m. Schmutz, Unrat.
saurugr, *-egr*, schmutzig.
sax, n. Messer, Schwert; vordere Kante des Schiffes.
segja, *sagða* (*aj*), sagen; *á einum*, über jmd.; *sik til*, sich ansagen zu; *ór*, sich abmelden, seinen Austritt erklären.
seinn, spät, langsam. n. *seint*, kaum. St. *sein-*.
sekr (*ja*), verurteilt. zu *sǫk*. dazu
sekþ, f. Strafe.
selja, *da* (*j*), hergeben, verkaufen.
sem, wie; = *er*, Relativpartikel; zur Bildung von Relativen: *hvar sem*, wo, ubicunque; bei superl. = lat. quam; bei comp. *því — sem*, je — desto.
senda, *da* (*i*), senden. dazu
sendi-maðr, m. Gesandter, Bote.
senn, adv. bald; zugleich.
sess, m. Sitz. St. *sess-*, < *set-t* zu *sitja*.
setja, *setta* (*j*), setzen; *s. upp skip*, auf das Trockene bringen; *til*, bestimmen. *setjask*, sich setzen.
sétte, sechste. *tt* < *ht*.
sex, 6.
sex-tán, 16.
sí-byrða, *ða* (*i*), Breitseite an Breitseite legen. *sí* < *sin*, zusammenhängend; *byrða* zu *borð*.
síðan(n), adv. später, dann; mit und ohne *er* seit.
síðar(r), adv. comp. später; um — dat. *síða(r)st*, sup.
síðare, adj. comp., *síða(r)str*, sup. später, [spätester.
síðir in *um síðir*, zuletzt.
siðr, m. (*u*), Sitte.
síðr, adv. comp. weniger; sup. *sízt*.
sigla, *ða*, *da* (*i*), segeln. *gótt veðr*, bei gutem Wind.
sigling, f. das Segeln.
sigr, m. Sieg. St. *sigr-*.

silfr, n. Silber.

silki, n. (*ia*), Seide. < *sericum*.

silla = *síðla*, adv. spät.

sin, f. Sehne.

sín, *sér*, *sik*, pron. refl. sein, sich.

sín-gjarn, selbstsüchtig, habsüchtig. zu *sín*. *gjarn*, begehrend.

sínn (*sinn*), *sín*, *sitt*, sein; *hrárt sinn dag*, jedes von beiden je einen Tag.

sinn, n. und *sinni*, n. (*ia*), »Gang«, -mal; *einhverju sinne*, einstmals. *i —sinn*, zum —vielten Male; *um sinn*, noch einmal.

sitja, *sat*, *setenn*, sitzen; *einu rið einn*, sich mit — gegen Jemand einlassen.

sjá, *sá*. *sénn*, sehen; *fyrirsjá*, vorsehen, sorgen; mit inf. trachten. St. *sehr-*.

sjá s. *þessi*.

sjaldan, adv. selten.

sjá-legr, ansehnlich.

sjálfr, selbst.

sjau, 7.

sjóða, *sauð*, *soðenn*, sieden, kochen; bildl. *fyrir sik*, in sich verarbeiten, erwägen.

sjón-hverfing, f. »Wandlung des Aussehens«, Sinnestäuschung.

skaðe, m. (*an*), Schaden. dazu

skað-samr, schädlich, nachteilig.

skále, m. (*an*), grosse Halle des Hauptgebäudes.

skam-degi, n. (*ia*), bruma, kürzester Tag. zu

skam(m)r, eng, kurz.

n. *skamt*, adv. nahe dabei, s. *milli*, nahe beieinander. *til skamrar stundar*, bis vor kurzer Zeit.

skam-talaðr, wortkarg. zu *tala*.

skap, n. Beschaffenheit; Neigung. *vera at skape*, nach Wunsche sein; *koma skape rið einn*, auskommen mit einem. dazu

skapa, *aða*, schaffen. *skapaðr*, ptc. beschaffen.

skapere, *-are*, m. (*an*), Schöpfer.

skap-feldr, zusagend. zu *falla* oder *falda*.

skap-góðr, gut gelaunt; *er mér sk.*, ich bin g.

skap-harðr, von hartem Sinn.

skap-lyndi, n. (*ia*), Gesinnung, Neigung.

skapnaðr, m. (*i*), Fügung; Gehörigkeit; *skapnaðar orindi*, passender Auftrag.

skap-stórr, hochgesinnt; hochmütig.

skap-raun, f. Störung der Stimmung, Verdruss.

skap-raunar-lauss, ohne Verdruss.

skarlat, n. Scharlach.

skarpr, scharf.

skaut, n. »Schoss«, »Schoote«, Zipfel.

skegg, n. (*ja*), Bart.

skeið, n. Lauf; Zeitraum, Zeit.

skelkr, m. Furcht.

skella, *da* (*i*), (»schellen«), Lärm, lärmende Bewegungen machen.

skemma, f. (*iān*), Kabinet, Zimmer. zu *skemton*, *-an*, f. Zeitvertreib. [*skammr*.

skenkja, *þa* (*i*), einschenken.

sker, n. (*ja*), Schere, Klippe.

skera, *skar*, *skorenn*, schneiden, zerschneiden.

skíð-garðr, m. Umzäunung von »Scheitern«, Palissaden.

skifta, *ta* (*i*), »schichten«; entscheiden; *skiftir um*, es entscheidet sich; verteilen, *einu með*, unter; *til*, an; *í*, teilen in; med. *skiftask millim*, sich teilen unter, verteilen auf; *skifta einu rið einn*, vergelten; austauschen.

skikkja, f. (*ān*), Mantel, Überkleid ohne Ärmel.

skil-getenn, in gesetzmässiger, anerkannter (*skil* Kenntnis) Ehe geboren. Gegensatz *laungetenn*.

skilja, *ða* (*j*), trennen, scheiden, unterscheiden, merken, denken, verstehen; *úskilja*, *skilja á —*, uneinig machen; *eitt til —*, zur Bedingung machen; *fyrir* dss.; *under einum*, vorbehalten.

skilnaðr, m. (*i*), Trennung; Entscheidung.

skinn-vara, f. Pelzware. *skinn*, Fell.

skip, n. Schiff.

skipa, *aða*, anordnen, ordnen, einrichten, bestimmen; *einum í —*, einen beordern in, Platz anweisen in; *skip*, bemannen; *með*, zuteilen. *skipask*, sich verteilen.

skip-saumr, m. collect., Schiffsnägel.

skip-stjórn, f. Schiffsleitung.

skip-verjar, pl. m. (*ja*), Schiffsleute.

skírn, f. Taufe, eigentl. Reinigung.

skjald-mær, f. (*ja*), Schildmaid, Walkyre, zu

skjǫldr, m. (*u*), Schild.

skjóta, *skaut*, *skotenn*, schiessen; schnell bewegen, etwas *einu*; *sk. niðr knjámum*, auf die Kniee fallen; *lykkjunum*, sich in Windungen bewegen; *báte*, aussetzen; unpers. *skýtr einum eitt* (acc.) *í*, es dringt einem etwas in —.

skjótla, adv. schnell. zu

skjótr, schnell; kurz. zu *skjóta*.

skógóttr, waldig. von

skógr, m. (*i*), Wald.

skolo, *skal*, *skolda*, sollen; werden; unpers. *skal*, man soll, muss.

skǫmm, f. (pl. *er*), Schande, Beschämung.

skorta, *ta* (*aj*), mangeln.

skǫrulegr, tüchtig, gehörig. comp. *are*, *astr*.

skǫrungr, m. ganzer Mann, tüchtiges Weib.

skot, n. Schuss. zu *skjóta*.

skot-kesja, f. (*ān*), Wurfspeer.

skot-mál, n. Schussweite.

skraf, n. Gerede, Unterhaltung. *taka s.*, sich in ein Gespräch einlassen.

skrið-ljós, n. »Gehlicht«, d. i. Laterne.

skrok-maðr, m. der *skrok*, erdichtete Geschichten erzählt, Aufschneider.

skugge, m. (*an*), Schatten.

skuldar-maðr, m. Schuldner. von *skuld*, f. Schuld.

skúr, f. (pl. *er*), Regenschauer.

skúta, f. (*ūn*), schnelles Schiff.

skut-bygge, m. (*jan*), Bemannung des hinteren Schiffes. von *skutr*, m. ebenso

skut-festr, f. (*ia*), Tau am Stern des Schiffes.

slá, *sló*, *slegenn*, schlagen; *á*, anschlagen, *fagr-mæli*, einen freundlichen Ton; unpers. *slær í*, es kommt zu —; *slásk*, sich schlagen; *í ferð eins*, sich auf die Reise mit jmd. begeben. St. *slah-*, *slag-*. dazu

slag, n. Schlag, Verlust.

slefa, f. (*ān*), saliva, Speichel.

sléttr, schlicht, glatt, eben. *tt* < *ht*.

slíkr, »solcher«.

slíta, *sleit*, *slitenn*, schleissen, zerreissen. dazu

slitna, *aða*, zerrissen werden.

slá, f. Stange; Riegel.

slœgð, f. Schlauheit, Verschlagenheit.

slœma, *ða*, *da* (*i*), schwingen, ausholen, mit *einu*.

smala-maðr, m. Hirt des

smalı, m. (*an*), Kleinvieh, Schaf.

smá(r), klein. < *smah-*.

smá-skitlegr, schmächtig.

smiða, *aða*, schmieden, anfertigen.

smiðar-kol, n. Schmiedekohle.

smiðr, m. Schmied, Künstler.

smyrsl, n. Salbe, Salböl. zu

smyrra (*aj*), »schmieren«, salben.

snara, *aða*, schnell wenden; o. schnelle Bewegung machen; *hjá—*, an — vorbei drängen.

snarp-eggjaðr, mit scharfer Schneide.

snarpr, scharf, heftig, hart.

snarr, schnell, rüstig. St. *snar-*.

snemma, *snimma*, adv. früh.

snjallr, »schnell«, gewandt.

snúa, *snora*, *snúenn*, wenden, *einu*; eilen nach —; *snúask*, sich wenden.

sǫðla, *aða*, satteln. < *saðulō-*.

sofa, *svaf*, *sofenn*, schlafen. dazu

sofna, *aða*, einschlafen.

sǫk, f. (pl. *ar*, *er*), Sache; caussa, Klagsache, Ursache. *af sǫkum eins*, wegen; *fyrir sakir eins*, dss.; *vera til saka*, von Bedeutung sein.

sœkja, *sótta* (*i*), suchen, losgehen auf, s. Richtung nehmen auf, in Angriff nehmen; *mál*, prozessieren, *sœkjande*, der Kläger; *at einum*, angreifen; *einn*, jmd. etwas anhaben, ihn verwunden; *til—*, zu bekommen suchen.

sokkva, *sǫkk*, *sokkenn*, sinken. *kk* < *nk*.

sókn, f. (*i*), Klage vor Gericht; Angriff. [zu *sœkja*.

sól, f. Sonne.

sólar-roð, Sonnen-, d. i. Morgenrot.

sœmð, *sœmd*, f. Ehre, Ansehen.

sóme, m. (*an*), dss. dazu

sœmi-legr, ehrenvoll. *-lega*, adv.

sǫngr, m. (*va*), Gesang, Musik.

son(r), *sun(r)*, m. (*u*), Sohn.

sœtr (*ia*), süss.

sótt, f. (*i*), »Sucht«, Krankheit. *tt* < *ht*. zu *sjúkr*.

sótt-dauðr, an Krankheit gestorben.

spá, *ða* (*aj*), voraussehen, prophezeien.

spá-dómr, m. Weissagung. [< *spah-*.

spakr, umsichtig, vorsichtig.

spá-maðr, m. Seher. zu *spá* ebs.

spá-saga, f. (*ān*), Prophezeiung.
speki, f. (*īn*), Klugheit. zu *spakr*.
spekþ, f. dass.
spǫ́, f. Prophezeiung.
spor, n. Spur, Fussspur, bestimmte Stelle.
sporðr, m. Fischschwanz, Drachenschwanz.
spott, n. Spott.
spretta, *spratt*, *sprottenn*, aufspringen; *upp — undan*, auf- und davoneilen, hervorbrechen, wachsen. *tt* < *nt*.
spyrja, *spurða* (*j*), fragen, erfragen, aus- »spüren«; *at*, fragen nach; *til*, erfahren. zu *spor*.
spyrna, *da* (*i*), spornen; mit dem Fusse gegen etwas stossen.
stað-fastr, beharrlich, beständig. comp. *arc*, *astr*. zu
staðr, m. (*i*), Stätte, Stelle.
stagbrellr, m. ? Beiname.
stál, n. Stahl.
stál, n. Schiffsvorderteil. < *stahl* < *staðl-*.
stafn, m. Steven, Schiffsvorderteil.
standa, *stóð*, *staðenn*, stehen, erstehen; bestehen, stehen bleiben, halten; *upp* aufstehen; *til*, sich verhalten (vgl. »Zustand«), vorhanden sein, bestehen, *sem lǫg stóðu til*, wie es Gesetz war.
starf, n. Arbeit.
steðja, *stadda* (*j*), stellen. ptc. *staddr* stehend, befindlich, *fyrir st.* gerüstet, vorbereitet, geeignet.
stefna, f. (*ān*), Ladung für einen bestimmten Termin, *til* nach; Frist bis dahin. zu
stefna, *da* (*i*), sich nach etwas wenden, beabsichtigen, *til* zielen auf; »bestimmen«, *einum*, laden, citieren.
stefnu-lag, n. Vertrag wegen einer Zusammenkunft.
stein-hús, n. Haus von Stein.
steinn, m. Stein. St. *stein-*.
stela, *stal*, *stolenn*, stehlen.
sterk-legr, stark von Aussehen. zu
sterkr (*ia*), stark.
steypa, *þa* (*i*), stürzen, niederwerfen, überwerfen. *einn*, etwas.
stiga, *sté*, *stigenn*, steigen.
stige, m. (*an*), Stiege.
stilla, *ta* (*i*), stellen. *s. svá*, dahin bringen; stillen, mässigen. ptc. *stiltr*, gemässigt, besonnen.

stinga, *stakk*, *stungenn*, stechen, *af stokke við*, vom Sitz niederstechen, d. i. im Stiche lassen, Schaden zufügen lassen.
stjórn, f. (*i*), Steuerung. zu *stýra*.
stjórn-byrðingr, m. Steuerbordsmann.
stóð, n. Stute.
stofna, *aða*, veranstalten.
stokkva, *stǫkk*, *stokkenn*, fliehen, *undan*, dss. [*kk* < *nk*
stólpe, m. (*an*), Pfeiler.
stolz, stolz. (Lehnwort.)
stǫng, f. (cons.), Stange.
stór-, in Kompos. gross, sehr.
stór-gjǫf, f. grosse Gabe.
stór-illa, adv. sehr schlimm.
stór-smíði, pl. n. (*ia*), grosses Kunstwerk, feste Arbeit, »Geschmeide«.
strengr, m. (*ia*), Strang, Seil. *heimta under strengi*, holen und an Seilen befestigen.
strjúka, *strauk*, *strokenn*, streichen, bürsten.
strǫnd, f. (cons.), Strand.
stuðell, m. Pfahl.
stund, f. (pl. *er*), (»Stunde«), Zeit, *um st.* einige Z. hindurch; *stundum*, zuweilen.
styðja, *studda* (*j*), stämmen, stützen.
styggð, f. Gehässigkeit. zu
styggr, gereizt, feindselig. < *stiggv-*?
stynr, m. (*ja*), »Stöhnen«.
stýra, *ða* (*i*), steuern; Einfluss haben auf-, besitzen, zur Verfügung haben, überwachen. *einu*, zu *stjórn*.
styrkja, *þa* (*i*), stärken, unterstützen.
styrkr, m. (*ja*), Stärke, Unterstützung.
styrkr, adj. = *sterkr*, stark. comp. *jarc*. [*fastr*.
súð, f. Plankenwerk, Schiffsbord.
suðr, n. Süden. < *sunþr*.
suðr, adv. südwärts.
suðr-maðr, Südländer d. i. Deutscher, Franzose.
sultr, m. (*i*), Hunger.
sumar, n. Sommer.
sumr, quidam. pl. einige.
sund, n. Sund.
sundr, adv. besonders, getrennt. *i s.*, entzwei, auseinander.
sundr-þykki, n. (*ia*), Meinungsverschiedenheit, Zwietracht.
sunnan(*n*), von Süden, nordwärts. < *sunþan*
svá, so. *ok svá* und so auch, und auch: *svá slíkr* oder *svá* allein vor Subst. solch ein.

svar, n. Antwort.
svara, *aða*, antworten.
svarð-lykkja, f. (*jan*), Ringe, Schlingen von Leder (*svǫrðr*, m. Schwarte).
svartr, schwarz.
svefn, *svǫfn*, m. Schlaf.
sveinn, m. Bursche. St. *svein-*.
sveit, f. (pl. *er*), Distrikt, Gegend; Schar.
sveitungr, m. derselben *sveit* Angehörender, Genosse, Kamerad.
svell, n. hohles Eis.
sverð, n. Schwert.
sverja, *sór*, *svarenn* und *svarða*, *svariðr*, schwören, beschwören.
svifa, *sveif*, *svifenn*, sich wenden; von Schiffen: treiben. *svífr skipe*, e. Sch. wird getrieben.
svipta, *ta* (*i*), schnell stossen; abstreifen, Segel einziehen.
svik, n. Verrat. pl. dss.
svikere, *-are*, *sykere*, m. (*an*), Verräter.
svi-virða, *ða* (*i*), entwürdigen, schmähen.
syðre, *synnre*, schw. adj. südlich. < *sunþir-*.
sylgja, f. (*jan*), Schnalle, Spange.
sýn, f. (*i*), Erscheinung, Gesicht. < *si(g)uni-*. zu *sjá*. dazu
sýna, *da* (*i*), zeigen. *sýnask*, scheinen.
synd, *f*. Sünde. < **suniðu*.
syndugr, sündig.
syngva, *sǫng*, *sungenn*, singen. *y* < *i*.
synnre s. *syðre*.
sýsla, f. (*an*). Geschäft. Amt. Amtsbezirk.
syster, f. (cons.), Schwester.
systkin, pl. n. Geschwister verschiedenen Geschlechtes.

T.

taka, *tók*, *tekenn*, mit acc., dat. nehmen, empfangen, annehmen, aufnehmen und fortsetzen; wählen; reichen bis —; unpers. es geht (gut, schlecht); *taka ráðs*, beschliessen; *at* m. inf. anfangen zu; *ofan*, niederreissen; *upp*, aufnehmen. ins Leben rufen; *til* ergreifen, beginnen. *til máls*, zur Besprechung bringen, an der Stelle weiterfahren (in d. Erzahlung), wo —; *aftaka*, umbringen; unpers. *tekr fram* (*it* acc.), es kommt zum Vorschein.
tákn, n. Zeichen, Symbol. (Lehnwort. ags.)
tal, n. Rede, Besprechung. *er um tal við*. es ist die Rede von. dazu
tala, *aða*, sprechen, sich besprechen.
tefja, *tafða* (*j*), stören, beeinträchtigen.
tegr, *tigr*, m. (*u*), Zehnzahl, 10. *hálfr fjórðe t.* 35.
telgja, *ða* (*i*), zuhauen, zuschnitzen.
telja, *talða* (*j*), zählen; sprechen; *á* tadeln; *teljask undan* sich (mit Worten) weigern.
tengja, *ða* (*i*), zusammenkoppeln. [zu *tala*.
teygja, *ða* (*i*), ziehen.
tíð, f. (pl. *er*), Zeit; Fest, Gottesdienst zu bestimmter Zeit.
tíðendi, *-indi*, pl. n. (*ia*), »Zeitung«, Nachricht, Neuigkeit. *verða til tíðenda*, sich ereignen; *til tíðenda* = *sem er t. t.* etwas Neues, ein Ereignis.
tíðr, häufig, viel gerühmt, bekannt; *títt* = *tíðendi*, *er títt*, es ist eine Neuigkeit; *sem tíðast*, aufs eiligste.
tigr s. *tegr*.
til, prp. m. gen. zu, in Bezug auf. adv. = *til þess*, dazu u. s. w.
til-læti, n. (*ia*), Nachgiebigkeit, Gefälligkeit.
til-tala, f. (*an*), Anspruch auf —.
timbra, *ða*, zimmern, bauen.
tíme, m. (*an*), Zeit. — mal. *í annann tíma*. zum zweiten Mal.
tína, *da* (*i*), sondern, erzählen.
tiu, 10. < *tehu-*. s. *tegr*.
tjá, *tèða* (*j*), zeigen, erweisen. < *taihia-*. *tihia-*?
tjald, n. Zeltdach. üb. Schiffen, Betten u. s. w.
togr = *tegr*, *tigr*.
tólf, 12. < *twalif*?
tor-, *δυσ-*, schwer-.
tor-unnenn, schwer gewonnen, schwer zu gewinnen.
trana, f. (*an*), Kranich (Schwertname).
traust, n. Trost. Zuversicht; Schutz.
traustr, zuverlässig. fest.
trauðr, widerstrebend; n. adv. *trautt* kaum.
tré, n. (*va*). Baum. Holz; Mastbaum.
trege, m. (*an*), Trauer.
treysta, *ta* (*i*). 1) prüfen auf die Stärke; 2) *t. sér*, getrost sein.
troll, junger *trǫll*, n. übermenschliches Wesen (an Gestalt und Gaben).

trú, f. Glaube; christlicher Glaube.

trúa, f. (*ān*), dss., *þat veit trúa min*, meiner Treu!

trúa, *ða* (*aj*), trauen, glauben; *á*, an.

trú-fastr, fest im Glauben.

trú-fylgja, f. (*iān*), Gehorsam im Glauben, d. i. rechter Glaube.

trú-legr, getreulich, gewissenhaft.

trúr(*r*), treu, gläubig, aufrichtig.

trygð, f. Treubündnis, Friedensvertrag. *mæla fyri trygðum*, den Friedensvertrag durch formelle Eide bekräftigen. zu

tryggr, treu. < *triggo-*.

tuttugu, 20. < *trö-tugu?*

tveir, *tvær*, *tvau*, 2.

tvenner, je 1. < *twihn-*.

tví-tug-sessa, f. (*ān*), 20-Ruderer.

tylft, f. Dutzend. < *tolfiðu*.

týna, *da* (*i*), verlieren.

U, Ú

(s. auch unter ó-).

uggа, *ða* (*aj*), fürchten.

úlfr, m. Wolf.

um, *umb*, prp. mit acc. 1) = *of* über hin, hindurch, *um stund*, eine Zeit lang, *um nótt*, über Nacht, *um dagenn eftir*, am nächsten Tag; *um fram*, über hinaus, mehr als. 2) = *umb*, um, gegen, in Betreff, wegen. adv. = *þarum*, *um þat*; bei Verbis meist nicht übersetzbar, hebt nur die Beziehung des Subjektes zum Prädikat (zur Handlung) hervor.

umb- = *um-*.

um-brot, n. Umsturz, gewaltsame Veränderung. pl. dss.

um-hverfis, gen. adv. ringsum. *um-hverfi*, n. Umgang.

um-ráð, n. Beihilfe. s. *ráð*.

um-rœða, f. (*iān*), Gespräch, Unterredung, Besprechung über. s. *rœða*.

una, *ða* (*aj*), bleiben, beharren bei, zufrieden sein mit. < *vuna*. dazu

unað, n. Wonne, Freude, Glück.

unað-samlegr, lieblich, wonnig.

undan, adv. von unten, unter etwas hinweg; bei Verbis ent-.

undan, prp. m. dat. von, unter etwas weg, aus dem Bereich von —.

undar-legr, wunderlich, wunderbar.

under, prp. mit dat. unter, im Bereiche von, zur Verfügung von. mit acc. unter, in das Bereich von. *under veðr*, dem Wind entgegen.

undr, n. Wunder.

undrask, *aðask*, sich wundern. *eitt*, über etwas.

ungr, jung. < *jung-*. comp. *œre*, *œstr* u. *yngre*, *yngstr*.

unna, *ann*, *unna* (*unða* eigentl. zu *una*), *unnat* u. *unt*, lieben, *einu*, etwas.

upp, adv. aufwärts, hinauf. verbunden mit Präpos. *upp í* hinauf nach, *á upp*, hinauf auf, *upp með*, aufwärts, oben an. In Kompos. meist *up-*.

uppe, adv. oben. *vera u.*, am Leben sein.

up(p)-ganga, f. (*ān*), Besteigen (d. Schiffes).

up(p)-haf, n. Anfang.

úr s. *ór*, aus.

úregr, aufgeregt, unbändig (vom Vieh).

út, ad. hinaus, heraus. *koma út*, vom Auslande heimkommen. dazu

utan, adv. von aussen, von — heraus; aussen. prpr. m. gen. ausser, ohne.

út-borðe, m. (*an*), Aussenbord, Schiffsrand auf der Seeseite.

úte, draussen, comp. *utar(r)*, *uta(r)st*. s. *út*.

úti-búr, m. Aussenhaus, mit dem Hauptgebäude des Hofes nicht zusammenhängendes Haus.

út-vegr, m. Ausweg.

V.

váðe, m. (*an*), Gefahr.

vá-gestr, m. (*i*), »Wehegast«.

vagga, *f.* (*ān*), Wiege.

vaka, f. (*ān*), Wache, das Wachen.

vaka, *þa* (*aj*), wachen.

vakna, *aða*, erwachen. *vaknaðr*, ptc. wach.

vald, n. Gewalt, Macht; Fähigkeit.

valda, *olla*, *olda* (anom.), walten, *einu*, veranlassen.

válk, n. Schwanken, unruhiges Hin- und Herziehen.

vamm, n. Flecken, Schandfleck.

væna, *da* (*i*), wähnen, meinen. s. *ván*.

vande, m. (*an*), Gewohnheit.

vand-lega, adv. sorgfältig, genau. comp. *-ar*.

vandr, schwierig, *koma vant við um*, schlimm wegkommen, in eine schwierige Lage kommen durch
vándr, schlimm, schlecht.
vand-ræði, *vendræði*, n. (*ia*), Schwierigkeit, Unannehmlichkeit.
ván-fole, m. (*an*), viel versprechendes Fohlen oder Fohlen, das noch erprobt werden wird oder muss.
vænn (*ia*), viel versprechend; schön. St. *vāni-*.
vanr, gewohnt. *vant*, n. Gewohnheit.
vanr, mangelnd, *er vant eins*, es fehlt.
vænta, *vætta*, *ta* (*i*), erwarten. *eins at einum*, etwas von jmd. *væntir mik*, ich vermute, ahne. zu *vǫ́n*.
vápn, n. Waffe. davon
vápna, *aða*, waffnen.
vápna-burðr, m. (*i*), Werfen von Geschossen.
vár, n. Frühling.
vára, *aða*, Frühling werden.
vara, *ða* (*aj*), unp. es ahnt, *mik*, ich ahne.
varð-maðr, Wächter, Vorposten, zu *vǫrðr*, ebenso
varð-veita, *ta* (*i*), bewachen, bewahren. zu *veita*, erweisen.
varð-veitsla, f. (*ōn*), Bewachung.
vár-kunn, f. (*i*), Mitleid, Gnade, Nachsicht, was N. verdient. zu *vǽ*, Wehe? *kunn* < *kunþ*.
varnaðr, m. (*i*), Ware. zu *vara*, Ware.
varningr, m. dss.
várr, *vǫ́r*, *várt*, *órr*, unser.
varr, gewahr. *verða varr við*, gewahr werden etwas.
vás, n. Feuchtigkeit; Reisebeschwerden.
vasklegr, tapfer. [zu *vátr*.
væta, *ta* (*i*), befeuchten. zu *vátr*.
vatn, n. Wasser, See.
vátr, feucht, nass.
vætta = *vænta*.
vættr, m. Wesen, *ekki vætta*, nihil rerum, gar nichts. < *vaiht-*.
váttr = *vǫttr*, m. (*u*), Zeuge.
vætt-vangr, m. Platz der (Mord-)That, Schauplatz. (*vangr*, m. Feld.)
vaxa, *óx*, *vaxenn*, wachsen.
vé, n. Heiligtum. < *vīh-*.
veð, n. (*ja*), Wettpfand.
veðr, n. Wetter, Wind. St. *veðr-*.
ve-fang, n. Urteilsspaltung (bei mangelnder Majorität oder Einstimmigkeit); *ve-*, verneinendes Präfix. *fang*, Erwerb.
vefangs-mál, n. Appellationssache.
vefengja, *ða*, *da* (*i*), Urteilsspaltung erlangen, hervorrufen.
vefja, *vafða* (*j*), einwickeln, verwickeln, in Unordnung bringen.
vega, *vá*, *vegenn*, schlagen, töten, *á einum*, *at einn*, *einn*.
veggr, m. (*ja*), Wand, Mauer.
vegr, m. 1) Ehre, Ruhm.
vegr, m. 2) (*i*), Weg, Art und Weise. acc. *veg* mit adj. auf — Weise.
veg-semð, f. Ehre. zu *vegr* 1).
veiðr, f. (*ia*), Fang, Jagd, Waidwerk. dazu
veiða, *dda* (*i*), fischen, jagen.
veita, *tta* (*i*), zuteilen, erweisen, sich erweisen. davon
veitsla, f. (*ōn*), »Erweisung«, Bewirtung, Festschmaus; pl. Übertragung von Land (zu festem Besitz, während *lén* Eigentum des Königs bleibt).
vekja, *vakþa* (*ja*), erwecken, *eitt við einn*, bei einem in Erinnerung bringen.
vel, adv. wohl, auch mit *vera* verbunden = *gott*.
vél, f. (pl. *er*), List, Betrug. dazu
véla, *ta* (*i*), betrügen.
velja, *valða* (*j*), wählen.
venda, *da* (*i*), wenden, sich wenden, umkehren.
vendræði s. *vandr*.
vera s. *vesa*.
verða, *varð*, *orðenn*, werden; *at*, zu; *verðr eitt af*, es wird etw. daraus; *v. at*, mit inf. müssen; *v. fyrir*, Gegenstand werden für, getroffen werden von; *verðr eitt fyrir einum*, es thut einer etwas zufällig.
verð-kaup, n. Lohn. (älter *verk-kaup*.)
verðr, wert. *enskis*, nichts w.
verja, *varða* (*j*), wehren, verteidigen. *verjande*, der Beklagte.
verk, n. Werk.
verpa, *varp*, *orpenn*, werfen.
verre, comp. schlechter. sup. *verstr*; adv. *verr*, *verst*.
vesa, *vera*, *vas*, *veret* (praes. *em*), sein; *til vera*, vorhanden sein; *eitt er til*, ist

übrig; *þar*, dasein; *er at gerva*, es ist zu thun, man muss thun; *at* —, beteiligt sein bei; *til* —, dienen zu, förderlich sein für —.
vesall, elend, arm. davon
vesallegr, ärmlich, unbedeutend.
vestan, adv. von Westen, ostwärts.
vestarla, *vestarlega*, westlich.
vestr, westwärts.
vestr-ætt, f. (*i*), Westgegend. zu *ǫtt*, *ætt*.
vetr, m. *u* (cons.), Winter; bei Zählungen = *ár*, wie *nótt* = Tag und Nacht zusammen.
við, *viðr*, prp. m. dat. gegen, entgegen, zu. m. acc. bei, gegen; mit, durch; zu; gegenüber.
við, adv. = *þar við*, *við þat*, *því*.
viða, f. (*ān*), Mastbaum. zu *viðr*.
viða, adv. weit. comp. *viðara*.
viðar-ox, f. Holzaxt. zu *viðr*.
víð-fǫrull, weitgereist.
viðr, m. (*u*), Holz, Baum, Mast. *at viðum*, mit stehenden (aber blossen) Masten.
víðr, weit.
viðr- = *við-*.
viðr-eign, f. (*i*), Verkehr, Umgang.
við-sjá-verðr, bedenklich. eigentl. »zusehenswert«.
við-skifti, pl. n. Verkehr; Streit. zu *skifta*.
við-taka, f. (*ān*), Aufnahme, Willkomm, Widerstand gegen Angriffe. pl. dss.
við-vǫrunar-verðr, zur Vorsicht (*viðrǫrun*) mahnend.
víg, n. Kampf, Tötung im Kampf.
víg-fleke, m. (*an*), Schutzwand gegen Pfeile u. s. w.
víg-gyrðla, *aða*, mit dem *víggyrðill* (Schutzwand an Bord) versehen.
vígja, *ða* (*i*), »weihen«.
vígr (*ia*), kampftüchtig.
vika, f. (*ān*), Woche (urspr. 5tägig).
vikja, *ýkva*, *veik*, *veyk*, *vikenn*, sich bewegen, weichen; *einu til eins*, einem etwas zuwenden, überlassen, übertragen.
víkingr, m. Wikinger, Seeräuber. zu ags. *wíc*, Lager?
vilja, *vil(l)*, *vilda*, wollen; *einum*, von einem, gegen einen etwas wollen.
villa, f. (*ān*), Irrtum. *ll* < *lþ*.
vín, n. Wein; *vínber*, n. (*ja*), Weinbeer. *r* < *z*.
vin, *vinr*, m. (*i*), Freund.
vinátta, f. (*ān*), Freundschaft. *tt* < *ht*. zu *eiga*?
vinda, *vatt*, *undenn*, winden; *upp*, aufwinden, in die Höhe heben. *vindask* (ind. *visk*, *vixt*), sich winden.
vindr, m. Wind.
vingask, *aðask*, sich befreunden. zu *vin*.
vingon, *anar*, f. Freundschaft. zu *vin*.
vinna, *vann*, *unnenn*, contendere, sich bemühen; gewinnen; *til*, mitwirken zu, bei; *á*, angreifen.
vinr = *vin*. davon
vin-sæll (*ia*), reich an Freunden, beliebt.
vín-viðr, m. (*u*), Weinstock, Weinrebe.
virða, *ða* (*i*), würdigen; *til*, in Betracht ziehen.
[*vis*, m. Weise.] dat. *vís* in *ǫðru-vís*, anders. st. *ǫðrum-vis*.
vísa, *aða*, weisen; *einum*, den Weg jmd. weisen, wohin weisen; *e—m til sess*, Platz anbieten.
viss, *víss*, gewiss, n. *vist*, adv. gewiss. *at vísu*, dss., *verða viss eins*, inne werden. < *vit-t* zu *vita*.
vist, f. (*i*), »Sein«, Wohnung, Kleidung.
vit, n. Witz, Verstand. [zu *vesa*.
vit, pr. pers. wir beide.
vita, *veit*, *vissa*, wissen.
ávita, *aða*, strafen (mit Worten).
vitja, *tta* (*j*), besuchen, *eins*.
vitni, n. (*ia*), Zeugnis.
vitnis-fjall, n. Berg des Zeugnisses.
vitr, klug, erfahren. comp. *are*, *astr*. St. *vitr-*.
vǫg, f. Fuhrwerk. pl. *vagar*, Wagen. vgl. *vagn*, Wagen.
vǫllr, m. (*u*), Fläche, Plan.
vǫn, f. Wahn, Hoffnung. *eins*, auf etwas.
vǫrn, f. (pl. *er*). Verteidigung.
vǫrr, m. (*u*), Ruderschlag. St. *varr-*.
vǫxtr, m. (*u*), Wuchs, Wachstum. zu *vaxa*.
výkva s. *vikja*.

Y, Ý

(s. auch vi-, vi).

yð(r)arr, euer.
yfir, *ifir*, prp. mit dat. über. m. acc. dss. adv. über, hinüber.

yfir-gangr, m. Exzess, Überschreitung der Grenze, Übermut.

yfir-læti, n. (*ia*), Behandlung.

yfrinn s. *œfrinn*.

ýmiss, verschieden, pl. *ymser* (mit *y*); n. *ýmist*, adv. abwechselnd.

ynði, *n.* (*ia*), Freude, Wonne. zu *una*.

ytre, comp. *yzt*, sup. zu *út*. äusserer, äusserster.

Þ und Ð.

ðá, da, nun, dann; *ðá ok ðá*, jeden Augen- [blick.

ðaðan(n), adv. daher, davon.

þakka, *aða*, danken, für *eitt*. *kk* < *nk*.

ðangat, *ðingat*, dahin. < *ðann-veg-at?*

ðar, adv. dar, dahin. *ðar til*, bis dahin, dass. *ðar á*, darauf u. s. w., *ðar sem*, weil, bei dem Umstand, dass.

þegar, sogleich.

þegn, m. freier Mann.

þegn-skapr, m. (*i*), Mannhaftigkeit, Ehren- [haftigkeit.

þekja, *þakþa* (*j*), bedecken.

þekkja, *þátta* und *þekþa* (*i*), (»denken«), merken, bemerken, erkennen.

þele, m. (*an*), gefrorener Boden, Eis.

þerra, *ða* (*i*), trocknen. *rr* < *rz*.

ðesse, *ðerse*, *ðessa*, *ðetta* (dazu auch *sjá*), [dieser.

þíða, *dda* (*i*), schmelzen.

þiggja, *þá*, *þegenn*, annehmen, bekommen; *at gjǫf*, als Gabe; *í mót*, dagegen erhalten.

þikkja = *þykkja*.

þilja, f. (*ān*), Planke, »Diele«.

þing, *þingi* (*ia*), n. Thingversammlung.

þing-deild, f. Streitigkeit, die am Thing ausgetragen wird.

þings-afglǫpun, f. (*i*), Thingstörung (*glapa*. [verderben).

þjófr, m. Dieb.

þjóna, *aða*, dienen.

þjónasta, f. (*ān*), Dienst. Kirchendienst, kirchliche Pflicht. zu

þjónn, m. Diener. St. *þjón-*.

þó (*ðó?*), doch, sogar; aber auch. *þó at*, *þót*, *þótt*, obwohl; dass; dafür auch *þó* allein.

þoka, *aða*, rücken. sich bewegen.

þoka, f. (*ān*), Nebel, Wolke.

þǫkk, f. (pl. *er*), Dank.

þokka, *aða*, herrichten.

þola, *ða* (*aj*), dulden. dazu

þolen-móðlegr, geduldig.

þolen-móðr, dss.

þora, *ð* (*aj*), wagen.

þorna, *aða*, trocknen. s. *þerra*.

þorpare, m. (*an*), Bauer (im verächtlichen [Sinne).

þræll, m. Sklave. St. *þræl-*.

þræta, f. (*ān*), Streit.

þrenner, pl. je drei. < *þrihn-*.

þreskoldr, m. Schwelle.

þreyta, *tta* (*i*), ermüden. (*þraut*, Arbeit.)

þriðe, schw. adj. (*jan*), dritter.

þrifa, *þreif*, *þrifenn*, ergreifen. med. Fortgang, Erfolg haben, gedeihen. zur Umschreibung des Imperativs.

þriflegr, gedeihlich, lebenskräftig, rührig.

þrír, *þrjár*, *þrjú*, 3.

þrjózku-maðr, halsstarriger Mann (*þrjózku*, f. Halsstarrigkeit).

þruma, f. (*ān*), lauter Schlag (vom Donner).

ðú, du.

þunge, *m.* (*an*), »Beschwerung«, d. i. Last. von

þungr, schwer; schlimm.

þunnr, dünn.

þurfa, *þarf*, *þurfta*, bedürfen; *eitt*, *eins at* mit inf. dazu

þurftugr, dürftig.

þurkon, f. das Trocknen.

þvá, *þó*, *þvegenn*, waschen.

þverr, quer; entgegen, widrig. St. *þver-*.

ðvíat, *ðvít*, weil; denn. zu *ðat*. s. *sá*.

ðvílíkr, solcher, ähnlich.

þykkja, *þikja*, *þótta* (*i*), dünken, scheinen, gutdünken; med. glauben. < *þunki-*.

þykkr (*ia*), dick, dicht.

þyngja, *ða* (*i*), beschweren. med. beschwerlich fallen. zu *þungr*.

þyrma, *ða* (*i*), Achtung erweisen, achten; berücksichtigen.

þyrskr = *þýðverskr*, deutsch. zu *þýðverjar*, Deutsche.

Druck von A. Th. Engelhardt in Leipzig.

www.ingramcontent.com/pod-product-compliance
Lightning Source LLC
Chambersburg PA
CBHW021357230426
43666CB00006B/558
* 9 7 8 3 3 3 7 2 2 6 5 4 1 *